重庆法院破产审判制度文件汇编

Documents on the Insolvency Trial
System of Chongqing Courts

重庆市高级人民法院民事审判第二庭
重庆市第五中级人民法院重庆破产法庭 编著

重庆出版集团 重庆出版社

图书在版编目（CIP）数据

重庆法院破产审判制度文件汇编 / 重庆市高级人民法院民事审判第二庭，重庆市第五中级人民法院重庆破产法庭编著. -- 重庆：重庆出版社，2024. 12. （2025. 3重印）
-- ISBN 978-7-229-19182-5

I．D927.719.229.192.9

中国国家版本馆CIP数据核字第2024EN4032号

重庆法院破产审判制度文件汇编
CHONGQING FAYUAN POCHAN SHENPAN ZHIDU WENJIAN HUIBIAN
重庆市高级人民法院民事审判第二庭
重庆市第五中级人民法院重庆破产法庭　编著

责任编辑：吴　昊　李欣雨
责任校对：李小君
装帧设计：张合涛

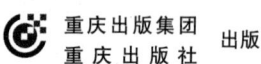
重庆出版集团
重庆出版社　出版

重庆市南岸区南滨路162号1幢　邮政编码：400061　http://www.cqph.com
重庆共创印务有限公司制版
重庆共创印务有限公司印刷
重庆出版集团图书发行有限公司发行
邮购电话：023-61520656
全国新华书店经销

开本：787mm×1092mm　1/16　印张：30　字数：540千
2024年12月第1版　2025年3月第2次印刷
ISBN 978-7-229-19182-5

定价：88.00元

如有印装质量问题，请向本集团图书发行有限公司调换：023-61520678

版权所有　侵权必究

编审委员会

主 任

孙海龙　　胡红军

副主任

唐 文　吴 洪　杜 丹

委 员

曹世海　李季宁　达 燕　彭 可
刘玉妹　陈秀良　刘 杰　周 爽
陈唤忠　肖雯雯　伍云嫦　胡 彬

序

通过制度、技术、文化三维一体推进破产审判现代化

（代序）

中国式现代化是一项伟大而艰巨的历史进程。党的二十届三中全会明确指出，高质量发展是全面建设社会主义现代化国家的首要任务。在这一宏大目标指引下，破产审判现代化作为服务供给侧结构性改革、推动高水平市场经济体制建设的重要组成部分，肩负着时代赋予的重任。它不仅关乎市场经济的健康运行，更承载着推动产业升级、优化资源配置、化解重大风险的重要历史使命。

习近平总书记强调："发展新质生产力是推动高质量发展的内在要求和重要着力点"。伴随新质生产力的飞速发展和中国经济的深度转型升级，对破产审判现代化的呼声愈发响亮。破产审判在新时代迎来了前所未有的历史机遇，同时也面临着诸多挑战。纵观近年来的司法实践，破产审判在理念、体系、机制和管理上已取得了长足进步，但与实践需求的迅猛增加之间的张力也日益显现，尤其是破产审判制度供给短缺、专业化水平滞后、社会认知不足，仍然制约着破产审判的现代化发展。这迫使我们重新审视破产审判的定位，直面挑战，守正创新。

新质生产力表现为高科技、高效能、高质量的特性，发展新质生产力需要技术的革命性突破、生产要素的创新性配置，以及产业的转型升级。这为我们探索破产审判现代化提供了思想指引和实践路径。我们推动破产审判现代化，始终坚持制度、技术和文化三维一体的协同推进。制度创新是基础，唯有不断完善破产规则体系，方能为市场经济的稳定运行提供有力的制度保

障。技术进步是动力，信息化、智能化的广泛应用，将为破产案件的高效办理开辟新的途径。而文化建设则是根本。破产文化的培育不仅影响着社会对破产的态度，更决定了市场主体能否以理性和积极的心态，应对市场竞争中的优胜劣汰。作为"破人"，有责任让全社会明白，破产不是终点，而是市场自我调节与资源优化配置的必然过程，是推动经济可持续发展的重要手段。

一、制度创新是推进破产审判现代化的基石基础

"法乃治之端，律为治之本。"制度创新不仅是法律实施之基础，更是推动破产审判现代化的关键所在。破产审判现代化始于理念创新，实现于司法实践。而制度创新正是连接理念创新与实践探索的桥梁纽带。唯有构建一整套行之有效的破产审判制度，才能使理念创新和司法实践前后相继，融会贯通。

制度创新以理念创新为先导。科学的理念是行动的指南，理念创新为制度建设指明方向。破产审判是专业性很强的审判工作，也是政治性、社会性很强的治理工作。在经济全球化和市场经济转型的背景下，现代化的破产审判制度构建须以创新的理念作为驱动。多年来，我们将"以人民为中心""破产拯救和保护""案结事了政通人和""整体协同府院联动""法治化与国际化接轨"等破产先进理念，不断创新融入一套行之有效的破产审判制度，探索建立集约化、专业化、规范化、信息化的破产审判模式，切实解决破产企业资产处置、职工安置、税务处理、风险化解、社会稳定等一系列高度复杂的治理问题。以先进理念引领破产审判，顺应时代潮流，回应社会需求，充分发挥破产审判服务国家大局的重要作用。

制度创新以丰富的实践为动力。面对破产案件日益增多，案件复杂性不断提高的挑战，司法实践不断探索行之有效的解决路径。在创造性的实践中总结新鲜经验，将经验上升为理性认识，提炼出新的理论成果，再将理论成果固化为制度，逐步推进破产审判规范化建设。重庆在世界银行营商环境评估和中国营商环境评价大背景下，以法治化为保障，先后制定规范性文件40余项，全方位多角度规范破产案件办理。借力重庆作为国务院营商环境创新试点城市之机遇，通过府院联动工作机制，积极推动与税务、规资、社保等部门联合出台化解破产审判堵点、难点的多项保障制度，让常态化府院联动机制落地生根。与此同时，全面完善重庆破产管理人制度，制定严格的管理人名册准入、除名审查、指定选任、监督评估等系列制度，规范破产审判管理、确保廉洁公正司法。在前后相继、一脉相承又与时俱进的制度构建模式下，

实现破产审判制度建设的可持续发展，为破产审判现代化奠定坚实基础。

二、科技应用是实现破产审判现代化的有效路径

当前，全球科技革命进入跨界融合、加速创新的新阶段。科技的司法应用，不仅对内能提升司法审判力，对外还能提升司法公信力，这给破产审判工作带来前所未有的新机遇。我们把承载平台共享、大数据分析等功能的科技手段，深度应用于破产审判全过程，全力推动破产审判工作质量变革、效率变革、动力变革，以制度技术化、技术便利化，切实推进破产审判能力现代化。

以平台共享思维创新破产审判模式。 破产程序参与主体多元，破产事务处理须多方共商共议。为便利各方主体参与破产事务，重庆法院以智能化、全覆盖为导向，以"多方协作"为目标，搭建多主体统一使用的"破产协同易审平台"，致力于实现全业务网上办理，为全体案件参与人提供全方位智能服务。易审平台兼顾法官审判职能、管理人工作职责以及债权人法定权利，完整设置案件办理各环节所需功能，满足不同身份的案件参与人需求，基本实现破产案件办理业务全覆盖。同时，易审平台重塑对破产审判全流程的动态监管，全面管控破产案件办理的时间、成本、效果以及资金监管，进一步提升破产案件办理质效，大幅降低破产成本，确保破产财产安全。

以大数据思维服务经济社会发展大局。 破产审判是经济社会发展的"风向标""晴雨表"和"助推器"。以科技应用挖掘破产审判大数据，必将拥有无限价值。坚持数字赋能，借助云计算、人工智能等科技手段，充分发挥破产审判大数据指导审判实践的功能，智能化分析各类案件总体趋势，总结不同类型案件审判规律，提炼企业破产经验教训，更好服务科学决策，优化审判资源配置；更好服务法官、破产管理人办案，提高审判质效；更好服务企业改善经营管理，降低破产风险。充分发挥破产审判大数据服务经济社会发展大局的功能，针对经济社会发展中的焦点、难点、痛点问题，深度剖析大数据所蕴含的破产企业特征、社情民意、经济信息等内容，为党委、政府提供决策参考，切实服务国家治理体系和治理能力现代化。可以说，加强科技应用，让有为司法更好促进了有效市场与有为政府的更好结合。

三、破产文化是引领破产审判现代化的内在力量

文化是一个国家、一个民族的灵魂和根基，文化自信是支撑道路自信、理论自信、制度自信的基础。破产文化是"破人"长期累积和沉淀的破产法治习惯和信念，渗透在"破人"的日常司法行为中，直接体现为"破人"集体的精神样态和行为特征。破产文化深刻影响破产审判的全过程各方面。优秀的破产文化势必引领破产审判现代化，为破产审判现代化提供坚实的内在支撑。

探索破产文化本土化的司法路径。破产制度肇始于商事活动，诞生于商业社会，构建的基础是理性认识风险、包容失败。中国历史上长期处于传统农业社会，资金融通和债权债务产生于熟人之间，缺乏孕育破产文化的土壤。"欠债还钱""父债子还"是中国千百年来的传统观念。加之现实中逃废债式的破产愈演愈烈，社会大众对破产的误解雪上加霜。而制度约束的缺失、粗线条的规定已然成为破产文化孕育和成长的桎梏。我们秉持现代破产法初衷，以破产司法实践的丰富和发展助推破产文化的本土化进程。通过搭建专门的"重庆破产法庭"公众号这一破产审判宣传平台，发布大量生动的典型案例、规范性文件、调研成果，用事实让社会大众摒弃破产偏见，认识破产拯救企业、稳定市场、保障就业的积极作用。通过正当的程序、完备的规则、健全的制度，让每一位参与破产案件的主体感受到破产程序的公平与正义。通过价值和规则的双重构建，形成破产文化与破产制度相辅相成的良性循环，培育宽恕、包容的破产文化，营造开放、竞争的商业环境，使企业能够更高效地应对市场风险，勇于创新与转型，推动经济高质量发展。

弘扬破产文化"双赢多赢共赢"的深刻内涵。破产法律关系区别于普通民事诉讼中典型的"两造对抗"关系，更多体现包容多方利益的多边开放性关系，既涉及债权人、债务人等个体利益，又关乎职工安置、社会稳定等社会公共利益。"双赢多赢共赢"正是破产文化的深刻内涵，承载着推动经济高效运转和维护社会和谐稳定的重要内容，是推动实现债权人、债务人以及社会各方共同利益最大化的内在保障。我们坚持将"双赢多赢共赢"贯穿到破产制度建设、破产案件审判和现代科技应用中，不只追求法律程序的终结，更关注案件处理的整体效果，兼顾各方权益，最大限度协调债权人、出资人、债务人利益平衡。统筹"破"和"立"，出清"僵尸企业"，挽救"困境企业"。拓宽重整保护路径，发掘重整价值，让企业涅槃重生，让债权人充分受益，促进社会整体实现资源优化配置和经济稳健运行，推动经济社会共赢发展，真正做到以利民生、以利国家。

本书的编撰，源于 2020 年重庆法院参加世界银行营商环境咨询服务评估工作，2023 年 3 月，与时任重庆市第五中级人民法院院长卢祖新一道，组织内部编印了《重庆法院优化营商环境办理破产政策文件汇编》，之后又通过调研制定了几项比较重要的新制度，现以《重庆法院破产审判制度文件汇编》正式出版，旨在系统梳理我们在破产审判领域形成的实践经验，并以臻于完备的破产审判制度体系为载体，全面展示已取得的破产审判制度成果，为广大破产审判工作者、学者和企业家提供专业性的借鉴和参考。

中国有句古话"不破不立"，"破人"要有"破"的勇气与决心，"立"的自信与坚定，在中国式现代化建设中履行光荣而伟大的使命，其责任及于千家万户，及于国家兴盛。愿本书能成为推动破产审判现代化的有力工具，为中国式现代化伟大事业贡献一份绵薄之力！

是为序，与"破圈"共勉。

孙海龙

2024 年 9 月 23 日

序 1

上编 办理程序

一、管辖 3
    1. 重庆市高级人民法院 转发《最高人民法院关于同意重庆市第五中级人民法院内设专门审判机构并集中管辖部分破产案件的批复》的通知 3
    2. 重庆市高级人民法院 关于明确公司（企业）强制清算和破产案件管辖问题的通知 5
    3. 重庆市高级人民法院 关于调整重庆市第五中级人民法院破产及强制清算衍生诉讼案件管辖的通知 7

二、审查 8
    4. 重庆市高级人民法院 关于进一步做好"执转破"有关工作的通知 ..8
    5. 重庆市第五中级人民法院 破产申请审查指引（试行）...........11
    6. 重庆市第五中级人民法院 关于破产原因识别审查的意见 21
    7. 重庆市第五中级人民法院 关于执行案件移送破产审查工作的实施办法 23

三、审理 28
    （一）简化审 28
    8. 重庆市高级人民法院 关于"执转破"案件简化审理的工作规范 ..28
    9. 重庆市高级人民法院 关于破产案件简化审理的工作规范 35
    10. 重庆市高级人民法院 关于正确执行《"执转破"案件简化审理的工作规范》的通知 41

1

11. 重庆市第五中级人民法院 破产案件快速审理指引 42
12. 重庆市第五中级人民法院 小微企业破产案件审理指引（试行）........ 47
（二）重整 51
13. 重庆市高级人民法院 破产重整申请审查工作指引（暂行）......... 51
14. 重庆市第五中级人民法院 预重整与破产重整衔接工作规范（试行）
.... 57
15. 重庆市第五中级人民法院 重整案件审理指引（试行）............ 63
（三）财产处置 82
16. 重庆市高级人民法院 关于破产程序中财产网络拍卖的实施办法（试行）... 82
17. 重庆市第五中级人民法院 关于破产案件实行网络财产查询的规定（试行）... 86
（四）一般规定 87
18. 重庆市第五中级人民法院 企业破产案件审理指南（试行）...... 87
19. 重庆市第五中级人民法院 债权人参与破产事务指引 119
20. 重庆市第五中级人民法院 债务人参与破产事务指引 124
21. 企业破产案件办理流程图 130
22. 强制清算案件办理流程图 131
23. 重庆市第五中级人民法院 关于在审理企业破产案件中防范和打击逃废债务行为的工作指引（试行）............................. 132
24. 重庆市高级人民法院 关于进一步协调破产审判与执行工作持续优化营商环境的意见 138

中编 管理人

一、指定 143
25. 重庆市高级人民法院 关于企业破产案件社会中介机构管理人名册编制、指定及评估工作的意见（试行）...................... 143

26. 重庆市第五中级人民法院 企业破产案件社会中介机构管理人名册编制办法 146

27. 重庆市第五中级人民法院 破产案件管理人指定办法 149

28. 重庆市第五中级人民法院 随机摇号选任破产管理人实施办法（试行）......157

二、管理 165

29. 重庆市第五中级人民法院 管理人名册管理办法 165

30. 重庆市第五中级人民法院 企业破产案件社会中介机构管理人评估办法（试行）......168

31. 重庆破产法庭 重庆市破产管理人协会 破产案件管理人工作指引（试行）......172

32. 重庆破产法庭 重庆市破产管理人协会 破产案件债权审核指引 203

33. 重庆破产法庭 重庆市破产管理人协会 关于管理人选聘其他社会中介机构的工作指引（试行）......210

34. 重庆市第五中级人民法院 破产管理人培训办法 214

35. 重庆破产法庭 重庆市破产管理人协会 合作备忘录 216

三、费用 220

36. 重庆市高级人民法院 企业破产费用援助资金使用办法 220

37. 重庆市第五中级人民法院 企业破产费用援助资金使用细则（修订）......223

38. 重庆市第五中级人民法院 破产案件管理人报酬确定和支付办法 226

39. 重庆市第五中级人民法院 管理人执行职务费用的管理办法（试行）......230

下编　配套措施

一、队伍建设 235

40. 重庆市第五中级人民法院　关于设立破产审判庭的通知 235

41. 重庆市第五中级人民法院政治部　关于破产审判庭设立综合办公室、诉讼服务中心的通知 236

42. 重庆市第五中级人民法院　关于加强破产案件廉政风险防控的实施意见 237

43. 重庆市第五中级人民法院　关于规范破产审判确保廉洁司法的十条意见 239

44. 重庆市第五中级人民法院　破产审判对外交流工作规划 242

二、府院协调 244

45. 重庆市高级人民法院　中国人民银行重庆营业管理部　关于支持破产重整企业重塑诚信主体的会商纪要 244

46. 重庆市高级人民法院　重庆市市场监督管理局　关于企业注销有关问题的会商纪要 246

47. 重庆市高级人民法院　重庆市人力资源和社会保障局　重庆市医疗保障局　关于便利破产与强制清算案件社会保险信息查询的通知 248

48. 重庆市高级人民法院　国家税务总局重庆市税务局　关于企业破产程序涉税问题处理的实施意见 250

49. 重庆市高级人民法院　国家税务总局重庆市税务局　关于建立企业破产处置协作机制的指导意见 254

50. 重庆市高级人民法院　重庆市规划和自然资源局　关于优化企业破产程序中涉不动产事务办理的意见 258

51. 重庆市高级人民法院　关于贯彻落实《关于进一步做好"僵尸企业"及去产能企业债务处置工作的通知》的意见 260

52. 重庆市高级人民法院　重庆市公安局　重庆市规划和自然资源局　重庆市市场监督管理局　国家税务总局重庆市税务局　中华人民共和国重庆海关　关于优化破产案件财产解封及处置机制合作备忘录 262

三、数智服务 264

53. 重庆市第五中级人民法院　破产申请审查案件网上立案规则 264

54. 重庆市高级人民法院办公室　关于启用内网破产案件关联提示系统服务的通知 268

55. 重庆市第五中级人民法院　关于对接破产管理人账户信息化工作的公告 270

56. 重庆市第五中级人民法院　关于完成破产管理人账户信息化工作技术对接的银行名单的公告 271

57. 重庆破产法庭　关于管理人查询破产企业财产信息操作指南（1.0版） 272

58. 债权人会议操作指引 289

59. 重庆市第五中级人民法院　关于重庆法院破产协同易审平台新上线功能启用及开展操作培训的通知 298

60. 重庆法院破产协同易审平台　会议直播功能操作指引 300

61. 重庆市网上中介服务超市　破产管理人入驻操作手册 313

62. 破产文书样式制作操作手册（管理人平台） 320

63. 破产管理人工作平台操作手册——债权人 325

四、区域合作 344

64. 四川省高级人民法院　重庆市高级人民法院　成渝地区双城经济圈破产审判合作协议 344

65. 重庆市第五中级人民法院　四川省绵阳市中级人民法院　关于加强司法协作为成渝地区双城经济圈建设提供一流司法服务保障的框架协议 ... 348

66. 重庆破产法庭　成都破产法庭　合作备忘录 352

五、其他 355

67. 重庆市第五中级人民法院　破产衍生诉讼涉财产追收案件诉讼费用缓交的实施意见（试行） 355

68. 重庆市第五中级人民法院破产审判庭　关于破产衍生诉讼案件若干问题的解答（一） 357

附 录

最高人民法院相关制度选编 363

69. 最高人民法院关于印发《全国法院民商事审判工作会议纪要》的通知 363

70. 最高人民法院关于印发《第八次全国法院民事商事审判工作会议(民事部分)纪要》的通知 410

71. 最高人民法院印发《关于推进破产案件依法高效审理的意见》的通知 419

72. 最高人民法院印发《全国法院破产审判工作会议纪要》的通知 424

73. 最高人民法院印发《关于审理上市公司破产重整案件工作座谈会纪要》的通知 434

74. 最高人民法院印发《关于审理公司强制清算案件工作座谈会纪要》的通知 439

75. 最高人民法院办公厅转发《关于推动和保障管理人在破产程序中依法履职进一步优化营商环境的意见》的通知 448

Preface 1

Procedures

I. Jurisdiction 3
1. Circular of Chongqing High People's Court on Forwarding *The Approval by the Supreme People's Court of the PRC on the Establishment of Specialized Judicial Divisions at Chongqing Fifth Intermediate People's Court for Jurisdiction over Some Insolvency Cases* 3
2. Circular of Chongqing High People's Court on Clarifying the Jurisdiction of Compulsory Liquidation and Insolvency Cases of Company (Enterprise) 5
3. Circular of Chongqing High People's Court on Adjusting the Jurisdiction of Insolvency and Derivative Litigation Cases of Compulsory Liquidation at Chongqing Fifth Intermediate People's Court 7

II. Review 8
4. Circular of Chongqing High People's Court on Further Converting Enforcement Cases to Insolvency Cases 8
5. Guidelines (Trial) of Chongqing Fifth Intermediate People's Court on the Review of Insolvency Applications 11
6. Opinions of Chongqing Fifth Intermediate People's Court on the Identification and Review of Insolvency Causes 21
7. Implementation Measures of Chongqing Fifth Intermediate People's Court for Transferring Enforcement Cases to Insolvency Review 23

III. Trial..28

i. Simplified Trial Procedures..28

8. Guidelines of Chongqing High People's Court for Simplified Procedures on Insolvency Cases Converted from Enforcement Cases...........................28

9. Guidelines of Chongqing High People's Court for Simplified Procedures on Insolvency Cases..35

10. Circular of Chongqing High People's Court on the Well-Conceived Implementation of *Guidelines for Simplified Procedures on Enforcement-Converted-Insolvency Cases* 41

11. Guidelines of Chongqing Fifth Intermediate People's Court on Speedy Trial of Insolvency Cases..42

12. Guidelines of Chongqing Fifth Intermediate People's Court on Trial of Insolvency Cases of Small-and-Micro-Sized Enterprises (Trial) 47

ii. Reorganization..51

13. Guidelines of Chongqing Fifth Intermediate People's Court on Trial of Insolvency Cases of Small-and-Micro-Sized Enterprises (Trial) 51

14. Guidelines of Chongqing Fifth Intermediate People's Court on Coordination of Pre-reorganization and Insolvency Reorganization (Trial) 57

15. Guidelines of Chongqing Fifth Intermediate People's Court on the Trial of Reorganization Cases (Trial) 63

iii. Property Disposal...82

16. Implementation Measures (Trial) by Chongqing High People's Court on Online Auctions of Property in Insolvency Proceedings 82

17. Provisions (Trial) of Chongqing Fifth Intermediate People's Court on Virtual Property Inquiries in Insolvency Cases 86

iv. General Provisions..87

18. Guidelines (Trial) of Chongqing Fifth Intermediate People's Court on the Trial of Enterprise Insolvency Cases..87

19. Guidelines of Chongqing Fifth Intermediate People's Court for Creditors to Participate in Insolvency Affairs...119

20. Guidelines of Chongqing Fifth Intermediate People's Court for Debtors to Participate in Insolvency Affairs..................124
21. Flowchart of Enterprise Insolvency Case..................130
22. Flowchart of Compulsory Liquidation Cases 131
23. Guidelines (Trial) of Chongqing Fifth Intermediate People's Court on Preventing and Combating Debt Repayment Evasion in the Trial of Enterprise Insolvency Cases..................132
24. Opinions of Chongqing High People's Court on Further Coordinating Insolvency Trial and Enforcement to Optimize the Business Environment 138

Administrators

I. Selection..................143
25. Opinions (Trial) of Chongqing High People's Court on Formulating, Selecting and Assessing Non-Government Intermediaries as Administrators in Enterprise Insolvency Cases 143
26. Measures of Chongqing Fifth Intermediate People's Court on Formulating the Administrator List of Non-Government Intermediaries in Enterprise Insolvency Cases..................146
27. Measures of Chongqing Fifth Intermediate People's Court on Selecting Administrators for Insolvency Cases..................149
28. Implementation Measures (Trial) by Chongqing Fifth Intermediate People's Court on Random Selection of Insolvency Administrators 157

II. Administration..................165
29. Management Measures of Chongqing Fifth Intermediate People's Court on the Administrator List..................165

30. Assessment Measures (Trial) of Chongqing Fifth Intermediate People's Court on Non-Government Intermediaries as Administrators in Enterprise Insolvency Cases 168
31. Guidelines (Trial) of Chongqing Bankruptcy Court and Chongqing Insolvency Administrator Association on the Work of Insolvency Case Administrators 172
32. Guidelines of Chongqing Bankruptcy Court and Chongqing Insolvency Administrator Association on the Review of Creditors' Rights in Insolvency Cases...203
33. Guidelines (Trial) of Chongqing Bankruptcy Court and Chongqing Insolvency Administrator Association on the Selection of Other Non-Government Intermediaries by Administrators 210
34. Training Measures by Chongqing Fifth Intermediate People's Court for Insolvency Administrators...214
35. Memorandum of Cooperation Between Chongqing Bankruptcy Court and Chongqing Insolvency Administrator Association............................216

III. Fees...220

36. Procedures of Use by Chongqing High People's Court for the Enterprise Insolvency Expenses Assistance Funds 220
37. Rules (Revised) of Chongqing Fifth Intermediate People's Court for Using Assistance Funds to Cover Enterprise Insolvency Expenses...........223
38. Measures of Chongqing Fifth Intermediate People's Court on Determining and Paying the Remuneration of Insolvency Case Administrators..............226
39. Management Measures (Trial) of Chongqing Fifth Intermediate People's Court on Administrators' Expenses in Performing Duties 230

Supporting Measures

I. Government and Court Coordination..235

40. Circular of Chongqing Fifth Intermediate People's Court on the Establishment of Insolvency Division..235

41. Circular of the Political Department of Chongqing Fifth Intermediate People's Court on the Establishment of the General Office and the Litigation Service Center of the Insolvency Division..236

42. Implementation Opinions of Chongqing Fifth Intermediate People's Court on Enhancing Risk Prevention and Control of Corruption in Insolvency Cases..237

43. Ten Opinions of Chongqing Fifth Intermediate People's Court on Regulating Insolvency Trials to Ensure Clean Justice..239

44. Plans of Chongqing Fifth Intermediate People's Court on Public Communication of Insolvency Trials..242

II. Government and Court Coordination..244

45. Consultation Summary of Chongqing High People's Court and Chongqing Operations Office of the People's Bank of China on Supporting Reorganized Bankrupt Enterprises in Rebuilding Trustworthiness..244

46. Consultation Summary of Chongqing High People's Court and Chongqing Municipal Administration for Market Regulation on Dissolving a Company..246

47. Circular of Chongqing High People's Court, Chongqing Municipal Human Resources and Social Security Bureau and Chongqing Municipal Medical Insurance Bureau on Facilitating the Inquiry of Social Insurance Information in Insolvency and Compulsory Liquidation Cases..................248

48. Implementation Opinions of Chongqing High People's Court, State Taxation Administration of the PRC and Chongqing Municipal Tax Service on Handling Tax-Related Affairs in Enterprise Insolvency Proceedings..250

49. Guiding Opinions of Chongqing High People's Court, State Taxation Administration of the PRC and Chongqing Municipal Tax Service on Establishing a Coordination Mechanism for Handling Enterprise Insolvency Cases..254

50. Opinions of Chongqing High People's Court and Chongqing Municipal Bureau of Planning and Natural Resources on Optimizing the Handling of Real Estate-Related Affairs in Enterprise Insolvency Procedures................258

51. Opinions of Chongqing High People's Court on Implementing *The Circular of Improving Debt Settlement of "Zombie Companies" and Companies with Excess Production Capacity* 260

52. Memorandum of Cooperation of Chongqing High People's Court, Chongqing Municipal Bureau of Public Security, Chongqing Municipal Bureau of Planning and Natural Resources, Chongqing Municipal Administration for Market Regulation, State Taxation Administration of the PRC, Chongqing Municipal Tax Service, and Chongqing Customs on Improving the Mechanism on Lifting Seal and Handling the Insolvency Property..262

III. Digital and Smart Services..264

53. Online Filing Rules of Chongqing Fifth Intermediate People's Court on Cases Applying for Insolvency Review..264

54. Circular of the Office of Chongqing High People's Court on Using the Intranet Association Reminder System for Insolvency Cases....................268

55. Announcement of Chongqing Fifth Intermediate People's Court on Improving IT Technology Compatibility of Insolvency Administrators' Accounts for Information Sharing..270

56. Announcement of Chongqing Fifth Intermediate People's Court on the List of Banks with IT Compatibility with Insolvency Administrators' Accounts for Information Sharing..271

57. Guidelines (1.0 Version) of Chongqing Bankruptcy Court for Administrators to Inquire into the Property of Insolvent Enterprises................272

58. Guidelines for Creditors Meetings..289

59. Circular of Chongqing Fifth Intermediate People's Court on the New Functions of the Yishen Platform (Collaborative Trial Platform for Insolvency Cases) of Chongqing Courts and the Implementation of Related Training..298
60. Guidelines of Conference Live Streaming Function of the Yishen Platform (Collaborative Trial Platform for Insolvency Cases) of Chongqing Courts ....
....300
61. Manual for Insolvency Administrators to Access the Chongqing Online Intermediary Service Provider System...313
62. Manual (Administrator Platform) for Preparing Bankruptcy Documents
....320
63. Manual of the Insolvency Administrator Platform for Creditors.................325

IV. Regional Cooperation..344

64. Cooperation Agreement between Sichuan High People's Court and Chongqing High People's Court on the Insolvency Trial of Chengdu-Chongqing Twin-Hub Mega-Region 344
65. Framework Agreement between Chongqing Fifth Intermediate People's Court and Mianyang Intermediate People's Court of Sichuan Province on Strengthening Judicial Cooperation to Provide First-Class Judicial Services for Chengdu-Chongqing Twin-Hub Mega-Region.........................348
66. Memorandum of Cooperation Between Chongqing Bankruptcy Court and Chengdu Bankruptcy Court 352

V. Others..355

67. Implementation Opinions (Trail) of Chongqing Fifth Intermediate People's Court on Deferred Payment of Litigation Fees in Insolvency Derivative Litigation Cases Involving Property Recovery...................................355
68. Answers of the Insolvency Division of Chongqing Fifth Intermediate People's Court to the Related Questions of Insolvency Derivative Litigation Cases (1)..357

VI. Appendix: Relevant Documents of the Supreme People's Court 363

69. Circular of the Supreme People's Court on the Issuance of *the National Conference Summary of Courts' Work on Civil and Commercial Trials* 363

70. Circular of the Supreme People's Court on the Issuance of *the Summary of the 8th National Conference Summary of Courts' Work on Civil and Commercial Trials (Civil Trials)* 410

71. Circular of the Supreme People's Court on the Issuance of *the Opinions on Promoting the Efficient Trial of Insolvency Cases in Accordance with the Law* 419

72. Circular of the Supreme People's Court on the Issuance of *the National Conference Summary of Courts' Work on Insolvency Cases* 424

73. Circular of the Supreme People's Court on the Issuance of *the Conference Summary of the Trial of Listed Companies' Insolvency and Reorganization Cases* 434

74. Circular of the Supreme People's Court on the Issuance of *the Conference Summary on the Trial of Companies' Compulsory Liquidation Cases* 439

75. Circular Forwarded by the General Office of the Supreme People's Court on *the Opinions on Promoting and Ensuring Administrators' Performance of Duties in Insolvency Proceedings in Accordance with the Law to Further Optimize the Business Environment* 448

上编 办理程序

一、管辖

重庆市高级人民法院
转发《最高人民法院关于同意重庆市第五中级人民法院内设专门审判机构并集中管辖部分破产案件的批复》的通知

（渝高法〔2019〕205号）

2019年12月31日起施行

各中、基层人民法院，本院相关部门：

现将《最高人民法院关于同意重庆市第五中级人民法院内设专门审判机构并集中管辖部分破产案件的批复》（法〔2019〕285号）转发你们，请严格遵照执行。

自2019年12月31日起，重庆市辖区内的破产案件管辖按批复规定执行；在此之前，申请人已经向其他中、基层人民法院提交强制清算或者破产申请的，由该院继续审理。执行过程中如有问题，请及时层报市高法院。

附：
最高人民法院关于同意重庆市第五中级人民法院内设专门审判机构并集中管辖部分破产案件的批复

（2019年12月18日 法〔2019〕285号）

重庆市高级人民法院：

你院《关于设立重庆破产法庭的请示》（渝高法文〔2019〕28号）收悉。经研究，现批复如下：

一、同意在重庆市第五中级人民法院内设专门审理破产案件的机构，请按照规定程序向机构编制管理部门报批。

二、同意重庆市第五中级人民法院管辖以下破产案件：

（一）全市区、县级以上（含本级）市场监督管理部门核准登记公司（企业）的强制清算和破产案件；

（二）上述强制清算和破产案件的衍生诉讼案件；

（三）跨境破产案件；

（四）其他依法应对由其审理的案件。

本院以前的相关批复与本批复不一致的，以本批复为准。

重庆市高级人民法院
关于明确公司（企业）强制清算和破产案件管辖问题的通知

（渝高法〔2020〕65号）

2020年5月18日印发

各中、基层人民法院，本院相关部门：

按照《最高人民法院关于同意重庆市第五中级人民法院内设专门审判机构并集中管辖部分破产案件的批复》（法〔2019〕285号）要求，重庆市第五中级人民法院设立重庆破产法庭，集中管辖2019年12月31日（含本日）之后，全市区、县级以上（含本级）市场监督管理部门核准登记公司（企业）的强制清算和破产案件以及与前述案件相关的衍生诉讼案件、跨境破产案件和其他依法应当由其审理的案件。为确保公司（企业）强制清算和破产案件审理工作有序开展，经市高法院审判委员会2020年第17次会议审议通过，就公司（企业）强制清算和破产案件管辖问题进一步明确如下：

一、2019年12月31日之前，当事人已向其他中、基层人民法院提交公司（企业）强制清算或破产申请的，由收到申请的人民法院审查。经审查符合受理条件的，依法裁定受理，不移送重庆市第五中级人民法院。经审查裁定不予受理或受理后驳回申请，当事人不服提起上诉的，由作出裁定的人民法院的上级人民法院审理。

二、2019年12月31日之前，申请执行人、被执行人申请或同意移送破产审查的，执行法院按照辖区中级人民法院原相关规定办理。2019年12月31日（含本日）之后，申请执行人、被执行人申请或同意移送破产审查的，执行法院审查后，将符合移送条件的案件移送重庆市第五中级人民法院，与破产法庭办理相关材料移交手续。

三、重整或和解计划执行期间，因重整、和解程序终止前发生的事实或者事件引发的有关债务人的民事诉讼，由审理重整或和解案件的人民法院管辖。

四、经人民法院裁定终止重整或和解程序并宣告债务人破产的案件，由审理重整或和解案件的人民法院继续审理。

五、其他中、基层人民法院审理的公司（企业）强制清算或破产案件所产生的衍生诉讼，按照《中华人民共和国企业破产法》第二十一条的规定确定管辖，不移送重庆市第五中级人民法院。

六、2019年12月31日（含本日）之后，当事人申请公司（企业）强制清算或破产的案件，因特殊情况确需对管辖作出调整的，应依法由重庆市第五中级人民法院报请重庆市高级人民法院批准。

特此通知。

重庆市高级人民法院
关于调整重庆市第五中级人民法院破产及强制清算衍生诉讼案件管辖的通知

（渝高法〔2021〕96号）

2021年7月1日起施行

各中、基层人民法院，本院相关部门：

为进一步优化营商环境，加强破产审判工作，提升破产审判质效，发挥重庆破产法庭专业审判优势，根据《中华人民共和国民事诉讼法》《最高人民法院关于适用〈中华人民共和国民事诉讼法〉的解释》《最高人民法院关于适用〈中华人民共和国企业破产法〉若干问题的规定（二）》的相关规定，经本院审判委员会讨论决定，批准重庆市第五中级人民法院将下列破产及强制清算案件的衍生诉讼案件管辖作如下调整：

一、根据最高人民法院规定的管辖标准，由基层人民法院管辖的第一审民商事案件中，债务人企业住所地位于重庆市第一中级人民法院辖区的衍生诉讼案件由重庆市渝中区人民法院审理；债务人企业住所地位于重庆市第五中级人民法院辖区的衍生诉讼案件由重庆市九龙坡区人民法院审理；债务人企业住所地位于重庆市第二、第三、第四中级人民法院辖区的衍生诉讼案件由重庆市南岸区人民法院审理，但本通知另有规定的除外。

二、破产及强制清算案件的衍生诉讼中涉外商事纠纷、知识产权纠纷、环境资源纠纷等案件，重庆市第五中级人民法院可以依照《最高人民法院关于适用〈中华人民共和国企业破产法〉若干问题的规定（二）》第四十七条第三款的规定，报请重庆市高级人民法院指定管辖。

三、当事人可以依照本规定直接向有管辖权的人民法院提起有关债务人企业的民事诉讼，也可在其他法院通过跨域立案等方式向有管辖权的人民法院提起诉讼。

四、相关法院在对破产及强制清算衍生诉讼案件立案时，应当将收案信息中的"是否破产衍生诉讼案件"填录为"是"，系统将根据填录情况对该类案件进行特别标识，方便审判庭识别和办理。

五、衍生诉讼案件按照案件性质和人民法院内部职能分工，由各相关法院相应审判庭审理。

六、本通知自2021年7月1日起实施。

特此通知。

二、审查

重庆市高级人民法院
关于进一步做好"执转破"有关工作的通知

（渝高法〔2018〕141号）

2018年7月17日起施行

各中、基层人民法院：

　　为进一步推进执行案件移送破产审查工作，规范执行案件移送破产审查程序，保障执行程序与破产程序的有序衔接和高效联动，确保全市法院如期实现"基本解决执行难"的目标任务，现就进一步加强"执转破"工作有关事宜通知如下：

　　一、推进执行案件移送破产审查工作，是第三方评估体系对受检法院明确提出的工作要求，也是破解"执行难"的重要举措。全市法院要深刻认识"执转破"工作的重要意义，树立三级法院"一盘棋"的思想，大力推动符合破产条件的执行案件进入破产程序。

　　二、加强执行案件移送破产审查工作，应坚持依法有序、协调配合、高效便捷的工作原则。防止不同法院之间，同一法院部门之间推诿扯皮，影响司法效率，损害当事人合法权益。

　　三、当事人同意移送破产，经审查符合移送破产审查条件的，执行法院应当依法作出执行案件移送破产审查决定书。当事人申请或同意将案件移送破产审查，执行法院经审查认为不符合移送条件决定不予移送的，应当书面告知理由。

　　四、执行案件移送破产审查的，执行法院应向受移送法院移交以下材料：1.执行案件移送破产审查决定书；2.执行基本情况说明；3.当事人同意移送破产审查的书面意见或其签字确认的执行笔录；4.中止执行裁定书；5.移送破产审查的被执行人财产不足以清偿的债务清单；6.未结案件应提供移送前三个月内利用"点对点""总对总"执行查控系统查询后的债务人财产清单；7.终本案件应提供结案前三个月内利用"总对总"执行查控系统查询后的债务人财产清单；8.查封、扣押、冻结债务人财产的相关法律文书。

执行基本情况说明应当包括以下内容：1.当事人基本情况（包括联系人及联系方式等）；2.被执行人的工商登记情况；3.对被执行人财产已经采取查封、扣押、冻结措施详细情况；4.被执行人可供执行财产情况及执行程序中对财产的司法处置情况；5.移送破产审查案件的执行依据；6.执行法院认为需要说明的其他情况。

五、为确保"执转破"程序的顺利推进，对于符合移送破产审查条件的案件，执行法院不得拒绝、拖延移送；对于执行法院移送的符合"执转破"条件、材料齐备的案件，受移送法院不得推脱、拒绝接受。受移送法院认为移送案件不符合"执转破"条件的，应当裁定不予受理；认为材料不齐备的，应当通知执行法院补充。双方意见不一致的，按照以下方式协调：执行法院与受移送法院为同一法院的，由本院破产案件审理工作领导小组负责协调；执行法院与受移送法院为重庆市辖区内不同法院的，由共同上一级法院破产案件审理工作领导小组负责协调。

六、被执行人住所地中级法院可以根据本辖区内中、基层法院员额法官配置、商事案件数量等实际情况，协调并决定"执转破"案件由中级法院或被执行人住所地基层法院受理。

七、已成立独立破产审判庭的法院，由破产审判庭法官作为承办法官对"执转破"案件进行审理；未成立独立破产审判庭的法院，由商事审判庭法官作为承办法官对"执转破"案件进行审理。除承办法官外，"执转破"案件合议庭其他成员及法官助理，由各受移送法院在全院范围内统筹安排。

八、受移送法院对"执转破"案件经审查认为应予受理，但债务人财产已经执行法院评估并拟拍卖的，受移送法院应与执行法院协调，根据破产申请类型把握破产案件受理时机，可以在依法裁定受理后通知执行法院将拍卖所得款项在扣除拍卖费用后移交破产受理法院。

九、各受理法院可以根据案件的难易程度，将集中受理的"执转破"案件合理搭配，组成数个"案件包"，通过随机选任或竞争选任的方式对每个"案件包"选任一位管理人；对疑难复杂的"执转破"案件，也可以通过竞争选任方式吸纳重庆市辖区外破产审判工作先进地区管理人名册中的机构管理人参与"执转破"案件的处理。

十、受理法院的破产审判部门根据破产案件审理需要，可以依法作出民事裁定对债务人财产进行保全，并交由本院保全中心实施保全措施。保全中心以"执保"字号，可利用"总对总"执行查控系统对债务人的财产进行核实、查控。

十一、从 2018 年 7 月至 12 月底，各中、基层法院对"执转破"案件移送和立案受理情况每月进行专项统计并层报市高法院，市高法院在全市法院系统定期通报。

以上通知，请遵照执行。执行中发现的新情况、新问题，请及时报告我院。

重庆市第五中级人民法院
破产申请审查指引（试行）

（渝五中法发〔2020〕41号）

重庆市第五中级人民法院审判委员会通过

2020年4月13日起施行

第一章 总则

第一条 做好破产案件的立案受理工作，是加强破产审判工作的首要环节。为规范破产案件立案审查，依据《中华人民共和国企业破产法》及相关司法解释，结合破产审判工作实际，制定本指引。

第二条 破产案件的立案受理事关当事人破产申请权保障，决定破产程序能否顺利启动，是审理破产案件的基础性工作，要充分认识其重要意义，依照本指引要求，切实做好相关工作，不得在法定条件之外设置附加条件，限制、剥夺当事人的破产申请权，阻止破产案件立案受理，影响破产程序正常启动。

第三条 "破申"案件立案前，应当对破产申请是否符合法律规定的申请形式、所应提交的书面材料是否完备等进行审查。"破申"案件立案后，应当对破产申请是否符合破产程序开始的条件和原因进行审查。

企业法人及法律规定的其他组织的住所地在重庆市的，有关该企业或组织的破产申请，由本院审查。

第二章 当事人

第一节 破产主体

第四条 债务人应当具有企业法人资格。

第五条 合伙企业、民办学校、农民专业合作社、个人独资企业以及相关法律规定的企业法人以外的组织的清算，可以参照适用破产清算程序。

第二节 破产申请主体

第六条 债务人具备破产原因的，可以向人民法院提出破产清算、重整或者和解申请。

第七条　债务人不能清偿到期债务,债权人可以向人民法院提出对债务人进行重整或者破产清算的申请。

第八条　企业法人已解散但未清算或者未清算完毕,资产不足以清偿债务的,依法负有清算责任的人应当向人民法院申请破产清算。

公司自行清算或者强制清算的清算组,发现公司财产不足清偿债务的,可以与债权人协商制作债务清偿方案。债权人对债务清偿方案不予确认或者人民法院不予认可的,清算组应当依法向人民法院提出破产清算申请并同时申请宣告破产。

第九条　债务人欠缴税款、社会保险费用的,税务部门、社保部门可以向人民法院申请债务人破产。国务院金融监督管理机构可以依法对金融机构提出重整或者破产清算申请。

第三章　破产申请资料

第十条　债务人提出申请的,应当向人民法院提交以下资料：

（一）破产申请书,载明申请人的基本信息、申请目的、申请的事实和理由；

（二）债务人的主体资格证明,包括企业法人营业执照副本、法定代表人或负责人身份证明及其他最新工商登记材料；

（三）债务人的职工名单、工资清册、社保清单、职工安置预案以及职工工资的支付和社会保险费用的缴纳情况；

（四）债务人的资产负债表、资产评估报告或审计报告；

（五）债务人至破产申请日的资产状况明细表,包括有形资产、无形资产及对外投资情况等；

（六）债务人的债权、债务及担保情况表,列明债务人的债权人及债务人的名称、住所、债权或债务数额、发生时间、催收及担保情况等；

（七）债务人所涉诉讼、仲裁、执行情况及相关法律文书；

（八）人民法院认为应当提交的其他材料。

债务人为国有独资或者控股公司,还应当提交出资机构同意申请破产的文件以及企业工会或者职工代表大会对企业申请破产的意见。

债务人申请重整的,还应当提交下列材料：

（一）债务人的股东会、董事会、主管部门或投资人同意重整的文件；

（二）债务人具有重整价值的分析报告及证据材料；

（三）债务人重整的可行性分析报告或重整方案。

第十一条 债权人向人民法院申请债务人破产，应当提交以下材料：

（一）破产申请书，载明申请人和被申请人的基本信息、申请目的、申请的事实和理由；

（二）申请人的主体资格证明，包括营业执照副本或居民身份证及其他身份证明；

（三）债务人的主体资格证明，包括最新工商登记材料等；

（四）债务人不能清偿申请人到期债务的证据。

债权人申请债务人重整的，还应当提交债务人具有重整价值的分析报告及证据材料、人民法院认为应当提交的重整可行性分析报告等其他材料。

第十二条 清算责任人申请债务人破产清算时应当提交以下材料：

（一）破产申请书，载明申请人和被申请人的基本信息、申请目的、申请的事实和理由；

（二）债务人的主体资格证明，包括企业法人营业执照副本、法定代表人或负责人身份证明及其他最新工商登记材料；

（三）清算责任人的基本情况或者清算组成立的文件；

（四）债务人解散的证明材料；

（五）债务人资产不足以清偿全部债务的财务报告或者清算报告；

（六）债务人的职工名单、工资清册、社保清单、职工安置预案以及职工工资的支付和社会保险费用的缴纳情况；

（七）债务人截至破产申请日的资产状况明细表，包括有形资产、无形资产及对外投资情况等；

（八）债务人的债权、债务及担保情况表，列明债务人的债权人及债务人的名称、住所、债权或债务数额、发生时间、催收及担保情况等；

（九）债务人所涉诉讼、仲裁、执行情况及相关法律文书；

（十）人民法院认为应当提交的其他材料。

第十三条 债权人申请对债务人进行破产清算的，在人民法院受理破产申请后、宣告债务人破产前，债务人或者出资额占债务人注册资本十分之一以上的出资人，可以向人民法院申请重整。

债务人的出资人申请重整，应当提交债务人资产及负债明细、债务人有关财务会计报告、债务人职工安置预案和债务人重整可行性分析报告。

第十四条 债务人申请和解，除了应当提交本指引第十条第一款规定的材料外，还应当提交和解协议草案。

第十五条 债务人提出和解协议草案一般包括下列内容：

（一）债务人的财产状况；

（二）清偿债务的比例、期限及财产来源；

（三）破产费用、共益债务的种类、数额及支付期限。

债务人可以在和解协议草案中为和解协议的执行设定担保。

和解协议草案中可以规定监督条款，设置和解协议执行的监督人。

第四章 破产申请的审查

第一节 破产申请审查的方式

第十六条 人民法院应当对申请人的主体资格、债务人的主体资格和破产原因，以及有关材料和证据等进行审查。

对破产申请的审查，以听证审查为原则，以书面审查为例外。

下列破产申请，一般应当进行听证调查：

（一）申请重整的；

（二）债权债务关系复杂、债务规模较大的；

（三）对在全国、全市及债务人所在区县范围内有重大影响企业提出的破产申请；

（四）其他需要听证调查的破产申请。

第十七条 听证会一般由合议庭委托承办法官主持，申请人和被申请人参加。

下列人员经人民法院准许，也可以参加听证：

（一）债务人的股东、实际控制人、法定代表人及高级管理人员、财务管理人员、职工代表；

（二）已知的主要债权人：主要担保权人、主要经营性债权人及主要金融债权人；已成立金融债权人委员会的，可以通知金融债权人委员会派员参加；

（三）当地政府已经成立清算组或工作组的，应当通知清算组或工作组人员参加；

（四）人民法院认为应当参加听证会的其他人员。

重大案件听证会应当由合议庭全体成员参加。

经书面通知，申请人无正当理由拒不参加听证的，按撤回破产申请处理。

其他人员未按期参加听证的,不影响听证的进行。

第十八条 听证会按照以下程序进行:

(一)申请人陈述申请的事实和理由,并出示相关证据;

(二)债务人针对破产申请发表意见,并出示相关证据;

(三)对相关情况进行调查;

(四)申请人、债务人发表最后意见。

听证笔录应当由参加听证的合议庭成员、书记员及其他与会人员签名。

第十九条 听证会上人民法院应当对下列事项进行询问调查:

(一)申请人是否具有申请资格,申请人为债权人的,应注意核实债权的真实性、金额,是否有生效法律文书、是否进入执行等情况;

(二)债务人是否具备破产主体资格;

(三)债务人是否具备破产原因(重整原因);

(四)申请材料是否真实完整;

(五)债务人股东是否按时足额缴纳出资;

(六)债务人是否存在转移资产、个别清偿等行为;

(七)债务人以及债务人的控股股东、实际控制人、法定代表人及高级管理人员等是否涉嫌刑事犯罪;

(八)债务人涉诉、涉执情况;

(九)债务人的财产、印章和账簿、文书等资料的存放地点及保管人员;

(十)债务人有关人员的联系方式(电话、住址);

(十一)人民法院认为需要了解的其他事项。

审查重整申请的,还应当审查债务人是否具备重整价值和重整可能。

第二节 破产原因

第二十条 破产审判部门应当对债务人是否具备企业破产法第二条规定的破产原因进行实质审查。

第二十一条 企业法人不能清偿到期债务,并且具有下列情形之一的,人民法院应当认定其具备破产原因:

(一)资产不足以清偿全部债务;

(二)明显缺乏清偿能力。

企业法人有前款规定情形,或者有明显丧失清偿能力可能的,应当认定具备重整原因。

相关当事人以对债务人的债务负有连带责任的人未丧失清偿能力为由,

主张债务人不具备破产原因的，人民法院不予支持。

第二十二条 下列情形同时存在的，人民法院应当认定债务人不能清偿到期债务：

（一）债权债务关系依法成立；

（二）债务履行期限已经届满；

（三）债务人未完全清偿债务。

第二十三条 债务人的资产负债表，或者审计报告、资产评估报告等显示其全部资产不足以偿付全部负债的，人民法院应当认定债务人资产不足以清偿全部债务，但有相反证据足以证明债务人资产能够偿付全部负债的除外。

第二十四条 债务人账面资产虽大于负债，但存在下列情形之一的，人民法院应当认定其明显缺乏清偿能力：

（一）因资金严重不足或者财产不能变现等原因，无法清偿债务；

（二）法定代表人下落不明且无其他人员负责管理财产，无法清偿债务；

（三）经人民法院强制执行，无法清偿债务；

（四）长期亏损且经营扭亏困难，无法清偿债务；

（五）导致债务人丧失清偿能力的其他情形。

第二十五条 存在下列情形之一的，人民法院可以认定债务人有明显丧失清偿能力的可能：

（一）债务人因经营困难暂停营业或有停业可能；

（二）债务人存在大量待处理资产损溢，致使实际资产的变现价值可能小于负债；

（三）清偿已届清偿期的债务，将导致债务人难以继续经营；

（四）导致债务人有明显丧失清偿能力可能的其他情形。

第三节 重整价值和重整可行性

第二十六条 债务人具有重整价值是指债务人的继续经营价值大于清算价值。

对于债务人具有重整价值的证据材料，应当结合国家产业政策、行业前景、企业发展前景等情况，从债务人重整的社会价值、经济效益等方面进行识别审查。

第二十七条 债务人具有重整可行性是指债务人的现有资源和条件能够保证重整计划的执行。

对于债务人重整的可行性报告或重整方案，应当结合债务人的资产及负债状况、经营管理、技术工艺、生产销售情况，以及企业陷入经营困境的主要原因、提出的初步方案是否有针对性和可操作性、重组方是否具有重组能力等进行实质性审查。

判断债务人是否具有重整可行性，还应当综合考虑债务人的重整意愿及其配合程度、主要债权人支持重整的情况、重整方案及重整投资人情况、法律与政策障碍情况、重整与清算模式下的清偿率情况。

人民法院对债务人重整必要性和可行性进行审查，可以采取征询企业主管部门意见、听取行业专家意见等方式进行了解，综合判断衡量。

债务人自行重组期间由社会中介机构出具的报告可以作为判断债务人重整可行性的参考。

第四节 破产申请的受理与撤回

第二十八条 债权人提出破产申请的，人民法院应当自"破申"案件立案之日起五日内通知债务人。债务人对申请有异议的，应当自收到人民法院的通知之日起七日内向人民法院提出。人民法院应当自异议期满之日起十日内裁定是否受理。

除前款规定的情形外，人民法院应当自立案之日起十五日内裁定是否受理。

有特殊情况需要延长前两款规定的裁定受理期限的，经上一级人民法院批准，可以延长十五日。

需要听证的，听证期间不计入审查期限。

第二十九条 申请人向人民法院申请债务人破产，应当选择适用重整、和解或者破产清算程序。未明确具体破产程序的，人民法院应当予以释明。

经人民法院释明，申请人不进行变更，人民法院可参照民事诉讼法第一百一十九条第三项的规定，裁定不予受理。

第三十条 人民法院受理破产申请之前又有其他申请人对同一债务人提出破产申请的，可以作为申请人，参加已经启动的破产申请审查程序，但不得重复编立破产申请审查案件。其他申请人提出不同类型的破产申请的，人民法院应当召开听证会，组织各申请人协商确定申请的破产程序；协商不成的，人民法院应当根据债务人的实际情况，依法受理相应的破产申请。

除依企业破产法第七十条第二款在受理破产申请后、宣告债务人破产前申请重整外，人民法院受理破产申请后，其他人再次提出破产申请，不予登记立案；已经登记立案的，参照《最高人民法院关于适用〈中华人民共和国民事诉讼法〉的解释》第二百四十七条第二款的规定，裁定不予受理。

第三十一条　债权人对人员下落不明或者财产状况不清的债务人申请破产清算，符合企业破产法规定的，人民法院应当依法予以受理。

债务人能否依据企业破产法第十一条的规定向人民法院提交财产状况说明、债权债务清册等相关材料，不影响对债权人申请的受理。

第三十二条　企业法人已解散但未清算或者未在合理期限内清算完毕，债权人申请债务人破产清算的，除债务人在法定异议期限内举证证明其未出现破产原因外，人民法院应当受理。

第三十三条　人民法院受理破产申请前，申请人请求撤回申请的，可予准许。

人民法院裁定受理破产申请系对债务人具有破产原因的初步认可，破产申请受理后，申请人请求撤回破产申请的，人民法院不予准许。除非存在企业破产法第十二条第二款规定的情形，人民法院不得裁定驳回破产申请。

第三十四条　人民法院审查完毕后，仍然以"破申"作为案件类型代字的案号，裁定受理或者不予受理破产申请。案件受理信息应当录入全国企业破产重整案件信息网。

裁定应当自作出之日起五日内送达申请人。债权人提出申请的，还应在五日内向债务人送达。

上级法院裁定受理后交下级法院审理的，下级法院不再另行作出受理裁定。破产申请受理日为上级法院裁定落款日期。

第三十五条　申请人对人民法院不予受理破产申请的裁定不服的，可以自裁定送达之日起十日内向上一级人民法院提起上诉。

上一级人民法院以"破终"作为案件类型代字编制案号，并在三十日内作出二审裁定。原审裁定正确的，二审裁定维持；原审裁定错误的，二审应撤销原裁定，同时指令一审人民法院裁定受理破产申请，一审法院应当以"破申"作为案件类型代字重新编制案号，并以该案号作出受理裁定。

第三十六条　人民法院受理破产申请后至破产宣告前，经审查发现债务人不符合企业破产法第二条规定情形的，可以裁定驳回申请。

申请人对裁定不服的，可以自裁定送达之日起十日内向上一级人民法院提起上诉。二审审查程序参照适用本指引第三十五条。

第三十七条　人民法院拒不接收申请人提出的破产申请，或者逾期未作出是否受理破产申请裁定的，申请人可以向上一级人民法院提出破产申请。上一级人民法院接到破产申请后,应当责令下级法院依法审查并及时作出是否受理的裁定。下级法院仍不作出是否受理裁定的,上一级人民法院可以径行作出裁定。

上一级人民法院裁定受理破产申请的,可以自行审理,也可以指令下级人民法院审理该案件。破产申请受理日为上级法院裁定落款日期。

第五章 破产案件立案流程

第三十八条 对于债权人、债务人等法定主体提出的破产申请材料,负责破产案件立案的机构应当接收并出具书面凭证,然后根据企业破产法第八条的规定进行形式审查。负责破产案件立案的部门经审查认为申请人提交的材料符合法律规定的,应以"破申"作为案件类型代字编制案号,当场登记立案。

不符合法律规定的,负责破产案件立案的部门应予释明,并以书面形式一次性告知应当补充、补正的材料,限期补充、补正。补充、补正期间不计入审查期限。申请人按要求补充、补正的,应当登记立案。申请人未按要求补充、补正的,不予登记立案。

负责破产案件立案的机构登记立案后,应当将案件相关信息登记在全国企业破产重整案件信息网和审判管理系统,并在三日内将案件材料移送破产审判部门进行审查。

第三十九条 人民法院应当在五日内将立案及合议庭组成情况通知债务人及申请人。对于债权人提出破产申请的,应在通知中向债务人释明,如对破产申请有异议,应当自收到通知之日起七日内向人民法院提出。

第四十条 债权人提出破产申请的,人民法院按照债权人提供的联系方式及通过公开查询的联系方式均无法通知债务人的,为确保案件受理审查程序及时推进,可在债务人住所地张贴破产申请书等相关法律文书,并通过全国企业破产重整案件信息网以发布公告的方式进行通知。自公告发布之日起七日内债务人未向人民法院提出异议的,视为债务人经通知对破产申请无异议。符合受理条件的,可以在公告发布之日起七日后作出裁定。

第四十一条 人民法院根据具体案情,可以在破产申请受理审查阶段同步开展选任管理人的准备工作。经初步审查,除明显不符合受理条件的案件外,一般应当在裁定书签发同时完成管理人选任工作。

为进一步提高选任管理人的效率，通过随机方式选任管理人，应当使用重庆法院对外委托鉴定及管理人一体化平台系统。

在破产裁定签发时已经完成管理人选任的，指定管理人决定书的落款日期应当与破产申请受理裁定书的落款日期同步。

第四十二条　破产审判部门应当于裁定书印发当日，在全国企业破产重整案件信息网做结案及移送立案处理，并将裁定书原件交负责破产案件立案的部门以"破"作为案件类型代字编制案号，启动案件审理程序。负责破产案件立案的部门应当于立案同时在审判管理系统和全国企业破产重整案件信息网录入相关信息。

第六章　附则

第四十三条　强制清算申请审查案件，参照本指引进行。

第四十四条　本指引自发布之日施行。

第四十五条　本指引由本院审判委员会解释。

重庆市第五中级人民法院
关于破产原因识别审查的意见

(渝五中法发〔2020〕194号)

重庆市第五中级人民法院审判委员会2020年度第42次会议通过

2020年12月29日起施行

为准确识别破产原因，畅通破产案件受理渠道，同时有效防范借助破产程序逃废、悬空债务，制止恶意提起破产申请行为，根据相关法律法规及司法解释的规定，结合本院工作实际，制定本意见。

第一条　债权人或者债务人向本院提出破产申请，应当按照《重庆市第五中级人民法院破产申请审查指引（试行）》第十条、第十一条的规定提交债务人不能清偿到期债务，并且资产不足以清偿全部债务或者明显缺乏清偿能力的有关证据。

第二条　"破申"案件立案前，应当对破产申请是否符合法律规定的申请形式、所应提交的书面材料是否完备等进行审查。"破申"案件立案后，应当对破产申请是否符合破产程序开始的条件和原因进行审查。

第三条　"破申"案件立案后，破产审判庭通过审管系统调查债务人的涉执行案件信息，同时将"破申"案件已经立案的情况知会相关执行部门。

第四条　审判组织在审查债务人是否存在不能清偿到期债务的情形时，应当着重审查下列事项：

（一）债权债务关系是否成立；

（二）债务人不能清偿的是否是已到清偿期限的债务；

（三）债务是否仍处于诉讼时效或者申请执行时效内；

（四）债务人未清偿债务的状态是否客观存在。

第五条　债务人申请破产，未提供审计报告、资产评估报告等证据，存续期超过三年的，应当提供截止申请日过去两个会计年度及当期的资产负债表；存续期不满三年的，应当提供成立日至申请日每个会计年度及当期的资产负债表。审判组织应当结合债务人的持续经营能力，对其是否具备破产原因进行审查。

利害关系人对资产负债表有异议且举示相关证据证实的，债务人应当补充提交审计报告或资产评估报告。

第六条 申请人以终结本次执行裁定书证明债务人明显缺乏清偿能力的，审判组织应当综合审查终结本次执行程序的原因、债务人当前的资产负债状况、生产经营状况、信用状况、技术力量、知识产权、劳动力、恢复执行情况、注册资本等情况，对债务人是否具备破产原因作出认定。

第七条 债务人的关联企业作为债权人申请债务人破产的，审判组织应当审慎审查关联企业债权的合法性和真实性，防止关联企业虚构债权利用破产程序帮助债务人逃废债务。

第八条 对发现有"假破产、真逃债"嫌疑或者迹象的，审判组织应当通过召开听证会的方式对申请人提出的破产申请进行审慎审查，同时向提出破产申请的债权人以及债务人的法定代表人、实际控制人等直接责任人员释明法律规定。

第九条 经审查发现债务人有巨额财产下落不明且不能合理解释财产去向或者债务人存在先行剥离企业有效资产另组企业而后申请破产等"假破产、真逃债"行为的，应依法裁定不予受理。

第十条 审判组织发现债务人法定代表人、实际控制人、股东及其他高级管理人员因逃废债涉嫌犯罪的，应当将涉嫌犯罪的材料移交侦查机关。

第十一条 本意见由本院审判委员会负责解释。

第十二条 本意见自发布之日起施行。

重庆市第五中级人民法院
关于执行案件移送破产审查工作的实施办法

(渝五中法发〔2021〕22号)

重庆市第五中级人民法院审判委员会通过

2021年4月6日起施行

为规范执行案件移送破产审查（以下简称"执转破"）工作，加强执行程序与破产程序之间的转换衔接，提升司法效率，健全市场主体救治和退出机制，根据相关法律法规及司法解释等规定，结合本院工作实际，制定本办法。

第一条 执转破工作应当坚持依法有序、协调配合、高效便捷的工作原则。杜绝利用执转破程序恶意阻却执行及逃废债行为。

第二条 执行法院向本院移送的执转破案件，应当同时符合下列条件：

（一）被执行人为本市区、县级以上市场监督管理部门核准登记的企业法人；

（二）被执行人或者有关被执行人的任何一个执行案件的申请执行人书面申请或者同意将执行案件移送破产审查；

（三）被执行人不能清偿到期债务，并且资产不足以清偿全部债务或者明显缺乏清偿能力。

第三条 执行法院发现作为被执行人的企业法人具有下列情形之一的，应当认定被执行人不能清偿到期债务：

（一）经查询银行、市场监管机构、车辆登记机构、不动产登记机构等单位后，被执行人确无财产可供执行的；

（二）被执行人的财产无法拍卖、变卖，或者经两次拍卖、变卖后仍无法变现的，申请执行人拒绝接受或者依法不能交付其抵债，经执行法院进行财产调查，被执行人确无其他财产可供执行的；

（三）被执行人被撤销、吊销营业执照或者歇业后既无财产可供执行，又无义务承受人，也没有能够依法追加、变更执行主体的；

（四）经执行法院调查，被执行人虽有财产但不宜强制执行的；

（五）被执行人财产已经拍卖、变卖，但拍卖、变卖所得的价款不足以清偿申请执行人的债务的。

第四条 被执行人存在下列情形之一的，应当认定其资产不足以清偿全部债务或者明显缺乏清偿能力：

（一）被执行人资产负债表，或者审计报告、资产评估报告等显示其全部资产不足以偿付全部负债；

（二）被执行人账面资产虽大于负债，但资金严重不足或者财产不能变现，无法清偿债务；

（三）被执行人法定代表人下落不明且无其他人员负责管理财产，无法清偿债务；

（四）执行法院受理该案时，已有同一被执行人的案件因无财产可供执行而被裁定终结本次执行程序；

（五）企业长期亏损，且依被执行人当前的信用状况、融资能力，扭转困难。

第五条　执行法院发现作为被执行人的企业法人具有企业破产法第二条规定的情形的，应当及时询问申请执行人、被执行人是否同意将执行案件移送破产审查。

执行法院应当向申请执行人、被执行人书面送达征询意见通知书，征求意见并告知破产相关法律程序和法律后果。申请执行人、被执行人应当在收到征询意见通知书5日内予以书面回复。同意执转破的，可以依法选择破产清算、重整或者和解程序。

第六条　执行法官认为执行案件符合执转破条件的，应当提出审查意见，经合议庭评议同意后，层报执行法院院长审批并签署移送决定。

申请执行人或者被执行人选择重整程序、被执行人选择和解程序的，可以向执行法院提交重整方案或者和解协议草案，也可以在执行案件移送破产审查后向本院提交。执行法院不得以申请执行人、被执行人未选择破产程序、破产程序选择不一致或者未提交重整方案或和解协议草案为由拒绝移送破产审查。

第七条　执行法院作出移送决定后，应当于5日内送达申请执行人和被执行人。申请执行人或者被执行人对移送决定有异议的，可以在本院破产审查期间提出，由本院一并处理。

第八条　执行法院决定移送后、本院裁定受理破产案件之前，对被执行人的查封、扣押、冻结措施不解除。查封、扣押、冻结期限在破产审查期间届满的，申请执行人可以向执行法院申请延长期限，由执行法院负责办理。

第九条　执行法院作出移送决定后，应当向本院移送下列材料：

（一）执行案件移送破产审查决定书；

（二）执转破移送表；

（三）征询意见通知书及回复意见或者申请书；

（四）执行法院采取财产调查措施查明的被执行人的财产状况、已查封、扣押、冻结财产清单及相关材料；

（五）已分配财产清单及相关材料；

（六）被执行人债务清单；

（七）其他应当移送的材料。

第十条 移送的材料不完备或者内容错误，影响本院认定破产原因是否具备的，本院应当一次性告知执行法院补齐、补正相关材料，执行法院应当于10日内补齐、补正。补齐、补正材料的期间，不计入破产审查的期间。

本院需要查阅执行程序中的其他案件材料，或者依法委托执行法院办理财产处置等事项的，执行法院应当予以协助配合。

第十一条 执行法院和本院可以指派专人负责执转破衔接工作，包括材料移送、接收、登记、流转、通知和送达等。

第十二条 本院经初步审查，认为移送材料完备的，应当以"破申"作为案件类型代字编制案号登记立案。

申请执行人申请或者同意执转破的，以申请执行人为申请人，被执行人为被申请人；被执行人申请或者同意执转破的，以被执行人为申请人；申请执行人、被执行人均同意执转破的，双方均为申请人。

第十三条 立案后，本院应当及时进行破产申请审查，并在30日内作出是否受理的裁定。自裁定作出之日起5日内送达申请人、被申请人，并送交执行法院。

本院认为需要进行听证审查的，可以组织申请人、被申请人进行听证。相关利害关系人申请参与听证的，原则上应当予以准许。申请执行人申请重整、被执行人申请重整或者和解的，应当进行听证审查。

申请执行人、被执行人选择的破产程序不一致的，听证时应当组织各方协商确定破产程序，协商不成的，根据被执行人的实际情况，依法裁定适用相应的破产程序。

经书面通知，申请人无正当理由拒不参与听证的，按撤回破产申请处理。其他人员未按期参与听证的，不影响听证的进行。

第十四条 本院在进行破产申请审查时，应当严格审查申请人是否具有申请资格、被执行人是否具有破产原因、申请资料是否真实完整等事项，防止当事人利用执转破程序恶意阻却执行。

经审查发现申请人、被执行人通过虚构事实，恶意阻却执行法院依法执行的，可以依照民事诉讼法第一百一十一条等规定予以处理，涉嫌犯罪的，应当及时移送有关机关依法处理。

第十五条　本院在进行破产审查时，应当严格审查被执行人是否存在逃废债行为，防止被执行人利用破产程序逃废债务。

第十六条　被执行人的关联企业作为债权人申请或者同意移送破产审查的，本院在进行破产审查时仍应当审查关联企业债权的真实性和合法性，防止关联企业虚构债权利用破产程序帮助被执行人逃废债务。

第十七条　本院在进行破产审查时，应当通过了解被执行人的对外投资情况，审查被执行人是否存在先行剥离企业有效资产另组企业而后申请破产等逃废债行为。

第十八条　本院在进行破产审查时，应当关注涉及被执行人重大资产交易情况真实性和合法性，必要时可以要求被执行人就重大资产的交易情况和去向作出解释和说明。

第十九条　本院在进行破产审查时，发现被执行人的法定代表人、出资人、实际控制人或者其他人员有故意作虚假陈述、恶意侵占、挪用、隐匿企业财产，隐匿、故意销毁依法应当保存的会计凭证、会计账簿、财务会计报告或者本指引第十四条至第十八条规定的行为的，可以依照民事诉讼法第一百一十一条、一百一十三条等规定予以处理，涉嫌犯罪的，应当及时移送有关机关依法处理。

第二十条　本院裁定受理破产案件的，此前被执行人尚未支付的未终结执行程序中产生的评估费、公告费、保管费等执行费用，可以参照破产费用的规定，从被执行人财产中随时清偿。

此前被执行人尚未支付的案件受理费、执行申请费，可以作为破产债权清偿。

第二十一条　本院裁定受理破产案件的，执行法院可以裁定终结被执行人的本次执行程序，并以终结本次执行程序方式结案。本院裁定宣告被执行人破产或者裁定终止和解程序、重整程序的，应当自裁定作出之日起5日内送交执行法院，执行法院应当终结对被执行人的执行。

第二十二条　本院裁定受理破产案件的，执行法院应当根据本院的要求或者管理人的请求，及时解除对被执行人财产的保全措施，并将相关财产或者财产凭证移交给本院或者管理人。

第二十三条 执行法院收到受理裁定后,应当于 7 日内将已经扣划到账的银行存款、实际扣押的动产、有价证券等被执行人财产移交给本院或者管理人。

第二十四条 本院作出不予受理裁定的,应当在裁定生效后 7 日内将接收的材料退回执行法院,执行法院应当恢复执行。

第二十五条 本院作出不予受理裁定的,执行法院不得重复启动执行案件移送破产审查程序。申请执行人或者被执行人有新的证据足以证明被执行人已经具备破产原因,再次要求将执行案件移送破产审查的,执行法院不予支持。但是申请执行人或者被执行人可以直接向本院提出破产申请。

第二十六条 移送本院审查的执转破案件适用本办法的规定。

第二十七条 本办法自公布之日起施行。此前本院相关规定与本办法不一致的,以本办法为准。

三、审理

（一）简化审

重庆市高级人民法院
关于"执转破"案件简化审理的工作规范

（渝高法〔2018〕230号）

2018年12月14日起施行

为提高"执转破"案件的审判效率，根据《中华人民共和国企业破产法》《最高人民法院关于适用〈中华人民共和国企业破产法〉若干问题的规定（一）》《最高人民法院关于适用〈中华人民共和国企业破产法〉若干问题的规定（二）》《最高人民法院关于执行案件移送破产审查若干问题的指导意见》等规定，结合我市破产审判工作实际，对"执转破"案件简化审理工作提出以下工作规范。

一、审理原则

1. 协调有序。对"执转破"案件的移送、立案、审理工作，不同法院之间，同一法院执行部门、立案部门、破产审判部门之间应协调配合、有序分工，畅通工作渠道，减少工作环节。

2. 繁简分流。甄别"执转破"案件类型，对债权债务关系简单、财产状况明晰等较为简单的案件，采取简化审理方式，快速高效审结。

3. 兼顾公平与效率。平衡保护债权人、债务人利益，创新工作机制，合并工作事项，采取灵活多样的资产处置方式，合法有序推进破产程序，提高审判质效。

二、案件类型

4. 受移送法院破产审判部门在"执转破"案件审查受理阶段，发现案件属于下列情形之一的，可以决定进行简化审理：

（1）债权债务关系简单、财产状况明晰的；

（2）债务人资产总价值不高、债权人人数较少的；

（3）债务人的主要财产、账册、重要文件等灭失，或者债务人人员下落不明，未发现存在大额财产隐匿情形的；

（4）执行程序中已经作出裁定终结本次执行的；

（5）执行阶段已穷尽相关财产调查措施，未发现债务人有可供执行的财产或者可供执行的财产不足以支付破产费用的；

（6）申请人、被申请人及其他主要破产参与人协商一致同意简化审理的；

（7）其他适合简化审理的情形。

中级人民法院将未决定简化审理的"执转破"案件交由基层人民法院审理的，基层人民法院在审理过程中，认为属于上述情形之一的，可自行决定简化审理。

人民法院决定简化审理的，应当制作决定书。决定书应送达申请人和管理人，并告知其他相关人员。

5. 下列"执转破"案件，原则上不适宜简化审理：

（1）存在重大信访维稳风险的；

（2）裁定破产重整的；

（3）关联企业合并破产的；

（4）其他不宜简化审理的案件。

三、立案及受理

6. 受移送法院立案部门对执行法院移送的材料进行形式审查，材料完备的，在三个工作日内以"破申"字号登记立案，并将案件移送破产审判部门审查，同时将相关立案信息录入全国企业破产重整案件信息网。

7. 破产审判部门应当及时审查，对依法应当受理且符合简化审理条件的，自"破申"案件立案之日起十五日内作出受理裁定，并同时将受理裁定交立案部门。立案部门以"破"字号登记立案，并将相关立案信息录入全国企业破产重整案件信息网。

8. 简化审理的"执转破"案件，可由"执转破"案件的审理团队组成合议庭或者由审理团队中的审判员一人独任审理。

四、管理人选任及财产接管

9. 简化审理的"执转破"案件，以轮候、抽签、摇号等随机方式公开指定管理人。

10. 基层人民法院作出受理裁定的同时，报请所属中级人民法院司法技术部门指定管理人。中级人民法院司法技术部门收到申请后,应于五个工作日内指定管理人并通知基层人民法院。基层人民法院在收到通知之日起三个工作日内作出指定管理人决定书。

11. 中级人民法院破产审判部门作出受理裁定的同时,应当报送本院司法技术部门指定管理人。司法技术部门应于五个工作日内指定管理人并告知破产审判部门。"执转破"案件由中级人民法院自行审理的,中级人民法院破产审判部门在收到通知之日起三个工作日内作出指定管理人决定书。

"执转破"案件由中级人民法院作出受理裁定并交由基层人民法院审理的,中级人民法院破产审判部门在收到本院司法技术部门指定管理人通知后,应将破产案件受理裁定、管理人指定通知等案卷材料一并移交基层人民法院。基层人民法院收到材料后应当及时以"破"字号登记立案,并在立案之日起三个工作日内作出指定管理人决定书。

12. 管理人应当自收到指定管理人决定书以及刻制印章函之日起三个工作日内向公安机关申请刻制管理人印章。管理人印章交人民法院封样备案后启用。

13. 管理人应当在管理人印章备案启用之日起三个工作日内,向银行申请开立管理人账户。因债务人没有财产等原因,无开立账户必要的,可暂不申请开立管理人账户。

14. 相关执行法院应自收到受理裁定书之日起七日内,将已经扣划到账的银行存款、尚未分配的财产变价款、实际扣押的动产、有价证券等被执行人的相关财产移交管理人,但管理人认为暂不适宜移交的除外。

15. 破产案件受理前,符合下列情形之一的,由于财产所有权已经发生变动,不属于被执行人的财产,执行法院不予移交:

(1) 已通过拍卖程序处置且成交裁定书已送达买受人的拍卖财产;

(2) 通过以物抵债偿还债务且抵债裁定书已送达债权人的抵债财产;

(3) 执行法院已向申请执行人完成转账、汇款、现金交付的执行款。

16. 管理人应当在收到指定管理人决定书之日起十日内接管债务人财产、印章和账簿、文书等资料。不能完成接管的,应当书面向人民法院报告接管现状以及不能全面接管的原因。

17. 管理人接管的债务人财产、印章和账簿、文书等资料包括:

(1) 债务人所有或占有的现金、存款、有价证券、流动资产、固定资产、对外投资、无形资产等财产及相关凭证;

（2）公章、财务专用章、合同专用章、发票专用章、职能部门章、各分支机构章、电子印章、法定代表人名章等印章；

（3）总账、明细账、台账、日记账等账簿及全部会计凭证、重要空白凭证；

（4）批准设立文件、营业执照、税务登记证书及各类资质证书、章程、合同、协议及各类决议、会议记录、人事档案、电子文档、管理系统授权密码等资料；

（5）有关债务人的诉讼、仲裁、执行案件的材料；

（6）债务人的其他重要资料。

18. 管理人需要通过法院案件管理系统了解与债务人相关的诉讼案件、执行案件等情况的，应当向破产案件审理法院提出书面申请。审理法院应当自收到申请之日起三个工作日内向管理人提供全市法院范围内涉及债务人的案件清单，清单应当包括案号、案由、当事人信息以及审理或执行法院等相关内容。

五、送达及公告

19. 简化审理的"执转破"案件，可参照《中华人民共和国民事诉讼法》关于简易程序的送达规定以及《重庆市高级人民法院关于进一步加强民事送达工作的实施意见》（渝高法〔2018〕108号）的相关规定送达法律文书。

20. "执转破"案件，执行法院作出移送决定书后，应于五日内送达债务人，并同时告知债务人有异议的，应当在收到决定书之日起七日内向受移送法院提出。执行法院已经履行前述职责的，受移送法院在审查受理阶段不再重复通知及告知债务人。

21. 作出受理裁定的法院自行审理"执转破"案件的，应当在收到管理人指定通知之日起三个工作日内，将受理裁定、管理人相关信息、债权申报期限等相关事项一并在全国企业破产重整案件信息网、重庆法院公众服务网上公告。

22. 中级人民法院作出受理裁定并交由基层人民法院审理的"执转破"案件，基层人民法院应当在"破"字号案件登记立案之日起三个工作日内，将受理裁定、管理人相关信息、债权申报期限等相关事项一并在全国企业破产重整案件信息网、重庆法院公众服务网上公告。

六、债权申报及债权人会议

23. 简化审理的"执转破"案件，债权申报期限为三十日，自人民法院发布受理破产申请公告之日起计算。

24. 第一次债权人会议由人民法院召集，自债权申报期限届满之日起五个工作日内召开。召开债权人会议,管理人应当提前五个工作日通知已知债权人。受合议庭委托,承办法官可单独主持债权人会议。

25. 人民法院应当督促、指导管理人尽快制定破产财产变价方案、破产财产分配方案,管理人可合并拟定破产财产变价方案和分配方案。简化审理的"执转破"案件,一般应当在第一次债权人会议上将破产财产变价方案和分配方案一并提交表决。

26. 简化审理的"执转破"案件,一般不设立债权人委员会。债权人会议可以书面或网络方式召开,债权人可通过邮寄信件、电子邮件或网络平台等方式发表意见、进行表决。

27. 债务人符合宣告破产条件的,管理人应在第一次债权人会议结束之日起三个工作日内,向人民法院申请宣告债务人破产;人民法院在收到申请之日起五个工作日内作出宣告债务人破产的裁定。

七、财产调查及变价

28. 管理人需要通过人民法院"总对总"网络执行查控系统查控债务人银行存款、房产、车辆、股权、证券、网络账户等的,可向"执转破"案件审理法院提出申请,由审理法院破产审判部门作出保全债务人财产的民事裁定,交本院保全中心实施。

29. 保全中心应在"执保"字号案件立案之日起五个工作日内,通过人民法院"总对总"网络执行查控系统对债务人财产进行核实、查控,并将核实、查控结果以书面形式告知破产审判部门。

30. 执行法院在移送破产审查前三个月内已就债务人财产通过人民法院"总对总"网络执行查控系统进行核查并向受移送法院移送债务人财产清单的,管理人可直接使用该核查结果。

31. 执行程序中对债务人财产作出的评估、鉴定或审计报告,在案件移送破产审查后仍在有效期内的,不再重新委托评估、鉴定或审计,但存在中介机构或其从业人员不具备相关资格、程序严重违法、结论依据明显不足等情形的除外。评估、鉴定或审计报告超过有效期,但超过时间不满一年的,管理人可委托原中介机构出具补充报告或者作出说明。评估、鉴定或审计报告超过有效期一年以上的,管理人可委托原中介机构重新评估、鉴定或审计,但债权人会议同意不重新评估、鉴定或审计的除外。

32. 执行程序中已启动财产拍卖、变卖的,按下列情形处理:

(1) 财产拍卖、变卖成交后,成交裁定书已送达买受人的,受移送法院应及时依法裁定受理，管理人应接管扣除拍卖费用后的拍卖、变卖执行款；

（2）财产拍卖、变卖成交后，成交裁定书尚未送达买受人的，受移送法院一般应待成交裁定书送达买受人后再予以裁定受理；

（3）财产已经执行法院评估并拟拍卖的，受移送法院应与执行法院协调工作进度，合理把握受理时机；

（4）财产拍卖过程中流拍、变卖不成的，或者暂缓、中止拍卖、变卖的，管理人接管拍卖、变卖财产后，经债权人会议表决通过可以之前的拍卖保留价、变卖价为基础继续组织拍卖、变卖。

33. 执行案件中产生的保全费、评估费、公告费、保管费等执行费用符合下列条件的，可以参照破产费用的规定，从债务人财产中随时清偿：

（1）因管理、变价债务人财产发生，且该财产或财产的变价款已由管理人接管；

（2）评估、鉴定或审计报告在破产程序中被继续使用的。

34. 对不具备审计条件的，经有资质的审计机构出具相关证明材料予以证明，可不对债务人进行审计。债权债务关系简单、财产状况明晰或者债务人财产数量较少的，经债权人会议表决通过，可不对债务人进行审计。

35. 破产财产需要通过拍卖变价的，经债权人会议表决通过，拍卖底价可参照市场价确定，也可通过询价确定。

36. 经债权人会议表决通过，破产财产可采取债权人内部竞价、协议转让、以物抵债等非拍卖方式变价。破产财产为国有资产的，处置方式应当符合国有资产管理的相关法律、法规。

八、终结破产程序

37. 破产宣告前，有下列情形之一的，管理人应于该情形发生之日起三个工作日内提请人民法院裁定终结破产程序：

（1）第三人为债务人提供足额担保或者为债务人清偿全部到期债务的；

（2）债务人已清偿全部到期债务的。

38. 经人民法院网络执行查控系统查控及管理人调查，有下列情形之一的，管理人应当及时提请人民法院裁定宣告债务人破产并终结破产程序：

（1）未发现债务人有可供分配的财产；

（2）虽有少量财产但不足以支付破产费用且无利害关系人垫付的，或者利害关系人垫付费用不足以支付破产费用的。

39. 破产财产分配完毕后，管理人应于三个工作日内向人民法院提交清算工作报告，并提请终结破产程序。

40. 破产财产分配方案经人民法院裁定确认，且主要财产已分配完毕，但因客观原因尚未完成个别事项的，管理人可提请人民法院裁定终结破产程序。

41. 债务人的账册、重要文件等确已灭失，导致无法清算或无法全面清算的情况下，管理人应当就现有财产对已确认债权进行公平清偿，并及时提请人民法院裁定宣告债务人破产并终结破产程序。

42. 管理人提请终结破产程序的，人民法院应当自收到终结破产程序的请求之日起五个工作日内作出是否终结破产程序的裁定。裁定终结的，应当予以公告。

九、审理期限

43. 简化审理的"执转破"案件应当在"破"字号案件立案之日起三个月内审结。因特殊情况需要延长的，经分管院长审批，可以延长三个月。

44. 简化审理的"执转破"案件在审理过程中发现案情复杂不适宜简化审理的，经分管院长审批，可转为一般破产审理程序。

人民法院决定转为一般破产审理程序的，应当制作决定书。决定书应送达申请人和管理人，并告知其他相关人员。

十、其他事项

45. 其他破产案件符合简化审理条件的，可参照本规范执行。

46. 本规范自公布之日起施行。

重庆市高级人民法院
关于破产案件简化审理的工作规范

（渝高法〔2019〕208号）

重庆市高级人民法院审判委员会2019年第33次会议通过

2019年12月31日起施行

为健全破产审判工作机制，提高破产案件审判效率，在总结全市法院适用《重庆市高级人民法院关于"执转破"案件简化审理的工作规范》经验的基础上，根据《中华人民共和国企业破产法》《中华人民共和国民事诉讼法》等规定，结合本市破产审判工作实际，对破产案件简化审理工作制定本工作规范。

一、基本原则

1. 繁简分流。甄别破产案件类型，对债权债务关系简单、财产状况明晰的破产案件，应当适用简化审理方式，缩短案件审理周期。

2. 提高质效。创新工作机制，简化审理流程，合并工作事项，降低程序成本，提高破产案件审判质效。

3. 依法审理。兼顾公平与效率，平等保护债权人、债务人等利害关系人合法权益，有序推进破产程序。

二、适用案件

4. 破产案件属于下列情形之一的，应当进行简化审理：

（1）债权债务关系简单、财产状况明晰的；

（2）债务人资产总价值不高、债权人人数较少的；

（3）债务人的主要财产、账册、重要文件等灭失，或者债务人人员下落不明，未发现存在大额财产隐匿情形的；

（4）债务人经过强制清算，债权、债务明确的；

（5）债务人无财产或者债务人财产不足以支付破产费用的；

（6）执行部门依法裁定终结本次执行并移送破产的；

（7）申请人、被申请人及其他主要破产参与人协商一致同意简化审理的；

（8）其他适合简化审理的情形。

5. 具有下列情形之一的破产案件，一般不宜简化审理：

（1）关联企业合并破产的；

（2）裁定破产重整的；

（3）社会影响重大的；

（4）其他不宜简化审理的案件。

三、立案及受理

6. 债权人、债务人等法定主体提出破产申请的，人民法院立案部门应当根据《中华人民共和国企业破产法》第八条的规定进行形式审查。符合法律规定的，严格在《最高人民法院关于破产案件立案受理有关问题的通知》规定的期限内，以"破申"字号登记立案，并将相关立案信息录入全国企业破产重整案件信息网，同时将案件移送破产审判部门审查。

7. 破产审判部门应当及时审查，对依法应当受理且符合简化审理条件的，应严格在《中华人民共和国企业破产法》第十条规定的期限内，作出破产申请受理裁定，同时作出简化审理决定书。

破产审判部门作出受理裁定后，应立即交立案部门。立案部门以"破"字号登记立案，并将相关立案信息录入全国企业破产重整案件信息网。

破产审判部门应当将简化审理决定书送达申请人和管理人，并告知其他相关人员。

8. 简化审理的破产案件，可由法官组成合议庭审理，也可由法官独任审理。

四、管理人选任及财产接管

9. 简化审理的破产案件，以轮候、抽签、摇号等随机方式公开指定管理人。

10. 中级人民法院作出受理裁定的同时，由破产审判部门报送司法技术部门指定管理人。司法技术部门应于五个工作日内指定管理人并告知破产审判部门。破产审判部门在收到通知之日起三个工作日内作出指定管理人决定书。

11. 中级人民法院作出受理裁定并交由基层人民法院审理的破产案件，中级人民法院破产审判部门在收到本院司法技术部门指定管理人通知后，应将破产案件受理裁定、管理人指定通知等案卷材料一并移交基层人民法院。基层人民法院收到材料后应当及时以"破"字号登记立案，并在立案之日起三个工作日内作出指定管理人决定书。

12. 公司强制清算转破产清算的案件，原强制清算的清算组由人民法院管理人名册中的中介机构组成或参加的，除存在利害关系等不宜担任管理人的情形之外，可直接指定该中介机构作为破产案件管理人。

13. 管理人应当自收到指定管理人决定书以及刻制印章函之日起三个工作

日内向公安机关申请刻制管理人印章。管理人印章交人民法院封样备案后启用。

14. 管理人应当在管理人印章备案启用之日起三个工作日内，向银行申请开立管理人账户。因债务人没有财产等原因，无开立账户必要的，可暂不申请开立管理人账户。

15. 管理人应当在收到指定管理人决定书之日起十日内接管债务人财产、印章和账簿、文书等资料。不能完成接管的，应当书面向人民法院报告接管现状以及不能全面接管的原因。

16. 管理人需要通过法院案件管理系统了解与债务人相关的诉讼案件、执行案件等情况的，应当向破产案件审理法院提出书面申请。审理法院应当自收到申请之日起三个工作日内向管理人提供全市法院范围内涉及债务人的案件清单，清单应当包括案号、案由、当事人信息以及审理或执行法院等相关内容。

五、送达及公告

17. 简化审理的破产案件，可参照《中华人民共和国民事诉讼法》关于简易程序的送达规定以及《最高人民法院关于进一步加强民事送达工作的若干意见》的相关规定送达法律文书。

18. 债权人提出破产申请，债务人下落不明的，人民法院可在债务人备案登记的住所地张贴破产申请书等相关法律文书，并同时在全国企业破产重整案件信息网予以公示。债务人提出异议的期限为自公示之日起七日内。人民法院应当自异议期满之日起十日内裁定是否受理。

19. 人民法院在作出管理人指定决定书之日起三个工作日内，将受理裁定、管理人相关信息、债权申报期限等相关事项一并在全国企业破产重整案件信息网公告。

六、债权申报及债权人会议

20. 简化审理的破产案件，债权申报期限为三十日，自人民法院发布受理破产申请公告之日起计算。

21. 第一次债权人会议由人民法院召集，自债权申报期限届满之日起五个工作日内召开。

22. 召开债权人会议，管理人应当提前十五日通知已知债权人。经征询债权人同意，可以缩短提前通知的时间，但最迟应当提前五日通知已知债权人。

23. 人民法院应当督促、指导管理人尽快制定财产变价方案、财产分配方案，管理人可合并拟定财产变价方案和分配方案。简化审理的破产案件，一般应当在第一次债权人会议上将财产变价方案和分配方案一并提交表决。

24. 债权人会议可以书面或网络方式召开，债权人可通过邮寄信件、电子邮件或网络平台等方式发表意见、进行表决。

25. 简化审理的破产案件，一般不设立债权人委员会。

26. 由合议庭审理的破产案件，受合议庭委托，主审法官可单独主持债权人会议。

七、财产调查及变价

27. 管理人需要通过人民法院"总对总"网络执行查控系统查询债务人银行存款、房产、车辆、股权、证券、网络账户等财产的，可向破产案件审理法院提出申请。

28. 审理法院破产审判部门在收到管理人申请后，应当及时通过人民法院"总对总"网络执行查控系统对债务人财产进行查询，并将查询结果以书面形式告知管理人。需要进一步对债务人财产采取保全等查控措施的，由破产审判部门作出保全债务人财产的民事裁定书，根据职能分工移交本院执行部门保全中心实施。

29. 强制清算程序、执行程序中对债务人财产作出的评估、鉴定或审计报告，仍在有效期内的，不再重新委托评估、鉴定或审计，但存在鉴定机构或鉴定人员不具备相关鉴定资格、鉴定程序严重违法、鉴定结论依据明显不足等需要重新鉴定的情况除外。

评估、鉴定或审计报告超过有效期，但超过时间不满一年的，管理人可委托原中介机构出具补充报告或者作出说明。

评估、鉴定或审计报告超过有效期一年以上的，管理人可委托原中介机构重新评估、鉴定或审计，但债权人会议同意不重新评估、鉴定或审计的除外。

30. 诉讼程序、政府行政清理中对债务人财产作出的评估、鉴定或审计报告，经债权人会议表决通过的，可直接在破产程序中适用。

31. 债权债务关系简单、财产状况明晰或者债务人财产数量较少的，除债权人会议决议审计之外，由管理人完成债权审查、财产清理后形成财产调查报告，报债权人会议审核。

32. 债权人会议决议审计但债务人不具备审计条件的，经有资质的审计机构出具相关证明材料予以证明，可不对债务人进行审计。

33. 债务人财产处置，应以网络拍卖优先为原则。债权人会议决议通过其他方式处置或者法律、行政法规规定必须以其他方式处置的除外。

34. 破产财产需通过拍卖变价的，经债权人会议表决通过，拍卖底价可参照市场价确定，也可通过定向询价、网络询价确定。

35. 经债权人会议表决通过，破产财产可采取债权人内部竞价、协议转让、以物抵债等非拍卖方式变价。

36. 破产财产为国有资产的，处置方式应当符合国有资产管理的相关规定。

八、破产宣告与终结

37. 债务人符合宣告破产条件的，管理人应当在第一次债权人会议结束之日起三个工作日内，向人民法院申请宣告债务人破产。人民法院审查认为债务人符合宣告破产条件的，应当在收到申请之日起五个工作日内，作出宣告债务人破产的裁定。

在召开第一次债权人会议时即能够认定债务人符合宣告破产条件的，经管理人申请，人民法院可在第一次债权人会议上当场审查并宣告债务人破产。

38. 人民法院宣告债务人破产的，应当自裁定作出之日起三日内送达债务人和管理人，自裁定作出之日起五日内通知已知债权人，并予以公告。

39. 破产宣告前，有下列情形之一的，管理人应于该情形发生之日起三个工作日内提请人民法院裁定终结破产程序：

（1）第三人为债务人提供足额担保或者为债务人清偿全部到期债务的；

（2）债务人已清偿全部到期债务的。

40. 经人民法院"总对总"网络执行查控系统调查及管理人调查，有下列情形之一的，管理人应当及时提请人民法院裁定宣告债务人破产并终结破产程序：

（1）未发现债务人有可供分配的财产；

（2）虽有少量财产但不足以支付破产费用且无利害关系人垫付的，或者利害关系人垫付费用不足以支付破产费用的。

人民法院可以在裁定宣告破产的同时终结破产程序。

41. 破产财产分配完毕后，管理人应于三个工作日内向人民法院提交财产分配报告、清算工作报告，并申请终结破产程序。

42. 破产财产分配方案经人民法院裁定确认，且主要财产已分配完毕，但因衍生诉讼等原因尚未完成个别事项的，管理人可以申请人民法院裁定终结破产程序。

43. 债务人的账册、重要文件等确已灭失，导致无法清算或无法全面清算的情况下，管理人应当就现有财产对已确认债权进行公平清偿，并及时提请人民法院裁定宣告债务人破产并终结破产程序。

44. 管理人提请终结破产程序的，人民法院应当自收到申请之日起五个工作日内作出是否终结破产程序的裁定。裁定终结的，应当予以公告。

45. 管理人应当自破产程序终结之日起三个工作日内，持人民法院终结破产程序的裁定，向破产人的原登记机关办理注销登记，但存在衍生诉讼等原因暂时无法注销的情形除外。

九、审理期限

46. 简化审理的破产案件应当在"破"字号案件立案之日起六个月内审结。因特殊情况需要延长的，应当报分管院长审批，延期最长不超过六个月。

本规范第4条第（3）、（4）、（5）、（6）项规定的破产案件，应当在"破"字号案件立案之日起三个月内审结。因特殊情况需要延长的，经分管院长审批，可以延长三个月。

破产案件简化审理情况纳入审判执行工作评估指标体系考核。

47. 人民法院在破产案件审理阶段，发现案件适宜简化审理的，可以决定进行简化审理。决定简化审理的，应当制作决定书。

人民法院在审理过程中发现简化审理的破产案件案情复杂，不适宜继续适用简化方式审理的，经分管院长审批，可转为一般破产审理程序。决定转为一般破产审理程序的，应当制作决定书。

决定书应送达申请人和管理人，并告知其他相关人员。

十、其他事项

48. 对债权债务关系简单、财产状况明晰的公司强制清算案件，可以参照适用本规范。

49. 本规范自2019年12月31日起施行。

重庆市高级人民法院
关于正确执行《"执转破"案件简化审理的工作规范》的通知

2020 年 1 月 7 日起施行

各中、基层人民法院，本院相关部门：

《重庆市高级人民法院关于破产案件简化审理的工作规范》已经市高法院审判委员会 2019 年第 33 次会议审议通过，并自 2019 年 12 月 31 日起施行。本院于 2018 年印发的《重庆市高级人民法院关于"执转破"案件简化审理的工作规范》中未作规定的以及与《重庆市高级人民法院关于破产案件简化审理的工作规范》不一致的，按照《重庆市高级人民法院关于破产案件简化审理的工作规范》的相关规定执行。

特此通知。

重庆市第五中级人民法院
破产案件快速审理指引

(渝五中法发〔2021〕154号)

重庆市第五中级人民法院审判委员会2021年第33次会议通过

2021年11月15日起施行

为推进破产案件快速审理，提高破产审判效率，降低破产程序成本，保障债权人和债务人等主体合法权益，充分发挥破产审判工作在完善市场主体拯救和退出机制等方面的积极作用，根据《中华人民共和国企业破产法》《最高人民法院关于推进破产案件依法高效审理的意见》等规定，结合破产审判工作实际，制定本指引。

第一条 破产案件的审理，应当遵循繁简分流、效率提升、权利保障原则。

第二条 具备下列情形之一的破产案件，人民法院可以适用快速审理方式：

（一）债务人账面资产在5000万元以下，债权性质较为单一的；

（二）债务人的主要财产、账册、重要文件等灭失，或者债务人人员下落不明，未发现大额财产隐匿的；

（三）债务人经过强制清算，债权债务关系明确的；

（四）债务人无财产或者债务人财产不足以支付破产费用的；

（五）预重整转重整的；

（六）其他可以适用快速审理方式的。

第三条 具有下列情形之一的破产案件，不适用快速审理方式：

（一）债务人财产状况复杂导致管理、变价、分配债务人财产可能期间较长或者存在较大困难的；

（二）债务人系上市公司、金融机构，或者存在关联企业合并破产、跨境破产等重大社会影响的；

（三）重整案件未经过预重整的；

（四）其他不宜适用快速审理方式的。

第四条 人民法院认为破产申请符合受理条件的，应当同时审查是否适用快速审理方式。决定适用快速审理方式的，应当在指定管理人决定书中予以告知，并与企业破产法第十四条规定的事项一并予以公告。

第五条　对于决定适用快速审理方式的破产案件，人民法院应当自裁定受理之日起六个月内审结。

本指引第二条第二、三、四项规定的破产案件，应当自裁定受理之日起三个月内审结。因特殊情况需要延长的，经分管院长批准，可以延长三个月。

第六条　破产案件在审理过程中发生不宜适用快速审理方式的情形，或者案件无法在裁定受理之日起六个月内审结的，经分管院长批准，转为普通方式审理，原已进行的破产程序继续有效。人民法院应当将转换审理方式决定书送达管理人，并予以公告。管理人应当将上述事项通知已知债权人、债务人。

第七条　适用快速审理方式审理的破产案件，一般采取随机摇号方式公开指定管理人。

预重整转重整的破产案件，人民法院可以指定预重整辅助机构为管理人。

强制清算转破产清算的案件，原强制清算的清算组由人民法院管理人名册中的中介机构组成或者参加的，可以直接指定该中介机构为管理人。

第八条　人民法院可以在破产申请受理审查阶段同步开展指定管理人的准备工作。合议庭评议拟受理破产申请并致函审判管理部门随机摇号确定管理人的，应当在收到审判管理部门通知当日作出受理破产申请裁定及指定管理人决定。

人民法院决定指定预重整辅助机构或者原强制清算清算组中的中介机构为管理人的，应当在裁定受理破产申请当日作出指定管理人决定。

第九条　管理人应当自收到指定管理人决定书之日起三日内完成刻制管理人印章、向银行申请开立管理人账户等工作。

因债务人没有财产等原因，无开立账户必要的，可以暂不申请开立管理人账户。

第十条　管理人应当自收到指定管理人决定书之日起五日内接管债务人财产、印章和账簿、文书等资料。不能完成接管的，应当及时向人民法院报告接管现状以及不能全面接管的原因。

第十一条　管理人应当自收到指定管理人决定书之日起五日内向人民法院提交查询债务人有关诉讼、执行案件情况及通过网络执行查控系统查询债务人银行存款、房产、车辆、股权、证券、网络账户等财产的书面申请，人民法院应当及时向管理人反馈查询结果。

第十二条　人民法院应当自裁定受理破产申请之日起十五日内自行或者由

管理人协助通知已知债权人，并就企业破产法第十四条规定的事项在"全国企业破产重整案件信息网"予以公告。

破产申请审查阶段已查明债权债务关系明确、债务人财产状况清楚、案情简单的破产案件，人民法院可以在向管理人送达指定管理人决定书当日就企业破产法第十四条规定的事项在"全国企业破产重整案件信息网"予以公告。

第十三条 债权人申报债权的期限为三十日，自发布受理破产申请公告之日起计算。

第十四条 管理人在接管债务人财产、接受债权申报等执行职务过程中，应当要求债权人、债务人的法定代表人、董事、监事、高级管理人员及相关财务管理人员、其他经营管理人员、利害关系人书面确认送达地址、电子送达方式及法律后果。

第十五条 适用快速审理方式的破产案件原则上只召开一次债权人会议。第一次债权人会议应当自债权申报期限届满之日起五日内召开。

第十六条 召开债权人会议，管理人应当提前十五日通知已知债权人，并将需审议、表决事项的具体内容提前三日告知已知债权人。但全体已知债权人同意缩短上述时间的除外。

第十七条 第一次债权人会议可以采用现场方式或者网络在线视频方式召开。经第一次债权人会议决议通过，以后的债权人会议还可以采用非在线视频通讯群组等其他非现场方式召开。债权人会议以非现场方式召开的，管理人应当核实参会人员身份，记录并保存会议过程。

第十八条 债权人会议除现场表决外，可以采用书面、传真、短信、电子邮件、即时通信、通讯群组等非现场方式进行表决。

第十九条 受合议庭委托，合议庭成员可以单独主持债权人会议。

第二十条 债权人会议上，全体债权人对债权核查无异议的，人民法院可以当庭裁定确认无异议债权。

第二十一条 在第一次债权人会议上，管理人可以将债务人财产变价方案、分配方案以及破产程序终结后可能追加分配的方案一并提交债权人会议表决。

适用快速审理方式的预重整转重整案件，管理人原则上应当将重整计划草案提交第一次债权人会议表决。

第二十二条 适用快速审理方式的破产案件，一般不设立债权人委员会。

第二十三条　管理人一般应当自接受指定之日起三十日内完成债务人财产调查工作并向人民法院提交财产状况报告。

第二十四条　债务人有下列情形之一的，管理人可以决定不予审计并向人民法院报告：

（一）债务人财务账册不完整、重要财务资料严重缺失，明显不具备审计条件的；

（二）债务人资产规模小，权属清晰，债权债务关系简单，通过其他措施可以明确资产以及负债的；

（三）债务人财产不足以清偿破产费用且无人代为清偿或者垫付的；

（四）强制清算程序、执行程序中已经进行审计或者债务人、债权人、利害关系人自行委托其他社会中介机构进行审计，管理人经审查认为审计报告符合破产审计要求的；

（五）其他不予审计的。

本条第一项规定情形，债权人会议另有决议的除外。

第二十五条　债务人有下列情形之一的，管理人可以决定不予评估并向人民法院报告：

（一）强制清算程序、执行程序中已经对债务人财产进行了评估，人民法院裁定受理债务人破产案件的时间处于评估报告有效期内的；

（二）债务人财产形态和财产结构简单且价值较低，能够采取定向询价、网络询价等方式确定财产价值的；

（三）其他不予评估的。

本条第一项规定情形，债权人会议另有决议的除外。

第二十六条　债务人符合宣告破产条件的，管理人应当自第一次债权人会议结束之日起三日内，向人民法院申请宣告债务人破产。人民法院经审查认为债务人符合宣告破产条件的，应当自收到申请之日起三日内，作出宣告债务人破产的裁定。

召开第一次债权人会议时即能够认定债务人符合宣告破产条件的，经管理人申请，人民法院可以在第一次债权人会议上裁定宣告债务人破产。

管理人调查后未发现债务人有可供分配的财产或者虽有少量财产但不足以支付破产费用且无利害关系人垫付的，经管理人申请，人民法院可以在裁定宣告破产的同时裁定终结破产程序。

第二十七条　经债权人会议表决通过，破产财产可以采取债权人内部竞价、协议转让、以物抵债等非拍卖方式处置。

第二十八条 管理人应当自破产财产分配完毕之日起三日内向人民法院提交破产财产分配报告、清算工作报告，并提请终结破产程序。

第二十九条 管理人提请终结破产程序的，人民法院应当及时审查。对于符合终结破产程序条件的，应当自收到申请之日起三日内作出终结破产程序的裁定并予以公告。

第三十条 管理人应当自破产程序终结之日起三日内，持终结破产程序裁定向破产企业的原登记机关办理注销登记，但存在衍生诉讼等原因暂时无法注销的情形除外。

第三十一条 对债权债务关系明确、财产状况清楚、案情简单的强制清算案件，可以参照适用本指引。

第三十二条 本指引自 2021 年 11 月 15 日起施行。

重庆市第五中级人民法院
小微企业破产案件审理指引（试行）

（渝五中法发〔2024〕63号）

重庆市第五中级人民法院审判委员会2024年第19次会议通过

2024年6月28日起施行

为充分发挥人民法院破产审判在完善小微企业拯救和退出机制中的积极作用，助力全市小微企业良性发展，优化法治营商环境，根据《中华人民共和国企业破产法》等相关规定，结合我市小微企业破产审判实际，制定本指引。

第一条　本指引适用于同时符合下列条件的债务人财产状况清晰、债权债务关系简单、债权人人数较少的小微企业破产案件：

（一）债务人主要财产权属无争议且易处置；

（二）债务人的债权债务关系相对明确；

（三）债权人人数在100人以下。

第二条　审理小微企业破产案件，应当遵循高效、灵活、便捷、低成本的原则。

第三条　人民法院在破产申请审查阶段，可以就是否适用本指引征求申请人、被申请人的意见。

申请人或被申请人提出异议理由充分的，不适用本指引。

第四条　人民法院认为破产申请符合受理条件的，应当同时审查是否适用本指引。决定适用本指引的，应当在指定管理人决定书中予以告知，并与企业破产法第十四条规定的事项一并予以公告。

第五条　适用本指引审理小微企业破产案件，人民法院应当自裁定受理破产申请之日起六个月内审结。

第六条　人民法院在审理过程中发现案件存在不宜适用本指引情形的，或者案件无法在裁定受理之日起六个月内审结的，经分管院领导批准，转为普通方式审理，原已进行的破产程序继续有效。

人民法院应当将转换审理方式决定书送达管理人，并予以公告。管理人应当将上述事项通知已知债权人、债务人。

第七条　适用本指引审理的小微企业破产案件，一般采取随机方式指定管理人，符合《重庆市第五中级人民法院破产案件管理人指定办法》第二十一条规定的，可以采用接受主要债权人推荐方式指定管理人。

强制清算转破产清算的案件，原强制清算的清算组由人民法院管理人名册中的中介机构组成或者参加的，可以直接指定该中介机构为管理人。

第八条 人民法院依托破产协同易审平台为管理人提供债务人财产线上查询。

第九条 债权人的债权申报期限为三十日。

债权人可以依托破产协同易审平台进行网上债权申报，管理人同步开展线上审查。

第十条 债权人会议可以采用网络在线视频方式以及非在线视频通讯群组等其他非现场方式召开。

债权人会议以非现场方式召开的，管理人应当核实参会人员身份，记录并保存会议过程。

第十一条 第一次债权人会议可以由合议庭委托一名合议庭成员主持。

第十二条 债权人会议除现场表决外，可以采用书面、传真、短信、电子邮件、即时通信、通讯群组等非现场方式进行表决。

第十三条 人民法院在受理债务人破产后，债权人可以通过书面方式明确表示同意默示表决规则。

经法定方式通知并解释后果后，债权人无正当理由不参加债权人会议或者不行使表决权，并且没有提出实质异议的，视为参加债权人会议并同意表决事项。

第十四条 权益未受到调整或者影响的债权人或者出资人，参照企业破产法第八十三条的规定，不参加重整计划草案的表决。

第十五条 适用本指引审理小微企业破产案件，可以不设债权人委员会。

第十六条 适用本指引审理小微企业破产清算案件，原则上只召开一次债权人会议。

第十七条 在第一次债权人会议上，管理人一般应当将债务人财产管理方案、变价方案、分配方案（包含破产程序终结后可能追加分配的方案）等需要表决的事项一并提交债权人会议表决。

第十八条 采用拍卖方式处置债务人财产的，债务人或管理人一般应当提出处置参考价供债权人会议参考确定起拍价。参考价可以采取定向询价、网络询价、委托评估等方式确定。

经债权人会议表决通过，小微企业破产财产可以采取协议转让、以物抵债等非拍卖方式处置。

第十九条　在重整期间，经债务人申请，人民法院批准，债务人可以在管理人的监督下自行管理财产和营业事务。

第二十条　债务人自行管理的，管理人仍应当行使审查债权、调查债务人财产状况、行使破产撤销权等职权，并加强对债务人的监督。

债务人应当定期向管理人报告财产管理及营业情况。

第二十一条　小微企业的出资人承诺投入资金或实物、知识产权等非货币财产，或者承诺继续投入商业资源、专业技艺等，对于债务人的继续经营具有重要价值的，重整计划草案可以适当保留出资人权益。

第二十二条　债务人或管理人原则上应当自人民法院裁定受理债务人重整之日起三个月内，同时向人民法院和债权人会议提交重整计划草案。

前款规定期限届满，经债务人或管理人请求，有正当理由的，人民法院可以裁定延期两个月。

第二十三条　适用本指引审理小微企业重整案件，在召开第一次债权人会议时可以一并表决重整计划草案。

第二十四条　债务人申请破产和解，除债务人或股东自行清偿债务外，也可以引入投资人偿债。

第二十五条　和解协议草案涉及出资人权益调整的，应当参照企业破产法第八十五条的规定，设出资人组对该事项进行表决。

第二十六条　在重整或和解程序中，管理人可以提前拟定假定转入破产清算后的破产财产管理方案、破产财产变价方案、破产财产分配方案。

在表决重整计划草案、和解协议草案时，管理人可以将假定转入破产清算后的破产财产管理方案、破产财产变价方案、破产财产分配方案一并提交债权人会议表决。

转入破产清算后，前述方案未做实质性变更的，管理人可以申请人民法院审查裁定，无需债权人会议再行表决。

第二十七条　在破产清算程序中，债务人或出资人申请重整或和解的，债务人或管理人可以提前拟定重整计划草案或和解协议草案并提交债权人会议进行表决。

转入重整或和解程序后，重整计划草案或和解协议草案未做实质性变更的，管理人可以申请人民法院审查裁定，无需债权人会议再行表决。

第二十八条　本指引未尽事宜，按照法律法规、司法解释、司法文件、上级法院及本院其他相关规定执行。

第二十九条　本办法自公布之日起施行。

（二）重整

重庆市高级人民法院
破产重整申请审查工作指引（暂行）

（渝高法〔2018〕190号）

重庆市高级人民法院审判委员会2018年第17次会议通过

2018年9月26日起施行

为规范破产重整申请审查工作，明确破产法官工作职责，根据《中华人民共和国企业破产法》、《最高人民法院关于审理企业破产案件若干问题的规定》、《最高人民法院关于适用〈中华人民共和国企业破产法〉若干问题的规定（一）》、《最高人民法院关于适用〈中华人民共和国企业破产法〉若干问题的规定（二）》、《最高人民法院关于审理上市公司破产重整案件工作座谈会纪要》等规定，结合我市破产审判工作实际，对破产重整申请的审查工作做出以下指引。

一、申请人资格审查

1. 下列人员可以向人民法院提出重整申请：

（1）债权人可以直接向人民法院申请重整；

（2）债务人可以直接向人民法院申请重整；

（3）人民法院受理破产清算申请后、宣告债务人破产前，债务人或者出资额占债务人注册资本十分之一以上的出资人，可以向人民法院申请重整。

二、申请材料审查

2. 债权人向人民法院申请重整的，应提交下列材料：

（1）重整申请书，载明申请人和被申请人的基本信息、申请目的、申请的事实和理由；

（2）申请人的主体资格证明，包括营业执照副本、居民身份证及其他身份证明；

（3）债务人的主体资格证明，包括最新工商登记材料等；

（4）债务人不能清偿申请人到期债务的证据；

（5）债务人具有重整价值的分析报告及证据材料；

（6）法院认为应当提交的重整可行性分析报告等其他材料。

债权人申请重整的，人民法院应重点审查债权的真实性。申请人的债权已被人民法院、仲裁机构生效法律文书，或者具有强制执行效力的公证债权文书确认，且债务人未予清偿的，可认定申请人享有未获清偿的到期债权；申请人的债权未被人民法院、仲裁机构生效法律文书，或者具有强制执行效力的公证债权文书确认的，人民法院应对申请人的相关债权凭证进行实质审查，以判断债权的真实性和合法性。经审查难以作出判断的，可引导申请人先行提起民事诉讼或依法申请仲裁，以明确其对被申请人是否享有未获清偿的债权。

3. 债务人申请重整的，应当提交下列材料：

（1）重整申请书，载明申请人的基本信息、申请目的、申请的事实和理由；

（2）债务人的主体资格证明，包括企业法人营业执照副本及其他最新工商登记材料；

（3）债务人的股东会、董事会、主管部门或投资人同意重整的文件；

（4）债务人的职工名单、工资清册、社保清单及职工安置预案；

（5）债务人的资产负债表、资产评估报告或审计报告；

（6）债务人至重整申请日的资产状况明细表，包括有形资产、无形资产及对外投资情况等；

（7）债务人的债权、债务及担保情况表，列明债务人的债权人及债务人的名称、住所、债权或债务数额、发生时间、催收及担保情况等；

（8）债务人所涉诉讼、仲裁、执行情况及相关法律文书；

（9）债务人具有重整价值的分析报告及证据材料；

（10）债务人重整的可行性分析报告或重整方案；

（11）人民法院认为应当提交的其他材料。

4. 出资额占债务人注册资本十分之一以上的出资人申请重整的，应提交下列材料：

（1）重整申请书，载明申请人的基本信息、申请目的、申请的事实和理由；

（2）出资人的出资证明和主体资格证明文件；

（3）债务人具有重整价值的分析报告及证据材料；

（4）债务人重整的可行性分析报告或重整方案；

（5）人民法院认为应当提交的其他材料。

三、重整原因审查

5. 依据《中华人民共和国企业破产法》第二条的规定，债务人不能清偿到期债务，并且资产不足以清偿全部债务；或者债务人不能清偿到期债务，并且明显缺乏清偿能力；或者债务人有明显丧失清偿能力可能的，应当认定具备重整原因。

6. 下列情形同时存在的，人民法院应当认定债务人不能清偿到期债务：

（1）债权债务关系依法成立；

（2）债务履行期限已经届满；

（3）债务人未完全清偿债务。

债务人的资产负债表，或者审计报告、资产评估报告等显示其全部资产不足以偿付全部债务的，人民法院应认定债务人资产不足以清偿全部债务，但有相反证据足以证明债务人的资产能够偿付全部负债的除外。

7. 债务人的账面资产虽大于负债，但存在下列情形之一的，人民法院应当认定其明显缺乏清偿能力：

（1）因资金严重不足或者财产不能变现等原因，无法清偿债务；

（2）法定代表人下落不明且无其他人员负责管理财产，无法清偿债务；

（3）经人民法院强制执行，无法清偿债务；

（4）长期亏损且经营扭亏困难，无法清偿债务；

（5）导致债务人丧失清偿能力的其他情形。

8. 存在下列情形之一的，人民法院可以认定债务人有明显丧失清偿能力的可能：

（1）债务人因经营困难暂停营业或有停业可能；

（2）债务人存在大量待处理资产损溢，致使实际资产的变现价值可能小于负债；

（3）清偿已届清偿期的债务，将导致债务人难以继续经营；

（4）导致债务人有明显丧失清偿能力可能的其他情形。

四、重整必要性和可行性审查

9. 重整对象应当具有重整价值和可能。对于债务人具有重整价值的证据材料，应结合国家产业政策、行业前景、企业发展前景等情况，从债务人重整的社会价值、经济效益等方面进行实质性审查。对于债务人重整的可行性报告或重整方案，应结合债务人的资产及负债状况、经营管理、技术工艺、生产销售情况，以及企业陷入经营困境的主要原因、提出的初步方案是否有针对性和可操作性、重组方是否具有重组能力等进行实质性审查。对于明显不具备重整价值或者虽有重整价值但不具备重整可能性的，应裁定不予受理。

10. 人民法院对债务人重整必要性和可行性进行审查，一般应听取行业主管部门、金融监管机构、国有资产监管机构、税务机关等相关部门的意见，也可以要求债权人、债务人、出资人提交相关文件资料并接受询问。

五、特殊性质企业重整审查

11. 国有独资企业或国有控股企业作为债务人申请重整的，应取得对债务人履行出资职责的国有资产监管机构或国有企业上级主管部门的同意，且企业员工已经妥善安置或制定切实可行的员工安置方案。

债权人申请国有独资企业或国有控股企业重整的，人民法院在裁定受理前应及时向对债务人履行出资职责的国有资产监管机构或国有企业上级主管部门通报情况，说明股东、清算义务人的法律责任。

12. 申请上市公司重整的，人民法院在受理前应按照《最高人民法院关于审理上市公司破产重整案件工作座谈会纪要》的规定，逐级报送最高人民法院审查批准。

六、审查方式

13. 审查重整申请以听证审查为原则，书面审查为例外。听证期间不计入重整申请审查期限。

听证可以由合议庭主持，也可以由合议庭委托承办法官主持。听证参加人员一般包括：

（1）重整申请人；

（2）债务人的股东、实际控制人、法定代表人及高管人员、财务管理人员、职工代表；

（3）已知的主要债权人：主要担保权人、主要经营性债权人及主要金融债权人，已成立金融债权人委员会的，应通知金融债权人委员会派员参加；

（4）当地政府已经成立清算组或工作组的，应通知清算组或工作组人员参加；

（5）人民法院认为应当参加听证的其他人员。

14. 在听证过程中，人民法院应对下列事项进行询问审查：

（1）申请人是否具有申请资格；

（2）申请材料是否真实完整；

（3）债务人是否具备重整原因；

（4）债务人是否具备重整价值和重整可能；

（5）债务人股东是否按时足额缴纳出资；

（6）债务人是否存在转移资产、个别清偿等行为；

（7）债务人以及债务人的控股股东、实际控制人、法定代表人及高管人员等是否涉嫌刑事犯罪；

（8）人民法院认为需要了解的其他事项。

七、关联刑事案件审查

15. 债务人或债务人的控股股东、实际控制人、法定代表人及其他高管人员涉嫌非法集资、合同诈骗等刑事犯罪的，应与公安机关、检察机关、受理法院联系，了解刑事案件相关情况。刑事案件的处理对重整构成实质性妨碍的，可依法裁定不予受理。

公安机关撤销案件、检察机关不予起诉或人民法院宣告无罪的；刑事诉讼程序终结，债务人相关财产未作为赃款赃物依法追缴，或者债务人的资产可以在破产程序中进行处置的，可以另行依法申请重整。

八、与执行案件协调衔接

16. 人民法院裁定受理重整申请前，应在案件管理系统中查询以债务人为被执行人的执行案件，了解主要资产现状，为判明是否具备重整原因、重整价值、重整可行性提供依据。

协调与相关执行案件的工作进度，把握重整申请受理时机，充分利用执行评估拍卖成果，依法高效推进重整工作。

九、与政府部门协调沟通

17. 债务人涉及金融债权较多、金额较大，易引发系统性金融风险的，人民法院应与金融监管部门及时沟通，做好金融风险的预判及防范预案。

18. 对申请房地产企业、建筑企业、关联企业重整的案件，或者债权人、债务人职工人数众多的重整案件，以及在当地有重大影响的重整案件，人民法院在裁定受理前应通过"府院协调机制"与当地人民政府沟通，协调人民政府对重整案件涉及的维稳、税收、工商登记等问题提供综合保障。

十、重整申请撤回

19. 人民法院裁定受理重整申请前，申请人可以请求撤回申请。申请人撤回重整申请的，人民法院可以依法准许。

十一、裁定及公告

20. 人民法院经审查认为重整申请符合规定的，应当裁定债务人重整，裁定自作出之日起生效。重整裁定应在作出之日起五日内送达申请人和被申请人，并在全国企业破产重整案件信息网、重庆法院公众服务网上公告。

人民法院裁定不受理重整申请的，应当自裁定作出之日起五日内送达申请人并说明理由。申请人对裁定不服的，可以自裁定送达之日起十日内向上一级人民法院提起上诉。

重庆市第五中级人民法院
预重整与破产重整衔接工作规范（试行）

（渝五中法发〔2024〕78号）

重庆市第五中级人民法院审判委员会2024年第27次会议通过

2024年8月23日起施行

为完善庭外重组和庭内重整的衔接机制，有效实现对市场主体的救治，进一步优化营商环境，根据《中华人民共和国企业破产法》《中华人民共和国公司法》等法律及相关规定精神，结合重庆法院对预重整进行的有益探索和破产审判工作实际，制定本规范。

一、一般规定

第一条 预重整应当坚持有为司法与有效市场更好结合，债务人自救与当事人自治有机融合，庭外重组与庭内重整有效衔接的原则。

第二条 申请重整前，债务人拟以重整为目的，与债权人、意向投资人以及其他利害关系人进行协商，可以向人民法院申请预重整备案登记。

申请重整前，通过自主谈判已经达成重组协议并表决通过的，债务人可以在申请重整的同时，将重组协议作为重整计划请求人民法院裁定批准。

破产申请审查期间，利害关系人申请预重整，申请人同意并且撤回破产申请，人民法院裁定准予撤回破产申请的，可以同时对债务人预重整进行备案登记。

第三条 重整申请受理前，庭外以重整为目的进行商业谈判的期间称为预重整期间。

重整申请受理后，可以根据庭外达成的重组协议形成重整计划草案，也可以将庭外达成并表决通过的重组协议作为重整计划申请人民法院审查批准。

二、预重整备案登记

第四条 人民法院应当建立预重整备案登记台账，对以重整为目的的庭外重组进行登记。

第五条 申请预重整备案登记，应当提供以下信息：

申请人名称或者姓名；

债务人名称；

主要债权人清册；

资产负债概况；

其他信息。

人民法院收到预重整备案登记申请后，应当在三个工作日内进行备案登记。

三、预重整工作指引

第六条 预重整期间，债务人应当开展下列工作：

（一）与债权人、出资人、投资人等利害关系人进行协商，制作重组协议；

（二）清理债务人财产，制作财产状况报告；

（三）向利害关系人进行信息披露并配合查阅披露内容；

（四）充分清查债权，通知债权人申报债权，申报标准和方式参照企业破产法的规定；

（五）进行债权核对；

（六）根据需要进行审计、评估；

（七）妥善保管其占有和管理的财产、印章、账簿、文书等资料；

（八）勤勉经营管理，妥善维护资产价值；

（九）向人民法院提交预重整终结工作报告；

（十）完成预重整相关的其他工作。

债务人开展前款工作，应当参照《重庆市第五中级人民法院重整案件审理指引（试行）》等规定执行。

第七条 债务人经主要债权人同意，可以从本市或外省、市管理人名册中聘任预重整辅助机构协助债务人履行本规范第六条职责。

前款所称主要债权人，指已知债权人中普通债权组和担保债权组债权额占该组债权总额的二分之一以上的债权人。

第八条 债务人应当按照下列要求进行信息披露：

（一）及时披露。债务人应当及时披露对公司预重整可能产生影响的信息。

（二）完整披露。债务人应当披露可能对企业挽救和债权人表决产生影响的完整信息。

（三）准确披露。信息披露应当措辞明确，不得避重就轻或者故意诱导表决同意。

（四）合法披露。披露程序应当符合企业破产法、公司法、证券法等法律法规及相关规定要求。

第九条　债务人应当向债权人、出资人、投资人等利害关系人披露对公司预重整可能产生影响的下列信息：

（一）债务人基本情况，包括：1.企业的设立日期、性质、住所地、法定代表人姓名；2.企业注册资本、出资人及出资比例；3.企业生产经营范围；4.企业员工状况；5.企业目前营业、管理状态。

（二）债务人财产状况，包括货币（有价证券）资金、应收账款和预付账款、对外债权、对外投资、存货、固定资产、无形资产等各类财产的状况。

（三）债务人的负债情况。

（四）债务人陷入财务困境的原因。

（五）债务人直接进入破产清算状态时各类债权可能的受偿比例。

（六）债务人的重整价值与重整可行性。

（七）债务人是否存在明显不具备重整价值以及挽救可能性的情况。

（八）预重整的潜在风险及相关建议。

（九）重整计划实施中的重点与难点。

（十）其他需要披露的信息。

债务人应当根据重组协议的制定进程逐步披露其框架和内容。在重组协议提交表决前，应当汇总信息披露的内容，形成完整的总体报告。

第十条　预重整期间进行表决，应当参照企业破产法的规定进行分组，采用合法灵活的方式，给予参与表决的债权人、出资人合理的表决期限。

权益因重组协议受到调整或者影响的债权人或者股东，有权参加表决；权益未受到调整或者影响的债权人或者股东，不参加重组协议的表决。

第十一条　债权人、债务人、出资人、投资人等利害关系人在预重整期间知悉的商业秘密或者其他应当保密的信息，不得泄露或者不正当使用。泄露、不正当使用该商业秘密或者其他应当保密的信息，造成他人损失的，应当依法承担责任。

四、程序衔接

第十二条　债务人申请重整，并申请根据庭外达成的重组协议形成重整计划草案或者请求人民法院批准其庭外达成并表决通过的重整计划的，除提交《重庆市第五中级人民法院重整案件审理指引（试行）》规定的相关材料外，还应当提交以下材料：

（一）重整计划草案（重组协议）；

（二）信息披露有关情况的说明；

（三）与债权人、出资人等利害关系人进行协商、谈判的说明；

（四）权益未受重整计划草案（重组协议）不利调整或者影响的债权人的名单、债权金额以及债权清偿情况的报告；

（五）权益受到重整计划草案（重组协议）不利调整或者影响的债权人的名单、债权金额、债权清偿情况以及表决情况的报告；

（六）权益受到重整计划草案（重组协议）不利调整或者影响的出资人表决情况的报告；

（七）在受理重整申请前成立的债权人委员会成员名单；

（八）人民法院认为应当提交的其他材料。

第十三条　人民法院应当重点审查预重整期间是否遗漏债权人，债务人是否存在隐匿、转移财产、虚构债务或者承认不真实的债务的行为，预重整程序是否存在重大瑕疵等。

人民法院应当组织听证，重点听取对预重整的反对意见。

第十四条　债务人具有重整原因，并且具有挽救价值和可能的，人民法院应当裁定受理重整申请。

债务人不具备重整原因，或者虽然具有重整原因但是明显不具备重整价值或者挽救可能性的，人民法院应当裁定不予受理重整申请。

人民法院经审查认为，债务人预重整期间工作不符合本规范规定，无法与庭内重整衔接，申请人撤回重整申请的，人民法院予以准许。申请人未撤回重整申请，人民法院根据本条前两款规定进行审查，裁定受理的，不再适用本规范。

第十五条　人民法院受理重整申请后，一般应当按照企业破产法规定通知债权人申报债权，召开债权人会议对重整计划草案进行表决。

预重整期间已经确认债权的债权人，在破产程序中可以免予申报。管理人应当将该债权登记造册，编入债权表。

第十六条　债务人申请重整并同时请求人民法院批准已经表决通过的重整计划，人民法院经审查认为不存在本规范第十三条第一款情形，破产申请审查期间无人提出异议或者异议不成立的，可以依据本规范裁定批准重整计划，不再通知债权人申报债权，召开债权人会议。

第十七条　重整申请受理后，经债权人会议表决通过，预重整期间的债权人委员会成员可以继续担任破产程序债权人委员会成员。

第十八条　预重整期间债权人、出资人等利害关系人对重组协议的同意视为对重整申请受理后的重整计划草案表决的同意。但是，重整计划草案的内容相对于重组协议发生实质改变的除外。

预重整期间债务人和部分债权人已经达成的有关协议与重整程序中制作的重整计划草案内容一致的，有关债权人对该协议的同意视为对该重整计划草案表决的同意。

第十九条　预重整辅助机构并不当然被指定为管理人。

债务人在聘请预重整辅助机构时，应当分别对预重整辅助机构是否被指定为管理人情况下预重整辅助机构的主要权利义务进行约定，并向全体债权人披露。

第二十条　人民法院裁定受理重整申请后，应当按照《重庆市第五中级人民法院破产案件管理人指定办法》指定管理人。

破产申请审查阶段，人民法院认为预重整辅助机构在预重整期间充分注重了债权人利益保护，勤勉履职，在征得主要债权人或者债权人委员会同意后，可以指定预重整辅助机构为管理人。

第二十一条　债务人进入破产程序后，如果预重整辅助机构未被指定为管理人，应当在管理人指定后十五日内无条件向管理人移交其掌握的债务人所有资料。

重庆市管理人名册内机构作为预重整辅助机构，不履行前款规定义务，可以认定为重大工作瑕疵，人民法院应当根据《重庆市第五中级人民法院企业破产案件社会中介机构管理人评估办法（试行）》《重庆市第五中级人民法院管理人名册管理办法》等规定处理。

重庆市外机构作为预重整辅助机构，不履行本条第一款规定义务，参照前款规定处理。

第二十二条　人民法院裁定受理重整申请时直接指定预重整辅助机构为管理人的，管理人不另行收取预重整报酬，预重整期间预重整辅助机构履职表现可以作为确定或者调整管理人报酬的考虑因素。

人民法院裁定受理重整申请后，重新指定其他社会中介机构担任管理人的，人民法院根据预重整期间预重整辅助机构的履职表现，参照企业破产法关于管理人报酬的规定适当确定预重整辅助机构的报酬，该报酬以债务人财产优先支付。预重整辅助机构的报酬与管理人的报酬总额不得超过《最高人民法院关于审理企业破产案件确定管理人报酬的规定》确定的管理人报酬标准。

第二十三条　预重整期间，预重整辅助机构支出的差旅费、调查费等执行职务费用由债务人财产随时支付。债务人未及时支付的，受理重整申请后，参照企业破产法关于破产费用的规定处理。

五、重整计划草案的批准

第二十四条　人民法院裁定受理重整申请后，除本规范第十六条、第二十五条、第二十六条规定外，其余事项应当适用企业破产法关于重整计划的制定和批准的规定。

第二十五条　人民法院直接批准已经表决通过的重整计划须从严掌握。符合本规范第十六条规定，并且人民法院经审查认为债务人提交的重整计划符合下列条件的，应当裁定批准，终止重整程序，并予以公告：

（一）重整计划的内容符合企业破产法第八十一条、第八十三条的规定；

（二）重整计划制作过程中，信息披露符合本规范的规定；

（三）预先进行的表决分组符合企业破产法规定，参与表决的债权人、出资人表决期限合理、表决方式合法；

（四）表决结果符合企业破产法第八十四条第二款、第八十六条规定；

（五）权益未受重整计划不利调整或者影响的债权人获得正常条件下的清偿。

第二十六条　人民法院受理重整申请后，经审查认为重整计划不符合前条规定予以批准的条件，可以要求债务人对重整计划草案进行修改完善后再提交债权人会议表决。

六、附则

第二十七条　人民法院应当依托府院联动机制，做好政策宣讲、规则指引、风险提示等预重整期间的司法服务工作，助力庭外重组和庭内重整有效衔接。

第二十八条　对房地产企业、上市公司、金融机构的庭外重组程序与庭内重整衔接程序，法律、行政法规、司法解释等另有规定的，从其规定。

第二十九条　本规范自发布之日起施行。《重庆市第五中级人民法院预重整工作指引（试行）》（渝五中法发〔2023〕68号）同时废止。

重庆市第五中级人民法院
重整案件审理指引（试行）

（渝五中法发〔2021〕189号）

重庆市第五中级人民法院审判委员会2021年第41次会议通过

2021年12月28日起施行

第一章　总则

第一条　为规范重整工作，提升重整质效，助力持续优化营商环境，根据《中华人民共和国企业破产法》等法律及相关司法解释的规定，结合破产审判工作实际情况，制定本指引。

第二条　鼓励、支持、引导具有重整价值与重整可能的债务人进行重整。

第三条　重整应当坚持法治原则，遵循市场规律，发挥府院联动作用。

第四条　审理重整案件，应当注意平衡债权人、债务人、出资人、重整投资人等利害关系人的利益，实现社会整体价值最大化。

第五条　企业法人住所地在重庆市的，有关该企业的重整申请，向重庆市第五中级人民法院提出。

第二章　申请审查

第一节　申请主体与资料

第六条　债务人不能清偿到期债务，债权人可以向人民法院提出对债务人进行重整的申请。

债务人具备重整原因的，可以向人民法院提出重整申请。

第七条　债权人申请对债务人进行破产清算的，在人民法院受理破产清算申请后、宣告债务人破产前，债务人或者出资额占债务人注册资本十分之一以上的出资人，可以向人民法院申请重整。

第八条　上市公司具备重整原因的，上市公司或者上市公司的债权人、出资额占上市公司注册资本十分之一以上的出资人可以向人民法院申请对上市公司进行重整。

第九条　商业银行、证券公司、保险公司等金融机构具备重整原因的，国务院金融监督管理机构可以向人民法院提出对该金融机构进行重整的申请。

第十条　债权人向人民法院提出重整申请的，应当提交下列材料：

（一）重整申请书，并应当列明申请人和被申请人基本情况、申请重整的事实和理由等；

（二）申请人和被申请人的主体资格证明，包括营业执照副本或居民身份证及其他身份证明，最新工商登记材料等；

（三）债权发生的事实，以及债权性质、数额、有无担保的证据；

（四）债务人不能清偿到期债务的证据；

（五）债务人具有重整价值和重整可能的分析报告及说明材料等；

（六）其他与申请事实、理由有关的材料。

第十一条　债务人向人民法院提出重整申请的，应当提交下列材料：

（一）重整申请书，并应当列明申请人基本情况、申请重整的事实和理由等；

（二）债务人主体资格证明，包括企业法人营业执照副本、法定代表人或负责人身份证明及其他最新工商登记材料，以及近三年度的企业年度报告；

（三）债务人的股东会、董事会、主管部门或者投资人同意重整的文件，债务人为国有独资或者控股公司的，还应当提交企业工会或者职工代表大会对企业申请重整的意见；

（四）债务人的法定代表人或者主要负责人名单、联系方式，以及债务人董事、监事、高级管理人员和其他相关人员名单、联系方式；

（五）债务人至破产申请日的资产状况明细表，包括有形资产、无形资产及对外投资情况等，债务人有子公司、分公司、持股参股、联营、合作企业等情形的，应专项说明；

（六）债务人的债权、债务及担保情况表，列明债务人的债权人及债务人的名称、住所、联系方式，债权或者债务数额、性质、发生时间、催收及担保情况等；

（七）正在履行或者待履行的合同清单；

（八）债务人的资产负债表、资产评估报告或审计报告等有关财务会计报告；

（九）有关诉讼、仲裁、执行情况表及相关法律文书；

（十）企业职工情况和职工安置预案，包括职工名单、工资清册、社保清单、职工安置预案以及职工工资的支付和社会保险费用的缴纳情况。职工安置预案应当列明债务人解除职工劳动关系后依法对职工的补偿方案；

（十一）债务人具有重整价值和重整可能的分析报告及证明材料；

（十二）其他与申请事实、理由有关的材料。

第十二条　债务人的出资人申请重整的，应当提交本指引第十一条第一项、第二项、第五项、第六项、第八项、第十项和第十一项列明的材料。

第十三条　申请上市公司重整的，除依照本指引第十条、第十一条、第十二条规定提交资料外，还应当提交上市公司住所地省级人民政府向证券监督管理部门的通报情况材料以及证券监督管理部门的意见、上市公司住所地人民政府出具的维稳预案等材料。申请人为债权人或出资人的，还应当提交已将申请事项告知上市公司的有关证据。

第十四条　商业银行、证券公司、保险公司等金融机构或者其出资人提出对该金融机构进行重整申请的，除分别依照本指引第十一条、第十二条的规定提交材料外，还应当提交国务院金融监督管理机构等相关机构同意或批准的意见。

第二节　重整识别

第十五条　申请审查期间，人民法院根据现有证据，查明债务人是否具有重整原因，并初步判断债务人是否具有重整价值和重整可能。

第十六条　债务人不能清偿到期债务，并具有下列情形之一的，即具有重整原因：

（一）资产不足以清偿全部债务；

（二）明显缺乏清偿能力；

（三）有明显丧失清偿能力可能的。

第十七条　有证据证明债务人具备下列情形之一的，应当认定债务人符合本指引第十六条第三项所称"有明显丧失清偿能力可能的"：

（一）债务人因经营困难暂停营业或者有停业可能；

（二）债务人存在大量待处理资产损溢，致使实际资产的变现价值可能小于负债；

（三）清偿已届清偿期的债务，将导致债务人难以继续经营；

（四）导致债务人有明显丧失清偿能力可能的其他情形。

第十八条　债务人具有重整价值是指债务人的继续经营价值大于清算价值。

判断债务人的重整价值，可以综合考虑下列因素：

（一）债务人的行业地位和行业前景，包括债务人的市场认可度、产能先进性等；

（二）债务人的经营情况，包括债务人经营模式的成熟程度、经营团队的稳定性和经营管理的运行情况等；

（三）债务人的资质价值，包括债务人的资本价值、特许经营权或者生产资质等；

（四）债务人的品牌价值，包括债务人的营销网络、客户关系、品牌效应及其商誉等；

（五）债务人的社会公共价值，包括债务人对国计民生及公共利益的影响等；

（六）能够体现债务人重整价值的其他情形。

第十九条　债务人具有下列情形之一的，可以认定其不具有重整价值：

（一）从市场、资源、社会功能等考虑，可以合理判断债务人已经丧失经营价值或者继续经营价值极低；

（二）重整成本明显过高；

（三）所属行业属于根据国家产业政策等应当淘汰的产业；

（四）其他不具有重整价值的情形。

第二十条　判断债务人的重整可行性，应当综合考虑下列因素：

（一）债务人的重整意愿及其配合程度；

（二）主要债权人支持重整的情况；

（三）重整方案及重整投资人情况；

（四）法律与政策障碍情况；

（五）重整与清算模式下的清偿率情况。

第二十一条　对于债务人重整的可行性报告或者重整方案，应当结合债务人的资产及负债状况、经营管理、技术工艺、生产销售情况，以及企业陷入经营困境的主要原因、提出的初步方案是否有针对性和可操作性、重组方是否具有重组能力等进行实质性审查。

人民法院对债务人重整必要性和可行性进行审查，可以采取征询企业主管部门意见、听取行业专家意见等方式进行了解，综合判断衡量。

第二十二条　债务人具有下列情形之一的，一般应当认定其不具有重整可能：

（一）重整具有无法克服的法律或者政策障碍；

（二）重整方案明显不具有商业可行性；

（三）其他不具有重整可能的情形。

第三节 申请的审查与撤回

第二十三条 人民法院应当自重整申请案件登记立案之日起五日内将合议庭组成情况通知重整申请人。申请人是债务人以外的其他主体的，应当同时将重整申请及合议庭组成情况通知债务人。

第二十四条 债务人对申请人提出重整申请有异议的，自收到人民法院通知之日起七日内，可以就申请人的主体资格、重整原因等事由向人民法院提出书面异议。

第二十五条 债权人提出重整申请的，人民法院应当自债务人异议期满之日起十日内裁定是否受理。

除前款规定的情形外，人民法院应当自重整申请登记立案之日起十五日内裁定是否受理。

有特殊情况需要延长前两款规定的期限的，经上一级人民法院批准，可以延长十五日。

申请人补充、补正材料的期间、人民法院组织听证的期间以及预重整期间，不计入审查期限。

第二十六条 对重整申请的审查，以听证审查为原则，以书面审查为例外。

听证应当制作听证笔录，听证笔录应当由参加听证的合议庭成员、法官助理、书记员及与会人员签名。

第二十七条 申请人和被申请人参加听证，下列人员经人民法院准许，也可以参加听证：

（一）债务人的股东、实际控制人、法定代表人及高级管理人员、财务管理人员、职工代表；

（二）已知的主要债权人：主要担保权人、主要经营性债权人及主要金融债权人；已成立金融债权人委员会的，可以通知金融债权人委员会派员参加；

（三）当地政府已经成立清算组或者工作组的，应当通知清算组或者工作组人员参加；

（四）预重整辅助机构；

（五）债务人的有关监督管理部门、能够提供专业意见的人员或者机构；

（六）人民法院认为应当参加听证的其他人员。

第二十八条 经通知，申请人无正当理由拒不参加听证的，按撤回重整申请处理。其他人员未按期参加听证的，不影响听证的进行。

第二十九条　重整申请受理前，申请人可以申请撤回重整申请。

重整申请受理后，申请人请求撤回申请的，人民法院不予准许。

第三十条　人民法院裁定不予受理重整申请的，应当自裁定作出之日起五日内送达申请人。申请人对裁定不服的，可以自裁定送达之日起十日内向上一级人民法院提起上诉。

第三十一条　人民法院作出受理重整裁定的，应当自裁定作出之日起五日内送达申请人。申请人不是债务人的，人民法院应当自裁定作出之日起五日内送达债务人。

人民法院自受理重整申请之日起二十五日内通知已知债权人，并予以公告。

第三十二条　人民法院受理破产清算申请后、宣告债务人破产前申请重整的，适用本章规定。

人民法院应当广泛听取债权人的意见。

第三十三条　申请人申请预重整的，适用《重庆市第五中级人民法院预重整工作指引（试行）》。

第三章　关联企业重整申请审查

第一节　实质合并重整

第三十四条　关联企业成员之间法人人格高度混同、区分各关联企业成员财产成本过高，严重损害债权人公平受偿利益的，关联企业、关联企业的出资人、债权人、已经进入破产程序的关联企业的管理人，可以申请对具有重整原因的多个关联企业成员进行实质合并重整。

第三十五条　关联企业的核心控制企业住所地，或者控制关联企业主要资产的成员企业住所地位于重庆市的，可以向重庆第五中级人民法院提出实质合并重整申请。

第三十六条　人民法院应当对实质合并重整的下列要件事实进行审查，谨慎适用实质合并重整：

（一）实质合并重整的主体属关联企业成员；

（二）关联企业成员均具备重整原因；

（三）关联企业成员之间法人人格高度混同、区分各关联企业成员财产成本过高、对债权人公平受偿造成严重损害。

第三十七条　申请人提出实质合并重整申请的，人民法院应当自收到申请五日内通知相关利害关系人，并组织听证调查。听证时间不计入审查时间。

第三十八条　申请实质合并重整的申请人应当对实质合并重整的要件事实承担举证责任。

第三十九条　人民法院收到实质合并重整的申请之日起三十日内，综合考虑关联企业之间资产的混同程度及其持续时间、各企业之间的利益关系、债权人整体清偿利益、增加企业重整可能性等因素，作出是否实质合并的裁定。

第四十条　关联企业成员及其出资人、债权人、管理人等利害关系人，对人民法院作出的实质合并重整裁定不服的，可以自裁定书送达之日起十五日内向上一级人民法院申请复议。

第四十一条　采用实质合并方式进行重整的，各关联企业成员之间的债权债务归于消灭，各成员的财产作为合并后统一的财产，重整计划草案中应当制定统一的债权分类、债权调整和债权受偿方案。

第四十二条　裁定适用实质合并重整的，合并前关联企业成员破产案件中已经完成的债权申报、资产评估等继续有效。

合并前发生的破产费用、共益债务，作为实质合并重整案件的破产费用和共益债务。

关联企业被裁定实质合并重整的，自裁定之日起重新起算重整计划草案提交期限。

第二节　协调审理

第四十三条　多个关联企业成员均存在破产原因但是不符合实质合并条件的，人民法院可以根据相关主体申请对多个破产程序进行协调审理。

第四十四条　协调审理不消灭关联企业成员之间的债权债务关系，不对关联企业成员的财产进行合并，各关联企业成员的债权人仍以该企业成员财产为限依法获得清偿。但是关联企业成员之间不当利用关联关系形成的债权，应当劣后于其他普通债权顺序清偿，且该劣后债权人不得就其他关联企业成员提供的特定财产优先受偿。

第四章　重整期间

第一节　重整期间的一般规定

第四十五条　自人民法院裁定受理重整申请之日起至重整程序终止，为重整期间。

第四十六条　重整中，管理人履行以下职责：

（一）接管债务人的财产、印章和账簿、文书等资料；

（二）调查债务人财产状况，制作财产状况报告；

（三）决定债务人的内部管理事务；

（四）决定债务人的日常开支和其他必要开支；

（五）在第一次债权人会议召开之前，决定继续或者停止债务人的营业；

（六）管理和处分债务人财产；

（七）代表债务人参加诉讼、仲裁或者其他法律程序；

（八）提议召开债权人会议；

（九）人民法院认为管理人应当履行的其他职责。

经人民法院批准由债务人自行管理财产和营业事务的，前述规定的管理人职权中有关财产管理和营业经营的职权由债务人行使。

第四十七条　重整程序中，应当按照如下原则进行信息披露：

（一）及时披露：应当及时披露对公司重整可能产生影响的信息；

（二）全面披露：应当披露可能对债权人表决产生影响的全部信息；

（三）准确披露：信息披露应当措辞明确，不得避重就轻或者故意诱导作出同意的意思表示；

（四）合法披露：披露程序应当符合企业破产法、公司法、证券法等法律法规及相关规定要求。

第二节　重整期间的经营与治理

第四十八条　重整期间，经债务人申请，人民法院批准，债务人可以在管理人的监督下自行管理财产和营业事务。

有前款规定情形的，依法已接管债务人财产和营业事务的管理人应当向债务人移交财产和营业事务，尚未接管债务人财产和营业事务的管理人不再接管债务人的财产和营业事务。

第四十九条　债务人提出重整申请时可以一并提出自行管理的申请。

债务人申请自行管理的，管理人应当就债务人是否适宜自营向人民法院提出书面意见。

第五十条　重整期间，债务人同时符合下列条件的，经申请，人民法院可以批准债务人在管理人的监督下自行管理财产和营业事务：

（一）债务人的内部治理机制仍正常运转；

（二）债务人自行管理有利于债务人继续经营；

（三）债务人不存在隐匿、转移财产的行为；

（四）债务人不存在其他严重损害债权人利益的行为。

管理人的监督方案和债务人的自行管理方案应当切实可行。

第五十一条 自行管理营业事务的债务人，应当履行下列职责：

（一）负责营业事务；

（二）管理债务人的财产、账簿和文书等资料；

（三）建立、完善债务人的日常管理制度；

（四）决定债务人的内部管理事务；

（五）决定留用债务人的相关人员；

（六）向债权人会议报告财产状况；

（七）接受管理人的监督；

（八）制定重整计划草案及其说明文件；

（九）债务人的其他职责。

第五十二条 管理人应当对债务人的自行管理行为制定监督方案，报人民法院批准后执行。监督方案的主要内容应当包括：业务合同的审批、用章审批、资金支付审批流程、月度及年度经营计划的审批、高级管理人员任免、重大资产的处置等。

第五十三条 管理人发现债务人存在严重损害债权人利益的行为或者有其他不适宜自行管理情形的，可以申请人民法院作出终止债务人自行管理的决定。人民法院决定终止的，应当通知管理人接管债务人财产和营业事务。

债务人有上述行为而管理人未申请人民法院作出终止决定的，债权人等利害关系人可以向人民法院提出申请。

第五十四条 管理人负责管理债务人财产和营业事务的，经人民法院许可，可以聘任债务人的经营管理人员负责营业事务。

第五十五条 管理人或者自行管理的债务人拟实施下列行为，应当事先制作财产管理或者变价方案并提交债权人会议进行表决，债权人会议表决未通过的，管理人或者自行管理的债务人不得实施：

（一）涉及土地、房屋等不动产权益的转让；

（二）探矿权、采矿权、知识产权等财产权的转让；

（三）全部库存或者营业的转让；

（四）借款；

（五）设定财产担保；

（六）债权和有价证券的转让；

（七）履行债务人和对方当事人均未履行完毕的合同；

（八）放弃权利；

（九）担保物的取回；

（十）对债权人利益有重大影响的其他财产处分行为。

第一次债权人会议召开之前，管理人需要实施前款规定的行为的，应当报告人民法院许可。

第五十六条 管理人或者自行管理的债务人实施本指引第五十五条第一款规定的处分行为前，应当提前书面报告债权人委员会；未设立债权人委员会的，应当提前书面报告人民法院。债权人委员会、人民法院有权要求管理人、债务人的有关人员对其职权范围内的事务作出说明或者提供有关文件依据。

债权人委员会认为处分行为不符合财产管理或者变价方案的，有权要求实施相应行为的债务人或者管理人纠正；拒绝纠正的，债权人委员会可以请求人民法院作出决定。

人民法院认为处分行为不符合财产管理或者变价方案的，应当责令停止处分行为，实施相应行为的债务人或者管理人应当予以纠正，或者提交债权人会议重新表决通过，或者由人民法院裁定后再行实施。

第五十七条 管理人或者自行管理的债务人经人民法院许可聘用必要工作人员的聘用费用需列入破产费用的，应当经债权人会议同意。

第五十八条 债务人重整期间，权利人要求取回债务人合法占有的权利人的财产，不符合双方事先约定条件的，人民法院不予支持。但是，因管理人或者自行管理的债务人违反约定，可能导致取回物被转让、毁损、灭失或者价值明显减少的除外。

第五十九条 在重整期间，对债务人的特定财产享有的担保权暂停行使。但是，担保物有损坏或者价值明显减少的可能，足以危害担保权人权利的，担保权人可以向人民法院请求恢复行使担保权。

第六十条 重整程序中，应当依法平衡保护担保物权人的合法权益和企业重整价值。重整申请受理后，管理人或者自行管理的债务人应当及时确定设定有担保物权的债务人财产是否为重整所必需。担保物不是重整所必需的，管理人或者自行管理的债务人应当及时对担保物进行拍卖或者变卖，拍卖或者变卖担保物所得价款在支付拍卖、变卖费用后优先清偿担保物权人的债权。

第六十一条　在担保物权暂停行使期间，担保物权人根据企业破产法第七十五条的规定向人民法院请求恢复行使担保物权的，人民法院应当自收到恢复行使担保物权申请之日起三十日内作出裁定。

经审查，担保物权人的申请不符合企业破产法第七十五条的规定，或者虽然符合该条规定但管理人或者自行管理的债务人有证据证明担保物是重整所必需，并且提供与减少价值相应担保或者补偿的，人民法院应当裁定不予批准恢复行使担保物权。

担保物权人不服该裁定的，可以自收到裁定书之日起十日内，向作出裁定的人民法院申请复议。

人民法院裁定批准行使担保物权的，管理人或者自行管理的债务人应当自收到裁定书之日起十五日内启动对担保物的拍卖或者变卖，拍卖或者变卖担保物所得价款在支付拍卖、变卖费用后优先清偿担保物权人的债权。

第六十二条　重整期间，管理人或者自行管理的债务人经人民法院许可或者债权人会议决议通过，可以为债务人继续营业而借款。管理人或者自行管理的债务人可以为该借款设定担保。出借人依据借款合同主张参照企业破产法第四十二条第四项的规定优先于普通债权清偿的，人民法院应予支持。

第六十三条　重整期间，债务人的出资人不得请求投资收益分配。

债务人的董事、监事、高级管理人员不得向第三人转让其持有的债务人的股权。但是，经人民法院同意的除外。

第六十四条　人民法院受理债权人对债务人的重整申请后，重整期间人民法院经审查发现债务人不符合企业破产法第二条规定情形的，可以裁定驳回申请。

申请人对裁定不服的，可以自裁定送达之日起十日内向上一级人民法院提起上诉。

第三节　重整投资人招募

第六十五条　重整投资人是指在重整程序中，为债务人提供资金或者其他资源，帮助债务人清偿债务、恢复经营能力的自然人、法人或者非法人组织。

重整投资人可以是单一的自然人、法人或者非法人组织，也可以是两个以上自然人、法人或者非法人组织组成的联合体。

第六十六条　债务人自行管理财产和营业事务的，债务人可以通过协商引进重整投资人。

自第一次债权人会议召开之日起三十日内，或者自裁定对破产清算的债务人进行重整之日起三十日内，债务人不能就债务清偿及后续经营提出可行性方案的，管理人可以向社会公开招募重整投资人。

第六十七条　管理人负责管理财产和营业事务的，重整投资人由管理人向社会公开招募。

管理人公开招募重整投资人的，应当在债务人资产评估工作完成后及时启动。管理人也可以根据重整案件实际情况，提前启动公开招募。

在受理破产清算后、宣告债务人破产前裁定对债务人进行重整的，管理人应当自重整裁定作出之日起三十日内招募重整投资人。

第六十八条　公开招募重整投资人的，由管理人在全国企业破产重整案件信息网、本地有影响的媒体发布公告期不少于十五日的招募公告。

招募公告应当载明案件基本情况、意向重整投资人应当具备的资格条件、参加招募程序的报名方式及期限、获取招募文件的方式及期限等内容。

第六十九条　管理人应当在招募公告发布之前完成招募文件的制作，并报人民法院备案。招募文件应当包括债务人的资产、负债等基本情况，意向重整投资人缴纳保证金的要求，意向重整投资人应当提交的参选材料及截止时间，确定重整投资人的标准和程序，对重整投资人及其重整预案的特定要求。

第七十条　意向重整投资人参加公开招募的，一般需要提供以下文件：

（一）有效的主体资格证明文件；

（二）资质、财务、业绩介绍及相关证明材料；

（三）重整预案，包括重整资金来源、出资人权益调整、债权调整、债权清偿及后续经营方案等；

（四）招募文件要求提供的其他材料。

意向重整投资人要求查阅与其作出投资决定相关的债务人的财产调查报告、资产评估报告、偿债能力分析报告、审计报告以及债权表等资料的，管理人应当准许。根据需要，管理人可以要求意向重整投资人签署保密协议或者缴纳尽调保证金。

第七十一条　经管理人初步审查，意向重整投资人符合招募公告规定的资格条件且参选材料不违反法律规定的，应当按照管理人的要求签订保证金协议，并缴纳重整保证金。

第七十二条　在招募期间，仅有一家意向重整投资人提交参选材料且其重整预案经管理人审查合格的，该意向重整投资人即为重整投资人。

多家意向重整投资人经初步审查合格并缴纳保证金的，由债权人会议选定重整投资人。

第四节 重整计划草案的制定和表决

第七十三条 债务人或者管理人应当在自人民法院裁定债务人重整之日起六个月内提交重整计划草案。

债务人或者管理人申请延长重整计划草案提交期限的，应当在期限届满十五日前提出，有正当理由的，人民法院可以裁定延期三个月。

第七十四条 重整计划草案除应包含企业破产法第八十一条第一至第七项规定的内容外，在普通债权不能获得全额清偿的情况下，重整计划草案应当包含出资人权益调整的内容。

重整计划草案应当全面披露债务人的重整原因、资产和负债状况、按照重整计划草案权益未受到调整或者影响的债权组、重整和清算状态下债权清偿情况的比较、因延期清偿给债权人造成的影响，以及有关债务人资产的重大不确定事项等。

有重整投资人的，重整计划草案应当对重整失败情况下投资等相关事项作出具体安排。

重整计划草案涉及出资人权益调整事项的，出资人应当如实披露其出资权益的涉诉情况，以及出资权益上设定的质押、被保全等权利负担情况。

第七十五条 上市公司重整计划草案的经营方案涉及并购重组等行政许可审批事项的，上市公司或者管理人应当聘请经证券监管机构核准的财务顾问机构、律师事务所以及具有证券期货业务资格的会计师事务所、资产评估机构等证券服务机构按照证券监管机构的有关要求及格式编制相关材料，作为重整计划草案的必备文件。

控股股东、实际控制人及其关联方在上市公司破产重整程序前因违规占用、担保等行为对上市公司造成损害的，制定重整计划草案时应当根据其过错对控股股东及实际控制人支配的股东的股权作相应调减。

第七十六条 管理人或者债务人制作重整计划草案，应当与债权人、出资人、重整投资人等利害关系人协商，并可听取企业管理人员、实际控制人、职工代表或者工会等的意见。

第七十七条 向人民法院提交重整计划草案前，管理人应当对重整计划草案提出审查意见。

第七十八条 重整计划草案提交债权人会议表决前十五日内，制定重整计划草案的债务人或者管理人应当通过网络、邮件、传真或者其他有效方式向债权人、出资人及其他利害关系人披露重整计划草案内容，并披露以下信息：

（一）债务人发展历史、发生财务危机的原因；

（二）经营现状、财务状况、资产清单和现值估算；

（三）营业存续价值、前景和未来收入预测；

（四）负债明细、债权清单、可分配财产状况；

（五）财务信息产生的依据及方法；

（六）债权人受偿顺位、债权人在破产清算程序中可能得到的分配额和从重整程序中可能得到的清偿额比较性分析；

（七）重整计划的摘要及说明；

（八）重整计划草案重大风险提示；

（九）未决诉讼、预期诉讼以及诉讼结果预测；

（十）债务人和关联公司的关系及关联交易的披露；

（十一）债务人纳税说明以及重整计划执行中的税收；

（十二）对破产管理费用的估算；

（十三）其他应当说明的事项。

重整计划草案披露不充分的，债权人、出资人及其他利害关系人可要求债务人或者管理人补充说明或者接受询问。

债权人、出资人及其他利害关系人可以向重整计划草案制作人就重整计划草案提出修改意见和建议。重整计划草案制作人在人民法院召开债权人会议对重整计划草案提交表决前可以对重整计划草案进行修改和补充。对重整计划草案作出重大修改和补充的，应当按照本指引第七十八条第一款之规定进行披露。

第七十九条 人民法院应当自收到重整计划草案之日起三十日内召开债权人会议，对重整计划草案进行表决。

第八十条 下列各类债权的债权人参加讨论重整计划草案的债权人会议，依照下列债权分类，分组对重整计划草案进行表决：

（一）对债务人的特定财产享有担保权的债权；

（二）债务人所欠职工的工资和医疗、伤残补助、抚恤费用，所欠的应当划入职工个人账户的基本养老保险、基本医疗保险费用，以及法律、行政法规规定应当支付给职工的补偿金；

（三）债务人所欠税款；

（四）普通债权。

债权系因债务人侵权行为造成的人身损害赔偿，除其中涉及的惩罚性赔偿外，可以列入前款第二项规定的表决组进行表决。

第八十一条　重整计划草案进行分组表决时，重整计划草案对普通债权根据债权额大小作出分类调整的，应当设置相应表决组。

人民法院可以将享有建设工程价款、船舶和航空器等法定优先权的债权人列入对债务人特定财产享有担保权的债权表决组，也可以根据上述优先权的性质设置其他优先权表决组。

经评估的担保财产价值不足以清偿担保债权，对该财产享有担保权的债权人同意对超出评估值以外的债权按普通债权清偿的，可以将评估值作为该笔债权在担保债权组的表决额，剩余金额作为其在普通债权组的表决额。

第八十二条　表决重整计划草案，可以采取现场或者通信、网络投票等非现场方式进行。采取非现场方式进行表决的，管理人应当在债权人会议表决后的三日内，以信函、电子邮件、公告等方式将表决情况告知参与表决的债权人。

第八十三条　重整期间转让破产债权的，自债权转让通知管理人之日起，债权受让人行使原债权人在重整程序中的权利，但原债权人已经发表的表决意见继续有效。债权人在受理重整后将同一笔债权分割后转让给多个主体的，按一个债权主体行使表决权。

第八十四条　出席债权人会议的同一表决组的债权人过半数同意重整计划草案，并且其所代表的债权额占该组债权总额的三分之二以上的，即为该组通过重整计划草案。

权益未受到调整或者影响的债权人或者出资人，不参加重整计划草案的表决。

第八十五条　表决出资人权益调整事项的，应当召开出资人组会议并提前十五日通知全体出资人。

债务人的股东会或者股东大会已对出资人权益调整作出决议，可以不再另行召开出资人组会议进行表决。

有限责任公司的出资人权益调整事项经股东所持表决权的三分之二以上同意，即为通过；股份有限公司的出资人权益调整事项经出席出资人组会议的股东所持表决权的三分之二以上同意，即为通过。

第八十六条　上市公司出资人组表决重整计划草案的，上市公司或者管理人应当提供网络表决的方式，为出资人行使表决权提供便利。关于网络表决权行使的具体方式，参照适用中国证券监督管理委员会发布的有关规定。

第八十七条　部分表决组未通过重整计划草案的，债务人或者管理人可以同未通过重整计划草案的表决组协商。该表决组可以在协商后再表决一次。双方协商的结果不得损害其他表决组的利益。

第五节　重整计划的批准

第八十八条　各表决组均通过重整计划草案时，重整计划即为通过。

自重整计划通过之日起十日内，债务人或者管理人应当向人民法院提出批准重整计划的申请。

第八十九条　债务人或者管理人申请批准重整计划的，人民法院应当在收到申请之日起三十日内完成对重整计划内容以及表决程序的审查。

人民法院应当按照下列原则审查批准重整计划：

（一）程序合法原则，即重整计划的制订和表决程序符合法律规定；

（二）公平原则，即公平对待同一表决组成员；

（三）绝对优先原则，即破产清算程序的法定清偿顺序同样适用于重整程序；

（四）最大利益原则，即持反对意见的债权人依据重整计划可以获得的清偿比例不低于其在破产清算中可获得的清偿比例；

（五）可行性原则，即经营方案以及重整计划的执行方式均不存在可能导致无法执行或者破产清算的法律及事实障碍。

重整计划符合上述原则的，人民法院应当裁定批准并终止重整程序，予以公告。

第九十条　审查出资人权益调整事项时，股权质押权人以出资人权益调整损害其担保权为由提出异议的，不影响重整计划或者重整计划草案的批准。

第九十一条　未通过重整计划草案的表决组拒绝再次表决，或者再次表决仍未通过，债务人或者管理人申请强制批准重整计划草案的，人民法院应当依照企业破产法第八十七条第二款以及本指引第八十九条第二款规定的标准，对强制批准重整计划草案的申请进行全面、审慎审查。

人民法院认为需要听取重整计划草案的反对意见的，可以通知未通过表决组，告知其于收到通知之日起十日内提出书面意见并附相关证据材料，必要时可以组织听证。

第九十二条　人民法院裁定批准重整计划后，由债务人负责执行。已接管财产和营业事务的管理人应当及时向债务人移交财产和营业事务。

债务人应当全面、适当执行重整计划。

重整程序因人民法院裁定批准重整计划草案而终止的，重整案件可作结案处理。

第九十三条　在重整期间，有下列情形之一的，经管理人或者利害关系人请求，人民法院应当裁定终止重整程序，并宣告债务人破产：

（一）债务人的经营状况和财产状况继续恶化，缺乏挽救的可能性；

（二）债务人有欺诈、恶意减少债务人财产或者其他显著不利于债权人的行为；

（三）由于债务人的行为致使管理人无法执行职务；

（四）管理人或者自行管理的债务人在规定的期限内不能提出符合本指引规定的重整计划草案；

（五）重整计划草案未获得通过且未获得批准，或者已通过的重整计划未获得批准。

第九十四条　人民法院裁定终止重整程序并宣告债务人破产后，管理人应当按照破产清算程序继续履行职责。

第九十五条　由债务人自行管理的重整程序经破产宣告转为清算程序的，债务人应当立即向管理人办理财产和事务的移交。

第五章　重整计划的执行和监督

第九十六条　经人民法院裁定批准的重整计划，对债务人和全体债权人均有约束力。

债权人未依法申报债权的，在重整计划执行期间不得行使权利；在重整计划执行完毕后，可以按照重整计划规定的清偿条件行使权利。

债权人对债务人的保证人和其他连带债务人所享有的权利，不受重整计划的影响。

第九十七条　债务人资不抵债，重整计划所调整的股权已设定质押的，质押权人应当配合办理解除股权质押手续。

重整计划所调整的股权未被质押与冻结，但出资人拒不配合办理股权转让手续的，人民法院可以依据债务人的申请通知有关单位协助执行。

第九十八条　重整计划执行期间，人民法院可以依据债务人的申请，协调办理债务人恢复正常生产经营的相关手续，包括移除经营异常名录、恢复营业执照、删除征信不良记录、移除纳税失信名单、删除失信被执行人信息等。

第九十九条 重整计划执行期间，除重整计划另有约定的外，债务人负责执行重整计划，并向管理人报告重整计划执行情况和债务人财务状况。

管理人负责监督重整计划的执行，并应当制订监督方案。在监督期内，管理人应定期听取债务人财务状况及重整计划执行情况报告，及时发现并纠正债务人执行重整计划过程中的违法或者不当行为。监督期届满后，管理人应当向人民法院提交监督报告。

第一百条 重整计划执行期间，因出现国家政策调整、法律修改变化等特殊情况，导致原重整计划无法执行的，债务人或者管理人可以申请变更重整计划一次。债权人会议决议同意变更重整计划的，自决议通过之日起十日内提请人民法院批准。债权人会议决议不同意或者人民法院不批准变更申请的，人民法院经管理人或者利害关系人请求，应当裁定终止重整计划的执行，并宣告债务人破产。

第一百零一条 人民法院裁定同意变更重整计划的，债务人或者管理人应当在六个月内提出新的重整计划。变更后的重整计划应当提交给因重整计划变更而遭受不利影响的债权人组和出资人组进行表决。表决、申请人民法院批准以及人民法院裁定是否批准的程序与原重整计划的相同。

第一百零二条 重整计划的执行期间和监督期间原则上应当一致。重整计划因客观原因未能在规定期限内执行完毕，债务人申请延长重整计划执行期限的，人民法院可以裁定准许。管理人同时申请延长监督期限至重整计划执行期限届满的，人民法院应当一并裁定准许。

第一百零三条 重整计划执行期间，因重整程序终止后新发生的事实或者事件引发的有关债务人的民事诉讼，不适用企业破产法第二十一条有关集中管辖的规定。除重整计划有明确约定外，不再由管理人代表债务人进行。

第一百零四条 重整计划执行完毕或者基本执行完毕，管理人应当申请终结重整程序，并提交监督报告。重整计划执行完毕后，人民法院可以根据管理人等利害关系人申请，作出终结重整程序的裁定。

人民法院裁定终结重整程序后，按照重整计划减免的债务，债务人不再承担清偿责任。

第一百零五条 监督期届满时，管理人应当向人民法院提交监督报告。自监督报告提交之日起，管理人的监督职责终止。

管理人向人民法院提交的监督报告，重整计划的利害关系人有权查阅。

第一百零六条 债务人不执行重整计划或者因客观原因不能执行重整计划，经管理人或者利害关系人请求，人民法院应当裁定终止重整计划的执行，并宣告债务人破产。

前款所称利害关系人，包括债权人、债务人、债务人的出资人等。

人民法院裁定终止重整计划的执行并宣告债务人破产后，管理人应当立即接管债务人的印章、账簿、财产等，并对债务人进行破产清算。

重整计划执行过程中已受清偿的破产债权，由管理人按照企业破产法第九十三条第二款的规定予以核减；核减后的破产债权依照企业破产法第一百一十三条规定的清偿顺序和第九十三条第三款规定的清偿条件予以清偿。

第一百零七条 重整期间或者重整计划执行期间，债务人因法定事由被宣告破产的，人民法院不再另立新的案号，原重整程序的管理人原则上应当继续履行破产清算程序中的职责。原重整程序的管理人不能继续履行职责或者不适宜继续担任管理人的，人民法院应当依法重新指定管理人。

重整程序转破产清算案件中的管理人报酬，应当综合管理人为重整工作和清算工作分别发挥的实际作用等因素合理确定。重整期间因法定事由转入破产清算程序的，应当按照破产清算案件确定管理人报酬。重整计划执行期间因法定事由转入破产清算程序的，后续破产清算阶段的管理人报酬应当根据管理人实际工作量予以确定，不能简单根据债务人最终清偿的财产价值总额计算。

第六章 附则

第一百零八条 法律、行政法规规定可以进行重整的其他组织，参照适用本指引。

第一百零九条 本指引自发布之日起试行。

（三）财产处置

重庆市高级人民法院
关于破产程序中财产网络拍卖的实施办法（试行）

（渝高法〔2019〕206号）

重庆市高级人民法院审判委员会2019年第33次会议通过

2019年12月30日起施行

为规范破产程序中管理人对债务人财产的处置行为，提高处置效率，实现债务人财产价值最大化，维护当事人的合法权益，根据《中华人民共和国企业破产法》、最高人民法院《全国法院破产审判工作会议纪要》等相关规定，结合本市破产审判工作实际，制定本办法。

第一条　管理人依法通过互联网拍卖平台，以网络电子竞价方式公开处置债务人财产的，适用本办法。

债务人财产指破产申请受理时属于债务人的全部财产，以及破产申请受理后至破产程序终结前债务人取得的财产。

第二条　变价出售债务人财产应当通过网络拍卖方式进行，但债权人会议另有决议的除外。

拍卖所得预计不足以支付拍卖费用的，可经债权人会议决议采取作价变卖或实物分配的方式。

按照国家规定不能拍卖或者限制转让的财产，应当按照国家规定的方式处理。

第三条　管理人应以自己的名义依法通过网络拍卖平台处置债务人财产，接受债权人会议和人民法院的监督。

第四条　采取网络拍卖方式处置债务人财产的，管理人应在财产变价方案中明确网络拍卖方案并提交债权人会议讨论、表决。

网络拍卖方案一般应当包括以下内容：

（一）通过网络拍卖处置的债务人财产；

（二）选择的网络拍卖平台；

（三）拍卖时间、起拍价或其确定方式、保证金的数额或比例、保证金和拍卖款项的支付方式及支付期限；

（四）竞价时间、出价递增幅度、拍卖次数、公告期及流拍后的处理方式；

（五）其他需要由债权人会议决议的事项。

管理人应就拍卖债务人财产可能产生的税费及其他费用向债权人会议作出说明。

管理人认为必要的，可以将本条第二款内容分项提交债权人会议表决。

第五条　网络拍卖平台应从最高人民法院确定的司法拍卖网络服务提供者名单库中选择。

第六条　处置债务人财产应当以价值最大化为原则，兼顾处置效率。能够通过企业整体处置方式维护企业营运价值的，应优先考虑适用整体处置方式，最大限度提升债务人财产的经济价值，保护债权人和债务人的合法权益。

第七条　整体拍卖处置债务人财产的，流拍后可以根据资产属性将资产分成若干个资产包进行拍卖；也可以通过设置不同的购买条件，将整体资产包和分散资产包同时拍卖。

第八条　为提升财产处置效果，财产变价方案可以明确变卖前的流拍次数，也可以明确债务人财产通过多次网络拍卖直至变现为止。

第九条　采用网络拍卖方式处置债务人财产的，一般情况下管理人应当提出处置参考价供债权人会议参考确定起拍价。债权人会议也可以授权管理人自行确定起拍价。

管理人应参照《最高人民法院关于人民法院确定财产处置参考价若干问题的规定》以定向询价、网络询价、委托评估等方式确定参考价。

无法通过定向询价、网络询价、委托评估等方式确定参考价，或者委托评估费用过高的，管理人可以根据市场交易价格、财务数据等进行估价。

第十条　竞买人应当交纳的保证金数额原则上在起拍价的百分之五至百分之二十范围内确定。

第十一条　管理人就债务人财产实施网络拍卖的应当履行下列职责：

（一）查明拍卖财产的权属、财产性质和用途、权利负担、附随义务、占有使用、位置结构、附属设施、装修装饰、已知瑕疵、欠缴税费、优先购买权等影响占有、使用以及标的物价值等关涉竞买人利益的详细情况；

（二）制作、发布拍卖公告等信息，在网络拍卖平台上独立发拍；

（三）按照法律、法规、司法解释的规定通知优先购买权人；

（四）办理财产交付和协助办理财产权属转移手续；

（五）其他依法应当由管理人履行的职责。

第十二条　为提高债务人财产处置效率，经债权人会议同意，管理人可以聘用第三方社会服务机构从事制作拍卖财产的文字说明、照片或者视频等资料，展示拍卖财产，接受咨询，引领看样等工作。

第十三条　管理人实施网络拍卖应当先期公告。首次拍卖的公告期不少于十五日，流拍后再次拍卖的公告期不少于七日。公告应同时在网络拍卖平台和全国企业破产重整案件信息网上发布，并可以根据案件需要在其他媒体发布。

拍卖公告应当包括拍卖财产、起拍价、保证金、竞买人条件、拍卖财产已知瑕疵、相关权利义务、法律责任、拍卖时间、网络平台、破产案件审理法院、管理人名称及联系方式等信息。

第十四条　管理人应当在拍卖公告发布当日通过网络拍卖平台公示下列信息：

（一）拍卖公告；

（二）拍卖财产现状的文字说明、照片或视频等；

（三）拍卖时间、起拍价及竞价规则；

（四）拍卖保证金、拍卖款项支付方式和账户；

（五）优先购买权主体以及权利性质；

（六）通知或无法通知已知优先购买权人的情况；

（七）财产交付方式、财产所有权转移手续以及税费负担；

（八）其他应当公示和说明的事项。

第十五条　已确定采取网络拍卖的，管理人如有正当理由可决定暂缓、中止网络拍卖，但应及时向债权人委员会报告，未设立债权人委员会的，应及时报告人民法院。暂缓拍卖期限届满或者中止拍卖的事由消失后，需要继续拍卖的，应当在五日内恢复拍卖。

第十六条　网络拍卖竞价期间无人出价的，本次拍卖流拍。按照债权人会议决议需要在流拍后再次拍卖的，管理人应自流拍之日起七个工作日内再次启动网络拍卖程序，确有特殊情况的除外。

第十七条　拍卖成交后买受人悔拍的，交纳的保证金不予退还，计入债务人财产。保证金依次用于支付拍卖产生的费用损失、弥补重新拍卖价款低于原拍卖价款的差价。保证金数额不足以弥补前述费用损失以及差价的，管理人可向悔拍人追索。

悔拍后重新拍卖的，原买受人不得参加竞买。

第十八条　拍卖成交后，由网络拍卖平台自动生成确认书并公示，确认书中载明实际买受人的身份、竞买代码等信息。经管理人申请，人民法院可以出具拍卖成交确认裁定。

第十九条　买受人应在拍卖公告确定的期限内将拍卖价款支付至管理人账户或审理破产案件的人民法院账户。须由出卖人负担的相关税费，管理人应当在拍卖款中预留并代为申报、缴纳。

第二十条　管理人应当协助买受人办理拍卖财产交付、证照变更及权属转移手续，必要时可以申请人民法院协助。

第二十一条　管理人未勤勉尽责、忠实执行职务，在处置债务人财产过程中给债权人、债务人或者第三人造成损失的，依法承担赔偿责任。

第二十二条　管理人通过网络拍卖方式处置债务人财产，本办法没有规定的，可参照适用《最高人民法院关于人民法院网络司法拍卖若干问题的规定》。

第二十三条　强制清算案件中，清算组处置企业财产的，参照适用本办法。

第二十四条　本办法自 2019 年 12 月 30 日起施行。

重庆市第五中级人民法院
关于破产案件实行网络财产查询的规定（试行）

（2018年4月26日 渝五中法发〔2018〕68号）

重庆市第五中级人民法院审判委员会通过

2018年4月26日起施行

第一条 为进一步提升破产案件审理工作效率，加大对破产案件债务人财产的查找力度和范围，深化审执工作的协调，根据相关法律、司法解释的规定，结合我院工作实际，制定本规定。

第二条 破产案件实行网络财产查询是指审判庭受理企业法人破产申请后，可以通过全国法院网络执行查控系统对破产案件债务人的财产进行查询。

第三条 审判庭裁定受理对企业法人的破产申请后，认为需要通过全国法院网络执行查控系统查询企业法人财产的，应当将下列材料移送立案庭，并履行交接手续：

1. 破产案件网络查询移送函（加盖审判庭印章），载明需要查询财产的相关债务人全称、社会信用（组织机构）代码、法定代表人等信息及需要实施网络查询的事由和理由；

2. 破产申请受理裁定书副本。

第四条 立案庭收到审判庭移送的破产案件网络查询移送函后二日内，以"执保"字号立案，并在案件管理系统中以破产案件受理法院为申请人，债务人为被执行人填录相关当事人信息。

第五条 立案庭应当在立案之日起二日内将案卷材料移送执行局，并履行交接手续。

第六条 执行局应当在收案后二日内启动对债务人财产的网络查询工作，查询内容为全国法院网络执行查控系统所能支持的财产类型和范围。

第七条 执行局应当在发出网络查询指令后5日和30日内分别向审判庭反馈网络查询结果（加盖执行局印章），反馈结果应当通过查控系统自动生成。

第八条 根据本规定所立的"执保"字号案件在完成网络查询工作后可以结案，执行局一般应在立案后60日内办结对债务人财产的网络查询工作。

第九条 上述工作纳入相关部门工作质效考核范围。

第十条 本规定由本院审判委员会负责解释。

第十一条 本规定自印发之日起施行。

（四）一般规定

重庆市第五中级人民法院
企业破产案件审理指南（试行）

（渝五中法发〔2020〕42号）
重庆市第五中级人民法院审判委员会通过
2020年4月13日起施行

为进一步规范企业破产案件审理，明确人民法院和管理人职责，提高破产案件审判质效，公平清理债权债务，依据《中华人民共和国企业破产法》《中华人民共和国公司法》《中华人民共和国民事诉讼法》及最高人民法院相关司法解释、会议纪要等规定，结合本院破产审判工作实际，制定本指南。

第一章 破产受理后的处理

第一条 人民法院裁定受理破产申请后，应当依据该裁定，以"破"作为案件类型代字编制案号，启动案件审理程序。

上级人民法院受理破产申请后指令审理的，本院依据上级法院作出的受理裁定，直接以"破"作为案件类型代字编制案号，启动案件审理程序。

负责破产案件立案的机构应当在审判管理系统和全国企业破产重整案件信息网同步录入案件信息，并在三日内移送破产审判部门。

第二条 人民法院裁定受理破产申请的，应当及时指定管理人。

人民法院应当在破产重整案件信息网录入管理人信息，并公布指定管理人决定书。

第三条 人民法院应当通知债务人的有关人员，自人民法院受理破产申请的裁定送达债务人之日起至破产程序终结之日承担下列义务：

（一）妥善保管其占有和管理的财产、印章和账簿、文书等资料；

（二）根据人民法院、管理人的要求进行工作，并如实回答询问；

（三）列席债权人会议并如实回答债权人的询问；

（四）未经人民法院许可，不得离开住所地；

（五）不得新任其他企业的董事、监事、高级管理人员。

前款所称有关人员，是指企业的法定代表人；经人民法院决定，可以包括企业的财务管理人员和其他经营管理人员。

第四条 人民法院裁定受理债权人破产申请的，应当通知债务人自裁定送达之日起十五日内，向人民法院提交财产状况说明、债务清册、债权清册、有关财务会计报告以及职工工资的支付和社会保险费用的缴纳情况。通知中应当一并告知债务人"如拒不提交，人民法院可以对债务人的直接责任人员采取罚款等强制措施"等法律后果。

第五条 人民法院应当自裁定受理破产申请之日起二十五日内通知或委托管理人代为通知已知债权人，并予以公告。

通知和公告应当载明下列事项：

（一）申请人、被申请人的名称或者姓名；

（二）人民法院受理破产申请的时间；

（三）申报债权的期限、地点和注意事项；

（四）管理人的名称或者姓名及其处理事务的地址；

（五）债务人的债务人或者财产持有人应当向管理人清偿债务或者交付财产的要求；

（六）第一次债权人会议召开的时间和地点；

（七）人民法院认为应当通知和公告的其他事项。

之后召开债权人会议，管理人应当提前十五日通知已知债权人。

本条第一款的"已知债权人"是指债务人提交的"债务清册"中记载的债权人；本条第三款的"已知债权人"还包括已经向管理人申报债权的债权人。

第六条 人民法院裁定受理破产申请后，应当指导管理人将裁定书、指定管理人决定书送交以下单位并通知其协助履行相关义务：

（一）通知债务人注册登记、社保、税务、不动产登记、劳动保障等部门配合管理人提供有关债务人的信息及其他事项；

（二）通知公安部门为管理人刻制管理人印章，以便管理人设立管理人账户及开展相关工作。

第七条 自受理裁定作出之日起，除因破产程序需要对债务人财产采取保全措施外，人民法院不得对债务人的财产采取新的保全措施；已经开始但尚未完毕的针对债务人财产的执行程序应当中止。

管理人接受指定后，受理破产申请的人民法院应当指导、监督管理人及时向相关人民法院发出解除保全措施、中止执行程序的函件，并附破产申请受理裁定。相关人民法院接到函件后，应当及时解除保全措施、中止执行，同时通知管理人，并将财产移交管理人接管。

相关人民法院拒不解除保全措施或者拒不中止执行的，受理破产申请的人民法院可以请求该法院的上级人民法院依法予以纠正。

人民法院审理破产案件时，有关债务人财产被其他具有强制执行权力的国家行政机关，包括税务机关、公安机关、海关等采取保全措施或者执行程序的，人民法院应当积极与上述机关进行协调和沟通，取得有关机关的配合，参照上述具体操作规程，解除有关保全措施，中止有关执行程序，以便保障破产程序顺利进行。

第八条　破产申请受理后，有关债务人财产的执行程序未依照企业破产法第十九条的规定中止的，采取执行措施的相关单位应当依法予以纠正。依法执行回转的财产，人民法院应当认定为债务人财产。

执行法院收到管理人中止执行的函件及破产受理裁定后，应当立即停止将已经执行的债务人财产分配给申请执行人，并及时告知申请执行人依法向管理人申报相关债权。因错误执行和错误分配的财产应当执行回转，在执行回转后列入债务人财产。

执行法院在中止执行后七日内应当将执行破产企业财产处置情况及分配清单、剩余未处置及未分配的银行存款、实际扣押的动产、有价证券等债务人财产移交给受理破产申请的人民法院或者管理人。

人民法院受理破产申请后执行程序中止并不以执行法院收到中止执行通知为前提。即使执行法院在不知悉破产申请被受理的情形下作出了对申请执行人的债权进行清偿的执行行为，在知悉后也应当依法纠正并执行回转。

第九条　破产申请受理后，对于可能因有关利益相关人的行为或者其他原因，影响破产程序依法进行的，受理破产申请的人民法院可以根据管理人的申请或者依职权对债务人的全部或者部分财产采取保全措施。

保全裁定由破产审判部门以"破"字号作出，交负责破产案件立案的部门立案后移送财产保全中心办理。

第十条　人民法院受理破产申请后至破产宣告前裁定驳回破产申请，或者依据企业破产法第一百零八条的规定裁定终结破产程序的，应当及时通知原已采取保全措施并已依法解除保全措施的单位按照原保全顺位恢复相关保全措施。

在已依法解除保全的单位恢复保全措施或者表示不再恢复之前，受理破产申请的人民法院不得解除对债务人财产的保全措施。

第十一条　人民法院受理破产申请后，已经开始而尚未终结的有关债务人的民事诉讼或者仲裁应当中止。受理破产申请的人民法院应当督促管理人及时通知相关法院（仲裁机构）中止诉讼（仲裁），在管理人接管债务人的财产和诉讼（仲裁）事务后，该诉讼或者仲裁继续进行。

已经受理而尚未终结的以债务人为被告的债权给付之诉，应当变更为债权确认之诉。

上述裁判作出并生效前，债权人可以同时向管理人申报债权，但其作为债权尚未确定的债权人，原则上不得行使表决权，除非人民法院临时确定其债权额。上述裁判生效后，债权人应当根据裁判认定的债权数额在破产程序中依法统一受偿，其对债务人享有的债权利息应当按照企业破产法第四十六条第二款的规定停止计算。

第十二条　人民法院受理破产申请后，债权人新提起的要求债务人清偿债务的民事诉讼，人民法院不予受理，同时告知债权人应当向管理人申报债权。债权人申报债权后，对管理人编制的债权表记载有异议的，可以根据企业破产法第五十八条的规定提起债权确认之诉。

第十三条　人民法院受理破产申请后，应当指导和监督管理人作为诉讼代表人参加有关债务人的民事诉讼。

当债务人的管理人为个人管理人时，其诉讼代表人为担任管理人的律师或者注册会计师等；当管理人为中介机构或者清算组时，其诉讼代表人为管理人的负责人或者清算组负责人。

第十四条　管理人依据企业破产法第十六条提起的请求撤销个别清偿行为之诉，依据企业破产法第三十一条、第三十二条提起的破产撤销权之诉，以及依据企业破产法第三十三条提起的确认债务人行为无效之诉，应当由管理人作为原告。

管理人为个人的，原告应当列为担任管理人的律师或者注册会计师；管理人为中介机构的，原告应当列为担任管理人的律师事务所、会计师事务所或者破产清算事务所；管理人为清算组的，原告应当列为（债务人名称）清算组，身份标明为该企业管理人。律师事务所等中介机构或者清算组作为原告的，还应当将中介机构管理人负责人或者清算组组长列为诉讼代表人。

第二章 债务人财产

第一节 债务人财产的认定

第十五条 下列财产属于债务人财产：

（一）破产申请受理时属于债务人的全部财产；

（二）破产申请受理后至破产程序终结前债务人取得的财产；

（三）管理人因行使撤销权、追回权、取回权等取得的财产。

人民法院应当指导管理人准确把握债务人财产范围。

第十六条 债务人为自己或者他人的债务依法设定担保物权的特定财产，人民法院应当认定为债务人财产。

设定担保物权的特定财产在担保物权消灭或者实现担保物权后的剩余部分，在破产程序中可用以清偿破产费用、共益债务和其他破产债权。

第十七条 债务人与他人共有的物、债权、知识产权等财产或者财产权益，应当予以分割，债务人分割所得属于债务人财产；共有财产不能分割的，应当就其应得部分转让，转让所得属于债务人财产。

人民法院宣告债务人破产清算，属于共有财产分割的法定事由。人民法院裁定债务人重整或者和解的，共有财产的分割应当依据《中华人民共和国物权法》第九十九条的规定进行；基于重整或者和解的需要必须分割共有财产，管理人请求分割的，人民法院应予准许。

因分割共有财产导致其他共有人损害产生的债务，其他共有人请求作为共益债务清偿的，人民法院应予支持。

第十八条 债务人的对外投资及其收益属于债务人财产。

债务人设有分支机构、对外投资设立子企业的，即使该投资价值为负或者为零，管理人仍应当在申请办理企业注销登记前将其处理完毕。

第十九条 人民法院裁定受理破产申请时已经扣划到执行法院账户但尚未支付给申请执行人的款项，仍属于债务人财产，人民法院裁定受理破产申请后，执行法院应当中止对该财产的执行。

第二十条 破产企业以划拨方式取得的国有土地使用权不属于破产财产。但是经政府有关部门批准，已经作为企业注册资本登记的，应当属于破产财产。

以划拨方式取得的国有土地使用权及其地上建筑物设定抵押的，就该抵押物拍卖的价款，应当先缴纳国家收取的土地使用权出让金。

第二节 债务人财产的追收

第二十一条 人民法院受理破产申请后，债务人对个别债权人的债务清偿无效。已经清偿的，人民法院应当督促管理人及时向受偿债权人追回。

第二十二条 人民法院受理破产申请后，管理人应当通知债务人的债务人或者财产持有人向管理人清偿债务或者交付财产。

债务人的债务人或者财产持有人故意违反前款规定向债务人清偿债务或者交付财产，使债权人受到损失的，不免除其清偿债务或者交付财产的义务。

第二十三条 人民法院受理破产申请后，管理人依据企业破产法第三十一条和第三十二条的规定提起诉讼，请求撤销涉及债务人财产的相关行为并由相对人返还债务人财产的，人民法院应予支持。

人民法院受理破产申请后，管理人因过错未依法行使撤销权导致债务人财产不当减损，债权人提起诉讼主张管理人对其损失承担相应赔偿责任的，人民法院应予支持。

人民法院受理破产申请后，管理人未依据企业破产法第三十一条规定请求撤销债务人无偿转让财产、以明显不合理价格交易、放弃债权行为的，债权人有权依据《中华人民共和国合同法》第七十四条等规定行使撤销权，并将因此追回的财产归入债务人财产。

第二十四条 管理人依据企业破产法第三十三条的规定提起诉讼，主张被隐匿、转移财产的实际占有人返还债务人财产，或者主张债务人虚构债务或者承认不真实债务的行为无效并返还债务人财产的，人民法院应予支持。

第二十五条 债务人有企业破产法第三十一条、第三十二条、第三十三条规定的行为，损害债权人利益的，管理人应当以债务人的法定代表人和其他直接责任人员对所涉债务人财产的相关行为存在故意或者重大过失，造成债务人财产损失为由，要求其承担赔偿责任。

第二十六条 人民法院受理破产申请后，债务人的出资人尚未完全履行出资义务或者抽逃出资的，管理人应当要求该出资人缴付未履行的出资或者返还抽逃的出资本息。出资人以出资期限尚未届满或者超过诉讼时效为由抗辩的，不予支持。

管理人依据公司法的相关规定代表债务人提起诉讼，主张公司的发起人和负有监督股东履行出资义务的董事、高级管理人员，或者协助抽逃出资的其他股东、董事、高级管理人员、实际控制人等，对股东违反出资义务或者抽逃出资承担相应责任，并将财产归入债务人财产的，人民法院应予支持。

第二十七条　债务人有企业破产法第二条第一款规定的情形时，债务人的董事、监事和高级管理人员利用职权获取的以下收入，人民法院应当认定为企业破产法第三十六条规定的非正常收入：

（一）绩效奖金；

（二）普遍拖欠职工工资情况下获取的工资性收入；

（三）其他非正常收入。

债务人的董事、监事和高级管理人员拒不向管理人返还上述债务人财产，管理人主张上述人员予以返还的，人民法院应予支持。

债务人的董事、监事和高级管理人员因返还本条第一款第一项、第三项非正常收入形成的债权，可以作为普通破产债权清偿。因返还本条第一款第二项非正常收入形成的债权，依据企业破产法第一百一十三条第三款的规定，按照该企业职工平均工资计算的部分作为拖欠职工工资清偿；高出该企业职工平均工资计算的部分，可以作为普通破产债权清偿。

第二十八条　债务人的董事、监事和高级管理人员利用职权侵占的企业财产，管理人应当追回。

第二十九条　人民法院受理破产申请后，管理人可以通过清偿债务或者提供债权人接受的担保，取回质物、留置物。

前款规定的债务清偿或者替代担保，在质物或者留置物的价值低于被担保的债权额时，以该质物或者留置物当时的市场价值为限。

第三十条　债务人对外享有债权的诉讼时效及申请执行时效，自人民法院受理破产申请之日起中断。债务人无正当理由未对其到期债权及时行使权利，导致其对外债权在破产申请受理前一年内超过诉讼时效期间或申请执行时效期间的，人民法院受理破产申请之日起重新计算上述债权的诉讼时效期间或申请执行时效期间。

第三节　非债务人财产的认定和处理

第三十一条　下列财产不应当认定为债务人财产：

（一）债务人基于仓储、保管、承揽、代销、借用、寄存、租赁等合同或者其他法律关系占有、使用的他人财产；

（二）债务人在所有权保留买卖中尚未取得所有权的财产；

（三）所有权专属于国家且不得转让的财产；

（四）其他依照法律、行政法规不属于债务人的财产。

第三十二条　人民法院受理破产申请后，债务人占有的不属于债务人的财产，该财产的权利人可以通过管理人取回。但是，企业破产法另有规定的除外。

第三十三条　权利人依据企业破产法第三十八条的规定行使取回权，应当在破产财产变价方案或者和解协议、重整计划草案提交债权人会议表决前向管理人提出。权利人在上述期限后主张取回相关财产的，应当承担延迟行使取回权增加的相关费用。

第三十四条　权利人行使取回权时未依法向管理人支付相关的加工费、保管费、托运费、委托费、代销费等费用，管理人拒绝其取回相关财产的，人民法院应予支持。

第三十五条　对债务人占有的权属不清的鲜活易腐等不易保管的财产或者不及时变现价值将严重贬损的财产，管理人及时变价并提存变价款后，有关权利人就该变价款行使取回权的，人民法院应予支持。

第三十六条　债务人占有的他人财产被违法转让给第三人，第三人构成善意取得，原权利人无法取回该财产的，若转让行为发生在破产申请受理前，原权利人因财产损失形成的债权，作为普通破产债权清偿；若转让行为发生在破产申请受理后，因管理人或者相关人员执行职务导致原权利人损害产生的债务，作为共益债务清偿。

第三人不构成善意取得，但已向债务人支付转让价款的，原权利人可依法追回转让财产。对因第三人已支付对价而产生的债务，若转让行为发生在破产申请受理前，作为普通破产债权清偿；若转让行为发生在破产申请受理后，作为共益债务清偿。

第三十七条　债务人占有的他人财产毁损、灭失，因此获得的保险金、赔偿金、代偿物尚未交付给债务人，或者代偿物虽已交付给债务人但能与债务人财产予以区分的，权利人主张取回就此获得的保险金、赔偿金、代偿物的，人民法院应予支持。

保险金、赔偿金已经交付给债务人，或者代偿物已经交付给债务人且不能与债务人财产予以区分的，若财产毁损、灭失发生在破产申请受理前，权利人因财产损失形成的债权，作为普通破产债权清偿；若财产毁损、灭失发生在破产申请受理后，因管理人或者相关人员执行职务导致权利人损害产生的债务，作为共益债务清偿。

债务人占有的他人财产毁损、灭失，没有获得相应的保险金、赔偿金、代偿物，或者保险金、赔偿物、代偿物不足以弥补其损失的部分，应当按照本条第二款的规定处理。

第三十八条 管理人或者相关人员在执行职务过程中，因故意或者重大过失不当转让他人财产或者造成他人财产毁损、灭失，导致他人损害产生的债务作为共益债务，由债务人财产随时清偿不足弥补损失，权利人向管理人或者相关人员主张承担补充赔偿责任的，人民法院应予支持。

上述债务作为共益债务由债务人财产随时清偿后，债权人以管理人或者相关人员执行职务不当导致债务人财产减少给其造成损失为由提起诉讼，主张管理人或者相关人员承担相应赔偿责任的，人民法院应予支持。

第三十九条 买卖合同双方当事人在合同中约定标的物所有权保留，在标的物所有权未依法转移给买受人前，一方当事人破产的，该买卖合同属于双方均未履行完毕的合同，管理人有权依据企业破产法第十八条的规定决定解除或者继续履行合同。

第四十条 出卖人破产，其管理人决定继续履行所有权保留买卖合同的，买受人应当按照原买卖合同的约定支付价款或者履行其他义务。

买受人未依约支付价款或者履行完毕其他义务，或者将标的物出卖、出质或者作出其他不当处分，给出卖人造成损害，出卖人管理人依法主张取回标的物的，人民法院应予支持。但是，买受人已经支付标的物总价款百分之七十五以上或者第三人善意取得标的物所有权或者其他物权的除外。

因本条第二款规定未能取回标的物，出卖人管理人依法主张买受人继续支付价款、履行完毕其他义务，以及承担相应赔偿责任的，人民法院应予支持。

第四十一条 出卖人破产，其管理人决定解除所有权保留买卖合同，并依据企业破产法第十七条的规定要求买受人向其交付买卖标的物的，人民法院应予支持。

买受人以其不存在未依约支付价款或者履行完毕其他义务，或者将标的物出卖、出质或者作出其他不当处分情形抗辩的，人民法院不予支持。

买受人依法履行合同义务并依据本条第一款将买卖标的物交付出卖人管理人后，买受人已支付价款损失形成的债权作为共益债务清偿。但是，买受人违反合同约定，出卖人管理人主张上述债权作为普通破产债权清偿的，人民法院应予支持。

第四十二条 买受人破产，其管理人决定继续履行所有权保留买卖合同的，原买卖合同中约定的买受人支付价款或者履行其他义务的期限在破产申请受理时视为到期，买受人管理人应当及时向出卖人支付价款或者履行其他义务。

买受人管理人无正当理由未及时支付价款或者履行完毕其他义务，或者将标的物出卖、出质或者作出其他不当处分，给出卖人造成损害，出卖人依据合同法第一百三十四条等规定主张取回标的物的，人民法院应予支持。但是，买受人已支付标的物总价款百分之七十五以上或者第三人善意取得标的物所有权或者其他物权的除外。

因本条第二款规定未能取回标的物，出卖人依法主张买受人继续支付价款、履行完毕其他义务，以及承担相应赔偿责任的，人民法院应予支持。对因买受人未支付价款或者未履行完毕其他义务，以及买受人管理人将标的物出卖、出质或者作出其他不当处分导致出卖人损害产生的债务，出卖人主张作为共益债务清偿的，人民法院应予支持。

第四十三条 买受人破产，其管理人决定解除所有权保留买卖合同，出卖人依据企业破产法第三十八条的规定主张取回买卖标的物的，人民法院应予支持。

出卖人取回买卖标的物，买受人管理人主张出卖人返还已支付价款的，人民法院应予支持。取回的标的物价值明显减少给出卖人造成损失的，出卖人可从买受人已支付价款中优先予以抵扣后，将剩余部分返还给买受人；对买受人已支付价款不足以弥补出卖人标的物价值减损损失形成的债权，出卖人主张作为共益债务清偿的，人民法院应予支持。

第四十四条 人民法院受理破产申请时，出卖人已将买卖标的物向作为买受人的债务人发运，债务人尚未收到且未付清全部价款的，出卖人可以取回在运途中的标的物。但是，管理人可以支付全部价款，请求出卖人交付标的物。

第四十五条 出卖人依据企业破产法第三十九条的规定，通过通知承运人或者实际占有人中止运输、返还货物、变更到达地，或者将货物交给其他收货人等方式，对在运途中标的物主张了取回权但未能实现，或者在货物未达管理人前已向管理人主张取回在运途中标的物，在买卖标的物到达管理人后，出卖人向管理人主张取回的，管理人应予准许。

出卖人对在运途中标的物未及时行使取回权，在买卖标的物到达管理人后向管理人行使在运途中标的物取回权的，管理人不应准许。

第四十六条 债务人重整期间，权利人要求取回债务人合法占有的权利人的财产，不符合双方事先约定条件的，人民法院不予支持。但是，因管理人或者自行管理的债务人违反约定，可能导致取回物被转让、毁损、灭失或者价值明显减少的除外。

第三章 别除权与破产抵销权

第一节 别除权

第四十七条 对破产人的特定财产享有担保权的权利人，对该特定财产享有优先受偿的权利。

前款的债权人行使优先受偿权利未能完全受偿的，其未受偿的债权作为普通债权；放弃优先受偿权利的，其债权作为普通债权。

第四十八条 在重整期间，对债务人的特定财产享有的担保权暂停行使。但是，担保物有损坏或者价值明显减少的可能，足以危害担保权人权利的，担保权人可以向人民法院请求恢复行使担保权。

第四十九条 重整程序中，要依法平衡保护担保物权人的合法权益和企业重整价值。重整申请受理后，管理人或者自行管理的债务人应当及时确定设定有担保物权的债务人财产是否为重整所必需。如果认为担保物不是重整所必需，管理人或者自行管理的债务人应当及时对担保物进行拍卖或者变卖，拍卖或者变卖担保物所得价款在支付拍卖、变卖费用后优先清偿担保物权人的债权。

在担保物权暂停行使期间，担保物权人根据企业破产法第七十五条的规定向人民法院请求恢复行使担保物权的，人民法院应当自收到恢复行使担保物权申请之日起三十日内作出裁定。经审查，担保物权人的申请不符合第七十五条的规定，或者虽然符合该条规定但管理人或者自行管理的债务人有证据证明担保物是重整所必需，并且提供与减少价值相应担保或者补偿的，人民法院应当裁定不予批准恢复行使担保物权。担保物权人不服该裁定的，可以自收到裁定书之日起十日内，向作出裁定的人民法院申请复议。人民法院裁定批准行使担保物权的，管理人或者自行管理的债务人应当自收到裁定书之日起十五日内启动对担保物的拍卖或者变卖，拍卖或者变卖担保物所得价款在支付拍卖、变卖费用后优先清偿担保物权人的债权。

第五十条 对债务人的特定财产享有担保权的权利人，自人民法院裁定和解之日起，可以随时向管理人主张就该特定财产变价处置行使优先受偿权。

第五十一条 对债务人的特定财产享有担保权的权利人，自人民法院受理破产清算申请之日起，可以随时向管理人主张就该特定财产变价处置行使优先受偿权。

第五十二条 享有担保权的权利人向管理人主张行使担保物权的,管理人应及时启动对担保物的拍卖或者变卖,不得以须经债权人会议决议等为由拒绝。但因单独处置担保财产会降低其他破产财产的价值而应整体处置的除外。

第二节 破产抵销权

第五十三条 债权人在破产申请受理前对债务人负有债务的,可以向管理人主张抵销。但是,有下列情形之一的,不得抵销:

(一)债务人的债务人在破产申请受理后取得他人对债务人的债权的;

(二)债权人已知债务人有不能清偿到期债务或者破产申请的事实,对债务人负担债务的;但是,债权人因为法律规定或者有破产申请一年前所发生的原因而负担债务的除外;

(三)债务人的债务人已知债务人有不能清偿到期债务或者破产申请的事实,对债务人取得债权的;但是,债务人的债务人因为法律规定或者有破产申请一年前所发生的原因而取得债权的除外。

第五十四条 债权人依据本指南第五十三条的规定行使抵销权,应当向管理人提出抵销主张。

管理人不得主动抵销债务人与债权人的互负债务,但抵销使债务人财产受益的除外。

第五十五条 管理人收到债权人提出的主张债务抵销的通知后,经审查无异议的,抵销自管理人收到通知之日起生效。

管理人对抵销主张有异议的,应当在约定的异议期限内或者自收到主张债务抵销的通知之日起三个月内向人民法院提起诉讼。无正当理由逾期提起的,人民法院不予支持。

人民法院判决驳回管理人提起的抵销无效诉讼请求的,该抵销自管理人收到主张债务抵销的通知之日起生效。

第五十六条 债权人主张抵销,管理人以下列理由提出异议的,人民法院不予支持:

(一)破产申请受理时,债务人对债权人负有的债务尚未到期;

(二)破产申请受理时,债权人对债务人负有的债务尚未到期;

(三)双方互负债务标的物种类、品质不同。

第五十七条 破产申请受理前六个月内,债务人有企业破产法第二条第一款规定的情形,债务人与个别债权人以抵销方式对个别债权人清偿,其抵销的债权债务属于企业破产法第四十条第(二)、(三)项规定的情形之一,管理人在破产申请受理之日起三个月内向人民法院提起诉讼,主张该抵销无效的,人民法院应予支持。

第五十八条 企业破产法第四十条所列不得抵销情形的债权人,主张以其对债务人特定财产享有优先受偿权的债权,与债务人对其不享有优先受偿权的债权抵销,债务人管理人以抵销存在企业破产法第四十条规定的情形提出异议的,人民法院不予支持。但是,用以抵销的债权大于债权人享有优先受偿权财产价值的除外。

第五十九条 债务人的股东主张以下列债务与债务人对其负有的债务抵销,债务人管理人提出异议的,人民法院应予支持:

(一)债务人股东因欠缴债务人的出资或者抽逃出资对债务人所负的债务;

(二)债务人股东滥用股东权利或者关联关系损害公司利益对债务人所负的债务。

第四章 债权申报、审核及确认

第六十条 人民法院受理破产申请时对债务人享有债权的债权人,依照企业破产法规定的程序申报债权,行使权利。

债权人未依照企业破产法规定申报债权的,不得依照企业破产法规定的程序行使权利。

第六十一条 人民法院受理破产申请后,应当确定债权人申报债权的期限。债权申报期限自人民法院发布受理破产申请公告之日起计算,最短不得少于三十日,最长不得超过三个月。债权人应当在人民法院确定的债权申报期限内向管理人申报债权。

第六十二条 在人民法院确定的债权申报期限内,债权人未申报债权的,可以在破产财产最后分配前补充申报;但是,此前已进行的分配,不再对其补充分配。为审查和确认补充申报债权的费用,由补充申报人承担,费用标准可以综合审查确认难易程度、逾期时间、逾期申报对破产工作的影响等因素加以确定。

前款"破产财产最后分配前"在清算、重整、和解程序中分别指"人民法院裁定认可最后分配方案前""人民法院裁定批准重整计划前""人民法院裁定认可和解协议前"。

第六十三条 债务人所欠职工的工资和医疗、伤残补助、抚恤费用，所欠的应当划入职工个人账户的基本养老保险、基本医疗保险费用，以及法律、行政法规规定应当支付给职工的补偿金，不必申报，由管理人调查后列出清单并予以公示。

职工对清单记载有异议的，可以要求管理人更正；管理人不予更正的，职工可以向人民法院提起诉讼。

破产企业的董事、监事和高级管理人员的工资按照该企业职工的平均工资计算。对于高出该企业职工平均工资的部分，应根据企业破产法第三十六条、《最高人民法院关于适用〈中华人民共和国企业破产法〉若干问题的规定（二）》第二十四条之规定，将其作为普通破产债权。

他人代债务人垫付工资和医疗费用、伤残补助、抚恤费用、基本养老保险、基本医疗保险、住房公积金等费用的，应当在人民法院规定的债权申报期内进行债权申报，管理人可按职工债权予以确认并予以公示。

第六十四条 未到期的债权，在破产申请受理时视为到期，债权人可以向管理人申报。

第六十五条 破产申请受理之日前已产生的借款利息、违约金、债务人未履行生效法律文书应当加倍支付的迟延利息、劳动保险或者税款延期缴纳产生的滞纳金等，债权人可以申报。

第六十六条 附条件、附期限的债权和诉讼、仲裁未决的债权，债权人可以申报。

第六十七条 保证人被裁定进入破产程序的，债权人可以申报其对保证人的保证债权。

主债务未到期的，保证债权在保证人破产申请受理时视为到期。一般保证的保证人主张行使先诉抗辩权的，人民法院不予支持，但债权人在一般保证人破产程序中的分配额应予提存，待一般保证人应承担的保证责任确定后再按照破产清偿比例予以分配。

保证人被确定应当承担保证责任的，保证人的管理人可以就保证人实际承担的清偿额向主债务人或者其他债务人行使求偿权。

第六十八条 债务人、保证人均被裁定进入破产程序的，债权人可以向债务人、保证人分别申报债权。

债权人向债务人、保证人均申报全部债权的，从一方破产程序中获得清偿后，其对另一方的债权额不作调整，但债权人的受偿额不得超出其债权总额。保证人履行保证责任后不再享有求偿权。

第六十九条　连带债权人可以由其中一人代表全体连带债权人申报债权，也可以共同申报债权。

第七十条　债务人的保证人或者其他连带债务人已经代替债务人清偿债务的，以其对债务人的求偿权申报债权。

债务人的保证人或者其他连带债务人尚未代替债务人清偿债务的，以其对债务人的将来求偿权申报债权。但是，债权人已经向管理人申报全部债权的除外。

第七十一条　债务人进入破产程序，债权人向管理人申报债权，又起诉连带债务人承担清偿责任的，应当受理。生效判决认定连带债务人承担清偿责任的，案件执行程序与企业破产程序之间应当做好衔接，避免债权人双重受偿。

第七十二条　管理人或者债务人依照企业破产法规定解除合同的，对方当事人以因合同解除所产生的损害赔偿请求权申报债权。

第七十三条　债务人是委托合同的委托人，被裁定适用企业破产法规定的程序，受托人不知该事实，继续处理委托事务的，受托人以由此产生的请求权申报债权。

第七十四条　债务人是票据的出票人，被裁定适用企业破产法规定的程序，该票据的付款人继续付款或者承兑的，付款人以由此产生的请求权申报债权。

第七十五条　申报的债权为外币结算的，应以破产申请受理日公布的同一币种的汇率折算为人民币计算债权额，进行申报。

第七十六条　裁定受理破产前，债权人将其债权分割后转让给多个主体，各受让人可以分别作为债权人申报债权。

裁定受理破产前，同一主体受让多个债权人的债权，受让人以其受让的债权总额作为一名债权人申报债权。

第七十七条　裁定受理破产后，债权人将其债权分割后转让给多个主体，各受让人的受让债权按其受让债权金额分别统计，但作为一名债权人以债权总额参加表决和分配。

裁定受理破产后，同一主体受让多个债权人的债权，受让人可以其受让的不同债权分别申报债权，并分别参加表决和分配。

第七十八条　债权人申报债权时，应当书面说明债权的数额和有无财产担保，并提交有关证据。申报的债权是连带债权的，应当说明。

第七十九条　管理人收到债权申报材料后，应当依照企业破产法第五十七条的规定对所申报的债权进行登记造册，详尽记载申报人的姓名、单位、代理人、申报债权额、担保情况、证据、联系方式等事项，形成债权申报登记册。

管理人应结合债务人财务账册、审计报告等，对债权的性质、数额、担保财产、是否超过诉讼时效期间、是否超过强制执行期间等情况进行审查，将债权区分为应予确认、暂缓确认及不予确认三种类型并分别编制债权表。

债权表、债权申报登记册及债权申报材料在破产期间由管理人保管，债权人、债务人、债务人职工及其他利害关系人有权查阅。

第八十条　管理人编制的债权表及职工债权清单应当提交第一次债权人会议核查。

债务人、债权人对债权表及职工债权清单记载的债权无异议的，由管理人将无异议债权表及职工债权清单提请人民法院裁定确认。

第八十一条　已经生效法律文书确定的债权，管理人应当予以确认。

债权人、债务人或者管理人认为债权人据以申报债权的生效法律文书确定的债权错误，或者有证据证明债权人与债务人恶意通过诉讼、仲裁或者公证机关赋予强制执行力公证文书的形式虚构债权债务的，应当依法通过审判监督程序向作出该判决、裁定、调解书的人民法院或者上一级人民法院申请撤销生效法律文书，或者向受理破产申请的人民法院申请撤销或者不予执行仲裁裁决、不予执行公证债权文书后，重新确定债权。

因债务人与他人的权利义务被生效裁判文书确定，导致债权人、管理人本来可以对合同法第七十四条和企业破产法第三十一条规定的债务人的行为享有撤销权而不能行使的，管理人、债权人可以提起第三人撤销之诉。

第八十二条　债务人、债权人对债权表记载的债权有异议的，应当说明理由和法律依据。经管理人解释或调整后，异议人仍然不服的，或者管理人不予解释或调整的，异议人应当在债权人会议核查结束后十五日内向人民法院提起债权确认的诉讼。逾期未起诉的，该债权按管理人审查结果确定。

债权人未向管理人申请复核直接起诉的，人民法院不予受理。

第一款规定的"十五日"为起诉期间，但正当理由导致超期的，可以根据《民事诉讼法》第八十三条的规定申请延期。

管理人无法在规定期限内给出复议结果,属于前款规定正当理由。

第八十三条 债务人对债权表记载的债权有异议向人民法院提起诉讼的,应将被异议债权人列为被告。债权人对债权表记载的他人债权有异议的,应将被异议债权人及债务人列为被告;债权人对债权表记载的本人债权有异议的,应将债务人列为被告。

对同一笔债权存在多个异议人,其他异议人申请参加诉讼的,应当列为共同原告。

第八十四条 因他人有异议而被提起债权确认诉讼的债权人、对本人债权有异议而提起债权确认诉讼的债权人,均属债权尚未确定的债权人,除人民法院能够为其行使表决权而临时确定债权额的外,不得行使表决权。

破产财产分配时,债权确认诉讼案件尚未作出生效裁判的,应当根据该债权人申报债权额和破产案件清偿率计算其分配额并预留或提存。

第五章 债权人会议和债权人委员会

第一节 一般规定

第八十五条 依法申报债权的债权人为债权人会议的成员,有权参加债权人会议,享有表决权。

债权尚未确定的债权人,除人民法院能够为其行使表决权而临时确定债权额的外,不得行使表决权。

对债务人的特定财产享有担保权的债权人,未放弃优先受偿权利的,对通过和解协议、通过破产财产分配方案不享有表决权。

债权人可以委托代理人出席债权人会议,行使表决权。代理人出席债权人会议,应当向人民法院或者债权人会议主席提交债权人的授权委托书。

债权人会议应当有债务人的职工和工会的代表参加,对有关事项发表意见。

第八十六条 管理人应当参加债权人会议,向债权人会议报告职务执行情况,并回答询问。

债务人的法定代表人以及经人民法院决定的财务负责人和其他经营管理人员应当参加债权人会议,并如实回答债权人的询问。拒绝出席的,人民法院可依据企业破产法第一百二十六条的规定,对其拘传并罚款。

管理人聘用的审计、评估等中介机构应当参加债权人会议。

必要时，可以通知债务人的出资人和政府相关部门派员参加债权人会议。

第八十七条　债权人会议设主席一人，由人民法院从有表决权的债权人中指定。

债权人会议主席主持债权人会议。

第八十八条　债权人会议行使下列职权：

（一）核查债权；

（二）申请人民法院更换管理人，审查管理人的费用和报酬；

（三）监督管理人；

（四）选任和更换债权人委员会成员；

（五）决定继续或者停止债务人的营业；

（六）通过重整计划；

（七）通过和解协议；

（八）通过债务人财产的管理方案；

（九）通过破产财产的变价方案；

（十）通过破产财产的分配方案；

（十一）人民法院认为应当由债权人会议行使的其他职权。

债权人会议应当对所议事项的决议作成会议记录。

第八十九条　第一次债权人会议由人民法院召集，自债权申报期限届满之日起十五日内召开。

第一次债权人会议一般包括下列议题，可以根据实际情况进行调整：

（一）管理人作执行职务报告和债务人财产状况报告；

（二）核查债权；

（三）选举债权人委员会成员，通过对债权人委员会职权的授权范围和债权人委员会议事规则；

（四）决定继续或者停止债务人的营业；

（五）通过债务人财产管理方案；

（六）管理人报告管理人报酬方案。

第九十条　以后的债权人会议，在人民法院认为必要时，或者管理人、债权人委员会、占债权总额四分之一以上的债权人向债权人会议主席提议时召开。

根据本指南第五条的规定，第一次债权人会议由人民法院（或人民法院委托管理人）通知。之后的债权人会议，管理人应当在召开债权人会议十五日前，将会议的时间、地点、议题等事项通知已知的债权人。

第九十一条　债权人会议除现场表决外，可以由管理人事先将相关决议事项告知债权人，采取通信、网络投票等非现场方式进行表决。采取非现场方式进行表决的，管理人应当在表决结束后的三日内，以信函、电子邮件、公告等方式将表决结果告知参与表决的债权人。

第九十二条　债权人会议的决议，由出席会议的有表决权的债权人过半数通过，并且其所代表的债权额占无财产担保债权总额的二分之一以上。但是，企业破产法另有规定的除外。

债权人会议的决议，对于全体债权人均有约束力。

本条第一款所称"无财产担保债权总额"，包含未出席会议的债权人的无财产担保债权总额。

第九十三条　债权人会议的决议具有以下情形之一，损害债权人利益，债权人提出书面撤销申请的，人民法院应予支持：

（一）债权人会议的召开违反法定程序；

（二）债权人会议的表决违反法定程序；

（三）债权人会议的决议内容违法；

（四）债权人会议的决议超出债权人会议的职权范围。

人民法院可以裁定撤销全部或者部分事项决议，责令债权人会议依法重新作出决议。

债权人可以自债权人会议作出决议之日起十五日内提出撤销申请；债权人会议采取通信、网络投票等非现场方式进行表决的，申请撤销期限自债权人收到通知之日起算。

第九十四条　债务人财产的管理方案及破产财产的变价方案经债权人会议表决未通过的，由人民法院裁定。债权人对裁定不服的，可以自裁定宣布之日或者收到通知之日起十五日内向该人民法院申请复议。复议期间不停止裁定的执行。

破产财产的分配方案经债权人会议二次表决仍未通过的，由人民法院裁定。债权额占无财产担保债权总额二分之一以上的债权人对裁定不服的，可以自裁定宣布之日或者收到通知之日起十五日内向该人民法院申请复议。复议期间不停止裁定的执行。

对前两款规定的裁定，人民法院可以在债权人会议上宣布或者另行通知债权人。

第二节 债权人委员会

第九十五条 债权人会议可以决定设立债权人委员会。债权人委员会由债权人会议选任的债权人代表和一名债务人的职工代表或者工会代表组成。债权人委员会成员不得超过九人。

债权人委员会成员应当经人民法院书面决定认可。

第九十六条 债权人委员会行使下列职权：

（一）监督债务人财产的管理和处分；

（二）监督破产财产分配；

（三）提议召开债权人会议。

受债权人会议授权或委托，债权人委员会还可以行使下列职权：

（一）申请人民法院更换管理人，审查管理人的费用和报酬；

（二）监督管理人；

（三）决定继续或者停止债务人的营业；

（四）债权人会议授权或委托的其他事项。

第九十七条 债权人会议不得作出概括性授权，委托债权人委员会行使债权人会议所有职权。

第九十八条 债权人委员会执行职务时，有权要求管理人、债务人的有关人员对其职权范围内的事务作出说明或者提供有关文件。

管理人、债务人的有关人员违反企业破产法规定拒绝接受监督的，债权人委员会有权就监督事项请求人民法院作出决定；人民法院应当在五日内作出决定。

第九十九条 债权人委员会决定所议事项应获得全体成员过半数通过，并作成议事记录。债权人委员会成员对所议事项的决议有不同意见的，应当在记录中载明。

第一百条 债权人委员会行使职权应当接受债权人会议的监督，以适当的方式向债权人会议及时汇报工作，并接受人民法院的指导。

第一百零一条 管理人实施下列处分债务人重大财产的行为，应当事先制作财产管理或者变价方案并提交债权人会议进行表决，债权人会议表决未通过的，管理人不得处分。

（一）涉及土地、房屋等不动产权益的转让；

（二）探矿权、采矿权、知识产权等财产权的转让；

（三）全部库存或者营业的转让；

（四）借款；

（五）设定财产担保；

（六）债权和有价证券的转让；

（七）履行债务人和对方当事人均未履行完毕的合同；

（八）放弃权利；

（九）担保物的取回；

（十）对债权人利益有重大影响的其他财产处分行为。

管理人实施上述处分前，应当提前十日书面报告债权人委员会，未设立债权人委员会的，应当报告人民法院。

债权人委员会可以依照企业破产法第六十八条第二款的规定，要求管理人对处分行为作出相应说明或者提供有关文件依据。

债权人委员会认为管理人实施的处分行为不符合债权人会议通过的财产管理或变价方案的，有权要求管理人纠正。管理人拒绝纠正的，债权人委员会可以请求人民法院作出决定。

人民法院认为管理人实施的处分行为不符合债权人会议通过的财产管理或变价方案的，应当责令管理人停止处分行为。管理人应当予以纠正，或者提交债权人会议重新表决通过后实施。

第六章 重整程序

第一节 重整申请和审查

第一百零二条 债务人或者债权人可以依照企业破产法规定，直接向人民法院申请对债务人进行重整。

债权人申请对债务人进行破产清算的，在人民法院受理破产申请后、宣告债务人破产前，债务人或者出资额占债务人注册资本十分之一以上的出资人，可以向人民法院申请重整。

第一百零三条 人民法院裁定受理重整申请的，应当自裁定作出之日起五日内向申请人、被申请人送达，并予以公告。

第二节 债务人自营业

第一百零四条 在重整期间，经债务人申请，人民法院批准，债务人可以在管理人的监督下自行管理财产和营业事务。

有前款规定情形的，依照企业破产法规定已接管债务人财产和营业事务的管理人应当向债务人移交财产和营业事务，本法规定的管理人的职权由债务人行使。

第一百零五条　重整期间，债务人同时符合下列条件的，经申请，人民法院可以批准债务人在管理人的监督下自行管理财产和营业事务：

（一）债务人的内部治理机制仍正常运转；

（二）债务人自行管理有利于债务人继续经营；

（三）债务人不存在隐匿、转移财产的行为；

（四）债务人不存在其他严重损害债权人利益的行为。

债务人提出重整申请时可以一并提出自行管理的申请。经人民法院批准由债务人自行管理财产和营业事务的，企业破产法规定的管理人职权中有关财产管理和营业经营的职权应当由债务人行使。

管理人应当对债务人的自行管理行为进行监督。管理人发现债务人存在严重损害债权人利益的行为或者有其他不适宜自行管理情形的，可以申请人民法院作出终止债务人自行管理的决定。人民法院决定终止的，应当通知管理人接管债务人财产和营业事务。债务人有上述行为而管理人未申请人民法院作出终止决定的，债权人等利害关系人可以向人民法院提出申请。

第三节　重整投资人招募

第一百零六条　重整投资人是指在重整程序中，为债务人提供资金或者其他资源，帮助债务人清偿债务、恢复经营能力的自然人、法人或者其他组织。

第一百零七条　债务人自行管理财产和营业事务的，债务人可以通过协商引进重整投资人。

自第一次债权人会议召开之日起三十日内，或者自裁定对破产清算的债务人进行重整之日起三十日内，债务人不能就债务清偿及后续经营提出可行性方案的，管理人可以向社会公开招募重整投资人。

第一百零八条　管理人负责管理财产和营业事务的，重整投资人由管理人向社会公开招募。

管理人公开招募重整投资人的，应当在债务人资产评估工作完成后及时启动。管理人也可以根据重整案件实际情况，提前启动公开招募。

在受理破产清算后、宣告债务人破产前裁定对债务人进行重整的，管理人应当自重整裁定作出之日起三十日内招募重整投资人。

第一百零九条　公开招募重整投资人的，由管理人在全国企业破产重整案件信息网、本地有影响的媒体发布公告期不少于十五日的招募公告。

招募公告应当载明案件基本情况、意向重整投资人应当具备的资格条件、参加招募程序的报名方式及期限、获取招募文件的方式及期限等内容。

第一百一十条　管理人应当在招募公告发布之前完成招募文件的制作，并报人民法院备案。招募文件应当包括债务人的资产、负债等基本情况，意向重整投资人缴纳保证金的要求，意向重整投资人应当提交的参选材料及截止时间，确定重整投资人的标准和程序，对重整投资人及其重整预案的特定要求。

第一百一十一条　意向重整投资人参加公开招募的，一般需要提供以下文件：有效的主体资格证明文件；资质、财务、业绩介绍及相关证明材料；重整预案，包括重整资金来源、出资人权益调整、债权调整、债权清偿及后续经营方案等；招募文件要求提供的其他材料。

意向重整投资人要求查阅有关债务人的财产调查报告、资产评估报告、偿债能力分析报告、审计报告以及债权表等资料的，管理人应当准许。

第一百一十二条　经管理人初步审查，意向重整投资人符合招募公告规定的资格条件且参选材料不违反法律规定的，应当按照管理人的要求签订保证金协议，并缴纳重整保证金。

第一百一十三条　在招募期间，仅有一家意向重整投资人提交参选材料且其重整预案经管理人审查合格的，该意向重整投资人即为重整投资人。

多家意向重整投资人经初步审查合格并缴纳保证金的，由债权人会议选定重整投资人。

第一百一十四条　经审查存在下列情形的，管理人可以申请协商确定重整投资人：

（一）债务人与意向投资人已经在债务人自行经营管理期间初步形成可行的债务清偿方案和出资人权益调整方案的；

（二）在重整申请受理时，债务人已确定意向投资人，该意向投资人已经持续为债务人的继续营业提供资金、代偿职工债权，且债务人已经就此制订出可行的债务清偿和出资人权益调整方案的；

（三）重整价值可能急剧丧失，需要尽快确定重整投资人的；

（四）存在其他不适宜公开招募重整投资人的情形，并经债权人会议或者债权人委员会同意的。

第四节 重整计划的制定与批准

第一百一十五条 债务人或者管理人应当在自人民法院裁定债务人重整之日起六个月内提交重整计划草案。

债务人或者管理人申请延长重整计划草案提交期限的，应当在期限届满十五日前提出。

第一百一十六条 重整计划草案除应包含企业破产法第八十一条第（一）至第（七）项规定的内容外，在普通债权不能获得全额清偿的情况下，重整计划草案应当包含出资人权益调整的内容。

重整计划草案还应当全面披露债务人的破产原因、资产和负债状况、清算和重整状态下普通债权的清偿率比较以及有关债务人资产的重大不确定事项等。

第一百一十七条 管理人认为债务人制作的重整计划草案的合法性或者可行性存在问题，可能损害债权人合法权益的，应当要求债务人进行修改。

第一百一十八条 人民法院应当自收到重整计划草案之日起三十日内召开债权人会议，对重整计划草案进行表决。

第一百一十九条 重整计划草案进行分组表决时，重整计划草案对普通债权根据债权额大小作出分类调整的，应当设置相应表决组。

人民法院可以将享有建设工程价款、船舶和航空器等法定优先权的债权人列入对债务人特定财产享有担保权的债权表决组，也可以根据上述优先权的性质设置其他优先权表决组。

经评估的担保财产价值不足以清偿担保债权，对该财产享有担保权的债权人同意对超出评估值以外的债权按普通债权清偿的，可以将评估值作为该笔债权在担保债权组的表决额，剩余金额作为其在普通债权组的表决额。

第一百二十条 表决出资人权益调整事项的，应当召开出资人组会议并提前十五日通知全体出资人。

债务人的股东会或者股东大会已对出资人权益调整作出决议，可以不再另行召开出资人组会议进行表决。

有限责任公司的出资人权益调整事项经股东所持表决权的三分之二以上同意，即为通过；股份有限公司的出资人权益调整事项经出席出资人组会议的股东所持表决权的三分之二以上同意，即为通过。

第一百二十一条 债务人或者管理人申请批准重整计划的，人民法院应当在收到申请之日起三十日内完成对重整计划内容以及表决程序的审查。

人民法院应当按照下列原则审查批准重整计划：

（一）程序合法原则，即重整计划的制订和表决程序符合法律规定；

（二）公平原则，即公平对待同一表决组成员；

（三）绝对优先原则，即破产清算程序的法定清偿顺序同样适用于重整程序；

（四）最大利益原则，即持反对意见的债权人依据重整计划可获得的清偿比例不低于其在破产清算中可获得的清偿比例；

（五）可行性原则，即经营方案以及重整计划的执行方式均不存在可能导致无法执行或者破产清算的法律及事实障碍。

重整计划符合上述原则的，人民法院应当裁定批准并终止重整程序，予以公告。

第一百二十二条　未通过重整计划草案的表决组拒绝再次表决，或者再次表决仍未通过，债务人或者管理人申请强制批准重整计划草案的，人民法院应当依照企业破产法第八十七条第二款以及本指南第一百二十一条第二款规定的标准，对强制批准重整计划草案的申请进行全面、审慎审查。

人民法院认为需要听取重整计划草案的反对意见的，可以通知未通过表决组，告知其于收到通知之日起十日内提出书面意见并附相关证据材料，必要时可以组织听证。

第一百二十三条　人民法院裁定批准重整计划后，由债务人负责执行。已接管财产和营业事务的管理人应当及时向债务人移交财产和营业事务。

债务人应当全面、适当执行重整计划。

重整程序因人民法院裁定批准重整计划草案而终止的，重整案件可作结案处理。

第一百二十四条　管理人负责监督重整计划的执行，并应当制订监督方案。在监督期内，管理人应定期听取债务人财务状况及重整计划执行情况报告，及时发现并纠正债务人执行重整计划过程中的违法或者不当行为。监督期届满后，管理人应当向人民法院提交监督报告。

第一百二十五条　重整计划因客观原因未能在规定期限内执行完毕，债务人申请延长重整计划执行期限的，人民法院可以裁定准许。管理人同时申请延长监督期限至重整计划执行期限届满的，人民法院应当一并裁定准许。

第一百二十六条　要依法确保重整计划的执行和有效监督。重整计划的执行期间和监督期间原则上应当一致。二者不一致的，人民法院在确定和调整重整程序中的管理人报酬方案时,应当根据重整期间和重整计划监督期间管理人工作量的不同予以区别对待。其中,重整期间的管理人报酬应当根据管理人对重整发挥的实际作用等因素予以确定和支付;重整计划监督期间管理人报酬的支付比例和支付时间,应当根据管理人监督职责的履行情况,与债权人按照重整计划实际受偿比例和受偿时间相匹配。

重整计划执行期间,因重整程序终止后新发生的事实或者事件引发的有关债务人的民事诉讼,不适用企业破产法第二十一条有关集中管辖的规定。除重整计划有明确约定外,上述纠纷引发的诉讼,不再由管理人代表债务人进行。

第一百二十七条 重整计划对债务人、全体债权人有约束力。重整计划涉及出资人权益调整的事项,对债务人的全体出资人均有约束力。债务人资不抵债,重整计划所调整的股权已设定质押的,质押权人应当配合办理解除股权质押手续。

重整计划所调整的股权未被质押与冻结,但出资人拒不配合办理股权转让手续的,人民法院可以依据债务人的申请通知有关单位协助执行。

第一百二十八条 重整计划执行期间,人民法院可以依据债务人的申请,协调办理债务人恢复正常生产经营的相关手续,包括移除经营异常名录、恢复营业执照、删除征信不良记录、移除纳税失信名单、删除失信被执行人信息等。

第一百二十九条 重整计划执行完毕或者基本执行完毕,管理人应当申请终结重整程序,并提交监督报告。重整计划执行完毕后,人民法院可以根据管理人等利害关系人申请,作出重整程序终结的裁定。

人民法院裁定终结重整程序后,对于按照重整计划减免的债务,债务人不再承担清偿责任。

第一百三十条 债务人不执行重整计划或者因客观原因不能执行重整计划,经管理人或者利害关系人请求,人民法院应当裁定终止重整计划的执行,并宣告债务人破产。本款所称利害关系人,包括债权人、债务人、债务人出资人等。

人民法院裁定终止重整计划的执行并宣告债务人破产后,管理人应当立即接管债务人的印章、账簿、财产等,并对债务人进行破产清算。

重整计划执行过程中已受清偿的破产债权,由管理人按照企业破产法第九十三条第二款的规定予以核减;核减后的破产债权依照企业破产法第一百一十三条规定的清偿顺序和第九十三条第三款规定的清偿条件予以清偿。

第一百三十一条　重整期间或者重整计划执行期间,债务人因法定事由被宣告破产的,人民法院不再另立新的案号,原重整程序的管理人原则上应当继续履行破产清算程序中的职责。原重整程序的管理人不能继续履行职责或者不适宜继续担任管理人的,人民法院应当依法重新指定管理人。

重整程序转破产清算案件中的管理人报酬,应当综合管理人为重整工作和清算工作分别发挥的实际作用等因素合理确定。重整期间因法定事由转入破产清算程序的,应当按照破产清算案件确定管理人报酬。重整计划执行期间因法定事由转入破产清算程序的,后续破产清算阶段的管理人报酬应当根据管理人实际工作量予以确定,不能简单根据债务人最终清偿的财产价值总额计算。

第七章　和解程序

第一百三十二条　债务人可以依照企业破产法规定,直接向人民法院申请和解;也可以在人民法院受理破产申请后、宣告债务人破产前,向人民法院申请和解。

第一百三十三条　人民法院经审查认为和解申请符合规定的,应当裁定和解,予以公告,并召集债权人会议讨论和解协议草案。

第一百三十四条　债权人会议通过和解协议的决议,由出席会议的有表决权的债权人过半数同意,并且其所代表的债权额占无财产担保债权总额的三分之二以上。

第一百三十五条　债权人会议通过和解协议的,由人民法院裁定认可,终止和解程序,并予以公告。管理人应当向债务人移交财产和营业事务,并向人民法院提交执行职务的报告。

第一百三十六条　和解协议草案经债权人会议表决未获得通过,或者已经债权人会议通过的和解协议未获得人民法院认可的,人民法院应当裁定终止和解程序,并宣告债务人破产。

第一百三十七条　在人民法院作出是否认可和解协议的裁定之前,债务人撤回和解申请的,人民法院应当裁定终止和解程序,宣告债务人破产,并公告。

第一百三十八条 经人民法院裁定认可的和解协议,对债务人和全体和解债权人均有约束力。

和解债权人是指人民法院受理破产申请时对债务人享有无财产担保债权的人。

和解债权人未依照本法规定申报债权的,在和解协议执行期间不得行使权利;在和解协议执行完毕后,可以按照和解协议规定的清偿条件行使权利。

第一百三十九条 和解债权人对债务人的保证人和其他连带债务人所享有的权利,不受和解协议的影响。

第一百四十条 债务人应当按照和解协议规定的条件清偿债务。

第一百四十一条 因债务人的欺诈或者其他违法行为而成立的和解协议,人民法院应当裁定无效,并宣告债务人破产。

有前款规定情形的,和解债权人因执行和解协议所受的清偿,在其他债权人所受清偿同等比例的范围内,不予返还。

第一百四十二条 债务人不能执行或者不执行和解协议的,人民法院经和解债权人请求,应当裁定终止和解协议的执行,并宣告债务人破产。

人民法院裁定终止和解协议执行的,和解债权人在和解协议中作出的债权调整的承诺失去效力。和解债权人因执行和解协议所受的清偿仍然有效,和解债权未受清偿的部分作为破产债权。

前款规定的债权人,只有在其他债权人同自己所受的清偿达到同一比例时,才能继续接受分配。

有本条第一款规定情形的,为和解协议的执行提供的担保继续有效。

第一百四十三条 人民法院受理破产申请后,债务人与全体债权人就债权债务的处理自行达成协议的,可以请求人民法院裁定认可,并终结破产程序。

第一百四十四条 按照和解协议减免的债务,自和解协议执行完毕时起,债务人不再承担清偿责任。

第八章 破产清算程序

第一节 破产宣告

第一百四十五条 人民法院受理破产清算申请后,第一次债权人会议上无人提出重整或者和解申请的,管理人应当在债权审核确认和必要的审计、资产评估后,及时向人民法院提出宣告破产的申请。

破产申请受理后，债务人财产不足以清偿破产费用且无人代为清偿或者垫付的，经管理人申请，人民法院应当宣告破产并裁定终结破产程序。申请宣告债务人破产的时间不受前款规定限制。

相关主体向人民法院提出宣告破产申请的，人民法院应当自收到申请之日起七日内做出破产宣告裁定，并自裁定作出之日起五日内送达债务人和管理人，自裁定作出之日起十日内通知已知债权人，并予以公告。

第一百四十六条　人民法院的破产宣告裁定作出即发生法律效力。

债务人被宣告破产后，不得再转入重整程序或和解程序。

债务人被宣告破产后，债务人称为破产人，债务人财产称为破产财产，人民法院受理破产申请时对债务人享有的债权称为破产债权。

第一百四十七条　由债务人自行管理的重整程序经破产宣告转为清算程序的，或者和解协议生效后经破产宣告转为清算程序的，债务人应当立即向管理人办理财产和事务的移交。

第一百四十八条　破产宣告前，有下列情形之一的，人民法院应当裁定终结破产程序，并予以公告：

（一）第三人为债务人提供足额担保或者为债务人清偿全部到期债务的；

（二）债务人已清偿全部到期债务的。

第二节　变价和分配

第一百四十九条　管理人应当及时拟订破产财产变价方案，提交债权人会议讨论。

管理人应当按照债权人会议通过的或者人民法院依照企业破产法第六十五条第一款规定裁定的破产财产变价方案，适时变价出售破产财产。

第一百五十条　变价出售破产财产应当按《重庆市高级人民法院关于破产程序中财产网络拍卖的实施办法（试行）》（渝高法〔2019〕206号）进行。

第一百五十一条　管理人应当向破产企业的债务人追收债权。

债权追收成本过高的，经债权人会议决议可以放弃债权，亦可以选择拍卖债权。拍卖不成的，可以分配债权。

债权人会议决议直接分配债权的，可以进行债权分配。由管理人向债权人出具债权分配书，债权人可以凭债权分配书向债务人的债务人要求履行。

第一百五十二条　破产财产在优先清偿破产费用和共益债务后，依照下列顺序清偿：

（一）破产人所欠职工的工资和医疗、伤残补助、抚恤费用，所欠的应当

划入职工个人账户的基本养老保险、基本医疗保险费用,以及法律、行政法规规定应当支付给职工的补偿金;

(二)破产人欠缴的除前项规定以外的社会保险费用和破产人所欠税款;

(三)普通破产债权。

破产财产不足以清偿同一顺序的清偿要求的,按照比例分配。

破产企业的董事、监事和高级管理人员的工资按照该企业职工的平均工资计算。

第一百五十三条 由第三方垫付的职工债权,原则上按照垫付的职工债权性质进行清偿。

第一百五十四条 对于法律没有明确规定清偿顺序的债权,人民法院可以按照人身损害赔偿债权优先于财产性债权、私法债权优先于公法债权、补偿性债权优先于惩罚性债权的原则合理确定清偿顺序。因债务人侵权行为造成的人身损害赔偿,可以参照企业破产法第一百一十三条第一款第一项规定的顺序清偿,但其中涉及的惩罚性赔偿除外。破产财产依照企业破产法第一百一十三条规定的顺序清偿后仍有剩余的,可依次用于清偿破产受理前产生的民事惩罚性赔偿金、行政罚款、刑事罚金等惩罚性债权。

第一百五十五条 破产财产的分配应当以货币分配方式进行。但是,债权人会议另有决议的除外。

第一百五十六条 管理人应当及时拟订破产财产分配方案,提交债权人会议讨论。

破产财产分配方案应当载明下列事项:

(一)参加破产财产分配的债权人名称或者姓名、住所;

(二)参加破产财产分配的债权额;

(三)可供分配的破产财产数额;

(四)破产财产分配的顺序、比例及数额;

(五)实施破产财产分配的方法。

债权人会议通过破产财产分配方案后,由管理人将该方案提请人民法院裁定认可。

第一百五十七条 破产财产分配方案经人民法院裁定认可后,由管理人执行。

管理人按照破产财产分配方案实施多次分配的,应当公告本次分配的财产额和债权额。管理人实施最后分配的,应当在公告中指明,并载明企业破产法第一百一十七条第二款规定的事项。

第一百五十八条　对于附生效条件或者解除条件的债权，管理人应当将其分配额提存。

管理人依照前款规定提存的分配额，在最后分配公告日，生效条件未成就或者解除条件成就的，应当分配给其他债权人；在最后分配公告日，生效条件成就或者解除条件未成就的，应当交付给债权人。

第一百五十九条　债权人未受领的破产财产分配额，管理人应当提存。债权人自最后分配公告之日起满二个月仍不领取的，视为放弃受领分配的权利，管理人或者人民法院应当将提存的分配额分配给其他债权人。

第一百六十条　破产财产分配时，对于诉讼或者仲裁未决的债权，管理人应当将其分配额提存。自破产程序终结之日起满二年仍不能受领分配的，人民法院应当将提存的分配额分配给其他债权人。

第三节　破产程序的终结

第一百六十一条　破产人无财产可供分配的，管理人应当请求人民法院裁定终结破产程序。

管理人在最后分配完结后，应当及时向人民法院提交破产财产分配报告，并提请人民法院裁定终结破产程序。

人民法院应当自收到管理人终结破产程序的请求之日起十五日内，以查明债务人财产状况、明确债务人财产的分配方案、确保破产债权获得依法清偿为基础，作出是否终结破产程序的裁定。裁定终结的，应当予以公告。

第一百六十二条　管理人应当自破产程序终结之日起十日内，持人民法院终结破产程序的裁定到公司登记机关办理相关注销手续。

第一百六十三条　管理人于办理注销登记完毕的次日终止执行职务。但是，存在诉讼或者仲裁未决情况的除外。

第一百六十四条　自破产程序依照企业破产法第四十三条第四款或者第一百二十条的规定终结之日起二年内，有下列情形之一的，债权人可以请求人民法院按照破产财产分配方案进行追加分配：

（一）发现有依照企业破产法第三十一条、第三十二条、第三十三条、第三十六条规定应当追回的财产的；

（二）发现破产人有应当供分配的其他财产的。

有前款规定情形，但财产数量不足以支付分配费用的，不再进行追加分配，由人民法院将其上缴国库。

第一百六十五条 破产人的保证人和其他连带债务人,在破产程序终结后,对债权人依照破产清算程序未受清偿的债权,依法继续承担清偿责任。

债权人根据前款规定要求保证人承担保证责任的,应在破产程序终结后六个月内提出。保证人承担保证责任后,不得再向和解或重整后的债务人行使求偿权。

第九章 附则

第一百六十六条 对破产案件进行简化审理的,适用《重庆市高级人民法院关于破产案件简化审理的工作规范》(渝高法〔2019〕208号)的规定,《重庆市高级人民法院关于破产案件简化审理的工作规范》没有规定的,适用本指南。

第一百六十七条 强制清算案件,除与企业破产法冲突的部分,参照适用本指南。

第一百六十八条 本指南自发布之日施行。

第一百六十九条 本指南由本院审判委员会解释。

重庆市第五中级人民法院
债权人参与破产事务指引

（渝五中法发〔2021〕181号）

重庆市第五中级人民法院审判委员会2021年第40次会议通过

2021年12月16日起施行

为便于债权人参与破产程序处理破产事务，根据《中华人民共和国企业破产法》及相关规定，结合破产案件办理实际，制定本指引。

一、提出破产申请

1. 债务人不能清偿到期债务，并且资产不足以清偿全部债务或者明显缺乏清偿能力的，或者有明显丧失清偿能力可能的，债权人可以提出对债务人进行重整或者破产清算申请。

2. 债权人申请住所地位于重庆市的债务人破产的，应当向重庆市第五中级人民法院提出，并提交以下材料：

（1）破产申请书，载明申请人和被申请人的基本信息、申请目的、申请的事实和理由；

（2）申请人的主体资格证明，包括营业执照副本或居民身份证及其他身份证明；

（3）债务人的主体资格证明，包括最新工商登记材料等；

（4）债务人不能清偿申请人到期债务的证据。

债权人申请债务人重整的，还应当提交债务人具有重整价值、重整可行性的分析报告及证据材料。

3. 债权人申请债务人破产的，应当证明债务人不能清偿到期债务的下列事实：

（1）债权债务关系依法成立；

（2）债务履行期限已经届满；

（3）债务人未完全清偿债务。

4. 提出破产申请的债权人应当按照人民法院要求在指定期间内补充、补正相关材料。

5. 提出破产申请的债权人可以在人民法院受理破产申请前撤回申请。

6. 人民法院对破产申请进行听证的，提出破产申请的债权人经通知无正当理由不参加听证的，按照撤回破产申请处理。

7. 提出破产申请的债权人不服不予受理或者驳回申请裁定，可以自裁定送达之日起十日内向上一级人民法院提起上诉。

8. 债权人应当依照企业破产法规定的程序行使权利。

未到期的债权，在破产申请受理时视为到期；附利息的债权自破产申请受理时起停止计息。

人民法院受理破产申请后，有关债务人财产的保全措施应当解除，执行程序应当中止；有关债务人的民事诉讼，只能向有管辖权的人民法院提起；已经开始而尚未终结的有关债务人的民事诉讼或者仲裁应当中止，在管理人接管债务人的财产后，该诉讼或者仲裁继续进行。

9. 重整期间，对债务人的特定财产享有的担保权暂停行使。但是，担保物有损坏或者价值明显减少的可能，足以危害担保权人权利的，担保权人可以向人民法院请求恢复行使担保权。

二、申报债权

10. 债权人应当在人民法院确定的债权申报期限内向管理人申报债权。附条件、附期限的债权和诉讼、仲裁未决的债权，债权人可以申报。

职工债权不必申报，由管理人调查后列出清单并予以公示。

11. 债权人未在人民法院确定的债权申报期限内申报债权的，可以在破产财产最后分配前补充申报；但是，此前已进行的分配，不再对其补充分配。为审查和确认补充申报债权的费用，由补充申报人承担。

债权人未依法申报债权的，不得依照企业破产法规定的程序行使权利。

12. 债权人申报债权时，应当书面说明债权的数额和有无财产担保，并提交有关证据。申报的债权是连带债权的，应当说明。

13. 债权人有权查阅管理人制作的债权表、债权申报登记册及债权申报材料、债务人财产状况报告、债权人会议决议、债权人委员会决议、管理人监督报告等参与破产程序所必需的债务人财务和经营信息资料。

管理人无正当理由不予提供的，债权人可以请求人民法院作出决定。

14. 债权人对债权表记载的债权有异议的，应当说明理由和法律依据。经管理人解释或者调整后，债权人仍然不服，或者管理人不予解释或调整的，债权人应当在债权人会议核查结束后十五日内向人民法院提起债权确认的诉讼。

当事人之间在破产申请受理前订立有仲裁条款或仲裁协议的，应当向选定的仲裁机构申请确认债权债务关系。

15. 债权人对债权表记载的他人债权有异议提起诉讼的，应当将被异议债权人及债务人列为被告；债权人对债权表记载的本人债权有异议的，应当将债务人列为被告。

对同一笔债权存在多个异议人，其他异议人申请参加诉讼的，应当列为共同原告。

16. 债权人以捏造的事实申报债权，或者以虚假诉讼、仲裁、公证骗取法律文书申报债权的，依法追究其法律责任。

三、参加债权人会议

17. 依法申报债权的债权人为债权人会议的成员，有权参加债权人会议，享有表决权。

债权尚未确定的债权人，除人民法院能够为其行使表决权而临时确定债权额的外，不得行使表决权。

对债务人的特定财产享有担保权的债权人，未放弃优先受偿权利的，对通过和解协议或者破产财产分配方案不享有表决权。

18. 债权人可以委托代理人出席债权人会议，行使表决权。

19. 第一次债权人会议以后的债权人会议，占债权总额四分之一以上的债权人可以向债权人会议主席提议召开。

20. 债务人所欠的应当划入职工个人账户的基本养老保险、基本医疗保险费用以外的社会保险费用债权人，不参加重整计划草案的表决。

21. 对重整计划草案进行分组表决时，权益因重整计划草案受到调整或者影响的债权人，有权参加表决；权益未受到调整或者影响的债权人，不参加重整计划草案的表决。

22. 债权人会议的决议除现场表决外，债权人可以采取通信、网络投票等非现场方式进行表决。

23. 对债务人的特定财产享有担保权的权利人，自人民法院裁定和解之日起可以行使权利。

24. 债权人对人民法院认可债务人财产管理方案、破产财产变价方案的裁定不服，债权额占无财产担保债权总额二分之一以上的债权人对人民法院认可未获债权人会议通过的破产财产分配方案的裁定不服，可以自裁定宣布之日或者收到通知之日起十五日内向人民法院申请复议。复议期间不停止裁定的执行。

25. 债权人认为债权人会议的决议违反法律规定，损害其利益的，可以自债权人会议作出决议之日起十五日内，请求人民法院裁定撤销该决议，责令债权人会议依法重新作出决议。

26. 债权人会议的决议具有以下情形之一，损害债权人利益，债权人可以向破产案件审理法院申请撤销：

（1）债权人会议的召开违反法定程序；

（2）债权人会议的表决违反法定程序；

（3）债权人会议的决议内容违法；

（4）债权人会议的决议超出债权人会议的职权范围。

债权人申请撤销债权人会议决议的，应当提出书面申请。债权人会议采取通信、网络投票等非现场方式进行表决的，债权人申请撤销的期限自债权人收到通知之日起算。

四、债权受偿

27. 依法申报并获确认债权的债权人，根据人民法院裁定认可的破产财产分配方案、和解协议或者批准的重整计划受偿。

28. 债权人未依照企业破产法规定申报债权的，在重整计划执行期间不得行使权利；在重整计划执行完毕后，可以按照重整计划规定的同类债权的清偿条件行使权利。

债权人对债务人的保证人和其他连带债务人所享有的权利，不受重整计划的影响。

29. 人民法院裁定终止重整计划执行的，债权人在重整计划中作出的债权调整的承诺失去效力。债权人因执行重整计划所受的清偿仍然有效，债权未受清偿的部分作为破产债权。

前款规定的债权人，只有在其他同顺位债权人同自己所受的清偿达到同一比例时，才能继续接受分配。

30. 和解债权人未依照企业破产法规定申报债权的，在和解协议执行期间不得行使权利；在和解协议执行完毕后，可以按照和解协议规定的清偿条件行使权利。

31. 和解债权人对债务人的保证人和其他连带债务人所享有的权利，不受和解协议的影响。

32. 人民法院裁定和解协议无效并宣告债务人破产的，和解债权人因执行和解协议所受的清偿,在其他债权人所受清偿同等比例的范围内,不予返还。

33. 人民法院裁定终止和解协议执行的,和解债权人在和解协议中作出的债权调整的承诺失去效力。和解债权人因执行和解协议所受的清偿仍然有效,和解债权未受清偿的部分作为破产债权。

前款规定的债权人,只有在其他债权人同自己所受的清偿达到同一比例时,才能继续接受分配。

34. 对债务人的特定财产享有担保权的权利人,对该特定财产享有优先受偿的权利。

对债务人的特定财产享有担保权的债权人,行使优先受偿权利未能完全受偿的,其未受偿的债权作为普通债权;放弃优先受偿权利的,其债权作为普通债权。

35. 债权人在一般保证人破产程序中的分配额应予提存,待一般保证人应当承担的保证责任确定后再按照破产清偿比例予以分配。

36. 债权人自最后分配公告之日起满二个月仍不领取的,视为放弃受领分配的权利。

37. 自破产程序终结之日起二年内,有下列情形之一的,债权人可以请求人民法院按照破产财产分配方案进行追加分配:

(1) 发现有依法应当追回的财产的;

(2) 发现破产人有应当供分配的其他财产的。

38. 破产程序终结后,债权人就破产程序中未受清偿部分要求保证人承担保证责任的,应当在破产程序终结后六个月内提出。

重庆市第五中级人民法院
债务人参与破产事务指引

(渝五中法发〔2021〕182号)

重庆市第五中级人民法院审判委员会2021年第40次会议通过

2021年12月16日起施行

为便于债务人参与破产程序处理破产事务，根据《中华人民共和国企业破产法》及相关规定，结合破产案件办理实际，制定本指引。

一、提出破产申请

1.债务人不能清偿到期债务，并且资产不足以清偿全部债务或者明显缺乏清偿能力的，债务人可以提出破产清算或者和解申请。

债务人有前款规定情形，或者有明显丧失清偿能力可能的，债务人可以提出重整申请。

人民法院受理债权人提出的破产申请后、宣告债务人破产前，债务人或者出资额占债务人注册资本十分之一以上的出资人，可以向人民法院申请重整。

人民法院受理破产申请后、宣告债务人破产前，债务人可以向人民法院申请和解。

2.住所地位于重庆市的债务人申请破产的，应当向重庆市第五中级人民法院提出，并提交以下材料：

（1）破产申请书，载明申请人的基本信息、申请目的、申请的事实和理由；

（2）债务人的主体资格证明，包括企业法人营业执照副本、法定代表人或负责人身份证明及其他最新工商登记材料；

（3）债务人的职工名单、工资清册、社保清单、职工安置预案以及职工工资的支付和社会保险费用的缴纳情况；

（4）债务人的资产负债表、资产评估报告或审计报告；

（5）债务人至破产申请日的资产状况明细表，包括有形资产、无形资产及对外投资情况等；

（6）债务人的债权、债务及担保情况表，列明债务人的债权人及债务人的名称、住所、债权债务数额、发生时间、催收及担保情况等；

（7）债务人所涉诉讼、仲裁、执行情况及相关法律文书；

（8）人民法院认为应当提交的其他材料。

债务人为国有独资或者控股公司，还应当提交出资机构同意申请破产的文件以及企业工会或者职工代表大会对企业申请破产的意见。

3. 债务人申请重整，除应当提交本指引第2条第1款规定的材料外，还应当提交其股东会、董事会等同意重整的文件、债务人具有重整价值和可行性的分析报告及证据材料。

4. 债务人申请和解，除应当提交本指引第2条第1款规定的材料外，还应当提交和解协议草案。

5. 债务人提交的材料不齐全，应当按照人民法院要求在指定期间内补充、补正相关材料。

6. 申请重整前通过自主谈判已经达成重组协议并表决通过的，债务人可以在申请重整的同时，请求人民法院裁定批准根据该重组协议形成的重整计划草案。

7. 债务人申请重整并同时申请预重整，应当与主要债权人协商推荐聘任预重整辅助机构。

债务人应当将聘任的预重整辅助机构报人民法院备案。

8. 人民法院受理债务人的破产申请前，债务人可以请求撤回申请。

9. 人民法院对破产申请进行听证的，提出破产申请的债务人经通知无正当理由不参加听证的，按照撤回破产申请处理。

10. 提出破产申请的债务人不服不予受理或者驳回申请裁定，可以自裁定送达之日起十日内向上一级人民法院提起上诉。

11. 债务人对债权人的破产申请有异议的，应当自收到人民法院的通知之日起七日内向人民法院提出。

二、权利义务

12. 债务人对外享有债权的诉讼时效，自人民法院受理破产申请之日起中断。

13. 债务人有权查阅管理人制作的债权表、债权申报登记册及债权申报材料。

14. 债务人对债权表记载的债权有异议的，应当说明理由和法律依据。经管理人解释或调整后，债务人仍然不服的，或者管理人不予解释或调整的，债务人应当在债权人会议核查结束后十五日内向人民法院提起债权确认的诉讼。

当事人之间在破产申请受理前订立有仲裁条款或仲裁协议的，应当向选定的仲裁机构申请确认债权债务关系。

15. 债务人对债权表记载的债权有异议向人民法院提起诉讼的，应当将被异议债权人列为被告。

16. 人民法院将受理债权人破产申请裁定送达债务人的，债务人应当自裁定送达之日起十五日内，向人民法院提交财产状况说明、债务清册、债权清册、有关财务会计报告以及职工工资的支付和社会保险费用的缴纳情况。

17. 人民法院受理破产申请后，债务人对个别债权人的债务清偿无效。

18. 自人民法院受理破产申请的裁定送达债务人之日起至破产程序终结之日，债务人的有关人员承担下列义务：

（1）妥善保管其占有和管理的财产、印章和账簿、文书等资料；

（2）根据人民法院、管理人的要求进行工作，并如实回答询问；

（3）列席债权人会议并如实回答债权人的询问；

（4）未经人民法院许可，不得离开住所地；

（5）不得新任其他企业的董事、监事、高级管理人员；

（6）根据债权人委员会的要求，对其职权范围内的事务作出说明或者提供有关文件，接受监督。

前款所称有关人员，是指企业的法定代表人；经人民法院决定，可以包括企业的财务管理人员和其他经营管理人员。

19. 重整期间，债务人同时符合下列条件的，经申请，人民法院可以批准债务人在管理人的监督下自行管理财产和营业事务：

（1）债务人的内部治理机制仍正常运转；

（2）债务人自行管理有利于债务人继续经营；

（3）债务人不存在隐匿、转移财产的行为；

（4）债务人不存在其他严重损害债权人利益的行为。

有前款规定情形的，企业破产法规定的管理人职权中有关财产管理和营业经营的职权应当由债务人行使。

20. 自行管理的债务人为债务人继续营业而借款的，可以为该借款设定担保。

21. 债务人自行管理财产和营业事务的，由债务人制作重整计划草案。

债务人应当自人民法院裁定债务人重整之日起六个月内，同时向人民法院和债权人会议提交重整计划草案。

前款规定的期限届满，经债务人请求，有正当理由的，人民法院可以裁定延期三个月。

22. 债务人应当向债权人会议就重整计划草案作出说明，并回答询问。

23. 债务人制作重整计划草案的，自重整计划通过之日起十日内，应当向人民法院提出批准重整计划的申请。

24. 部分表决组未通过重整计划草案的，债务人可以同未通过重整计划草案的表决组协商，该表决组可再表决一次。

25. 重整计划由债务人负责执行。人民法院裁定批准重整计划后，已接管财产和营业事务的管理人应当向债务人移交财产和营业事务。

26. 自人民法院裁定批准重整计划之日起，在重整计划规定的监督期内，债务人应当向管理人报告重整计划执行情况和债务人财务状况。

27. 债务人应当严格执行重整计划，但因出现国家政策调整、法律修改变化等特殊情况，导致原重整计划无法执行的，债务人可以申请变更重整计划一次。

人民法院裁定同意变更重整计划的，债务人应当在六个月内提出新的重整计划。

28. 实行"多证合一"后，债务人在重整过程中因引进战略投资人等原因确需办理税务登记信息变更的，可以向税务机关申请变更相关信息。需要先行办理工商信息变更的，应当先行办理。

29. 人民法院裁定批准重整计划后，债务人可以向税务部门提出信用修复申请。

自人民法院裁定受理破产重整申请之日起，债务人可按规定不再参加本期信用评价。重整计划执行完毕，人民法院作出重整程序终结的裁定后，债务人可以向税务机关申请重新进行纳税信用评价。

30. 人民法院裁定批准重整计划后，债务人可依据人民法院批准重整计划的裁定书申请修改金融信用信息基础数据，通过在企业征信系统添加"大事记"或"信息主体声明"等方式公开企业重整计划、公开作出信用承诺。

31. 按照重整计划减免的债务，自重整计划执行完毕时起，债务人不再承担清偿责任。

32. 重整期间，有下列情形之一的，经管理人或者利害关系人请求，人民法院应当裁定终止重整程序，并宣告债务人破产：

（1）债务人的经营状况和财产状况继续恶化，缺乏挽救的可能性；

（2）债务人有欺诈、恶意减少债务人财产或者其他显著不利于债权人的行为；

（3）由于债务人的行为致使管理人无法执行职务。

有下列情形之一的，经管理人或者利害关系人请求，人民法院应当裁定终止重整计划的执行，并宣告债务人破产：

（1）债务人不能执行或者不执行重整计划；

（2）债权人会议决议不同意或者人民法院不批准变更重整计划申请。

有下列情形之一的，人民法院应当裁定终止重整程序，并宣告债务人破产：

（1）债务人或者管理人未按期提出重整计划草案；

（2）重整计划草案未获得通过且未依照企业破产法第八十七条的规定获得批准，或者已通过的重整计划未获得批准。

33. 人民法院裁定认可和解协议，终止和解程序的，债务人应当接收管理人移交财产和营业事务。

34. 人民法院受理破产申请后，债务人与全体债权人就债权债务的处理自行达成协议的，可以请求人民法院裁定认可，并终结破产程序。

35. 按照和解协议减免的债务，自和解协议执行完毕时起，债务人不再承担清偿责任。

36. 有以下情形之一的，人民法院应当宣告债务人破产：

（1）和解协议草案经债权人会议表决未获得通过，或者已经债权人会议通过的和解协议未获得人民法院认可的，人民法院裁定终止和解程序；

（2）因债务人的欺诈或者其他违法行为而成立的和解协议，人民法院裁定无效；

（3）债务人不能执行或者不执行和解协议的，人民法院经和解债权人请求，裁定终止和解协议的执行。

三、法律责任

37. 有义务列席债权人会议的债务人的有关人员，经人民法院传唤，无正当理由拒不列席债权人会议的，人民法院可以拘传，并依法处以罚款。

债务人的有关人员违反企业破产法规定，拒不陈述、回答，或者作虚假陈述、回答的，人民法院可以依法处以罚款；擅自离开住所地的，人民法院可以予以训诫、拘留，可以依法并处罚款。

38. 债务人违反企业破产法规定，拒不向人民法院提交或者提交不真实的财产状况说明、债务清册、债权清册、有关财务会计报告以及职工工资的支付情况和社会保险费用的缴纳情况的，人民法院可以对直接责任人员依法处以罚款等强制措施。

债务人违反企业破产法规定，拒不向管理人移交财产、印章和账簿、文书等资料的，或者伪造、销毁有关财产证据材料而使财产状况不明的，人民法院可以对直接责任人员依法处以罚款。

债务人有企业破产法第三十一条、第三十二条、第三十三条规定的行为，损害债权人利益的，债务人的法定代表人和其他直接责任人员依法承担赔偿责任。

39. 债务人配合债权人以虚假诉讼、仲裁、公证骗取法律文书申报债权的，依法追究其法律责任。

企业破产案件办理流程图

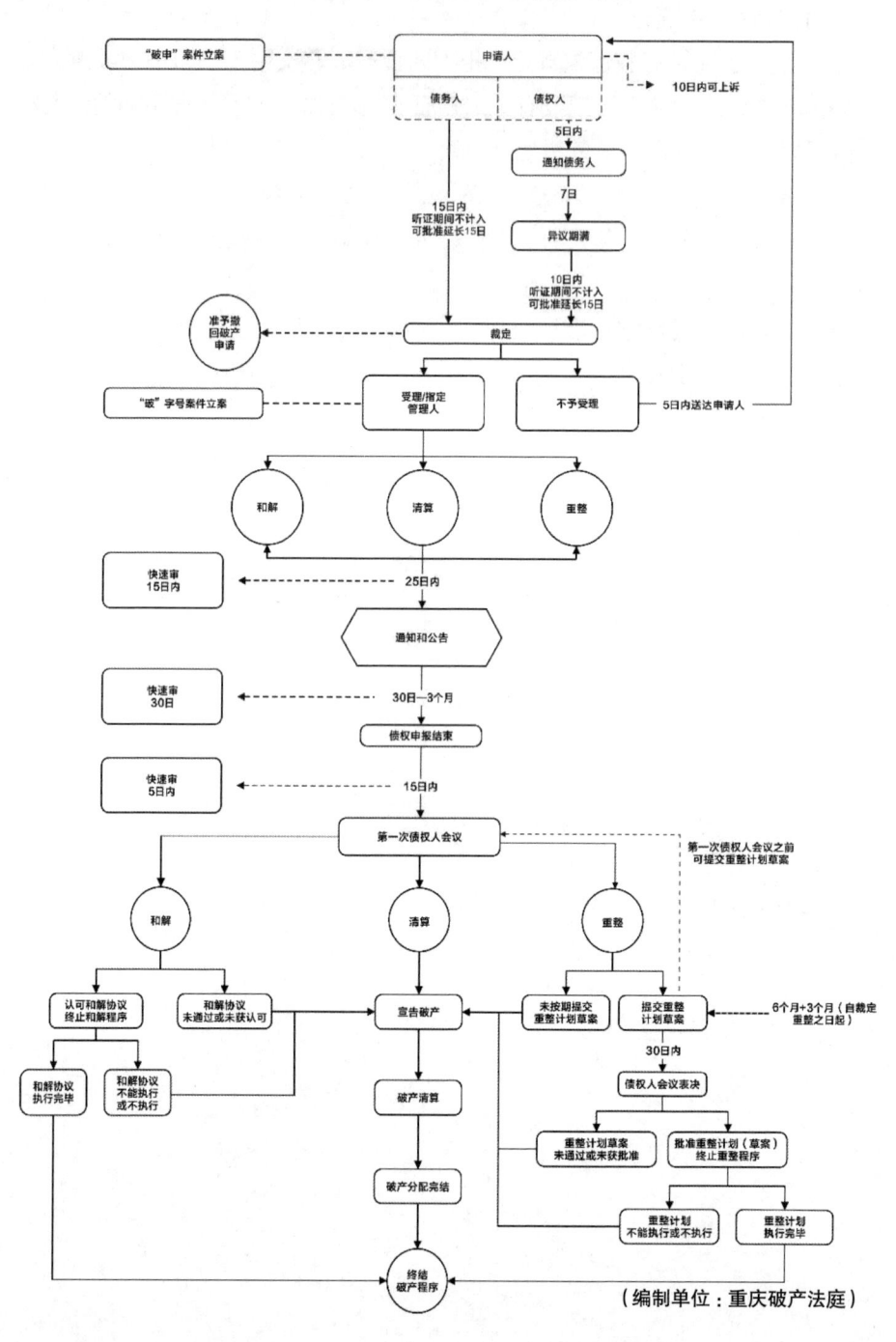

```
"破申"案件立案 ----→ 申请人
                   ┌──┴──┐
                   债务人 债权人          ← ─ ─ 10日内可上诉
                           │
                          5日内
                           ↓
                        通知债务人
                           │
                          7日
                           ↓
                        异议期满
                           │
        15日内              10日内
     听证期间不计入         听证期间不计入
     可批准延长15日         可批准延长15日
                           ↓
  准予撤回破产申请 ←──── 裁定
                        ┌──┼──┐
                        ↓  ↓  ↓
  "破"字号案件立案 ← 受理/指定管理人  不予受理 ──→ 5日内送达申请人
                        ┌──┼──┐
                        和解 清算 重整
                        └──┼──┘
  快速审15日内 ←─ 25日内 ─ 通知和公告
                           │
  快速审30日 ←─ 30日—3个月 ─ 债权申报结束
                           │
  快速审5日内 ←─ 15日内 ─ 第一次债权人会议 ──→ 第一次债权人会议之前可提交重整计划草案
            ┌──────────────┼──────────────┐
            和解          清算            重整
        ┌────┴────┐         │         ┌────┴────┐
    认可和解协议  和解协议   宣告破产  未按期提交  提交重整计划草案
    终止和解程序  未通过或           重整计划草案      │
        │      未获认可     │              │      6个月+3个月
    和解协议   和解协议      破产清算        │      (自裁定重整之日起)
    执行完毕   不能执行                 30日内
              或不执行      破产分配完结  债权人会议表决
                           │            ┌────┴────┐
                           │         重整计划草案  批准重整计划(草案)
                           │         未通过或未获批准  终止重整程序
                           │                │          │
                           │            不能执行或不执行  重整计划执行完毕
                           ↓
                        终结破产程序
```

(编制单位:重庆破产法庭)

强制清算案件办理流程图

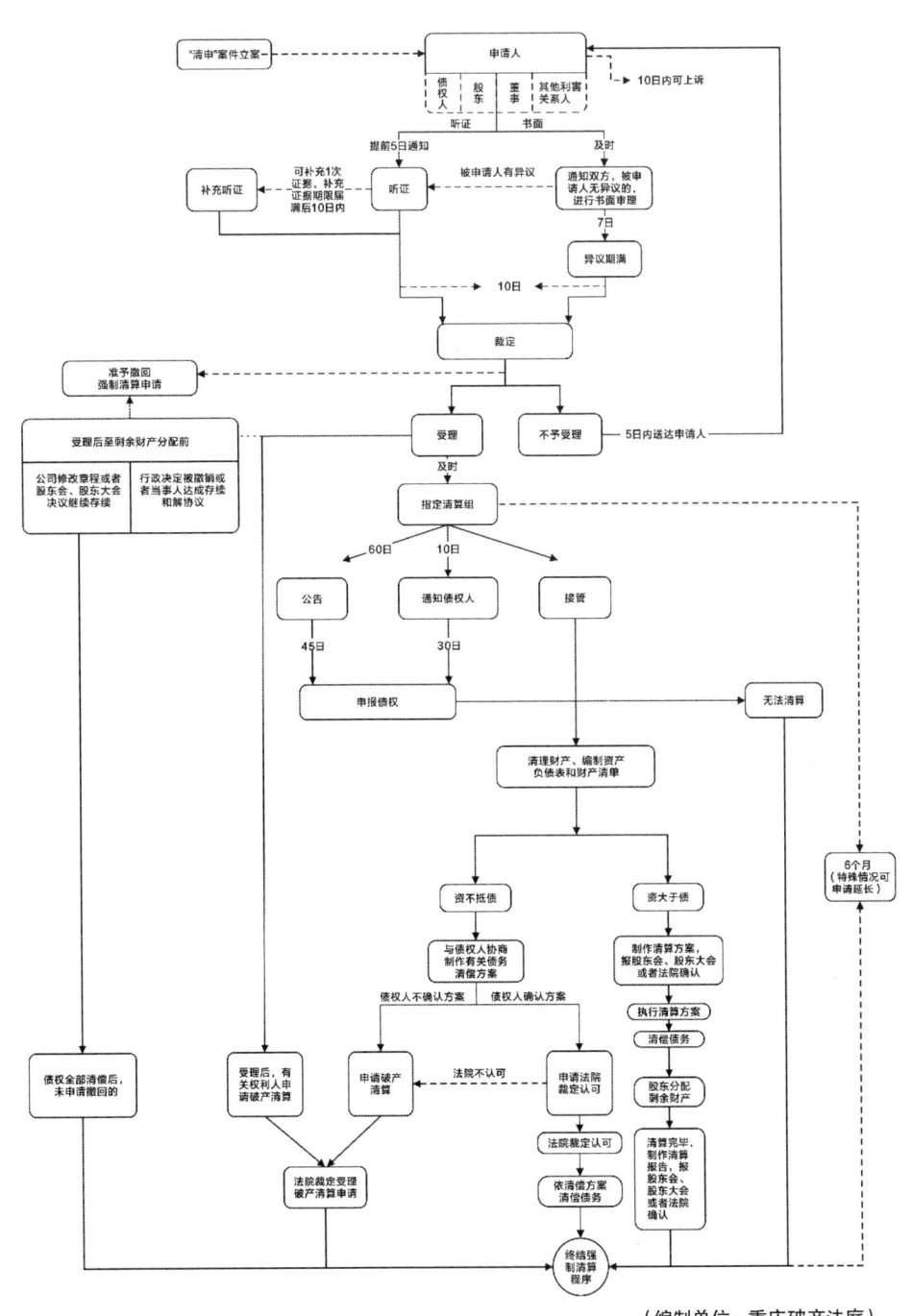

(编制单位：重庆破产法庭)

重庆市第五中级人民法院关于在审理企业破产案件中防范和打击逃废债务行为的工作指引（试行）

（渝五中法发〔2021〕151号）

重庆市第五中级人民法院审判委员会2021年第33次会议通过

2021年11月15日起施行

为推进企业依法破产，防范和打击逃废债务行为，杜绝假借破产名义逃废债务的现象，保护债权人的合法权益，营造法治化营商环境，促进经济高质量发展，根据《中华人民共和国企业破产法》《中华人民共和国公司法》《中华人民共和国民事诉讼法》和相关法律法规、司法解释等规定，结合破产审判工作实际，制定本指引。

第一条 企业法人以其全部财产独立承担民事责任，企业法人的出资人以其认缴的出资额或者认购的股份为限对企业法人承担责任。

按照重整计划或者和解协议减免的债务，自重整计划或者和解协议执行完毕时起，债务人不再承担清偿责任。

第二条 人民法院在企业破产案件审理中，应当防范和打击债务人及其出资人、实际控制人、董事、监事、高级管理人员等主体通过隐匿财产、虚构债权债务或者以其他方法转移、处分财产，利用破产程序逃废债务，损害债权人或者他人利益的行为。

第三条 对于符合破产申请受理条件但是存在借破产逃废债务可能的企业，应当依法受理破产申请，在破产程序中依法撤销或者否定不当处置财产行为，追究相关主体的法律责任。

第四条 破产程序中发现相关主体有下列情形之一的，应当认定为逃废债务行为：

（一）以无偿处分财产权益、明显不合理价格进行交易、不当关联交易、虚构交易等方式隐匿、转移、处分债务人的资产；

（二）以为他人提供保证、债务加入、在企业资产上设定权利负担等方式恶意增加债务负担；

（三）债务人的出资人、实际控制人、董事、监事、高级管理人员等主体侵占企业资产；

（四）债务人的出资人、实际控制人、董事、监事、高级管理人员等主体弃企逃债；

（五）以虚假诉讼、仲裁、公证等方式骗取生效法律文书；

（六）其他损害债权人或者他人利益的行为。

第五条 人民法院对破产申请进行审查时，应当强化识别破产原因，并注意以下事项：

（一）对于债务人的关联企业、关联人员作为债权人申请债务人破产的案件，在受理审查阶段应当慎重审查关联债权的合法性和真实性，防止关联企业、关联人员通过虚构债权债务的方式逃废债务；

（二）对债务人申请破产的案件，应当要求债务人提供资产负债表、财产清单、债权债务清册或者审计报告、资产评估报告等反映企业资产、负债情况的基本材料，明确债务人的财产、印章和账簿、文书等资料保管的具体责任人员，并要求债务人就主要资产、会计资料的去向作出说明。

第六条 破产案件受理裁定作出后，即产生限制债务人对财产的管理和处分行为、禁止个别清偿、中止对债务人财产的执行程序、解除有关债务人财产的保全措施、由管理人对债务人财产进行统一管理和处分等法律效力。

管理人为清查、追收债务人财产，申请对债务人财产采取保全措施的，人民法院应当依法予以支持。

第七条 管理人应当勤勉尽责，穷尽措施清查、追收债务人财产并依法追究相关责任人的法律责任。

债权人通过债权人会议或者债权人委员会，要求管理人依法向次债务人、债务人的出资人等追收债务人财产，管理人无正当理由拒绝追收，债权人会议可以申请人民法院更换管理人。

管理人未勤勉尽责，给债权人、债务人或者第三人造成损失的，依法承担赔偿责任。

第八条 管理人在履行调查、追收债务人财产职责过程中，可以申请人民法院出具委托调查函或者调查令。

第九条 债权申报人申报的债权，管理人应当及时对债权的真实性、性质、数额、担保财产、是否超过诉讼时效期间、是否超过强制执行期间等情况进行审查。

对于债务人的出资人、实际控制人、董事、监事、高级管理人员等主体申报的债权，管理人应当重点审查原始凭证、债务人会计账簿等资料。

第十条 债权人在破产程序中应当依照企业破产法的规定行使权利。管理人审查债权，应当结合债权人提交的证据和管理人接管的债务人资料综合认定债权的真实性，不应仅以债权人证据不足为由否认客观真实的债权。

第十一条 具有以下情形之一的，可以将公司股东或者实际控制人对公司债权确定为劣后债权，安排在普通债权之后受偿：

（一）公司股东因未履行或者未全面履行出资义务、抽逃出资而对公司负有债务，其债权在未履行或者未全面履行出资义务、抽逃出资范围内的部分；

（二）股东实际投入公司的资本数额与公司经营所隐含的风险相比明显不匹配且持续时间较长，公司运作主要依靠向股东或者实际控制人负债筹集，股东或者实际控制人因此而对公司形成的债权；

（三）公司控股股东或者实际控制人为了自身利益，与公司之间因不公平交易而产生的债权。

公司股东或者实际控制人在前述情形下形成的劣后债权，不得行使别除权、抵销权。

第十二条 人民法院裁定受理破产申请后，管理人应当要求债务人的出资人向债务人依法缴付未履行的出资或者返还抽逃的出资本息。

破产申请受理后，出资人尚未缴纳的出资均应作为债务人财产。出资人尚未缴纳的出资，包括到期应缴未缴的出资，以及依照公司法第二十六条和第八十条的规定分期缴纳尚未届满缴纳期限的出资。

有下列情形之一的，管理人可以要求出资人依法全面履行出资义务：

（一）出资人以划拨土地使用权出资，或者以设定权利负担的土地使用权出资，未办理土地变更手续或者解除权利负担的；

（二）出资人以非货币财产出资，未依法评估作价，管理人可以委托具有相应资质的评估机构对该财产评估作价，出资人拒不配合协助评估或者评估确定的价额显著低于公司章程所定价额的；

（三）出资人以房屋、土地使用权或者需要办理权属登记的知识产权等财产出资，已经交付公司使用但未办理权属变更手续的；

（四）出资人以其他公司股权出资，但不符合《最高人民法院关于适用〈中华人民共和国公司法〉若干问题的规定（三）》第十一条第一款规定的。

第十三条 股东违反出资义务或者抽逃出资，管理人可以依据公司法的相关规定代表债务人主张公司的发起人和负有监督股东履行出资义务的董事、高级管理人员，或者协助抽逃出资的其他股东、董事、高级管理人员、实际控制人等，对股东违反出资义务或者抽逃出资承担相应责任，并将财产归入债务人财产。

有限责任公司的股东未履行或者未全面履行出资义务即转让股权，受让人对此知道或者应当知道，管理人可以代表公司请求该股东履行出资义务、受让人对此承担连带责任。

第十四条　企业法人的出资人滥用法人独立地位和出资人有限责任，逃避债务，严重损害企业法人债权人的利益的，应当对企业法人债务承担连带责任。

第十五条　企业法人的控股出资人、实际控制人、董事、监事、高级管理人员利用关联关系造成企业法人损失的，应当承担赔偿责任。

第十六条　关联企业之间存在法人人格高度混同、区分各关联企业财产的成本过高、严重损害债权人公平清偿利益时，管理人可以申请对关联企业进行实质合并破产。

第十七条　债务人及其有关人员存在企业破产法第三十一条、第三十二条、第三十三条、第三十六条等规定的行为的，管理人应当依法追回相关财产。

第十八条　债权人、出资人等利害关系人可以提供债务人相关财产可能存在被非法侵占、挪用、隐匿等情形的初步证据或者明确线索。

管理人未依法请求人民法院撤销债务人无偿处分财产权益、以明显不合理价格交易、放弃债权等行为，或者上述行为发生在人民法院受理破产申请一年前，债权人起诉请求撤销债务人上述行为并将追回的财产归入债务人财产的，人民法院应当依法予以支持。债权人行使撤销权的必要费用，可以作为破产费用随时支付。

第十九条　债务人的法定代表人和其他直接责任人员对所涉债务人财产的相关行为存在故意或者重大过失，造成债务人财产损失的，管理人应当主张上述责任人员承担相应赔偿责任。

因债务人相关人员的行为导致无法对债务人进行破产清算，造成债权人直接损失的，管理人可以要求债务人相关人员承担相应损害赔偿责任并将因此获得的赔偿归入债务人财产。

第二十条　债务人有关人员或者其他人员有下列情形之一的，人民法院应当依法适用企业破产法、民事诉讼法规定的强制措施予以处理：

（一）拒不向人民法院提交或者提交不真实的财产状况说明、债务清册、债权清册、有关财务会计报告以及职工工资的支付情况和社会保险费用的缴纳情况的；

（二）拒不向管理人移交财产、印章和账簿、文书等资料，或者伪造、销毁债务人的账簿等重要证据材料的；

（三）故意作虚假陈述的；

（四）对管理人进行侮辱、诽谤、诬陷、殴打、打击报复的；

（五）债务人的有关人员未经人民法院许可，擅自离开住所地的；

（六）其他应当处罚的行为。

第二十一条　管理人应当核查债务人账面资产与实际资产是否相符，债务人资产与关联企业资产或者法定代表人、实际控制人、控股出资人个人资产是否存在混同。

对未依照法律、行政法规和国务院财政部门的规定建立财务、会计制度的债务人的有关责任人员，人民法院可以建议相关行政机关或者行业协会依法予以处理。

第二十二条　债务人的法定代表人在企业破产程序期间不得新任其他企业的董事、监事、高级管理人员。经人民法院决定，企业的财务管理人员和其他经营管理人员在企业破产程序期间也不得新任其他企业的董事、监事、高级管理人员。但是，因重整或者和解需要，经人民法院许可的除外。

债务人的董事、监事或者高级管理人员违反忠实、勤勉义务，致使所在企业破产的，自破产程序终结之日起三年内不得担任任何企业的董事、监事、高级管理人员。

管理人应当及时将需要进行任职资格限制的债务人有关人员名单报送市场监督管理部门。债权人、管理人等利害关系人发现债务人有关人员违反任职资格限制的，可以向市场监督管理部门举报。

第二十三条　管理人发现有关人员有下列行为之一，涉嫌犯罪的，应当及时报送人民法院，人民法院应当根据管理人的提请或者依职权及时移送有关机关依法处理：

（一）以捏造的事实在破产案件审理过程中申报债权的；

（二）以虚假诉讼、仲裁、公证骗取法律文书申报债权的；

（三）债务人的法定代表人、出资人、实际控制人等有恶意侵占、挪用、隐匿企业财产行为的；

（四）隐匿、故意销毁依法应当保存的会计凭证、会计账簿、财务会计报告的；

（五）隐匿财产，对资产负债表或者财产清单作虚伪记载的；

（六）通过隐匿财产、承担虚构的债务或者以其他方法转移、处分财产的；

（七）债务人的有关人员拒不执行人民法院要求其移交财产、印章和账簿、文书资料等裁定确定的义务的；

（八）提供虚假的资产评估、会计、审计等证明文件的；

（九）公司发起人、股东违反法律规定未交付货币、实物或者未转移财产权，虚假出资，或者抽逃出资的；

（十）破产程序中发生的其他涉嫌犯罪行为。

第二十四条　推动建立人民法院、检察院、公安机关等相关部门协调联动机制，实现信息互通，相互配合，形成合力，共同防范和打击利用破产程序恶意逃废债务的行为。

第二十五条　本指引自2021年11月15日起施行。

重庆市高级人民法院
关于进一步协调破产审判与执行工作持续优化营商环境的意见

（渝高法〔2022〕56号）

重庆市高级人民法院审判委员会2022年第16次会议通过
2022年4月29日起施行

为进一步深化供给侧结构性改革，促进市场主体优胜劣汰和资源优化配置，对标国际一流水平，持续优化市场化法治化国际化营商环境，根据《中华人民共和国企业破产法》《中华人民共和国民事诉讼法》等相关规定，结合全市破产审判与执行工作实际，制定本意见。

一、进一步优化破产案件财产解封及处置

1. 人民法院受理破产申请后，采取保全、执行措施的人民法院应及时解除有关破产债务人的保全措施，中止执行程序，向管理人移交债务人财产，依法维护破产企业财产的完整性。

2. 人民法院受理破产申请后，"破产案件关联提示系统"应及时向有关破产企业的保全、执行案件的承办法官发送中止执行、解除保全措施、移交财产等提示信息。

3. 管理人通知相关法院解除对破产企业财产采取的保全措施的，应当提交告知函、受理破产申请裁定书、指定管理人决定书、管理人的授权委托书。

4. 相关法院收到管理人提交的材料后，应及时通过案件管理系统核实企业破产情况和管理人身份信息，并在二十日内解除查封、扣押、冻结措施；或者根据破产受理法院的要求出具函件，将查封、冻结、扣押财产的处置权交破产受理法院。

5. 为保障破产程序依法顺利进行，有关债务人的保全措施解除时，破产受理法院可以根据管理人的申请或者依职权，及时对债务人的全部或者部分财产采取保全措施。

6. 人民法院裁定受理破产申请时，已经扣划到执行法院账户但尚未支付给申请执行人的款项，仍属于债务人财产，执行法院应当中止对该财产的执行。

7. 相关法院收到管理人的通知书后，仍不解除财产保全措施或者仍不中止执行的，破产受理法院可以请求该法院的上级法院依法予以纠正。市高法院执行局、民二庭负责相关具体协调工作。

8. 破产申请经重庆法院裁定受理后，重庆相关法院经协调仍对破产债务人位于重庆市内的不动产或者动产等实物资产未依法解封的，管理人可对被查封、冻结、扣押的财产进行处置。处置后可依据破产受理法院出具的文件办理解封和资产过户、移交手续，资产处置所得价款经与采取保全措施的法院协调后，统一分配处置。

二、进一步便利管理人查询破产企业财产信息

9. 破产申请受理后，破产受理法院可以根据管理人的申请或者依职权在破产案件审理中新立以破产企业为被执行人的财产保全案件，案件字号为"执保"。

10. 破产受理法院在"执保"案件办理中，可通过"总对总""点对点"执行查控系统对破产企业的财产进行查询，并采取相应的查封、扣押、冻结措施，相关审批、查询等记录应全程留痕。

11. 管理人可通过重庆法院破产协同易审平台向破产案件承办法官申请查询"执保"案件中破产企业的相关财产信息，破产案件承办法官应在三个工作日内向管理人提供。

三、进一步健全企业重整、和解期间信用修复

12. 破产受理法院裁定宣告债务人破产或者裁定终止和解程序、重整程序的，"破产案件关联提示系统"应及时向有关执行案件承办法官推送破产案件办理节点信息，执行法院应当依法及时裁定终结对被执行人为破产企业的执行。

13. 根据《最高人民法院关于公布失信被执行人名单信息的若干规定》第十条第一款第七项的规定，人民法院依法裁定破产企业作为被执行人的案件终结执行的，应当在三个工作日内删除破产企业的失信信息。

14. 破产企业的法定代表人、主要负责人、实际控制人确因企业重整、和解需要，向采取限制消费措施的人民法院申请暂时解除乘坐飞机、高铁限制措施的，执行法院可以参照《最高人民法院关于在执行工作中进一步强化善意文明执行理念的意见》第17条的规定，经严格审查并报院长批准，可以给予最长不超过一个月的暂时解除期间。

四、其他事项

15. 有关破产企业财产被其他具有强制执行权力的国家行政机关采取保

全措施或者执行程序的，人民法院应当积极协调沟通，妥善解决破产案件财产解封及处置问题。

16. 本意见自 2022 年 4 月 29 日起施行。

中编 管理人

一、指定

重庆市高级人民法院
关于企业破产案件社会中介机构管理人名册编制、指定及评估工作的意见（试行）

（渝高法〔2022〕140号）

重庆市高级人民法院审判委员会2022年第41次会议通过

2022年10月1日起施行

为推进社会中介机构管理人工作市场化、法治化，促进管理人依法履职，助力优化营商环境，根据《中华人民共和国企业破产法》《国务院关于开展营商环境创新试点工作的意见》《最高人民法院关于审理企业破产案件指定管理人的规定》《全国法院破产审判工作会议纪要》等相关规定，依照公开、公正、高效、择优的工作原则，结合全市破产案件由重庆市第五中级人民法院（以下简称市五中法院）集中管辖的工作实际，制定本意见。

一、名册编制

1. 根据《最高人民法院关于审理企业破产案件指定管理人的规定》（以下简称《指定管理人规定》）第二条的规定，重庆市高级人民法院（以下简称市高法院）确定由市五中法院编制社会中介机构管理人名册。

2. 社会中介机构管理人名册规模应考虑在本市设立的社会中介机构、外地社会中介机构在本市设立的分支机构数量与本市企业破产案件数量的匹配程度统筹确定。

3. 社会中介机构管理人名册实行分级管理，择优确定。

根据社会中介机构的执业能力、工作业绩、专业水准、团队规模等，将社会中介机构管理人分为一级、二级。一级社会中介机构管理人从二级社会中介机构管理人中择优确定。

根据社会中介机构的区域分布、执业便利等因素，可将二级社会中介机构管理人编为不同分册。

4. 一级、二级社会中介机构管理人名册有效期为三年。每三年重新编制新名册，2023 年 6 月 30 日前完成本次新名册编制。

二、管理人指定

5. 指定管理人可以采取随机方式、竞争方式；符合《指定管理人规定》第十八条规定的，可以指定清算组为管理人；符合《指定管理人规定》第二十二条规定的，也可以接受金融监督管理机构的推荐。

完善管理人指定制度，探索以债权人推荐方式指定管理人，扩大债权人参与权。

6. 采取竞争方式指定管理人的，可以根据案件的具体情况，决定是否邀请编入外地人民法院管理人名册中的社会中介机构管理人参与竞争。

7. 经过预重整程序的破产案件的管理人指定，适用预重整相关工作指引。

8. 在管理人指定工作中实行存量案件管理。社会中介机构管理人参与的尚未审结的企业破产案件存量达到规定数量时，可以暂停指定该机构为新受理企业破产案件的管理人。

三、管理人评估

9. 市五中法院对社会中介机构管理人的工作评估实行个案评估与年度评估。

10. 个案评估应于破产案件审结后三十日内完成。

个案评估意见应告知社会中介机构管理人。社会中介机构管理人有异议的，可以申请一次复核。市五中法院应在收到申请后三十日内完成复核。

11. 对社会中介机构管理人进行的年度评估应于次年二月内完成。

年度评估结果应告知社会中介机构管理人。社会中介机构管理人有异议的，可以申请一次复核。市五中法院应在收到申请后三十日内完成复核。

年度评估结果应向重庆市破产管理人协会通报，并向社会公告。

四、其他

12. 市五中法院应于 2023 年 3 月 31 日前，依据本意见制定社会中介机构管理人名册编制办法、管理人名册管理办法、管理人评估办法，修订管理人指定办法、管理人报酬确定和支付办法等与管理人相关的所有制度，报市高法院备案，并汇编发布。

13. 市五中法院应制定破产案件廉政风险防控制度，健全廉政风险防控机制。

14.强化对管理人的履职监督,社会中介机构管理人出现《指定管理人规定》第十四条第二款、第三十九条等规定情形的,市五中法院应及时作出暂停担任管理人或除名等决定。

15.依据法律、司法解释取得破产案件管辖权的其他法院,可参照本意见相关规定执行。

16.本意见由市高法院审判委员会负责解释。

17.本意见自2022年10月1日起施行。

市高法院《企业破产案件社会中介机构管理人名册编制办法》(渝高法〔2016〕239号)、《企业破产案件社会中介机构管理人评估管理办法》(渝高法〔2016〕240号)、《企业破产案件社会中介机构管理人指定办法》(渝高法〔2016〕241号)于市五中法院相关文件发布之日废止。

重庆市第五中级人民法院
企业破产案件社会中介机构管理人名册编制办法

（渝五中法发〔2023〕28号）

重庆市第五中级人民法院审判委员会2023年第7次会议通过

2023年3月28日起施行

为公平、公正审理企业破产案件，保证破产审判工作依法顺利进行，促进管理人市场的完善和发展，根据《中华人民共和国企业破产法》《最高人民法院关于审理企业破产案件指定管理人的规定》《重庆市高级人民法院关于企业破产案件社会中介机构管理人名册编制、指定及评估工作的意见（试行）》等相关规定，结合破产审判工作实际，制定本办法。

第一条　社会中介机构管理人名册中的管理人由律师事务所、会计师事务所、破产清算事务所、税务师事务所及其分支机构，地方资产管理公司、金融资产管理公司及其分支机构等组成。

入选管理人名册的社会中介机构的数量，根据重庆市破产案件和强制清算案件的数量、重庆市内前款所列社会中介机构的数量予以确定。

第二条　对编入名册的管理人予以分级分册。

本院编制一级管理人名册、二级管理人名册。

二级管理人名册设二个分册。除另有规定外，第一分册管理人可以担任债务人住所地在重庆市第一中级人民法院及重庆市第五中级人民法院辖区的破产案件的管理人或者强制清算案件的清算组成员；第二分册管理人可以担任债务人住所地在重庆市第二中级人民法院、重庆市第三中级人民法院、重庆市第四中级人民法院辖区的破产案件的管理人或者强制清算案件的清算组成员。

一级管理人可以担任全市破产案件的管理人或者强制清算案件的清算组成员。

第三条　本院组成专门的评审委员会，负责管理人名册编制与管理、管理人年度评估和竞争选任管理人。

第四条　评审委员会由本院相关审判委员会委员、破产审判部门人员、审判管理部门人员、督察部门人员组成。成员人数不少于七人且为单数。

评审委员会的决定需经全体评审委员会委员过半数通过。

第五条　评审委员会成员与申请人有利害关系的，应当回避相关评审活动。

第六条　评审委员会在破产审判部门设评审事务办公室，由破产审判部门、审判管理部门人员组成，负责管理人名册编制和管理、管理人评估、管理人竞争选任的事务性工作。

第七条　对申请人的评审实行评分制，满分为100分。本院根据社会中介机构的实际情况，结合其执业业绩、能力、专业水准、机构规模、办理企业破产案件的经验等因素制定管理人评定标准，并予以公告。

评审委员会根据申请人的具体情况评定其综合分数。

第八条　评审委员会根据评分高低初步拟定一级管理人名册及二级管理人名册后，报重庆市高级人民法院审核。

第九条　住所地在重庆市的律师事务所、会计师事务所、破产清算事务所、税务师事务所及其分支机构，地方资产管理公司、金融资产管理公司及其分支机构申请编入管理人名册的，应当向本院提出。

第十条　管理人名册的评审程序：

(一)公告。编制管理人名册前，本院将管理人申请条件、应当提交的材料、评定标准和程序、管理人的职责及相应的法律责任、提交申请材料的截止时间等有关事项在重庆法院公众服务网等予以公告，并通知相关行业协会。

(二)申请。申请编入管理人名册的社会中介机构应当于公告载明的申请期限届满前向评审事务办公室提交申请及相关申请材料。

(三)审查。评审事务办公室登记并对有关申请材料进行审查。申请材料不齐全的，通知申请人限期补正。逾期补正的材料，不纳入审查范围。申请人必须如实申请，凡有弄虚作假情形的，取消其参评资格。

评审事务办公室采用书面审查、询问、实地考察等方式审查申请人的具体情况，形成书面审查报告并向评审委员会汇报。

(四)审议。评审委员会根据评审事务办公室审查的情况，结合公布的评审项目和分值进行评分，根据申请人得分的高低及入册机构名额，按照1∶1.3的比例审查确定初审名册。

(五)公示。确定的初审名册在重庆法院公众服务网等进行公示，公示期十日。公示期内，任何单位和个人均可以对编入初审名册的社会中介机构实名提出书面异议。

（六）通报。评审委员会将初审名册通报有关行业协会并征求意见。

（七）复核。公示期满后，评审委员会对有关异议进行审查。异议成立的，申请人不纳入名册。

（八）公布结果。报重庆市高级人民法院审核决定后的管理人名册在重庆法院公众服务网等公布。

第十一条　根据《重庆市高级人民法院关于企业破产案件社会中介机构管理人名册编制、指定及评估工作的意见（试行）》的规定，每三年重新编制管理人名册。

名册有效期内，根据管理人的履职情况和审理破产案件的需要，按照《重庆市第五中级人民法院企业破产案件社会中介机构管理人名册管理办法》相关规定，本院适时对管理人名册做出调整。

管理人名册及其调整情况，报重庆市高级人民法院审核决定后备案。

第十二条　本办法自公布之日起施行。

重庆市第五中级人民法院
破产案件管理人指定办法

(渝五中法发〔2023〕31号)

重庆市第五中级人民法院审判委员会2023年第7次会议通过

2023年3月28日起施行

为规范企业破产案件社会中介机构管理人指定工作，保障企业破产审判工作的顺利进行，根据《中华人民共和国企业破产法》《最高人民法院关于审理企业破产案件指定管理人的规定》等法律、司法解释，以及《重庆市高级人民法院关于企业破产案件社会中介机构管理人名册编制、指定及评估工作的意见（试行）》等相关规定，结合破产审判工作实际，制定本办法。

第一条　本院受理的破产案件，采取下列方式指定管理人：

（一）随机指定；

（二）竞争选任指定；

（三）指定清算组；

（四）接受主要债权人推荐指定。

第二条　本院根据破产案件复杂程度，决定指定管理人的方式。

重大复杂破产案件从本院一级管理人名册中随机指定或者通过竞争选任方式指定；符合本办法第二十一条规定的，可以接受主要债权人推荐指定；其他破产案件从本院一级、二级管理人名册中随机指定。

按照本办法第一条第三项规定指定管理人，应当符合《最高人民法院关于审理企业破产案件指定管理人的规定》第十八条的规定。

第三条　具有下列情形之一的，为重大复杂破产案件：

（一）上市公司破产案件；

（二）债务人财产价值总额或者负债规模3亿元以上的破产案件；

（三）在全国或者全市范围内有重大社会影响的破产案件；

（四）关联企业实质合并破产案件；

（五）本院认为具有其他重大复杂情形的破产案件。

第四条　采取随机方式指定管理人的，管理人应当在债务人住所地对应的管理人名册中的报名成员中通过摇号、抽签等方式产生。

如果没有该名册成员报名的，其他名册成员可以在下一次公告时参与报名，两次均无人报名的，从债务人住所地对应的管理人名册中以轮候方式指定管理人。

第五条 名册成员存在以下情形的，不参加当次随机指定：

（一）前次以随机指定方式被指定为管理人的；

（二）当次随机指定前三个月内，名册成员通过本院随机指定方式被指定为管理人累计达三次的。对应分册所有成员均出现本项规定情形的除外；

（三）自2019年12月31日起，至公示随机指定之日止，被本院指定为管理人正在办理的期限超过两年的未结破产案件数量达到五件的，采用实质合并及协调审理的破产案件数量按一件计；

（四）其他不应当参加随机指定的情形。

第六条 本院决定采取随机指定方式指定管理人的，破产审判庭应当将随机指定意见及案件基本情况移交审判管理办公室。

第七条 本院审判管理办公室自收到材料之日起三日内在重庆法院公众服务网等平台公布破产案件的基本情况、报名时间、随机指定时间及地点。

报名参与随机指定的名册成员应当自公告之日起三日内向本院提交书面报名材料。

第八条 在公告确定的随机指定时间，本院督察室监督审判管理办公室从报名名册成员中随机确定管理人。

报名名册成员可以派员参与随机指定过程，未派员参与的，不影响随机指定的进行。

第九条 本院审判管理办公室随机选定名册成员后，应当在当日将结果通过案件管理系统反馈至破产审判庭，并在重庆法院公众服务网等平台公布选定结果。

本院审判管理办公室建立随机指定管理人台账，按年度归档备查。

第十条 本院采用竞争选任方式指定管理人的，一般应当从本院管理人名册中择优指定。采用联合报名形式参与竞争的名册成员，均应当为编入本院管理人名册的成员，该联合体中的名册成员不得超过两个且应当为不同类型。

破产案件案情特别复杂、在全国或者全市范围内有重大影响的，可以公告邀请编入外地法院管理人名册中的成员参与竞争。采用联合报名形式参与竞争的，其中一个应当为编入本院管理人名册的成员。

第十一条 前次竞争选任中被选中担任管理人的名册成员，不参加当次竞争指定。

名册成员已通过竞争选任方式选中担任管理人的案件中有两件尚未结案的，该成员不得报名参加当次竞争指定。

第十二条 采取竞争选任方式指定管理人的，由本院评审委员会决定。

第十三条 采取竞争选任方式指定管理人的，本院应当在全国企业破产重整案件信息网、重庆法院公众服务网等平台发布报名公告。公告报名时间不得少于五日，从公告发布次日起计算。

报名公告内容包括债务人工商登记简要情况、申请人申请破产的理由、债务人财产状况、债权债务情况，以及参与竞争的名册成员应当具备的条件、参与竞争应当提交的材料等。

第十四条 通过竞争选任方式指定管理人，报名参与竞争的名册成员不得少于三个。

报名名册成员不足三个的，通过随机指定方式指定管理人。

第十五条 报名公告期满后，评审委员会对报名参与竞争的名册成员采取书面审查和听证的方式予以审查。

第十六条 以竞争方式选任管理人，评审委员会分别评定参选名册成员的基础分和综合分。

第十七条 报名名册成员按照评分细则确定的标准就基础分进行自评，报名时提交基础分自评分明细表及其计算依据，得分不超过基础分上限。

联合报名的名册成员各自分别评分，两者之和的总分不超过基础分的上限。

评审事务办公室根据报名名册成员报送的相关材料对基础分进行评分。评审委员会核实评分。

第十八条 评审委员会审核相关材料后，召开听证会听证。

评审委员会在听证会上公布名册成员的基础分自评分、核后基础分以及两者不一致的原因。允许报名名册成员提出异议、说明理由。

名册成员的最终基础分得分由评审委员会决定，当场向各名册成员公布核定结果。

评审委员会听取参选名册成员陈述，询问相关问题。

评审委员会根据听证情况，结合案件特点，考量参与竞争的名册成员综合能力、初步方案等因素，按照评分细则对每个参选名册成员进行现场综合评分，并当场公布评分结果。名册成员未现场参加听证的，其综合分为零分。

第十九条　参选名册成员应当经评审委员会委员二分之一以上同意方能当选。

评审委员会将参选名册成员的基础分和综合分之和排序，从前三名随机指定当选管理人和第一备选管理人、第二备选管理人。

评审委员会选定管理人两日内，合议庭向选定的管理人送达指定管理人决定书。

第二十条　竞争选任指定管理人工作中形成的资料，应当由有关起草人、统计人、记分人、评分人、监票人等责任人进行汇总，交由案件书记员装订成册后归档。

第二十一条　债务人财产相对较少，且债务规模不大、债权相对集中的破产案件，本院可以结合具体案件情况采用接受主要债权人推荐方式指定管理人。

第二十二条　主要债权人应当推荐本院管理人名册的一名成员担任管理人。

第二十三条　破产申请审查阶段，主要债权人可以书面方式向审判组织提出推荐管理人的申请，提交推荐书并附被推荐人接受推荐的书面函件。推荐书应当载明如下内容：

（一）推荐人基本情况；

（二）被推荐人基本情况；

（三）推荐理由。

第二十四条　本院接受主要债权人推荐指定管理人的，应当于裁定受理破产申请当日，在全国企业破产重整案件信息网、重庆法院公众服务网等平台发布接受推荐公告。相关权利人推荐不同管理人，或者对被推荐的名册成员担任管理人有异议，可以在本院指定管理人前提出书面异议，说明事实及理由，由本院审查决定。公告时间不得少于五日，从公告发布次日起计算。

公告内容包括债务人工商登记简要情况、申请破产的理由、债务人财产状况、债权债务情况以及主要债权人推荐时提交的材料等。

第二十五条　本院根据具体案件情况，综合考量下列因素，对被推荐人的任职条件和能力进行审查：

（一）被推荐人的综合能力；

（二）本案履职的团队配置；

（三）同类型破产案件的既往履职经验；

（四）管理人报酬的初步报价；

（五）被推荐人相较其他名册成员更适宜担任本案管理人的情形；

（六）是否存在不适宜担任管理人的情形。

第二十六条　本院经审查同意主要债权人推荐的管理人人选的，应当作出指定管理人决定。

两个以上主要债权人推荐不同管理人的，由推荐人自行协商。协商一致的，按照本办法第二十五条的规定对被推荐人选进行审查并决定是否指定为本案管理人；协商不成的，依其他方式指定管理人。

第二十七条　破产案件适用预重整程序的，管理人的指定按照本院《预重整工作指引（试行）》执行。

第二十八条　报名参与指定管理人的名册成员、清算组成员，以及接受推荐愿意被指定为管理人的名册成员，有下列情形之一，应当在报名或者接受推荐前自行审查，并在报名或者出具接受推荐函时向本院报告并提交说明材料，说明该情形是否存在利害关系影响其忠实履行管理人职责：

（一）与债务人、债权人有未了结的债权债务关系；

（二）在人民法院受理破产申请前三年内，曾为债务人提供相对固定的中介服务；

（三）现在是或者在人民法院受理破产申请前三年内曾经是债务人、债权人的控股股东或者实际控制人；

（四）现在担任或者在人民法院受理破产申请前三年内曾经担任债务人、债权人的财务顾问、法律顾问；

（五）可能影响其忠实履行管理人职责的其他情形。

第二十九条　清算组成员的派出人员、名册成员的派出人员有下列情形之一，清算组或者名册成员应当在报名或者接受推荐前自行审查，并在报名或者出具接受推荐函时向本院报告并提交说明材料，说明该情形是否存在利害关系影响其忠实履行管理人职责：

（一）具有本办法第二十八条规定情形的；

（二）现在担任或者在人民法院受理破产申请前三年内曾经担任债务人、债权人的董事、监事、高级管理人员；

（三）与债权人或者债务人的控股股东、董事、监事、高级管理人员存在夫妻、直系血亲、三代以内旁系血亲或者近姻亲关系；

（四）可能影响其公正履行管理人职责的其他情形。

第三十条 具有本办法第二十八条或者第二十九条规定情形之一，向本院报告并提交说明材料后，由评审委员会审核认定清算组或者名册成员是否与本案具有利害关系。

逾期不报告并提交说明材料，视为存在《中华人民共和国企业破产法》第二十四条第三款第三项规定的利害关系。

第三十一条 名册成员因本院《管理人名册管理办法》第二条规定情形被依法停止担任管理人期间，该名册成员不得被新指定为管理人。

第三十二条 被指定管理人存在需要更换情形的，根据《最高人民法院关于审理企业破产案件指定管理人的规定》处理。

第三十三条 除《最高人民法院关于审理企业破产案件指定管理人的规定》第十八条第一项所规定的情形外，清算组作为管理人的，清算组成员中的社会中介机构应当随机指定或者竞争选任方式指定。

第三十四条 多家关联企业先后进入破产程序，本院决定适用关联企业实质合并破产方式进行审理的，后进入破产程序的债务人的管理人，原则上由先进入破产程序的债务人的管理人担任。

多家关联企业先后进入破产程序，本院决定对多个破产程序进行协调审理的，后进入破产程序的债务人的管理人，可以由先进入破产程序的债务人的管理人担任。

第三十五条 成渝地区双城经济圈内，就破产案件管理人指定达成协议的，按协议执行。

第三十六条 强制清算案件指定清算组或者清算组成员的，参照本办法执行。

第三十七条 本办法自修订后公布之日起施行。

附件：竞争选任管理人具体评分标准

附件：

竞争选任管理人具体评分标准

对参与竞争选任的管理人名册成员的评定实行评分制。总分100分，按得分高低进行排名。具体评分标准如下。

第一部分 基础分（60分）

1. 上年度办结的破产案件。（23分）

具有终结或者终止破产程序的裁定，担任管理人办理重整的，每件计6分；办理和解的，每件计5分；办理清算的，每件计4分。清算组作为管理人，被指定参加清算组的，每件计2分。办理强制清算案件的，每件计4分。

采用实质合并、协调审理方式审结的破产案件按1件计，每件加分50%。

前一次未编入名册的机构，得分低于其他报名名册成员的，以其他报名名册成员中本项得分最低者分数计分。若其他报名名册成员本项得分均为满分，前一次未编入名册的机构按本项总分的80%计18.4分。

2. 在办的破产案件。（10分）

担任管理人所办案件未超过1年的，办理重整的，每件计3分；办理和解的，每件计2分；办理清算的，每件计1分。清算组作为管理人，被指定参加清算组的，所办案件未超过1年的，每件计1分。办理强制清算案件未超过1年的，每件计1分。

采用实质合并、协调审理方式办理的破产案件按1件计，每件加分50%。

前一次未编入名册的机构，得分低于其他报名名册成员的，以其他报名名册成员中本项得分最低者分数计分。若其他报名名册成员本项得分均为满分，前一次未编入名册的机构按本项总分的80%计8分。

3. 以往从事管理人工作的表现和审理法院的评价。（15分）

名册成员上年度年度履职评估总分的10%为本项基础得分。名册成员在上年度年度履职评估中排名1—20名的，本项得分加5分；排名21—40名的，本项得分加4分；排名40名以后的，本项得分加3分。

报名时，管理人上年度年度履职评估结果未公布的，以管理人前年度年度履职评估结果为依据。

前一次未编入名册的机构，以其他报名名册成员中本项得分最低者分数计分。

名册成员联合报名参选的，以两者平均分记得分。

4.参选机构分级。（5分）

独立报名的，一级管理人4分，二级管理人3分。联合报名的，均为一级管理人的5分，一级管理人与二级管理人联合的4.5分，均为二级管理人的4分。

5.名册成员工作饱和度。（5分）

人案比数值0—0.5的，本项得分5分；人案比数值0.5—1的，本项得分4.5分；人案比数值1以上的，本项得分4分。

前一次未编入名册的机构，按本项最高分的80%计4分。

6.联合报名机构的优势互补。（2分）

优势互补的2分。

第二部分 综合评分（40分）

1.对债务人的了解程度。（5分）

（1）对债务人基本情况的了解程度。（2分）

（2）对债务人陷入困境原因的分析。（3分）

2.了解本案的主要工作及难点，提出切实可行的工作思路。（25分）

（1）对本案主要工作和难点的分析。（6分）

（2）工作方案与本案的匹配度。（14分）

（3）有益于本案的其他因素。（5分）

3.对管理人报酬的初步报价。（10分）

重庆市第五中级人民法院
随机摇号选任破产管理人实施办法（试行）

（渝五中法发〔2021〕150号）

重庆市第五中级人民法院审判委员会通过

2021年11月4日起施行

为完善随机摇号选任破产管理人制度，保障破产程序顺利有效推进，按照公开、公正、公平的要求，根据《中华人民共和国企业破产法》（简称《破产法》）、《最高人民法院关于审理企业破产案件指定管理人的规定》（法释〔2007〕8号）、《全国法院破产审判工作会议纪要》（法〔2018〕53号）、《重庆市高级人民法院企业破产案件社会中介机构管理人指定办法》（渝高法〔2016〕241号）等，制定本实施办法。

第一条　本院根据重庆市各中级法院地区分布情况，制定了二级破产管理人名册，共四个分册。

第二条　本院破产庭决定采取随机摇号方式选任破产管理人的案件，以裁定书形式向审管办司法鉴定科移送办理的，应当提供以下资料：

1. 盖有破产庭印章的"委托函"纸质原件一份，并在法院审判管理系统上传带有电子签章的"委托函"。

2. 盖有破产庭印章及合议庭、破产庭负责人签字的"委托选任管理人申报表"纸质原件一份，并在法院审判管理系统上传带有电子签章的"委托选任管理人申报表"。

3. 盖有印章的《裁定书》纸质原件一份，并在法院审判管理系统上传带有电子签章的《裁定书》。

第三条　破产庭尚未作出受理裁定，以函件形式移送审管办司法鉴定科预选管理人的，应当提供以下资料：

1. 盖有破产庭印章的"委托函"纸质原件一份，并在法院审判管理系统上传带有电子签章的"委托函"。

2. 盖有破产庭印章及合议庭、破产庭负责人签字的"委托选任管理人申报表"纸质原件一份，并在法院审判管理系统上传带有电子签章的"委托选任管理人申报表"。

3. 盖有破产庭印章的"关于开展随机摇号选任破产管理人（预选）的函"或"关于开展随机摇号选任强制清算组（预选）的函"纸质原件一份，并在法院审判管理系统上传带有电子签章的"关于开展随机摇号选任破产管理人（预选）的函"或"关于开展随机摇号选任强制清算组（预选）的函"。

第四条 填写要求：

1. "委托函"上须注明：案号、申请人和被申请人名称、承办人姓名、联系人、联系方式以及在二级管理人名册所属分册等随机摇号选任破产管理相关信息。

2. "委托选任管理人申报表"需填写完成表格内容。

特别说明：在"公告内容依据"栏，根据移送材料，选填裁定书或函件。

3. 破产庭移送摇号时应当填写完成函件中所有画线部分内容。

4. 破产庭移送的纸质委托函、委托指定管理人申报表、裁定书、函件中的案号原则上要同在审判管理系统中提交的摇号申请案件的案号一致。若不一致，则需将不同环节的案号全部予以写明（如："破"字号和"破申"字号均注明在委托函和申报表上）。

第五条 收案要求：

1. 移送纸质材料；

2. 在本院法院审判管理系统对应案件上传电子材料；

3. 在本院审判管理系统上提交摇号申请。

审管办司法鉴定科应当对本条上述三项内容的完成情况进行审查，内容完备的，应当及时立案；内容不完备的，应当及时告知破产庭予以完善。

第六条 采取函件方式随机摇号选任破产管理人的案件，应当在完成听证（不需听证的案件除外）并经合议庭合议后，再行委托审管办司法鉴定科随机摇号选任破产管理人。

第七条 破产庭委托审管办司法鉴定科随机摇号选任破产管理人案件，自随机摇号选定破产管理人之日起，应当于15日内作出受理的裁定。

第八条 审管办司法鉴定科收到破产庭移送的随机摇号选任破产管理人相关资料后，原则上于每周星期一、星期四在重庆法院一体化平台、人民法院诉讼资产网上发布随机摇号选任破产管理人报名公告，报名公告中应当发布申请破产企业的基本情况、报名时间、摇号时间及地点。

进入本院二级破产管理人名册的破产管理人，根据所属分册，在公告之日起三日内通过重庆法院一体化平台向本院提交报名材料，参与随机摇号选任破产管理人。

第九条 公告确定的摇号时间原则上定为每周星期二、星期四，由审管办司法鉴定科提前通过内网邮箱函告监察室，监察室应当派员现场监督。在本院监察室监督下，由审管办司法鉴定科从已报名的破产管理人中随机摇号选任破产管理人。若遇特殊情况需在其他时间随机摇号选任破产管理人时，则应提前和监察室协商确定。

已报名的破产管理人可以派员参与监督随机摇号选任破产管理人全过程。

第十条 审管办司法鉴定科随机摇号选任破产管理人后，应当在一个工作日内在法院一体化平台及人民法院诉讼资产网上发布选定公告。

第十一条 随机摇号选任的破产管理人，应当在本院破产管理人名册所属分册中的报名机构中产生。

如果仅有一家机构报名，该机构应当被指定为破产管理人。

如果没有机构报名，从破产管理人名册所属分册中以随机摇号方式指定破产管理人。

第十二条 破产庭在案件审查中，发现破产管理人名册中有关机构存在法定回避情形，应当在移送案件时书面告知审管办司法鉴定科，审管办司法鉴定科应当将存在法定回避情形的管理人在已报名的破产管理人名单中予以剔除。

审管办司法鉴定科随机摇号选定完成破产管理人后，出现选定的破产管理人存在法定应当回避情形，需要重新摇号指定管理人的，破产庭及时告知审管办司法鉴定科按规定重新启动随机摇号选任破产管理人并予以发布公告。

第十三条 审管办司法鉴定科建立随机摇号选任破产管理人档案卷宗，按年度归档备查。

第十四条 本办法由本院审判委员会负责解释。

第十五条 本办法自公布之日起施行。

附件1：

重庆市第五中级人民法院
委托选任管理人申报表

送案部门（印章）	破产庭			
案　号		联系人及电话		023-
债务人				
当事人信息	申请人			
	被申请人			
基本情况（资产负债情况、注册地、股东、经营范围等）				
管理人所属分册及其他要求				
公告内容依据	裁定书		函件	
合议庭意见		破产庭意见		
附件				

送件人：　　　收件人：　　　收件日期：

附件2：

关于开展随机摇号选任破产管理人
（预选）的函

院审判管理办公室：

  我庭审理的（202×）渝05破申×××号申请人××××××××对被申请人×××××××破产清算（重整/和解）一案，经合议庭合议，拟受理申请人×××××××对被申请人×××××××××的破产清算（重整/和解）申请，决定采取随机摇号方式产生破产管理人。

  请从重庆市第五中级人民法院二级管理人名册第（×）分册、有意参与摇号、无法定回避情形的社会中介机构中随机摇号确定破产管理人。无人报名时，破产管理人按《重庆市高级人民法院企业破产案件社会中介机构管理人指定办法》《重庆市第五中级人民法院企业破产案件社会中介机构管理人指定办法》产生。

  破产庭联系人及电话：××× 023-6889××××

  附：债务人相关信息

  ××××××××××××××，××××××××××。

破产庭

××××年××月××日

附件3：
关于开展随机摇号选任清算组
（预选）的函

院审判管理办公室：

　　我庭审理的（202×）渝05清申×××号申请人××××××××对被申请人×××××××强制清算一案，经合议庭合议，拟受理申请人×××××××对被申请人××××××××的强制清算申请，决定采取随机摇号方式产生清算组。

　　请从重庆市第五中级人民法院二级管理人名册第（×）分册、有意参与摇号、无法定回避情形的社会中介机构中随机摇号确定清算组。无人报名时，清算组按《重庆市高级人民法院企业破产案件社会中介机构管理人指定办法》《重庆市第五中级人民法院企业破产案件社会中介机构管理人指定办法》产生。

　　破产庭联系人及电话：××× 023-6889××××

　　附：债务人相关信息

　　××××××××××××××，×××××××××。

破产庭
××××年××月××日

附件4：

随机摇号（预选）破产管理人
公告（模板）

  重庆市第五中级人民法院在审理关于<u>（2021）渝05破申×××号</u>申请人<u>×××××××</u>对被申请人<u>×××××××</u>的破产清算一案过程中，决定采取随机摇号方式产生破产管理人。现特此告知债务人的基本信息，请已<u>进入重庆市第五中级人民法院管理人第（x）分册</u>、无法定申请回避情形、有意参与摇号的机构管理人在公告之日起三个工作日内向本院提交报名申请（具体事项附后）。届时，我院将从报名的社会中介机构中随机摇号确定破产管理人。无人报名时，本案管理人按渝高法〔2016〕24号文件相关规定产生。

  债务人相关信息公告：

  ××××××××××××××，××××××××××。

  经合议庭合议同意：拟受理申请人×××××××对被申请人×××××××××的破产清算申请。

  破产庭联系人及电话：××× 023-6889××××

破产庭

××××年××月××日

附件5：

随机摇号（预选）清算组
公告（模板）

  重庆市第五中级人民法院在审理关于<u>（2021）渝05清申×××号</u>申请人<u>××××××××</u>对被申请人<u>×××××××</u>的强制清算一案过程中，决定采取随机摇号方式产生强制清算组。现特此告知债务人的基本信息，请已进入<u>重庆市第五中级人民法院管理人第（×）分册</u>、无法定申请回避情形、有意参与摇号的机构管理人在公告之日起三个工作日内向本院提交报名申请（具体事项附后）。届时，我院将从报名的社会中介机构中随机摇号确定强制清算组。无人报名时，本案清算组按渝高法〔2016〕241号文件相关规定产生。

  债务人相关信息公告：

    <u>××××××××××××××，××××××××××</u>。

  经合议庭合议同意，重庆市第五中级人民法院依照《中华人民共和国公司法》第一百八十三条和《最高人民法院关于适用〈中华人民共和国公司法〉若干问题的规定（二）》第七条规定，拟受理申请人<u>××××××</u>对被申请人<u>×××××××</u>的强制清算申请。

  破产庭联系人及电话：×××023-6889××××

破产庭

××××年××月××日

二、管理

重庆市第五中级人民法院
管理人名册管理办法

（渝五中法发〔2023〕29号）

重庆市第五中级人民法院审判委员会2023年第7次会议通过

2023年3月28日起施行

为规范社会中介机构管理人名册管理，强化管理人责任，督促管理人依法履职，提高破产案件办理质量和效率，根据《中华人民共和国企业破产法》《最高人民法院关于审理企业破产案件指定管理人的规定》及有关法律规定，结合破产审判工作实际，制定本办法。

第一条　管理人名册实行动态管理。本院根据管理人的履职情况、评估结果等因素调整管理人名册，并予以公告。

第二条　管理人具有下列情形之一的，本院可以决定停止其担任管理人并予以公告：

（一）因故意或者重大过失不当履行管理人职责被人民法院采取更换管理人措施；

（二）未经本院许可，擅自将其应当履行的职责全部或者部分转给他人；

（三）报名参与指定管理人或者接受推荐担任管理人时提交虚假材料；

（四）法律、行政法规、司法解释等规定或者人民法院认为应当停止担任管理人的其他情形。

第三条　停止担任管理人的期限为一年至三年。

社会中介机构在停止担任管理人期限内，不得重新申请编入管理人名册。

第四条　管理人具有下列情形之一的，本院可以决定将其从管理人名册中除名并予以公告：

（一）因故意犯罪受到刑事处罚；

（二）执业许可证或者营业执照被吊销或者注销；

（三）解散、宣告破产或者丧失承担执业责任风险的能力；

（四）执业、经营中因故意或者重大过失行为，受到行政机关、监管机构或者行业自律组织行政处罚或者纪律处分之日起未逾三年；

（五）管理人报备的办理破产案件的团队成员均被吊销相关专业执业证书或者全部离职；

（六）拒绝接受人民法院、债权人会议、债权人委员会的监督，经人民法院批评教育仍不改正或者对应当及时向人民法院报告的重大事项隐瞒不报，情节严重的；

（七）申请入册过程中弄虚作假；

（八）一个评估年度内累计两件个案评估不合格或者年度评估不合格；

（九）连续一年具备报名条件但是未报名参加管理人指定摇号；

（十）法律、行政法规、司法解释等规定或者人民法院认为应当除名的其他情形。

第五条 被除名的管理人自除名之日起三年内不得重新申请编入管理人名册。

第六条 管理人具有下列情形之一的，本院可以根据情节轻重决定停止其担任管理人一年至三年，或者将其从管理人名册中除名，并予以公告：

（一）申请辞去职务未获人民法院许可，但是仍坚持辞职并不再履行管理人职责；

（二）人民法院决定更换管理人后，原管理人拒不向新任管理人移交相关事务；

（三）无正当理由拒绝人民法院指定其为管理人。

第七条 管理人报备的团队成员变动的，应当主动向本院报告。

本院对管理人履职条件进行抽查、检查。

管理人被停止任职或者从管理人名册中除名的，本院予以公告，对管理人名册进行调整，并通报有关主管部门、行业协会等单位。

第八条 管理人仅变更名称，不影响其担任管理人。

管理人名称变更后，应当在相关部门批准后一个月内向本院提出名称变更申请。

第九条 管理人因分立、合并、改制等原因组织形式发生变更，变更后的机构向本院申请承继原管理人资格，经本院审查，变更后的机构仍具备本院编制管理人名册时的入册条件的，可以决定由变更后的机构承继原管理人资格，并予以公告。

申请承继原管理人资格的，应当在机构变更后一个月内向本院提出承继申请。

第十条 申请变更管理人名称或者承继原管理人资格的机构，应当提交申请书和有关证明材料。

申请书应当载明下列事项：

（一）申请人的基本情况；

（二）申请目的；

（三）申请的事实和理由；

（四）本院认为应当载明的其他事项。

申请更名的，应当提交相关部门批准其更名的材料。

申请承继原管理人资格的，应当提交其组织形式发生变更、变更后的机构仍具备本院编制管理人名册时的入册条件的相关材料。

第十一条 本院收到管理人名称变更、承继申请后，应当及时作出决定。

第十二条 本院对管理人作出停止担任管理人、从管理人名册中除名决定的，应当制作决定书并送达管理人，并且将名册变动情况向社会公告。

第十三条 本院决定停止担任管理人或者将其从管理人名册除名的，该机构担任管理人的案件，应当更换管理人。

第十四条 破产案件审判组织认为管理人存在应当停止担任管理人、从管理人名册中除名等情形的，应当及时向评审委员会提出书面意见。

第十五条 相关公告事项通过重庆法院公众服务网等发布。

第十六条 本办法自公布之日起施行。

重庆市第五中级人民法院
企业破产案件社会中介机构管理人评估办法（试行）

（渝五中法发〔2023〕30号）

重庆市第五中级人民法院审判委员会2023年第7次会议通过

2023年3月28日起施行

为科学评估社会中介机构管理人的工作，促进管理人依法履职，保障破产审判工作的顺利进行，根据《中华人民共和国企业破产法》《最高人民法院关于审理企业破产案件指定管理人的规定》《重庆市高级人民法院关于企业破产案件社会中介机构管理人名册编制、指定及评估工作的意见（试行）》等相关规定，结合破产审判工作实际，制定本办法。

第一条　对编入本院《企业破产案件社会中介机构管理人名册》中的管理人，依照本办法进行评估。

第二条　管理人评估应当遵循公平、公正和公开的原则。

第三条　对管理人的工作评估实行个案评估和年度评估。评估结果是编制和调整管理人名册的重要依据。

第四条　审理破产案件的审判组织负责个案评估工作，评审委员会负责年度评估工作。

第五条　个案评估对管理人办理具体破产案件进行量化评估，重点评估管理人在个案履职中的内部管理、勤勉尽责、工作效率、专业素养等。

第六条　案件审结后十五日内，管理人应当向审理破产案件的审判组织提交个案履职报告，对其个案履职情况进行自我评价。

第七条　审理破产案件的审判组织根据管理人的个案履职情况，对《管理人个案履职情况评估表》所列明的各项内容进行评分。

个案评估总分为100分，60分以上为合格。

个案评估未满60分为不合格；管理人无正当理由未按时提交个案履职报告的，个案评估为不合格。

第八条　个案评估应当于案件审结后三十日内完成。

个案评估结果应当告知管理人。管理人对评估结果有异议的，可以自收到评估结果十日内向审理破产案件的审判组织申请复核一次。审理破产案件的审判组织在收到申请后三十日内完成复核。

第九条　审理破产案件的审判组织应当于每月底前将本月作出的个案评估结果报送评审事务办公室备案。

第十条　年度评估从个案评估结果、年度办案数量、管理人机构规模和经验、专业人员队伍建设、破产实务研究成果等方面对管理人进行年度评分。

对管理人专业人员队伍建设情况，可以通过测试等方式进行考评。

第十一条　年度评估由年度案件评估和年度履职评估两部分构成，满分为100分。其中，年度案件评估65分，年度履职评估35分。

年度评估得分60分以上为合格；年度评估得分未满60分为不合格。管理人年度内有两个个案评估为不合格的，年度评估结果为不合格。管理人无正当理由未按时提交年度履职报告的，年度评估结果为不合格。

第十二条　年度案件评估计分方式为当年度管理人所办案件个案评估得分的平均分。

年度内办结的案件以个案评估得分计入年度案件评估基础分值。年度内未办结的案件，以全市管理人当年度已结案件评估平均分计入年度案件评估基础分值。管理人年度内未结案且无在办案件，年度案件评分按当年度已结案件评估得分最低分计分。

管理人申请参与随机指定12次以上未被指定且无在办案件和办结案件，不参与年度评估。

第十三条　管理人应当于次年一月底之前，向本院提交上一年度履职报告。报告应当包括但不限于以下内容：

（一）办理破产案件的情况；

（二）个案评估分数；

（三）管理人机构规模和经验；

（四）专业人员队伍建设情况；

（五）破产实务研究成果；

（六）参加与管理人工作相关的业务培训、信息化应用等情况；

（七）协助改善破产工作公共事宜；

（八）被处罚情况；

（九）其他管理人认为应当报告的事项。

对前款内容，应附有相关证明材料、凭证。

第十四条　年度评估工作应当于次年二月完成。

年度评估结果应当告知管理人。管理人对年度评估结果有异议，可以向评审委员会申请复核一次。评审委员会应当在收到申请后三十日内完成复核。

年度评估结果向重庆市破产管理人协会通报,并向社会公告。

第十五条 强制清算案件指定本院管理人名册中的社会中介机构为清算组成员的,适用本办法。

第十六条 本办法自公布之日起施行。

附件:《管理人个案履职情况评估表》

附件:

管理人个案履职情况评估表

案号:　　债务人名称:　　社会中介机构名称:

评估项目	评估项目内容	分项分值	最高分值	得分
内部管理	内部管理规范有序	5分	5分	
勤勉尽责	规范接管债务人财产、印章、账簿和文书等资料	5分	50分	
	尽职调查债务人财产状况、完成财产清理和财产追收工作	5分		
	规范管理债务人内部事务	5分		
	妥善管理和处分债务人的财产,维护和提升财产价值	5分		
	及时代表债务人参加诉讼、仲裁或者其他法律程序	5分		
	规范接受债权申报及审查债权	5分		
	规范召开债权人会议,积极完成与债权人沟通、解释等工作	5分		
	依法变现、分配破产财产	5分		

续表

评估项目	评估项目内容	分项分值	最高分值	得分
勤勉尽责	合理使用破产费用	5分		
	及时、全面、准确、合法进行信息披露	5分		
工作效率	高效推进破产程序	10分	10分	
专业素养	及时向法院汇报各项工作，提交的文件及时、准确、完整	5分	25分	
	准确进行法律分析论证并处理破产事务	5分		
	积极主动统筹协调与债权人等程序参与人的沟通联系	5分		
	妥善与政府相关职能部门沟通协调	5分		
	积极协调化解矛盾	5分		
职业道德	遵守法律、执业纪律、职业道德，不利用管理人身份为自己和他人谋取利益	10分	10分	
总分			100分	

评估人：＿＿＿＿（审判庭及经办人员签章）＿＿＿＿

重庆破产法庭 重庆市破产管理人协会
破产案件管理人工作指引（试行）

2020年7月27日印发

第一章 总则

第一节 宗旨、性质和适用范围

第一条 宗旨

为规范破产案件管理人工作，确保管理人忠实、勤勉履责，促进破产案件依法、稳妥、顺利推进，根据《中华人民共和国企业破产法》（以下简称《企业破产法》）及其他相关法律、行政法规、司法解释等规定，结合破产案件办理工作实际，制定本工作指引。

第二条 性质

本指引为指导性意见，如与相关法律、行政法规或司法解释有抵触的，以相关法律、行政法规或司法解释的规定为准。

第三条 适用范围

在重庆市范围内担任破产案件管理人的社会中介机构及其相关工作人员，适用本指引。

破产案件中受管理人聘用的社会中介机构及其工作人员，强制清算案件清算组中的社会中介机构，可以参照适用本指引。

第四条 职责范围

管理人在破产案件中履行的职责包括：

（一）《企业破产法》及相关司法解释等规定的职责；

（二）最高人民法院批复、解答、规定等规范性文件中规定的职责；

（三）破产案件审理人民法院认为管理人需要履行的其他职责；

（四）债权人会议赋予管理人的其他合法职责。

第二节 管理人的指定、回避和更换

第五条 管理人指定

编入人民法院公布的管理人名册中的社会中介机构（以下简称名册成员），应当按照《最高人民法院关于审理企业破产案件指定管理人的规定》《重庆市高级人民法院企业破产案件社会中介机构管理人指定办法》等规定接受人

民法院关于破产案件管理人的指定，无正当理由不得拒绝接受。

存在回避或不宜担任管理人的情形，应当报告人民法院。

第六条　管理人回避的情形

社会中介机构、清算组成员有下列情形之一，可能影响其忠实履行管理人职责的，人民法院可以认定为《企业破产法》第二十四条第三款第三项规定的利害关系：

（一）与债务人、债权人有未了结的债权债务关系；

（二）在人民法院受理破产申请前三年内，曾为债务人提供相对固定的中介服务；

（三）现在是或者在人民法院受理破产申请前三年内曾经是债务人、债权人的控股股东或者实际控制人；

（四）现在担任或者在人民法院受理破产申请前三年内曾经担任债务人、债权人的财务顾问、法律顾问；

（五）人民法院认为可能影响其忠实履行管理人职责的其他情形。

清算组成员的派出人员、社会中介机构的派出人员、个人管理人有下列情形之一，可能影响其忠实履行管理人职责的，可以认定为《企业破产法》第二十四条第三款第三项规定的利害关系：

（一）具有本条第一款规定情形；

（二）现在担任或者在人民法院受理破产申请前三年内曾经担任债务人、债权人的董事、监事、高级管理人员；

（三）与债权人或者债务人的控股股东、董事、监事、高级管理人员存在夫妻、直系血亲、三代以内旁系血亲或者近姻亲关系；

（四）人民法院认为可能影响其公正履行管理人职责的其他情形。

第七条　管理人的回避审查

名册成员报名参加管理人选任前，应当主动审查自身是否存在回避情形，如发现有本指引前条第一款第一项至第四项、第二款第一项至第三项规定情形之一的，应当在报名时向人民法院报告并提交说明材料，说明该情形是否影响其忠实履行管理人职责，由人民法院审查后决定是否需要回避。

管理人在接受指定后发现有本指引前条第一款第一项至第四项、第二款第一项至第三项规定情形之一的，应当向人民法院报告并提交说明材料，说明该情形是否影响其忠实履行管理人职责，由人民法院审查后决定是否需要回避。

第八条 申请更换管理人

管理人接受人民法院指定后，债权人会议作出决议向人民法院申请更换管理人的，管理人应当及时向人民法院作出是否同意债权人会议申请的说明，并陈述其原因和理由。

第九条 决定回避后停止履行职务

管理人依法向人民法院提出回避、辞职的申请并经人民法院批准，或者因债权人会议申请被人民法院决定更换管理人的，应当停止履行管理人职责，在人民法院监督下向新任管理人移交自己已接管的全部资料、财产、营业事务及管理人印章等，及时向新任管理人书面说明工作进展情况，并在破产程序终结前随时接受新任管理人、债权人会议、人民法院关于其已履行的管理人职责情况的询问。

管理人在人民法院未决定更换或未同意辞职之前，应当继续依法履行职务。

第三节 管理人工作原则

第十条 基本原则

管理人应当遵守法律规定，秉持公平、高效、合理、谨慎原则，勤勉尽责，恪尽职守，全面执行人民法院的裁决与债权人会议的决议，保护债权人与债务人的合法权益。

第十一条 自己管理原则

被指定为管理人后，管理人不得以任何方式将管理人应当履行的职责全部或者部分转给其他社会中介机构或者个人。

第十二条 保密原则

管理人应当严格履行保密义务。对于在履行职务中知悉的有关债务人、债权人和其他利害关系人的商业秘密、个人隐私以及其他不能对外披露的事项，管理人应当予以保密。

第十三条 报告和接受监督原则

管理人执行管理人职务，应当依法向人民法院报告工作，并依法接受债权人会议和债权人委员会的监督。管理人应当列席债权人会议，向债权人会议报告职务执行情况，并回答询问。

第四节 管理人团队

第十四条 组建管理人团队

管理人接受人民法院指定后，应当指派管理人团队履行职责，在收到指定管理人决定书之日起 3 日内将团队成员名单报人民法院备案。团队成员名单应当列明负责人、团队分工情况及有效联系方式，并附身份证明、执业证或职业资格证的复印件。

清算组担任管理人的，应当于收到指定管理人决定书之日起 3 日内将确定的清算组成员（含社会中介机构成员）名单、分工情况及联系方式报人民法院备案。

组建管理人团队时，管理人应当审查管理人团队成员的消极任职资格。组建管理人团队后，管理人负责人发现管理人团队成员有不宜从事相关业务情形的，应当及时调整管理人团队并将调整结果书面报告人民法院。

第十五条 联合履职的管理人团队

社会中介机构联合担任管理人的，应当共同组建管理人团队，并制定明确的分工方案。分工方案应当考虑破产案件情况以及发挥中介机构的专业特长，具体包括职责主体、责任人、完成时限、协作配合事项等内容。

团队成员名单和分工方案应当在收到指定管理人决定书之日起 3 日内一并向人民法院报备。

第十六条 管理人负责人制度

管理人团队实行负责人制度。负责人对外代表管理人，对内领导团队成员，并负责管理人团队内部工作计划的制定和案件整体情况的推进。

第十七条 管理人团队稳定性

管理人团队的组成人员应当保持稳定，避免因人员频繁流动影响工作效率，造成工作失误。管理人团队成员变动的，应当于次日报人民法院备案并说明原因。

因案件审理需要，人民法院对管理人团队成员的组成与分工提出指导性意见的，管理人应当作出必要安排。

第十八条 管理人对外聘请机构和人员

管理人聘用债务人的经营管理人员，或者管理人认为确有必要聘请其他社会中介机构或人员处理专业性较强的工作的，应经人民法院许可。所需费用需要列入破产费用的，应当经债权人会议或者债权人会议授权的债权人委员会同意。

第五节 管理人业务制度及工作机制

第十九条 建立各项工作制度

为有效履行职责，名册成员应当制定业务相关制度，形成有效工作机制，并将相关制度报人民法院备案。

管理人业务的相关规范或制度包括但不限于：日常工作规程、管理人团队组成及分工负责制度、会议议事规则、财务收支管理制度、发文制度、印章使用管理制度、处理突发事件应急预案、档案管理制度、保密制度、管理人业务培训制度、管理人报酬分配与风险承担制度等。

管理人业务的相关规范、制度以及在个案中实际制定的制度应当及时在全国企业破产重整案件信息网上予以披露。

第二十条　管理人工作计划

管理人接受指定后，应当及时制定并向人民法院报送合法、务实、可行的总体履职计划、月度工作计划，其中工作内容应当具体分解，履职责任应当落实到人。

管理人应当于当月月末向人民法院书面汇报当月工作计划完成情况，并报送下一月度工作计划。必要时，需提供履职的相关记录等材料。未能在规定时间内完成工作的，应当及时向人民法院说明原因并提出解决方案。

管理人可以根据工作的进展情况对工作计划做必要调整，调整后及时向人民法院报备。

第二十一条　管理人工作会议制度

管理人团队负责人根据工作需要召集和主持管理人工作会议，必要时可以邀请人民法院的法官和要求债务人法定代表人或者其他高级管理人员参加，也可以邀请其他有关人员参加。

第二十二条　应急预案与突发事件报告制度

管理人应当根据案情需要制定突发事件应急预案。对可能影响社会稳定的突发性、群体性事件的处理方案应当报人民法院批准。

对发生的重大、突发事件，管理人应当立即处理，同时报告人民法院、债权人委员会。

第二十三条　工作报告制度

管理人向人民法院报告工作，包括定期工作报告和重大事项报告。定期工作报告是指管理人应当至少每月向人民法院书面报告破产工作进展情况。重大事项报告是指管理人实施《企业破产法》第六十九条中规定的行为以及其他重大事项时，应当及时向人民法院专项报告。其他重大事项包括但不限于：职工安置中的不稳定因素、执行职务过程中发现的犯罪线索等。

第二十四条　业务培训与调研

管理人应当定期组织破产业务培训，提升工作人员专业素养，注重对破产案件的经验总结和调研工作。

第二十五条　履职评估

个案破产程序终结后15日内，管理人应当依据《重庆市高级人民法院企业破产案件社会中介机构管理人评估管理办法》向审理破产案件的审判组织提交个案履职报告，对其在个案中的履职情况以及是否勤勉尽责、忠实执行职务进行自我评价。

管理人应当按人民法院要求的时间提交年度履职报告。年度履职报告应当详细载明以下内容：该年度办理破产案件及衍生诉讼的情况、个案评估分数、管理人机构规模和经验、专业人员队伍建设情况、破产实务研究成果及被处罚情况等。

第二十六条　破产费用支持

管理人办理的破产案件，破产财产不足以支付破产费用的，可以依据《重庆市高级人民法院企业破产费用援助资金使用办法》向人民法院申请破产费用援助资金。

第六节　管理人工作档案

第二十七条　制作工作档案

管理人应当在办理破产案件的过程中收集、制作、整理工作档案。

工作档案，是指管理人在办理破产案件过程中形成的工作记录和获取的资料，是判断管理人是否勤勉尽责的重要依据，管理人应当及时、准确、真实地收集制作。

第二十八条　工作档案要求

管理人的工作人员应当如实制作工作档案。工作档案应当内容完整、记录清晰、结论明确，并标明索引编号及顺序编号。

第二十九条　工作档案的保管

工作档案的所有权属于管理人，管理人应当妥善保存工作档案及相关资料，保存期限至少十年。

管理人可以自行保管工作档案，也可以在案件终结后委托专门的档案保管机构保管工作档案。管理人执行职务期间产生的档案管理费用及委托保管费用属于破产费用。

管理人应当建立电子档案管理制度。

第七节 管理人报酬

第三十条 管理人报酬方案

管理人接受指定后,应当及时对债务人可供清偿的无担保财产的价值和管理人的工作量进行预测,初步制作管理人报酬方案,提请人民法院审查。

管理人报酬方案应当列明管理人投入的工作团队人数、工作时间预测、工作重点和难点等。重整或者和解案件,还应当列明管理人对重整、和解工作的贡献。

管理人是采取公开竞争方式指定的,管理人报酬方案还应当依据竞争担任管理人时的报价确定。

第三十一条 向债权人会议报告管理人报酬方案

管理人应当在债权人会议上报告管理人报酬方案的内容。

第三十二条 管理人报酬方案的调整

管理人在人民法院送达确定管理人报酬方案或初步报酬方案的通知书后,认为获取的管理人报酬数额过低的,可以向债权人会议提交调整管理人报酬方案的报告,与债权人会议协商调整管理人报酬。管理人应当根据债权人会议决议制作提请人民法院调整管理人报酬方案的报告,请求人民法院审核。

管理人是采取公开竞争方式指定的,对于人民法院根据其竞争报价确定的报酬方案,原则上不得请求人民法院调整。

第三十三条 管理人报酬的收取

管理人在收取管理人报酬前,应当制作提请人民法院准予管理人收取报酬的报告,请求人民法院予以核准。

报告应当包括:

(一)可供支付报酬的债务人财产情况;

(二)申请收取报酬的时间和数额;

(三)管理人履行职责的情况。

第三十四条 收取方式

管理人报酬由人民法院依照《最高人民法院关于审理企业破产案件确定管理人报酬的规定》确定。适用快速审理方式的破产案件,管理人一般在破产程序终结后一次性收取报酬;其他破产案件,管理人原则上应当根据破产案件审理进度和履职情况分期收取报酬。

第三十五条 向担保权人收取报酬

管理人对担保物的维护、变现、交付等管理工作付出合理劳动的,有权向担保权人收取适当的报酬。管理人与担保权人就上述报酬数额不能协商一致的,请求人民法院依法确定。

管理人收取前款所列报酬,应当向人民法院报备。

第三十六条 执行职务费用

管理人执行职务过程中产生的下列费用为管理人执行职务费用,不计入管理人报酬:

(一)管理人租用办公场地产生的费用;

(二)管理人执行职务产生的合理办公费用;

(三)管理人执行职务产生的合理差旅费用;

(四)管理人执行职务产生的其他必要费用。

第二章 破产清算工作指引

第一节 刻制管理人印章及开立账户

第三十七条 管理人印章

管理人接受人民法院指定后,应当及时凭人民法院受理破产申请的裁定书、人民法院指定管理人的决定书和人民法院致公安机关刻制管理人印章的函件等材料,向公安机关申请刻制管理人公章、财务章等印章,以便开展管理人工作。

管理人印章刻制后,管理人应当在3日内向人民法院封样备案,在封样备案后启用。

第三十八条 印章使用审批

管理人印章的使用实行审批登记制度。管理人各工作小组及人员需要使用时,应当向负责人提出申请,经负责人批准后方可使用。对于所有用章事项应当进行登记,并保存所有加盖印章的档案副本。

第三十九条 管理人账户

自向人民法院备案启用印章之日起3日内,管理人应当持人民法院受理破产申请的裁定书、人民法院指定管理人的决定书和身份证明等材料,到银行申请开立单独的管理人账户。如债务人无资金或财产的,可以暂缓或不开立账户。

管理人账户开立后,管理人应当将债务人的银行存款划入管理人账户。

管理人依法履行职责时发生的所有资金收支,均应当通过管理人账户进行。

第二节 接管债务人

第四十条 接管债务人前的准备

管理人应当在收到指定管理人决定书之日起 10 日内到债务人注册地实地走访，向人民法院报告履职思路，查阅案卷有关材料，提交总体履职计划和接管方案，接管方案中应当明确接管时限、工作分工、步骤环节、保障安排及责任落实措施。

第四十一条 接管的内容

管理人接管的债务人的财产、印章和账簿、文书等资料，包括但不限于：

（一）债务人的动产和不动产在内的实物财产及其权利凭证；

（二）债务人的现金、有价证券、银行账户印鉴、银行票据、商业票据；

（三）债务人的知识产权、对外投资、特许权等无形资产的权利凭证；

（四）债务人的公章、财务专用章、合同专用章、海关报关章、法定代表人名章及其他印章；

（五）债务人的营业执照、税务登记证、外汇登记证、海关登记证明、经营资质文件等与债务人经营业务相关的批准、许可或授权文件；

（六）债务人的总账、明细账、台账、日记账、会计凭证、重要空白凭证、会计报表等财务账簿及债务人审计、评估等资料；

（七）债务人的章程、管理制度、股东名册、股东会决议、董事会决议、监事会决议以及债务人内部会议记录等档案文件；

（八）债务人的相关合同协议及相关债权、债务等文件资料；

（九）债务人纳税资料及凭证；

（十）债务人诉讼、仲裁案件及其案件材料；

（十一）债务人的人事档案文件；

（十二）债务人的电脑数据和授权密码；

（十三）债务人的其他财产、印章和账簿、文书等资料。

管理人可以一并接管不属于债务人所有但由债务人占有或者管理的相关的财产、印章和账簿、文书等资料。

债务人有分支机构的，管理人应当一并接管其分支机构的财产、印章和账簿、文书等资料。

债务人有对外投资的，管理人应当根据投资的情况，采取措施对该投资股权或其他权益进行接管，对于债务人因该投资而外派的董事、监事及其他高级管理人员，应当纳入管理范围，必要时可以依法进行更换。

第四十二条 企业营业执照、公章未能接管情况的处理

因企业营业执照或公章遗失、管理人未能接管等原因而无法向企业登记机关缴回营业执照、公章的，管理人可以通过全国企业破产重整案件信息网、国家企业信用信息公示系统或省级公开发行的报刊发布营业执照、公章遗失作废或未能接管的声明，并作出书面说明。

第四十三条 接管方案

为了有计划地接管，管理人可以就债务人的财产、印章和账簿、文书等资料的接管制定接管方案同时向人民法院报备，并根据接管方案进行接管。

管理人原则上应当对债务人的财产、印章和账簿、文书等资料进行一次性全面接管。管理人经人民法院同意后，可以根据实际情况进行分期、分批接管。

第四十四条 管理人与债务人的交接

管理人在人民法院指定管理人决定书送达后的 10 日内，应当与债务人有关人员办理交接手续。

管理人接管债务人财产、印章和账簿、文书等资料，应当制作交接清单，与债务人有关人员办理交接手续，在交接清单上共同签字确认。原则上应当对交接过程进行录音录像，必要时进行公证。

第四十五条 解除保全措施及中止执行

管理人接管债务人财产时，发现债务人财产在人民法院受理破产申请前被依法采取保全措施但人民法院受理破产申请后仍未解除的，或发现债务人财产在人民法院受理破产申请前被依法采取执行措施但在人民法院受理破产申请后仍未中止的，管理人应当函告有关人民法院或其他机关解除保全措施或者中止执行措施，以便管理人有效地接管该项财产。

管理人认为有必要由破产案件审理人民法院通知有关人民法院或其他机关予以解除保全措施或者中止执行措施的，管理人应当向破产案件审理人民法院提出书面申请。

第四十六条 请求社保、税务等机关配合管理人工作

管理人应当在接管债务人之后及时将受理破产申请裁定书、指定管理人决定书送交债务人注册登记、社保、税务、不动产登记、劳动保障等部门并请求其协助提供有关债务人的信息及其他事项。

第四十七条 强制接管

债务人或其他单位、个人以任何方式阻挠管理人接管财产、印章和账簿、

文书等资料，或者出现影响接管的其他情形的，管理人应当及时向人民法院报告，请求人民法院对直接责任人员进行罚款，并就债务人应当移交的内容和期限作出裁定。债务人不履行裁定确定的义务的，管理人可以请求人民法院依照民事诉讼法执行程序的有关规定采取搜查、强制交付等必要措施予以强制执行，必要时可以向公安机关等报案。

第四十八条 对非法行为采取措施

管理人在接管和管理过程中发现债务人的有关人员隐匿财产，对资产负债表或者财产清单做虚伪记载或者在未清偿债务前分配债务人财产，严重损害债权人或者其他人利益的，应当及时采取相关措施，同时向公安机关等报案。

管理人在接管和管理过程中发现债务人的有关人员隐匿或者故意销毁依法应当保存的会计凭证、会计账簿、财务会计报告等，应当及时采取相关措施直至向公安机关报案。

管理人在接管和管理过程中发现债务人的有关人员伪造、销毁有关证据材料，通过隐匿财产、承担虚假的债务或者以其他方法转移、处分财产，实施虚假破产，严重损害债权人或者其他人利益的，应当及时采取相关措施，同时向公安机关等报案。

第四十九条 审理程序转换的申请

管理人接管债务人后，对于债权债务关系明确、债务人财产状况清楚、案情简单的破产清算、和解案件，可以及时向人民法院申请适用快速审理方式审理。

管理人在案件办理过程中发现适用快速审理方式的破产案件有下列情形之一的，应当及时向人民法院申请转为普通方式审理：

（一）债务人存在未结诉讼、仲裁等情形，债权债务关系复杂的；

（二）管理、变价、分配债务人财产可能期限较长或者存在较大困难等情形，债务人财产状况复杂的；

（三）债务人存在关联企业合并破产、跨境破产等情形的；

（四）其他不宜适用快速审理方式的。

第三节 调查债务人财产状况

第五十条 债务人财产状况调查

管理人接受人民法院指定后，无论是否已经接管债务人，均应当对债务人财产状况进行调查，调查的范围包括但不限于：

（一）债务人的出资情况：出资人名册、出资协议、公司章程、验资报告及实际出资情况、非货币财产出资的评估报告、非货币财产出资的批准文件、财产权属证明文件、权属变更登记文件、历次资本变动情况及相应的验资报告；

（二）债务人的货币财产状况：库存现金、银行存款及其他货币资金；

（三）债务人的债权状况：债权的形成原因、形成时间、具体债权内容、债务人的债务人实际状况、债权催收情况、债权是否涉及诉讼或仲裁、是否已过诉讼时效、已诉讼或仲裁的债权的履行期限等；

（四）债务人的存货状况：存货的存放地点、数量、状态、性质及相关凭证；

（五）债务人的设备状况：设备权属、债务人有关海关免税的设备情况；

（六）债务人的不动产状况：土地使用权、房屋所有权、在建工程的立项文件、相关许可、工程进度、施工状况及相关技术资料；

（七）债务人的对外投资状况：各种投资证券、全资企业、参股企业等资产情况；

（八）债务人分支机构的资产状况：无法人资格的分公司、无法人资格的工厂、办事处等分支机构的资产情况；

（九）债务人的无形资产状况：专利权、商标权、著作权、许可或特许经营权情况；

（十）债务人的营业事务状况；

（十一）债务人依法可以追回的财产状况；

（十二）债务人与相对人均未履行完毕的合同情况。

在调查时，应当关注有关财产的真实性、合法性、权属及实际状况，也应当关注其可变现情况。

第五十一条 审计和评估

管理人应当在接管完成后及时对债务人财务状况、资产负债情况及财产价值等组织审计和评估。

管理人需委托其他社会中介机构对债务人财务状况、资产负债情况及财产价值等进行审计或评估等的，一般应当采用招投标等竞争选任的方式公开择优选定社会中介机构。有合理理由需要以非竞争方式选定的，应当申请债权人会议或者人民法院批准。

债权债务关系简单、财产状况明晰或者债务人财产数量较少的，除债权人会议决议审计之外，由管理人完成债权审查、财产清理后形成财产调查报告，报债权人会议审核。

债权人会议决议审计但债务人不具备审计条件的，经有资质的审计机构出具相关证明材料予以证明，可不对债务人进行审计。

第五十二条 债务人财产状况报告

管理人对债务人财产状况调查后，应当根据调查内容制作债务人财产状况报告，并及时提交给人民法院、债权人会议审议。债务人财产状况报告应当能反映债务人财务审计情况、各项财产的权属状况、实际现状、账面价值以及评估情况等。

第四节 管理债务人的内部管理事务

第五十三条 债务人内部管理事务规则

管理人在接管债务人后，应当及时制定债务人内部管理事务规则，建立债务人内部管理的组织架构，明确分工、职责，并书面报告人民法院。

第五十四条 留守人员

管理人除安排债务人法定代表人、财会人员留守外，可以根据工作的需要，安排债务人的统计、保管、保卫、人事管理、档案管理人员等作为留守人员。

管理人确定留守人员应当采用书面形式并合理确定其留守期限、工资待遇，报请人民法院或者债权人会议批准。

第五十五条 接管后工作

管理人接管债务人后，应当依法履行以下日常管理工作：

（一）管理人应当安排留守人员负责对债务人财产的管理维护和安全保卫工作，或报请人民法院同意后聘请专业的安保公司或安保人员负责债务人财产的安全保卫工作；

（二）管理人接管债务人后，应当确定管理人办公地点，并安排专人负责接待来电、来访，接收、发送、传达文件等日常事宜，开展管理人工作；

（三）管理人对于接管的电脑数据，应当根据需要进行备份和固化。

第五节 管理债务人的日常开支和其他必要开支

第五十六条 债务人的日常开支和其他必要开支

管理人接管债务人后，有权要求债务人及时报告在接管前其日常开支和其他必要开支情况。管理人发现债务人有不当开支行为的，有权予以制止和纠正。

管理人接管债务人后，债务人的日常开支和其他必要开支由管理人决定，债务人自行管理营业事务的，应当向管理人报告日常开支和其他必要开支情况，管理人应当对开支的原因、金额及必要性进行审查。

第五十七条 记账与合并记账

管理人账户的收支应当按会计制度进行记账，管理人可以根据实际情况决定管理人账户的记账仅进行单独记账或者在进行单独记账同时与债务人账户合并记账。选择合并记账的，则管理人账户的财务凭证复制一份供债务人账户记账。

第六节 管理和处分债务人的财产

第五十八条 财产管理方案

管理人应当拟订债务人财产管理方案，提交债权人会议表决。

债务人财产管理方案的内容包括但不限于：财产管理、维护措施，债务人继续营业的计划，财产清收的计划安排，披露财产清收的障碍、法律风险和费用预算等。

管理人提请人民法院终结破产程序时应当同时提交财务决算报告。

第五十九条 管理和处分原则

管理人对债务人财产依法负有谨慎管理和处分的职责。

管理人应当以有利于提高债务人财产价值和债权清偿比例为原则，按照债权人会议通过的或者人民法院裁定的财产管理方案、财产变价方案，审慎实施《企业破产法》及相关规定中管理人的管理和处分行为，并依照法定程序及时向债权人委员会或者人民法院报告。

第六十条 接管债务人后管理人对债务人财产的管理和处分

管理人接管债务人财产后，应当根据各类资产的不同性质，采取合理的管理和处分措施，包括但不限于：

（一）债务人的财产权属关系存在争议或者尚未确定的，管理人应当及时作出判断，必要时可以通过诉讼等方式进行确定。

（二）债务人的财产闲置并具备对外出租条件的，经人民法院许可或者债权人会议同意，管理人可以对外出租，但出租期限以有利于资产将来出售价值最大化为原则。

（三）债务人的财产易于流失的，管理人应当指定专人负责和保管。

（四）债务人的财产易损、易腐、价值明显减少、不适合保管或者保管费用较高的，管理人应当依法及时变卖。

（五）债务人的资金、银行存款及有价证券等，管理人应当将资金转入管理人账户、并应当指定专人保管与核算，并严格执行财务管理制度。

（六）债务人对外投资拥有的资产，管理人应当及时书面通知被投资企业，并依法行使出资人查阅信息、分取红利、参与决策、选举表决等权利；管理人在清理债务人对外投资时，不得以该投资价值为负或者为零而不予清理。

（七）债务人对外应收的债权，管理人应当制定清理、维护、清收方案，有清收可能的，应当积极组织清收；对于清收成本过高、已经过诉讼时效等不具备清收条件的，管理人可以报请人民法院、债权人会议或者债权人委员会同意后，不再予以清收。

（八）债务人的财产权利如不依法登记或者及时行使将丧失的，管理人应当及时予以登记或者行使。

（九）为提高债务人财产价值，需要对债务人的财产（如车辆等）办理保险的，管理人应当办理必要的保险手续。

（十）为提高债务人财产价值，需要对债务人财产进行维护或者维修的，管理人应当安排维护或者维修。

第六十一条 管理人对债务人合同的审查

管理人应当对债务人已履行完毕和未履行完毕的合同进行整理、分类和审查，重点审查：

（一）合同是否存在《企业破产法》第三十三条及其他法律规定的无效情形；

（二）合同是否存在《企业破产法》第三十一条、第三十二条及其他法律规定的可撤销情形；

（三）合同是否存在重大的关联交易情形。

第六十二条 未履行完毕合同的处理

对于债务人与对方当事人在破产申请受理前成立而均未履行完毕的合同，管理人应当自人民法院受理破产申请之日起两个月内作出解除或者继续履行的决定，并通知对方当事人，或者自收到对方当事人催告之日起30日内作出解除或者继续履行的答复决定。

对于管理人已决定并已通知对方当事人继续履行的合同，如果对方当事人要求管理人提供继续履行合同的担保，管理人可以用债务人财产提供担保。

管理人决定解除或者继续履行均未履行完毕合同的标准是有利于提高债务人财产价值及债权人清偿比例。

第六十三条 可撤销行为与无效行为的赔偿责任

管理人发现债务人有《企业破产法》第三十一条、第三十二条、第三十三条规定的行为，损害债权人利益的，管理人应当及时要求债务人的法定代表人和其他直接责任人承担赔偿责任。债务人的法定代表人和其他直接责任人拒绝的，管理人可以向人民法院提起诉讼。

第六十四条　追缴出资人欠缴的出资

管理人发现人民法院受理破产申请后，债务人的出资人尚未完全履行出资义务的，应当书面要求该出资人缴纳应缴纳而尚未缴纳的出资。债务人的出资人拒绝的，管理人应当向人民法院提起诉讼，请求其履行出资义务。

管理人发现债务人的出资人出资后又抽逃出资的，应当书面要求该出资人将抽逃的出资返还。债务人的出资人拒绝的，管理人应当向人民法院提起诉讼，请求其返还出资。

第六十五条　追回债务人董事、监事和高级管理人员侵占的财产

管理人发现债务人的董事、监事和高级管理人员利用职权从企业获取非正常收入和利用职权侵占企业财产的，应当要求其返还该收入或财产。该行为人拒绝的，管理人应当向人民法院提起诉讼，请求其返还。涉嫌犯罪的，管理人还应当向有关机关报案，并将有关情况报人民法院备案。

第六十六条　债务人董事、监事和高级管理人员非正常收入的认定

债务人有《企业破产法》第二条第一款规定的情形时，债务人的董事、监事和高级管理人员利用职权获取的以下收入，应当认定为《企业破产法》第三十六条规定的非正常收入：

（一）绩效奖金；

（二）普遍拖欠职工工资情况下获取的工资性收入；

（三）其他非正常收入。

债务人的董事、监事和高级管理人员拒不向管理人返还上述债务人财产，管理人可以主张上述人员予以返还。

债务人的董事、监事和高级管理人员因返还本条第一款第一项、第三项非正常收入形成的债权，可以作为普通破产债权清偿。因返还本条第一款第二项非正常收入形成的债权，依据《企业破产法》第一百一十三条第三款的规定，按照该企业职工平均工资计算的部分作为拖欠职工工资清偿；高出该企业职工平均工资计算的部分，可以作为普通破产债权清偿。

第六十七条　取回质物、留置物

管理人认为有必要通过清偿债务或者提供为债权人接受的担保的方式取回质物、留置物的，应当经人民法院或者债权人委员会许可。

前款规定的债务清偿或者替代担保，在质物或者留置物的价值低于被担保的债权额时，以该质物或者留置物当时的市场价值为限。

第六十八条 行使取回权的审查

权利人向管理人行使取回权的，管理人应当严格按照《企业破产法》等法律规定在 30 日内完成审查。管理人确认取回权成立的，应当报破产案件审理人民法院批准后向申请人送达书面审查结论；管理人不予确认的，应当报破产案件审理人民法院备案并向申请人送达书面审查结论。

权利人行使取回权时未依法向管理人支付相关的加工费、保管费、托运费、委托费、代销费等费用，管理人可以拒绝其取回相关财产。

第六十九条 债权、债务的抵销

债权人在破产申请受理前对债务人负有债务，提出债权、债务抵销请求，管理人经审查，认为该抵销请求符合以下要求的，可以书面通知申请抵销人同意抵销：

（一）不属于《企业破产法》第四十条规定的三种情形；

（二）债权人与债务人之间互负债权债务关系无争议，或者已经获得法律上确定的执行；

（三）未超过诉讼时效期间和强制执行期间的债权；

（四）抵销请求在破产财产最后分配前提出；

（五）不属于法定不得抵销的债权债务。

有下列情形之一的，不得抵销：

（一）债务人的债务人在破产申请受理后取得他人对债务人的债权的。

（二）债权人已知债务人有不能清偿到期债务或者破产申请的事实，对债务人负担债务的；但是，债权人因为法律规定或者有破产申请一年前所发生的原因而负担债务的除外。

（三）债务人的债务人已知债务人有不能清偿到期债务或者破产申请的事实，对债务人取得债权的；但是，债务人的债务人因为法律规定或者有破产申请一年前所发生的原因而取得债权的除外。

管理人对抵销主张有异议的，应当在约定的异议期限内或者自收到主张债务抵销的通知之日起三个月内向人民法院提起诉讼。无正当理由逾期提起的，人民法院不予支持。

第七节 代表债务人参加诉讼、仲裁或者其他法律程序

第七十条 中止法律程序

人民法院受理破产申请后,已经开始而尚未终结的有关债务人的民事诉讼、仲裁或者其他法律程序,管理人未接管债务人财产的,可以制作中止法律程序的告知函,提请相关人民法院、仲裁机构或者其他机构中止法律程序。

如果相关人民法院、仲裁机构或者其他机构接到告知函后仍不中止法律程序的,管理人可以请求破产案件审理法院协调。

第七十一条 恢复法律程序

管理人掌握诉讼材料后,应当及时制作告知相关人民法院、仲裁机构或者其他机构可以恢复法律程序的告知函。

第七十二条 委托代理

管理人代表债务人参加诉讼、仲裁或者其他法律程序的,应当充分准备,勤勉尽责。

管理人委托的代理人原则上应当为管理人团队成员或留守人员。

管理人委托其他中介机构人员进行代理并产生代理费用的,如代理费用需要列入破产费用的,应当经人民法院或者债权人会议同意;代理费用从管理人报酬中支出的,则不需经债权人会议同意。

第八节 接收及审查债权

第七十三条 接收申报的债权

管理人应当在人民法院公告确定债权人申报债权的期限和地点,接收债权人的债权申报材料。

管理人可以制作债权申报须知、债权申报表模板、债权人送达地址及联系方式确认书、债权申报文件清单模板等文件,发送债权人,引导债权人申报债权。

管理人接收债权人债权申报和证据材料的,应当出具回执。对申报材料不齐或者有误的,管理人应当要求债权人在指定期限内补齐、补正。

第七十四条 债权申报的期限

人民法院受理破产申请后,管理人应当根据案件情况协助人民法院确定债权人申报债权的期限。

第七十五条 调查与公示职工债权

管理人对《企业破产法》第四十八条第二款规定的债务人所欠职工的工资等费用,应当在接管债务人财产后15日内开始调查,并根据调查结果列出职工债权清单并予以公示。

职工对清单记载有异议的,可以要求管理人更正。管理人在对异议进行审查后，应当及时作出准予更正、部分更正或不予更正的决定并书面通知异议职工。管理人对变更后的职工债权可以重新公示。管理人不予更正的，应当告知职工可以向人民法院提起诉讼。

第七十六条 登记造册

管理人应当对所申报的债权进行登记造册，详尽记载申报人的姓名、单位、代理人、申报债权额、担保情况、证据、联系方式等事项，形成债权申报登记册。

管理人应当妥善保存债权申报材料和债权申报登记册，供债权人、债务人、债务人职工及其他利害关系人查阅。

第七十七条 编制债权表

管理人应当对申报的债权真实性、合法性以及是否超过诉讼时效、强制执行期间等进行实质审查。

管理人根据债权申报和债权审查的结果，编制债权表。管理人编制的债权表，由管理人保存，供债权人和利害关系人查阅。

对经审查后成立和不成立的债权，管理人都应当编入债权表，但应当予以分别记载。管理人编制的债权表可以按已审查确定的有财产担保的债权、无财产担保的债权、尚在诉讼和仲裁中的未决债权等分类记载，并在各类债权下分别记载各项债权的债权人名称、债权金额、相关说明等。有财产担保的债权应当同时列明担保财产的名称。

第七十八条 债权表的核查、异议和确认

管理人编制的债权表及职工债权清单应当提交债权人会议核查。

债权人、债务人对债权表及职工债权清单记载的债权均无异议的，管理人应当提请人民法院裁定确认无异议债权。

债务人、债权人对债权表记载的债权有异议的，应当说明理由和法律依据。管理人收到债务人、债权人提出的异议后，一般应当在5日内进行回复。

第七十九条 补充申报债权

债权人在人民法院公告的债权申报期限内没有申报债权，在破产财产最后分配前向管理人补充申报债权的，管理人应当接收该债权人的补充申报债权材料、登记造册，并经审查后编制补充债权表。

该补充债权表的核查、异议和确认，参照本节规定处理。

债权人补充申报债权的，管理人应当要求其承担因审查和确认补充申报债权的费用。

第八十条 临时债权的确定

债权人申报的债权因诉讼、仲裁案件未决或者管理人尚未审核确定的，管理人应当在债权人会议召开前提请人民法院临时确定其债权额。

第九节 召开债权人会议

第八十一条 债权人会议的准备

管理人至迟应当于债权人会议召开 7 日前报送会议方案至人民法院。会议方案应当包括：会议召开方式、会场选址与布置、物资配备、表决方式、人员配备、文件准备、安保措施、费用预算等。

召开规模较大或者可能存在维稳因素的债权人会议，管理人应当事先与人民法院、公安机关、信访办等有关部门进行充分沟通协调，制定维稳保障方案并报送人民法院。

第八十二条 会议召开方式

第一次债权人会议可以采用现场方式或者网络在线视频方式召开。债权人会议的决议除现场表决外，可以由管理人事先将相关决议事项告知债权人，采取通信、网络投票等非现场方式进行表决。采取非现场方式进行表决的，管理人应当核实参会人员身份，记录并保存会议过程。管理人应当在债权人会议召开后的 3 日内，以信函、电子邮件、公告等方式将表决结果告知参与表决的债权人。

经第一次债权人会议决议通过，以后的债权人会议还可以采用非在线视频通讯群组等其他非现场方式召开。

第八十三条 文件制定审核

管理人制定的财产状况报告、财产管理方案、财产变价方案、财产分配方案等重要法律文件，应当在债权人会议召开 3 日前提交人民法院。

审计报告、评估报告等非管理人制定的文件，管理人应当与制定报告的单位在债权人会议召开 3 日前提交人民法院。

第八十四条 推荐债权人会议主席

管理人可以从有表决权的债权人中向人民法院推荐债权人会议主席，并说明理由。

债权人会议主席拒绝召开会议或者不履行主持债权人会议职责的，管理人可以向人民法院书面提议要求召开债权人会议或者申请人民法院重新指定债权人会议主席。

第八十五条 接受债权人询问

管理人在债权人会议上应当安排专门环节接受债权人的询问。当场无法即时回答的，可以会后书面答复。

债权人会议决议要求管理人对其职权范围内的事务作出说明或者提交有关文件的，管理人应当执行。

第八十六条　报告会议情况

债权人会议召开后或者表决期届满后3日内，管理人应当将债权人会议的到会情况、表决情况及决议向人民法院作出书面报告。

第八十七条　制作债权人会议决议

债权人会议召开后或者表决期届满后3日内，管理人应当协助债权人会议主席制作会议决议，并将会议决议及时提交人民法院。

第八十八条　提请人民法院裁定方案

债权人会议表决未通过债务人财产管理方案、财产变价方案的，或者经债权人会议二次表决仍未通过财产分配方案的，管理人应当及时申请人民法院裁定，并说明管理人的意见及相应依据。

债权人会议通过破产财产分配方案后，管理人应当及时将该方案提请人民法院裁定认可。

第八十九条　方案执行情况报告

对债权人会议表决通过或者人民法院裁定批准的方案，管理人在执行完毕后，应当书面向人民法院报告执行情况。

第九十条　债权人知情权

单个债权人申请查阅债务人财产状况报告、债权人会议决议、债权人委员会决议、管理人监督报告等参与破产程序所必需的债务人财务和经营信息资料的，管理人应当在收到申请之日起3日内书面回复，并及时提供相关资料或者为债权人查阅提供便利条件。

上述信息资料涉及商业秘密的，管理人应当要求债权人签署保密协议；涉及国家秘密的应当依照相关法律规定处理。

第九十一条　提请召开债权人会议

第一次债权人会议后，管理人可以根据工作进展情况和实际需要，向人民法院报告并向债权人会议主席提议召开债权人会议。

第三章 破产重整工作指引

第一节 一般规定

第九十二条 管理人职责的范围

人民法院直接裁定债务人重整的，管理人应当依照本指引第二章和本章的规定，履行管理人职责。

人民法院受理破产清算申请后又裁定重整的，除适用本章规定外，本指引规定的人民法院受理破产清算申请后管理人应当履行的职责，在人民法院裁定重整时没有履行完毕的，由管理人在人民法院裁定重整后继续履行。

第二节 管理人管理债务人财产和营业事务

第九十三条 管理债务人财产和营业事务

管理人应当负责管理债务人财产和营业事务，但人民法院批准由债务人自行管理财产和营业事务的除外。

第九十四条 聘用债务人的经营管理人员

管理人认为有必要聘用债务人的经营管理人员负责营业事务的，应当经人民法院许可。

第九十五条 借款设定担保

重整期间，管理人决定为债务人继续营业而借款的，应当经债权人会议决议通过；第一次债权人会议召开前，应当经人民法院许可。

前述借款优先于普通破产债权清偿，管理人可以为借款设定抵押担保。

第九十六条 担保物的管理维护

管理人负责担保物的管理维护，如发现存在担保物有损坏或者价值明显减少的可能，足以危害担保物权人权利的情形的，应当及时书面报告人民法院和担保物权人。

债务人自行管理财产和营业事务的，管理人应当监督自行管理的债务人根据本条规定对担保物进行管理维护。

第九十七条 担保物权的恢复行使

在重整期间，担保物权人向人民法院请求恢复行使担保物权的，管理人或者自行管理的债务人应当及时针对担保物权人主张的债权是否成立、债权金额、性质、优先受偿权的范围、顺位，以及担保物是否为重整所必需，单独处置是否会降低其他破产财产价值等向法院出具书面意见。

人民法院根据担保物权人申请裁定批准行使担保物权的，管理人应当自收到裁定书之日起 15 日内制订担保财产变价方案。担保物属于《企业破产法》第六十九条规定的债务人重大财产的，担保财产变价方案应提交债权人会议表决。

第三节 管理人监督债务人管理财产和营业事务

第九十八条 管理人移交财产和营业事务

人民法院批准由债务人自行管理财产和营业事务的，已接管债务人财产和营业事务的管理人应当向债务人移交财产和营业事务；没有接管债务人财产和营业事务的管理人不再接管债务人的财产和营业事务。

第九十九条 管理人履行职责范围

债务人自行管理财产和营业事务的，与管理财产和营业事务相关的管理人职责，由债务人行使。但以下职责，管理人继续履行：

（一）调查债务人财产状况；

（二）追回可撤销行为涉及的财产，追回无效行为涉及的财产，追缴出资人欠缴的出资和追回债务人董事，监事和高级管理人员侵占的财产；

（三）接收及审查申报的债权；

（四）其他应由管理人履行的职责。

第一百条 监督方案

人民法院批准债务人自行管理财产和营业事务的，管理人应当制定管理人对债务人自行管理的监督方案，并报告人民法院。

监督方案的主要内容应当包括：业务合同的审批、公章审批、资金支付审批的流程、月度及年度经营计划的审批、高级管理人员任免、重大资产的处置等。

管理人与债务人就监督方案协商不成的，应当由管理人制作监督方案，报人民法院批准后执行。

第四节 重整计划的制作、通过与批准

第一百零一条 制作重整计划草案

重整期间，由管理人负责管理财产和营业事务的，管理人应当在人民法院裁定重整之日起六个月内制作重整计划草案，同时提交人民法院和债权人会议。

债务人自行管理财产和营业事务的，管理人应当对债务人制作的重整计划草案的合法性、可行性等问题提出意见，书面向人民法院报告，必要时在债权人会议上进行通报。

第一百零二条 重整计划起草说明

管理人应当制作或者指导债务人制作重整计划起草说明，就债权调整、出资人利益调整、重整后的经营方案等重要问题作出说明。

第一百零三条 测算清偿比例的载明

重整程序中，普通债权不能获得全额清偿的，管理人应测算普通债权依照破产清算程序所能获得的清偿比例，并将测算的结果和依据列入重整计划草案。

第一百零四条 重整企业信用修复

重整计划草案的内容应当包含企业信用修复措施，包括但不限于：

（一）金融机构按重整计划受偿后应当重新上报信贷记录，在企业征信系统展示金融机构与破产重整后的企业的债权债务关系，依据实际对应的还款方式，将原企业信贷记录展示为结清状态；

（二）人民法院裁定批准重整计划后，债务人或管理人应当依据人民法院批准重整计划的裁定书向金融信用信息基础数据库提交申请，通过在企业征信系统添加"大事记"或"信息主体声明"等方式公开企业重整计划、公开作出信用承诺；

（三）人民法院裁定批准重整计划后，债务人或管理人应当及时向税务机关提出信用修复申请。

第一百零五条 重整计划的表决

管理人应当提前15日通知权益因重整计划草案受到调整或者影响的债权人或者股东参加表决。

权益未受到调整或者影响的债权人或者股东，不参加对重整计划草案的表决。

第一百零六条 重整计划的裁定批准

管理人应当自重整计划通过之日起10日内，向人民法院提交报告，提请人民法院裁定批准重整计划，该报告应当附重整计划草案和表决结果。

部分表决组未通过重整计划草案的，管理人应当及时与该表决组协商，并可以对重整计划草案中的相关内容进行调整，但此项调整不得损害其他表决组的利益。协商后，管理人应当及时要求未通过重整计划草案的表决组再表决一次。

该表决组拒绝再次表决或者再次表决仍未通过重整计划草案，但重整计划草案符合法定条件的，管理人可以申请人民法院批准重整计划草案。

第五节 重整计划的执行

第一百零七条 移交财产和营业事务

人民法院裁定批准重整计划后，已接管财产和营业事务的管理人应当向债务人移交财产和营业事务。

第一百零八条 监督重整计划的执行

自人民法院裁定批准重整计划之日起，在重整计划规定的监督期内，管理人应当监督重整计划的执行。管理人应当要求债务人定期或不定期向其提交重整计划执行情况和债务人财产状况的书面报告。

管理人的监督职责主要包括：

（一）制定监督计划并提交人民法院，监督计划应明确债务人的报告事项、报告时间和管理人的监督方式、监督事项；

（二）按监督计划要求债务人报告重整计划的执行情况和债务人的财务状况；

（三）发现债务人有违法或不当情形时，及时加以纠正；

（四）需要延长重整计划执行监督期限时，申请人民法院予以延长；

（五）监督期限届满时，向人民法院提交监督报告。

自监督报告提交之日起，管理人的监督职责终止。

第一百零九条 变更重整计划

重整计划执行过程中，因国家政策调整、法律修改变化等特殊情况导致原重整计划无法执行，管理人认为确有必要变更重整计划的，应当提交债权人会议表决。债权人会议决议同意变更重整计划的，应当自决议通过之日起10日内提请人民法院批准；债权人会议决议不同意或者人民法院不批准变更申请的，人民法院经管理人或者利害关系人请求，应当裁定终止重整计划的执行，并宣告债务人破产。

第一百一十条 终止重整计划的执行

债务人不能执行或者不执行重整计划的，管理人应当及时请求人民法院裁定终止重整计划的执行，并宣告债务人破产。

人民法院裁定终止重整程序并宣告债务人破产的，管理人应当按照破产清算程序履行职责。债务人负责管理财产和营业事务的，管理人应当及时接管债务人财产和营业事务。

第一百一十一条 重整程序终结

重整计划执行完毕后，管理人可以向人民法院申请裁定确认重整计划执行完毕和终结重整程序。

第四章 破产和解工作指引

第一节 一般规定

第一百一十二条 管理人职责的范围

人民法院直接裁定和解的，管理人应当依照本指引第二章人民法院受理破产清算申请后和本章的规定履行职责。

人民法院受理破产清算申请后又裁定和解的，除适用本章规定外，本指引规定的人民法院受理破产清算申请后管理人应当履行的职责，管理人在人民法院裁定和解时没有履行完毕的，由管理人在人民法院裁定和解后继续履行。

第二节 和解协议的通过和执行

第一百一十三条 管理人协助和解工作

管理人可以协助债务人制作和解协议草案并提出可行性分析意见。

第一百一十四条 担保权的申请行使

人民法院裁定和解后，对债务人的特定财产享有担保权的权利人可以申请实现担保权。管理人收到申请后，应当报告人民法院。

第一百一十五条 认可和解协议后的工作

债权人会议通过和解协议，人民法院裁定认可和解协议、终止和解程序的，管理人应当向债务人移交财产和营业事务，并同时向人民法院提交执行职务的工作报告。

第一百一十六条 和解协议草案未通过的处理

和解协议草案经债权人会议表决未获得通过，管理人应当向人民法院申请终止和解程序、宣告债务人破产。

第一百一十七条 和解协议执行完毕终结和解程序

和解协议执行完毕后，管理人应当及时向人民法院提交终止执行职务的报告，并可以向人民法院申请裁定确认和解协议执行完毕和终结和解程序。

第一百一十八条 和解不能的处理

有下列情形之一的，管理人应当及时接管债务人财产和营业事务：

（一）和解协议草案未获得债权人会议通过，或者已经债权人会议通过而未获得人民法院认可，人民法院裁定终止和解程序，并宣告债务人破产的；

（二）人民法院裁定和解协议无效，并宣告债务人破产的；

（三）人民法院裁定终止和解协议的执行，并宣告债务人破产的。

第一百一十九条 认可自行和解后的工作

债务人与全体债权人就债权债务的处理自行达成协议，经人民法院裁定认可并终结破产程序的，已接管债务人财产和营业事务的管理人应当及时向债务人移交财产和营业事务，并同时向人民法院提交执行职务的工作报告。

第五章 裁定宣告债务人破产后工作指引

第一节 破产财产变价

第一百二十条 破产财产变价方案的内容

人民法院裁定宣告破产后，管理人应当及时拟订破产财产变价方案。

适用快速审理方式的案件，管理人应当尽快制定财产变价方案和分配方案，在第一次债权人会议上将财产变价方案和分配方案一并提交表决。

管理人拟定的财产变价方案应当包括各类财产的变价原则、变价措施和变价流程等。破产财产为国有资产的，处置方式应当符合国有资产管理的相关规定。

第一百二十一条 破产财产变价方案的协商与裁定

破产财产变价方案提交债权人会议表决前，管理人应当加强与相关债权人或者债权人委员会的沟通协商。

债权人会议表决未通过破产财产变价方案，管理人可以在修改后再次提交债权人会议表决一次，也可以提请人民法院裁定。

变价出售破产财产原则上应当按《重庆市高级人民法院关于破产程序中财产网络拍卖的实施办法（试行）》（渝高法〔2019〕206号）进行。

处置债务人财产应当以价值最大化为原则，兼顾处置效率。能够通过企业整体处置方式维护企业营运价值的，应优先考虑适用整体处置方式，最大限度提升债务人财产的经济价值，保护债权人和债务人的合法权益。

第一百二十二条 投资权益的处置

管理人出售、转让债务人持有的有限责任公司股权的，应当依法通知该公司及全体股东；管理人出售、转让债务人投资的股份有限公司股权的，应当依法通知该公司。

前款所涉股权价值为零且难以变价的，管理人应当提请债权人会议表决处置。

第一百二十三条 重大财产处置前的报告

管理人处分《企业破产法》第六十九条规定的债务人重大财产的，应当事先制作财产管理或者变价方案并提交债权人会议进行表决，债权人会议表决未通过的，管理人不得处分。

管理人实施处分前，应当根据《企业破产法》第六十九条的规定，提前10日书面报告债权人委员会或者人民法院，并按照债权人委员会的要求，对处分行为作出相应说明或者提供有关文件依据。

第二节 破产财产分配

第一百二十四条 破产财产分配方案的拟订与协商

管理人应当根据破产财产情况拟订破产财产分配方案提交债权人会议表决，破产财产分配方案应当载明下列事项：

（一）参加破产财产分配的债权人名单；

（二）参加破产财产分配的债权额；

（三）破产财产总额、破产费用、管理人报酬和共益债务数额及可供分配的破产财产数额；

（四）破产财产分配的顺序、比例及数额；

（五）实施破产财产分配的方法；

（六）应当预留的款项与金额；

（七）应当由担保人承担的管理人对担保物保管、评估、变现等事项的报酬金额；

（八）其他应当列明的事项。

破产财产分配方案提交债权人会议表决前，管理人应当加强与相关债权人或者债权人委员会的沟通协商。

第一百二十五条 破产财产分配方式

破产财产的分配应当以货币分配方式进行。但是，债权人会议另有决议的除外。

第一百二十六条 受领财产的通知

破产财产分配方案经人民法院裁定认可后，管理人应当及时通知债权人受领分配。依照《企业破产法》第一百一十六条第二款规定，应当公告分配财产额和债权额的，可以通过报纸、网络等方式进行。

第一百二十七条 提存分配额的分配

管理人对已提存的分配额,在最后分配公告日,生效条件未成就或者解除条件成就的,应当分配给其他债权人;在最后分配公告日,生效条件成就或者解除条件未成就的,应当交付给债权人。

第一百二十八条 协助执行

管理人收到人民法院冻结债权人债权的裁定等执行文书后,应当做好记录,在进行清偿时,不直接支付给相应的债权人。执行法院要求履行或者解除冻结前,管理人应当将分配额提存。

多家法院对债权进行冻结,超出债权人应获清偿金额的部分,属于轮候冻结,不发生冻结的效力。属于轮候冻结的,管理人应当在送达回执上予以注明,并可以将先冻结的相应裁定书等执行文书一并提供给轮候冻结的法院。

执行法院要求立即履行,如果尚不满足清偿的条件,管理人应当在送达回执上注明。若执行法院强制执行的,管理人应当按《最高人民法院关于人民法院办理执行异议和复议案件若干问题的规定》第五条第四项的规定,作为利害关系人提出执行行为异议,并及时向破产案件审理人民法院报告。

第一百二十九条 担保物的保管、处置费用

对特定破产财产享有担保权的权利人,对该特定财产享有优先受偿的权利,但管理人可以在变现价款中扣除担保权人应当承担的保管、评估、拍卖等维护和实现担保权的费用。

管理人根据本指引第三十五条获得的报酬,可以从担保权人可获得的变现价款中扣除。

第一百三十条 分配的登记造册

债权人申领分配的,管理人应当审查债权人的申领资格,做好分配受领的登记造册工作,并附受领人签收凭证或受领款汇付凭证,以备核查。

第一百三十一条 提交分配执行情况的报告

管理人应当在破产财产分配执行完毕后7日内向人民法院提交破产财产分配执行情况报告,并申请人民法院裁定终结破产程序。

第三节 破产程序的终结

第一百三十二条 申请终结破产程序

管理人经调查核实,债务人具有《企业破产法》第四十三条第四款、第一百零五条、第一百零八条、第一百二十条第一款规定情形之一的,应当及时申请人民法院裁定终结破产程序。

债务人的账册、重要文件等确已灭失,导致无法清算或无法全面清算的情况下，管理人应当就现有财产对已确认债权进行公平清偿，并及时提请人民法院裁定宣告债务人破产并终结破产程序。

第一百三十三条 分支机构和对外投资的处理

债务人设有分支机构的，管理人应当在申请办理企业注销登记前将分支机构进行注销。

债务人对外投资设立子企业的，管理人应当在申请办理企业注销登记前将其处理完毕，不得以投资价值为负或者为零、放弃投资收益等为由不予处理。

第一百三十四条 办理注销手续

破产清算程序终结后10日内，管理人应当依照《企业破产法》的规定办理债务人的税务、社保、住房公积金、工商的注销登记和单位有关账户的销户手续。管理人不能及时办理注销登记的，应当向人民法院书面报告，说明原因。

第一百三十五条 破产程序终结的企业注销登记

对经人民法院裁定终结破产程序的企业，管理人应当持以下材料向企业登记机关申请办理注销登记：

（一）企业注销登记申请书；

（二）人民法院宣告破产的裁定书以及终结破产程序的裁定书原件；

（三）企业营业执照正、副本原件；

（四）企业公章（仅限非公司企业法人）。

在完成企业清税工作后，适用企业简易注销登记程序向企业登记机关提出注销登记申请。

第一百三十六条 账户注销、印章销毁

管理人终止执行职务后，应当及时办理管理人印章的销毁手续和管理人银行账户的销户手续。

第一百三十七条 程序终结后的职责

破产程序终结后，管理人依法应当继续履行以下职责：

（一）参加未决的诉讼或仲裁，直至完成诉讼或仲裁程序；

（二）依照《企业破产法》第一百一十九条的规定办理提存财产分配；

（三）依照《企业破产法》第一百二十三条的规定办理追加分配。

人民法院认为破产程序终结后的其他后续工作适宜由管理人办理的，管理人应当接受并办理。

第六章　附则

第一百三十八条　会计制度

债务人破产清算的会计处理,管理人应当按照财政部《企业破产清算有关会计处理规定》办理。

第一百三十九条　文书材料

管理人执行职务出具文书,应当按照最高人民法院发布的文书样式制作。

第一百四十条　管理人平台

管理人应当按照《最高人民法院企业破产案件破产管理人工作平台使用办法(试行)》和《最高人民法院企业破产案件信息公开的规定(试行)》的要求,使用破产管理人工作平台,公开案件信息。

第一百四十一条　解释

本指引由重庆破产法庭、重庆市破产管理人协会负责解释。

第一百四十二条　实施

本指引自发布之日起实施。

重庆破产法庭 重庆市破产管理人协会
破产案件债权审核指引

（渝五中法发〔2023〕25 号）

重庆市第五中级人民法院审判委员会 2023 年第 5 次会议通过

2023 年 3 月 20 日起施行

为规范破产案件债权审核程序，统一破产案件债权审查标准，提高破产案件债权审核效率，根据《中华人民共和国企业破产法》等相关法律、法规和司法解释的规定，结合办理破产案件的实际情况，制定本指引。

第一条 破产案件的债权申报审核，适用本指引。

第二条 审查认定债权适用法律法规，应当查明效力和适用范围，遵守上位法优于下位法、特别法优于一般法的原则。

部门规章、地方政府规章、行业监督管理机构或者具备行业监督管理职能的机构制定的规则及其他规范性文件，不违反上位法规定的，可以参照适用。

本指引为指导性意见，如与之后发布的相关法律、行政法规及司法解释抵触的，以相关法律、行政法规及司法解释的规定为准。

第三条 审查破产案件债权应当遵循标准统一、实体与程序并重的原则。

第四条 管理人审查债权应当勤勉尽责，公正廉洁。

第五条 人民法院应当自裁定受理破产申请之日起二十五日内通知或者委托管理人代为通知已知债权人，并予以公告。通知和公告应当载明下列事项：

（一）申请人、被申请人的名称或者姓名；

（二）人民法院受理破产申请的时间；

（三）申报债权的期限、地点和注意事项；

（四）管理人的名称或者姓名及其处理事务的地址；

（五）债务人的债务人或者财产持有人应当向管理人清偿债务或者交付财产的要求；

（六）第一次债权人会议召开的时间和地点；

（七）人民法院认为应当通知和公告的其他事项。

第六条 管理人接受指定后应当在三日内确定债权专职审查人员，报人民法院备案。债权专职审查人员应当通过国家统一法律职业资格考试。同时，管理人还应当制定债权申报文书样本，具体包含：

（一）《债权申报须知》；

（二）《债权申报承诺书》；

（三）《债权申报表》；

（四）《债权申报材料目录》；

（五）《法定代表人／主要负责人身份证明书》；

（六）其他债权申报文书。

第七条　本指引所称已知债权人是指根据债务人提供的债务清册、文书资料及裁判文书网、执行查控系统等途径所获得的信息，初步判断对债务人享有债权并且能够查找的债权人。

管理人可根据债务清册等相关资料，采用查询国家企业信用信息公示系统、中国裁判文书网、全国法院被执行人信息查询网等网站或者查阅法院相关卷宗材料等方式，查找已知债权人的联系方式。

第八条　通知已知债权人按照《中华人民共和国民事诉讼法》以及相关司法解释的规定采取直接送达、邮寄送达或者债权人确认的其他送达方式通知已知债权人申报债权。通知已知债权人申报债权时，除提供债权申报须知等债权申报文书样本外，还应当告知债权申报的时间、地点、联系方式、债权申报所应提供的材料及不申报、迟延申报、虚假申报等情形的法律后果。

第九条　管理人应当及时向债务人住所地或者主要办事机构所在地的社保、税务等机关通告债务人已进入破产程序。

管理人根据债务人提供的材料或者经向税务机关调查初步判断债务人欠缴税款的，应当通知税务机关申报债权。

第十条　人民法院受理破产申请后，应当确定债权人申报债权的期限。债权申报期限自人民法院发布受理破产申请公告之日起计算，最短不得少于三十日，最长不得超过三个月。债权人应当在人民法院公告确定的债权申报期限内，依法向管理人申报债权。

第十一条　债权人可采取现场申报、邮寄申报、电子申报等形式申报债权。

现场申报是指债权人到债权申报公告或者管理人指定地址提交书面资料申报债权。

邮寄申报是指债权人将债权申报资料邮寄至债权申报公告或者管理人指定地址申报债权。

电子申报是指债权人通过重庆法院破产易审平台和债权申报公告载明或

者管理人指定的电子邮件、特定通讯号码、微信小程序、网络申报债权平台等电子化途径填写债权申报信息或者传递债权申报资料的方式申报债权。

第十二条　债权人申报债权时，除提交本指引规定的债权申报表、债权申报承诺书外，还应当提供以下材料：

（一）主体资格材料

1.债权人为法人或者非法人组织的，应当提交营业执照复印件、法定代表人或者负责人身份证明书及其身份证复印件；

2.债权人为自然人的，应当提交申报人身份证等个人有效证件复印件；

3.债权人委托代理人进行申报的，除提供上述材料外，还需提交授权委托书、委托代理人的身份证复印件等证明代理人身份及权限的材料，委托代理人是律师的，还应当提交律师执业证复印件和律师事务所的指派函。

（二）债权发生事实和债权金额的材料

1.债权发生的原始材料，包括合同、票据、银行转账凭证等；

2.债权有担保的，还应当提交抵押合同、质押合同、保证合同及他项权利证书等材料；

3.债权金额及变更、诉讼时效中止、中断、延长等的材料；

4.债权涉及诉讼或者仲裁的，还应当提交已生效的诉讼或者仲裁文书；

5.与债权有关的其他材料。

第十三条　管理人按照第十二条规定对申报材料进行形式审查。通过形式审查的，编号登记并出具债权申报回执。未通过形式审查的，管理人应当提供示范、指引和协助，以帮助其完成债权申报。

管理人不得以债权不成立、证据不充分、诉讼时效已过等债权实体性审查理由拒绝接受债权申报。

第十四条　管理人接受债权申报后，按照债权人主体确定债权编号。同一债权人申报多笔债权的，可在该债权编号下列明申报债权笔数，并逐一审查；两名以上债权人申报同一笔债权的，使用同一债权编号。

管理人应当将申报材料逐页编码，按债权编号立档管理。

第十五条　管理人应当对申报的债权编制《债权申报登记表》。《债权申报登记表》应当包括以下内容：

（一）债权人的姓名或者名称，债权人委托代理人申报债权的，应当包括代理人的姓名和代理权限；

（二）债权人或者代理人的地址和电话等联系方式；

（三）债权申报的时间、形式；

（四）申报的债权数额和债权性质（列明本金、利息／违约金／赔偿金、诉讼费／保全费／律师费等，"债权性质"按有财产担保债权、职工债权、税款债权、普通债权等进行区分，债权附条件、附期限的，应当在登记表中注明）；

（五）债权有无担保和担保形式、担保财产；

（六）债权是否经过生效法律文书确认，是否经过人民法院强制执行，是否有对应的保全措施，并登记具体案号；

（七）管理人认为应当登记的其他内容。

管理人应当妥善保存债权申报材料和债权申报登记册，供债权人、债务人及其他利害关系人查阅。

第十六条 人民法院确定的债权申报期限内，债权人未申报债权的，可以在破产财产最后分配前补充申报。为审查和确认补充申报债权的费用，由补充申报人承担，费用标准可以综合审查确认难易程度、逾期时间、逾期申报对破产工作的影响等因素确定。

前款"破产财产最后分配前"在清算、重整、和解程序中分别指"人民法院裁定认可最后分配方案前""人民法院裁定批准重整计划前""人民法院裁定认可和解协议前"。

第十七条 债务人所欠职工的工资和医疗、伤残补助、抚恤费用，所欠的应当划入职工个人账户的基本养老保险、基本医疗保险费用，以及法律、法规规定应当支付给职工的补偿金等，不必申报，由管理人调查后列出清单予以公示。

他人代债务人垫付工资和医疗费用、伤残补助、抚恤费用、基本养老保险、基本医疗保险、住房公积金等费用的，应当进行债权申报，管理人审查确定后予以公示。

第十八条 债权人未向管理人申报债权的，不得依照企业破产法规定的程序行使权利。

第十九条 管理人应当对申报债权的真实性、合法性和时效性等进行全面审查。

第二十条 管理人应当统一审查标准。对于债权人数较多、类型化明显的类型债权，管理人可以根据实际情况，制作类型债权审查工作方案，并向债权人公示明确细化的审查标准。

第二十一条 管理人在审查债权过程中，应当与债务人、债权人保持良好沟通，可采用下列方法审查债权：

（一）核对债权申报材料原件；

（二）调查核实与申报债权相关的债务人财务资料及档案材料；

（三）向债务人的负责人、经办人员、管理人员、财务人员进行必要的询问；

（四）向债权人进行调查和询问，必要时可以要求债权人与债务人进行对账等；

（五）要求债权人提供补充资料或者书面说明；

（六）证据材料保存在政府有关部门的，必要时可以向有关政府部门调查核实；

（七）必要时可以聘请审计机构、评估机构等第三方机构协助审查债权；

（八）可以向有关单位或者个人进行询证；

（九）其他有利于查明债权的方法。

第二十二条 管理人审查债权后应当分别作出债权确认、暂缓确认、不予确认的结论，并于第一次债权人会议召开三日前出具债权审查意见书，明确审查依据、理由及初步审查结果。

管理人应当按照债权人确认的送达地址向债权人送达债权审查意见书。

第二十三条 管理人应当通过调查债务人财务账册、审计报告、劳动合同、工资发放记录、社会保险和住房公积金缴纳记录、考勤记录、人事档案等方式，审查确定职工债权。必要时可以申请人民法院向社会保险管理机构、住房公积金管理机构、劳动监察等机构调取相关证据。

第二十四条 管理人应当根据职工债权调查情况编制职工债权清单，并在债权申报地点、债务人住所地等相关场地进行公示。公示内容包含应当划入每位职工个人账户的基本养老保险、基本医疗保险、住房公积金金额。

职工对职工债权清单记载有异议的，可以要求管理人更正，管理人应当进行复核并将复核结果书面通知职工；管理人不予更正的，职工可以向人民法院提起诉讼。

第二十五条 管理人根据债权申报和审查结果编制债权表，债权表应当包含职工债权。管理人编制的债权表，供债权人、债务人及其他利害关系人查阅。

对管理人确认、暂缓确认、不予确认的债权，均应当编入债权表。债权表可以按照确认的职工债权、有财产担保债权、无财产担保债权等分类记载，具体包括下列内容：

（一）序号、债权编号（原则上与申报债权编号一致）；

（二）债权人名称；

（三）申报债权性质、本金、利息、其他费用、申报总额；

（四）确认债权性质、本金、利息、其他费用、确认总额；

（五）担保财产名称；

（六）债权依据；

（七）其他可以列入债权表的内容。

第二十六条　管理人制作的债权表应当于第一次债权人会议召开前三日送交债权人和债务人。

第二十七条　管理人编制的债权表，应当提交第一次债权人会议核查。

第二十八条　对于暂缓确认和第一次债权人会议后补充申报的债权，管理人作出审查决定后提交债权人会议核查。核查方式可以根据相关规定采用书面、即时通信、通讯群组等非现场方式进行。

第二十九条　债务人、债权人对债权表记载的债权有异议的，可以要求管理人复核并应当说明理由和法律依据。经管理人解释或者调整后，异议人仍然不服的，或者管理人不予解释或调整的，异议人应当在债权人会议核查结束后十五日内向人民法院提起债权确认的诉讼。当事人在破产申请受理前订立有仲裁条款的，应当向选定的仲裁机构申请确认债权债务关系。

债权人未向管理人申请复核直接起诉的，人民法院不予受理。

第三十条　管理人复核更正的债权，应当提交债权人会议核查。

第三十一条　当事人提起债权确认之诉，债权人对债权表记载的本人债权有异议的，应当将债务人列为被告；债权人对债权表记载的他人债权有异议的，应当将被异议债权人、债务人列为共同被告；同一笔债权存在多个异议人，其他异议人申请参加诉讼的，应当列为共同原告。

第三十二条　债权人、债务人对债权表记载的债权均无异议的，管理人应当及时提请人民法院裁定确认。

第三十三条　人民法院作出无异议债权裁定后，债务人、债权人对裁定确认的债权有异议的，可以向人民法院提起破产债权确认之诉。

第三十四条　管理人应当将债权申报及审核材料按申报债权编号整理归档，归档材料应当包括债权申报材料、债权申报回执、债权申报登记表、债权审查意见书、债权表、职工债权清单、异议债权复核意见书、无异议债权裁定书等。

利害关系人可以查阅归档材料，管理人应当对债权人个人信息采取合理的保密措施。

第三十五条　归档保管的债权申报及审核资料均应当形成电子档案。

第三十六条　债权申报及审核资料纸质档案和电子档案均由管理人保管，保管期限执行相关档案管理的规定。

第三十七条　管理人在债权申报、审查过程中未勤勉尽责、忠实履职的，按照《重庆市第五中级人民法院企业破产案件社会中介机构管理人评估办法（试行）》《重庆市第五中级人民法院企业破产案件社会中介机构管理人名册管理办法》处理。

第三十八条　管理人在审查债权中未勤勉尽责，忠实执行职务的，人民法院可以依法处以罚款；给债权人、债务人或者第三人造成损失的，依法承担赔偿责任。

第三十九条　管理人在审查债权过程中构成犯罪的，依法追究刑事责任。

第四十条　本指引自公布之日起施行。

重庆破产法庭 重庆市破产管理人协会关于管理人选聘其他社会中介机构的工作指引（试行）

（渝五中法发〔2021〕109号）

重庆市第五中级人民法院审判委员会2021年第29次会议通过

2021年10月1日起施行

为规范管理人选聘审计、评估、鉴定、重大诉讼代理、拍卖辅助等其他社会中介机构的工作，保障管理人依法履职，提高破产效率，降低破产成本，根据《中华人民共和国企业破产法》以及其他相关法律、行政法规、司法解释等规定，制定本工作指引。

第一条 管理人在办理破产案件过程中，确有必要的，可以委托具有相应资质的其他社会中介机构从事审计、评估、鉴定、重大诉讼代理、拍卖辅助等专业性较强的工作，辅助管理人履行职责。

第二条 管理人选聘其他社会中介机构，应当坚持必要性以及公开、公平和公正的原则。

第三条 管理人认为确有必要聘请其他社会中介机构的，应当经人民法院许可，并向债权人会议披露。

第四条 管理人应当依照有关规定、参照相关行业标准，结合其他社会中介机构的报价金额确定其服务费用。

管理人选聘其他社会中介机构所需费用需要列入破产费用的，应当经债权人会议或者债权人会议明确授权的债权人委员会同意。

管理人选聘本专业的其他社会中介机构协助其履行职责的，所需费用从其报酬中支付。

第五条 债务人有下列情形之一的，管理人可以决定不予审计并向人民法院报告：

（一）债务人财务账册不完整、重要财务资料严重缺失，明显不具备审计条件的；

（二）债务人资产规模小，权属清晰，债权债务关系简单，通过其他措施可以明确资产以及负债的；

（三）债务人财产不足以清偿破产费用且无人代为清偿或者垫付的；

（四）强制清算程序、执行程序中已经进行审计或者债务人、债权人或者利害关系人自行委托其他社会中介机构进行审计，管理人经审查认为审计报告符合破产审计要求的；

（五）其他不予审计的情形。

第一款规定情形，债权人会议另有决议的除外。

第六条　债务人有下列情形之一的，管理人可以决定不予评估并向人民法院报告：

（一）强制清算程序、执行程序中已经对债务人财产进行了评估，人民法院裁定受理债务人破产案件的时间处于评估报告有效期内的；

（二）债务人财产形态和财产结构简单且价值较低，能够采用定向询价、网络询价等方式确定财产价值的；

（三）其他不予评估的情形。

第一款规定情形，债权人会议另有决议的除外。

第七条　管理人选聘其他社会中介机构原则上应当以公开竞争方式进行。根据案件情况确有必要的，或者以公开竞争方式选聘无其他社会中介机构报名的，管理人可以采用邀请竞争方式选聘其他社会中介机构。

第八条　管理人选聘其他社会中介机构，应当制作选聘文件并向人民法院报告。选聘文件应当载明以下内容：

1. 委托事项；

2. 其他社会中介机构和派出人员的条件；

3. 工作内容；

4. 完成时限；

5. 评选规则和程序；

6. 签约时间；

7. 违约责任；

8. 其他事项。

第九条　其他社会中介机构有下列情形之一，可能影响其忠实履行职责的，管理人应当明确其不能参选：

（一）与债务人、债权人有未了结的债权债务关系；

（二）在人民法院受理破产申请前三年内，曾为债务人提供相对固定的中介服务；

（三）现在是或者在人民法院受理破产申请前三年内曾经是债务人、债权人的控股股东或者实际控制人；

（四）现在担任或者在人民法院受理破产申请前三年内曾经担任债务人、债权人的财务顾问、法律顾问；

（五）可能影响其忠实履行职责的其他情形。

第十条　其他社会中介机构工作人员有下列情形之一，可能影响其忠实履行其他社会中介机构职责的，管理人应当要求其不得参与受委托事项：

（一）具有第九条规定情形；

（二）现在担任或者在人民法院受理破产申请前三年内曾经担任债务人、债权人的董事、监事、高级管理人员；

（三）与债权人或者债务人的控股股东、董事、监事、高级管理人员存在夫妻、直系血亲、三代以内旁系血亲或者近姻亲关系；

（四）近三年内有违法、违规行为或者行业处分、惩戒等不良记录的；

（五）可能影响其忠实履行职责的其他情形。

第十一条　管理人通过公开竞争方式选聘其他社会中介机构的，应当在全国企业破产重整案件信息网等平台发布公告，公告期不少于五个工作日。

管理人发布选聘公告应同时发布选聘文件。

第十二条　管理人通过邀请竞争方式选聘其他社会中介机构的，应当邀请不少于三家有相关资质的其他社会中介机构参与竞争，同时发送选聘文件。

第十三条　其他社会中介机构的评选由依照选聘文件组建的评选委员会负责，评选委员会成员人数为五人以上单数。

管理人可以根据案件实际情况，邀请债权人代表、债务人等参与评选。

第十四条　评选委员会在选定其他社会中介机构时应当同时确定一家备选机构。

第十五条　管理人应当根据其他社会中介机构要求，及时提供完成委托事项所需的文件资料以及其他便利，并督促债务人以及有关人员及时协助、配合其他社会中介机构工作。

第十六条　选定的其他社会中介机构拒绝签订委托合同的，管理人可以直接与备选机构签订委托合同，并向人民法院报告。

选聘的其他社会中介机构不能按期完成服务工作，经管理人催告后仍未在合理期限内完成服务工作的，管理人可以解除委托合同，直接与备选机构签订委托合同，并向人民法院报告。

备选机构拒绝签订委托合同的，管理人应当重新选聘其他社会中介机构并向人民法院报告。管理人重新选聘其他社会中介机构时应当同时确定一家备选机构。

第十七条　其他社会中介机构发生更换的，管理人应当监督原其他社会中介机构妥善保管债务人资料，并要求其在指定期限内向管理人或者新的其他社会中介机构移交其已经接收的资料。原其他社会中介机构拒不移交资料的，管理人应当及时采取措施，并依法追究其相应的法律责任。

第十八条　管理人应当对其他社会中介机构的工作进行监督，督促其他社会中介机构按时完成合同约定的服务工作。

第十九条　管理人发现其他社会中介机构有下列情形之一的，应当督促其他社会中介机构及时纠正：

（一）派出的工作人员不具备相应资格；

（二）审计、评估、鉴定或者拍卖程序违法；

（三）审计、评估、鉴定意见的依据不足；

（四）拒不提供报告或者故意拖延提交报告时间；

（五）提供虚假报告；

（六）出具失实报告；

（七）违反行业职业道德、执业纪律的其他情形。

具有第一款规定情形，造成相应后果的，管理人应当依法追究其他社会中介机构的法律责任。

第二十条　管理人选聘其他社会中介机构应当接受债权人会议、债权人委员会以及人民法院的监督。

第二十一条　重庆市破产管理人协会应当加强对管理人选聘其他社会中介机构的指导。

第二十二条　管理人违反公开、公平、公正原则选聘其他社会中介机构，人民法院可以根据有关规定减少管理人报酬、更换管理人等。

第二十三条　其他社会中介机构因不当履行职责给债务人、债权人或者第三人造成损害的，应当承担赔偿责任。管理人在选聘过程中存在过错的，应当在其过错范围内承担相应的补充赔偿责任。

第二十四条　本指引适用于重庆破产法庭受理的破产案件，重庆破产法庭受理的强制清算案件参照适用本指引。

第二十五条　本指引自 2021 年 10 月 1 日起施行。

重庆市第五中级人民法院
破产管理人培训办法

（渝五中法发〔2023〕21号）

重庆市第五中级人民法院党组通过

2023年3月20日起施行

为进一步提升破产管理人的职业素养和执业能力，切实加强破产管理人队伍建设，根据我市营商环境创新试点相关工作要求，结合办理破产实践，制定本办法。

第一条 破产管理人培训以提高管理人的政治能力、专业技能、职业素养为重点，同时注重综合素质、信息技术运用能力等方面的教育培训。

第二条 破产管理人培训采取集中授课、研讨交流、案例评析、现场观摩等多种形式开展。

第三条 破产管理人培训分为岗前培训、常规培训及专项培训。

岗前培训是指对新编入管理人名册的机构中专职从业人员以及已入册机构管理人增加专职从业人员进行的培训。

常规培训是指根据破产实务需要对破产管理人进行的经常性培训。

专项培训是指围绕办理破产中的专项事务进行的不定期培训。

第四条 岗前培训的内容主要包括与破产审判相关的现行法律法规、司法解释的理解与适用、破产管理人实务操作规范、职业道德标准等，促进破产管理人适应角色定位，推进工作开展。

常规培训主要以重庆破产法庭和重庆市破产管理人协会共同组织的"每月一讲"等常态化培训活动为主要载体，就破产审判中的法学理论问题、前沿问题、实务工作中的疑难问题等进行专题性培训，促进管理人深刻理解破产法相关理论的精髓要义，提升专业素养。

专项培训的内容主要针对办理破产中专项工作、技能、要求等进行知识更新、技能强化，促进管理人及时了解破产工作新形势、新要求，提高实务质效。

第五条 破产管理人应当积极主动参加培训，遵守培训的各项规定。编入破产管理人名册的机构管理人专职从业人员原则上均应当参加岗前培训，岗前培训不少于24个学时；编入破产管理人名册的机构管理人专职从业人员每年度参加常规培训、专项培训不得少于 48 个学时。培训情况纳入管理人年度考评。

第六条 破产管理人培训师资选择兼顾理论和实务需求，由破产相关领域的优秀专业人员担任。

第七条 破产管理人培训工作由重庆破产法庭和重庆市破产管理人协会共同组织。

第八条 从事强制清算的从业人员、其他破产从业人员需要培训的，可以参照本办法执行。

第九条 本办法自发布之日起施行。

重庆破产法庭 重庆市破产管理人协会合作备忘录

2021年3月22日签订

为建立重庆破产法庭（简称破产法庭）与重庆市破产管理人协会（简称管理人协会）的相关工作协作机制，进一步提高办理破产和强制清算案件的质量和效率，形成各司其职、配合有力的工作格局，共同推动法律职业共同体建设与完善，破产法庭与管理人协会经友好协商，在诉讼服务、学习培训、联席会议、信息共享、执业监督等方面进行合作，于2021年3月22日订立本合作备忘录。

一、合作内容

（一）建立诉讼服务协作机制

1. 管理人协会推荐会员单位执业人员担任破产法庭诉讼服务志愿者（下称志愿者），志愿无偿参与破产法庭诉讼服务中心的诉讼咨询、息诉劝访、矛盾化解、涉诉信访值班等工作。

2. 管理人协会于每周一（如遇节假日，自动顺延至节假日后首个工作日）组织不少于2名志愿者到破产法庭诉讼服务中心从事志愿服务，如遇特殊情形可按破产法庭要求增加人员或者值班时间。

3. 管理人协会负责选派志愿者及编制服务值班表，并将志愿者名单及服务值班表提前报送破产法庭。管理人协会选派的志愿者应当政治立场坚定、热心公益、专业素质强，具备参加诉讼咨询、息诉劝访、矛盾化解等诉讼服务工作的能力。

4. 管理人协会负责监督志愿者的工作，加强对选派人员的教育管理，切实增强志愿者的安全意识和保密意识，确保相关活动顺利开展，取得良好效果。

5. 破产法庭在诉讼服务中心为志愿者提供必要工作条件及服务保障，确保工作正常开展。

6. 对工作成绩突出的志愿者，破产法庭可以向管理人协会提出表彰建议。

（二）建立共同学习培训机制

7. 破产法庭举办的"每月一讲"学习讲座及其他培训、管理人协会举办的相关业务培训，可以通过现场以及视频等方式，邀请对方参加并预留相应参训名额。

8.破产法庭与管理人协会共同开展集训班、座谈会、研讨会、专业论坛等各种形式的学习培训活动，以共同的名义邀请知名专家、学者、法官、律师或者联系行政机关、金融机构、高等院校、行业协会及其他企事业单位参与。

9.根据实际工作安排，破产法庭与管理人协会共同派员参加全国破产领域相关专业论坛、研讨会等活动，鼓励破产法庭人员与管理人协会成员单位人员共同开展学术研究、论文创作，通过联合调研，共同提升专业素养和业务水平。

（三）建立优化营商环境工作机制

10.破产法庭与管理人协会共同研究优化营商环境的制度措施，提升"办理破产"指标水平。

11.破产法庭与管理人协会加强对优化营商环境政策的学习和解读，共同推动落实相关改革措施，做好多维度、广覆盖的宣传。

12.破产法庭与管理人协会共同打造营商环境评估的典型案例，总结提炼优化营商环境的经验做法。

（四）建立联席会议机制

13.破产法庭与管理人协会原则上每半年召开一次联席会议，经一方提议，可就特殊事项召开临时会议。

14.联席会议内容包括通报破产审判工作态势和管理人协会工作情况，交流探讨破产工作中的共同性问题和疑难问题，研究制定优化营商环境的制度措施等。

15.联席会议由双方轮流负责筹办并主持，破产法庭由庭长、副庭长、员额法官及诉讼服务中心、综合办公室负责人等出席，管理人协会由会长、监事长、副会长、副监事长、秘书长等出席。根据会议需要，可通知其他相关人员参会，发表和听取意见。

16.联席会议应当形成会议纪要。参会人员应当对所议事项、过程等进行保密，未经双方共同允许，不得对外披露或者发表。

（五）建立信息共享机制

17.破产法庭与管理人协会在出台相关业务文件时，可以通过适当方式相互听取和征求意见，并在发布后以适当方式相互通报。

18.破产法庭和管理人协会的业务学习资料、人员信息资料除依照规定需要保密外，可通过适当方式交换、共享。

19. 破产法庭及管理人协会共同推动法官和管理人使用全国企业破产重整案件信息网，及时披露、共享、交流破产程序有关信息。

20. 破产法庭加强网上诉讼服务功能建设，逐步完善网上立案、网上诉讼费缴退、在线调解和听证、网络债权人会议、网上信息交流及材料传递等功能，管理人协会及时反馈管理人使用意见和建议，协助破产法庭提升诉讼服务水平。

21. 破产法庭和管理人协会共同研究推进破产审判活动各流程、各要素的规范化、标准化建设，通过共同制订相关制度，提升办理破产的能力和水平。

（六）建立执业监督机制

22. 破产法庭多渠道听取管理人协会对法院破产审判工作及法官司法能力、职业道德、公信度等评价、建议和意见，确保司法公开，促进破产审判工作高效开展。管理人协会通过多种形式听取对管理人执业能力、职业道德等评价、建议和意见，及时办理、回应破产法庭的司法建议。

23. 破产法庭根据管理人协会成员单位的个案履职情况，对《管理人履职情况评估表》所列明的各项内容进行评分。个案评估结果告知管理人并定期向管理人协会通报。

24. 管理人协会成员单位每年度向破产法庭提交年度履职报告时，应当同时提供管理人协会出具的年度工作意见书。年度工作意见书的内容包含工作负面清单、正面清单、合作事项参与度、奖惩情况等。工作意见书作为破产法庭对管理人协会成员单位进行年度评分时的参考材料。

25. 破产法庭对在工作中发现的管理人违法违规行为，及时通报管理人协会，管理人协会及时将处理结果反馈破产法庭。

二、工作保障

26. 设立联络秘书2名，双方各派1人担任。

27. 联络秘书主要承担以下工作：

（1）协调诉讼服务志愿者的服务保障、纪律检查等工作；

（2）协调双方共办学习培训活动的场地布置、资料印刷、人员接待等后勤保障工作；

（3）协调联席会议的召集、会务安排、会议纪要整理等工作；

（4）协调双方信息交换、共享和相关通报工作；

（5）双方合作事项开展过程中的其他沟通协调工作。

三、其他

28. 根据工作需要，双方可补充建立符合备忘录指导思想的其他合作形式及机制，具体事宜由双方共同协商确定。

29. 备忘录经双方授权代表签字并加盖双方公章后生效。本备忘录一式六份，双方各保存三份。

重庆破产法庭　　　　　　　　重庆市破产管理人协会

（公章）　　　　　　　　　　（公章）

授权代表签字：　　　　　　　授权代表签字：

　　年　　月　　日　　　　　　　年　　月　　日

三、费用

重庆市高级人民法院
企业破产费用援助资金使用办法

（渝高法〔2020〕20号）
2020年2月12日起施行

第一条 为全面优化营商环境，确保企业依法有序退出市场，保障全市法院破产审判工作顺利推进，根据最高人民法院《关于为改善营商环境提供司法保障的若干意见》、国家发展改革委等13部委《加快完善市场主体退出制度改革方案》要求，制定本办法。

第二条 破产费用援助资金用于全市三级法院审理的破产财产不足以支付破产费用的破产案件中必要的破产费用支出。

第三条 破产费用援助资金用于支付下列破产费用：

（一）管理、变价和分配债务人财产的费用；

（二）档案保管费用；

（三）管理人报酬；

（四）管理人执行职务的费用，如破产案件审理中产生的公告费、印章刻制费、债务人财产状况调查费等；

（五）应当支付的其他破产费用。

第四条 破产费用援助资金遵循专款专用原则，依法接受监督。

第五条 各中、基层人民法院设立破产费用援助资金初核小组，初步审核本院审理案件中的破产费用援助资金使用申请后，向市高法院申报。

市高法院设立破产费用援助资金审核小组，审核中、基层人民法院申报的破产费用援助资金使用申请后，送交市财政局审定。

第六条 破产费用援助资金初核小组由各中、基层人民法院分管破产审判工作院领导、分管财务工作院领导以及破产案件审判部门、财务部门、纪检监察部门负责人组成。

破产费用援助资金审核小组由市高法院分管破产审判工作院领导、分管财务工作院领导以及破产案件审判部门、财务部门、司法鉴定部门、纪检监察部门负责人组成。

第七条　企业破产案件符合下列条件之一且无其他途径予以解决的，管理人可以向审理案件的人民法院申请破产费用援助资金：

（一）债务人无财产支付破产费用，且无利害关系人垫付的；

（二）债务人财产不足以支付破产费用，且无利害关系人垫付的。

第八条　符合破产费用援助资金使用条件的案件，每件案件使用总额一般不得超过15万元，其中用于支付管理人报酬的金额一般不超过10万元。对于案情复杂、处置难度大的案件，可酌情提高。

第九条　管理人认为破产企业符合本办法规定的破产费用援助资金使用情形的，应于收到人民法院裁定终结破产程序之日起15日内向审理破产案件的合议庭或独任法官提出申请。

第十条　管理人提出破产费用援助资金申请的，应当提交破产费用援助资金使用申请书，载明以下内容：

（一）债务人基本情况及财产状况；

（二）破产费用组成及支付情况；

（三）申请援助资金的金额及理由，需支付多项破产费用的，应逐项写明申请援助资金的费用名称及该项费用的申请金额；

（四）管理人基本信息及履职情况；

（五）管理人收款账户名称、开户行及账号；

（六）人民法院认为应当载明的其他内容。

前款规定的记载内容，应一并提交相关证明材料。

管理人应一并提交破产费用援助资金使用承诺书，承诺提供的全部材料真实、合法，并承诺在援助资金使用后，如出现新发现破产财产或追回破产财产等情形的，依法退还相应的援助资金款项。

第十一条　合议庭或独任法官认为管理人提交的申请材料需要补正的，应当责令管理人于7日内补正。管理人无法按期补正的，可提出延期申请并说明理由，由合议庭或独任法官决定是否准许。管理人未按期提交补正材料的，视为撤回申请。

第十二条　合议庭或独任法官在收到管理人申请后，应当严格审查相关材料，提出初步意见，填写《企业破产费用援助资金审批表》，报庭长审核。庭长审核同意后，报本院破产费用援助资金初核小组审核。

第十三条 破产费用援助资金初核小组认为申请符合本办法规定的资金使用条件的，应呈报市高法院破产费用援助资金审核小组审核。审核小组应在收到申报材料之日起30日内审核完毕。

第十四条 市高法院于每年3、6、9、12月1日前，将审核通过的破产费用援助资金申请汇总后书面送交市财政局，并附《企业破产费用援助资金审批表》。市财政局审定后拨付至案件审理法院。

第十五条 审核结果及金额由合议庭或独任法官通知管理人。

第十六条 破产费用援助资金拨付到案件审理法院后，由合议庭或独任法官向本院财务部门提交《企业破产费用援助资金审批表》及相关材料，办理款项发放手续。

第十七条 管理人的申报材料、《企业破产费用援助资金审批表》、告知笔录等相关材料应归入破产案件卷宗，存档备查。

第十八条 依照《中华人民共和国企业破产法》《中华人民共和国民事诉讼法》等规定，管理人在申报过程中提供虚假材料的，人民法院根据情节轻重予以训诫、罚款、取消管理人资格等；构成犯罪的，依法追究刑事责任。

第十九条 破产费用援助资金的使用严格执行国家有关财务制度，依法接受监察部门、财政部门的监督和审计机关的审计。

第二十条 本办法自2020年2月12日起施行。

附件：企业破产费用援助资金审批表（略）

重庆市第五中级人民法院
企业破产费用援助资金使用细则（修订）

（渝五中法发〔2020〕167号）

重庆市第五中级人民法院审判委员会2020年第34次会议通过

2020年11月19日起施行

第一条 为顺利推进破产案件的审理，保障管理人依法履行职责，提高管理人积极性，提升破产案件审判效率和质量，根据企业破产法、市高法院《企业破产费用援助资金使用办法》、本院《管理人执行职务费用的管理办法》等规定，制定本细则。

第二条 破产费用援助资金用于破产财产不足以支付破产费用的破产案件中必要的破产费用支出。

第三条 破产案件援助资金的管理和使用应当严格执行国家有关财务制度，遵循公开透明、专款专用、严格监管的原则。

第四条 本院设立破产费用援助资金初核小组，初步审核本院审理案件中的破产费用援助资金使用申请。

第五条 破产费用援助资金初核小组由本院分管破产审判工作的院领导、分管财务工作的院领导以及破产审判部门、司法行装部门、监察部门负责人组成。

第六条 企业破产案件符合下列条件之一且无其他途径予以解决的，管理人可以申请破产费用援助资金：

（一）债务人无财产支付破产费用，且无利害关系人垫付的；

（二）债务人财产不足以支付破产费用，且无利害关系人垫付的。

第七条 破产费用援助资金用于支付下列破产费用：

（一）管理、变价和分配债务人财产的费用；

（二）档案保管费用；

（三）管理人报酬；

（四）管理人执行职务的费用；

（五）应当支付的其他破产费用。

第八条 符合破产费用援助资金使用条件的案件，每件案件使用总额一般不得超过15万元。

管理人执行职务的费用及其他费用，按照实际支出金额审核，在援助资金中优先支付。

用于支付管理人报酬的金额一般不超过10万元，对于案情复杂、处置难度大的案件，可以酌情提高。

第九条　无破产财产支付管理人报酬的，管理人基本报酬援助资金为5万元。

破产财产不足以支付管理人报酬的，管理人基本报酬援助资金补足5万元。

第十条　无破产财产支付或者破产财产不足以支付管理人报酬的破产案件，存在下列情形的，可以酌情增加管理人报酬，但一般不超过5万元：

（一）申报债权的债权人数较多的；

（二）债务人财产线索较多，管理人已对财产线索予以查明或处置的；

（三）衍生诉讼案件较多，管理人担任委托诉讼代理人的；

（四）裁定受理破产申请之日起三个月内申请终结破产程序的；

（五）管理人在办理破产案件过程中能有效降低破产成本，或者处置破产资产效果较好或增值明显的；

（六）其他应当酌情增加管理人报酬的情形。

第十一条　管理人执行职务的费用按照本院《管理人执行职务费用的管理办法》确定。

第十二条　管理人认为破产案件符合本细则规定的破产费用援助资金使用情形的，应当在收到本院作出的终结破产程序裁定书之日起15日内向审理破产案件的审判组织提出申请。

第十三条　管理人提出破产费用援助资金申请的，应当提交破产费用援助资金使用申请书，申请书应当载明以下内容：

（一）债务人基本情况及财产状况；

（二）破产费用组成及支付情况；

（三）申请援助资金的金额及理由，需支付多项破产费用的，应当逐项写明申请援助资金的费用名称及该项费用的申请金额；

（四）管理人基本信息及履职情况；

（五）管理人收款账户名称、开户行及账号；

（六）本院认为应当载明的其他内容。

前款规定的第（二）、（三）项记载内容，应当一并提交经费开支相关的原始凭证、发票等证明材料。申请酌情增加管理人报酬的，还应当提交符合本细则第十条规定情形的证明材料。

管理人应当按照市高法院《企业破产费用援助资金使用办法》第十条第三款的规定，一并提交破产费用援助资金使用承诺书以及载明管理人工作进度和任务完成情况、存在的问题及改进结果等情况的工作总结。

第十四条　审判组织认为管理人提交的申请材料需要补正的，应当责令管理人于7日内予以补正。管理人因客观原因无法按期补正的，可以提出延期补正申请并说明理由，由审判组织决定是否准许延期补正。管理人未按期提交补正材料的，视为撤回申请。

第十五条　审判组织应当在收到管理人申请之日起15日内提出初步意见，填写《企业破产费用援助资金审批表》，报庭长审查。庭长审查同意后，报本院破产费用援助资金初核小组初审。

第十六条　破产费用援助资金初核小组根据破产审判部门提交的申报情况，定期召开小组会议进行初步审核，并在收到申报材料之日起30日内初步审核完毕。

破产费用援助资金初核小组根据规定批准或调减援助资金金额后，呈报市高法院破产费用援助资金审核小组审核。

破产费用援助资金初核小组不批准管理人援助资金申请的，审判组织应当及时通知管理人并说明理由。

第十七条　收到市高法院破产费用援助资金审核小组审核结果后，审判组织应及时通知管理人。

第十八条　破产费用援助资金拨付到本院后，由审判组织向本院财务部门提交《企业破产费用援助资金审批表》及相关材料，按照本院财务制度办理款项发放手续。

第十九条　管理人的申报材料、《企业破产费用援助资金审批表》、告知笔录等相关材料应当归入破产案件卷宗，存档备查，依法接受监察部门、财政部门的监督和审计机关的审计。

第二十条　管理人提供虚假材料骗取援助资金的，本院除责令其返还已向其发放的援助资金外，可以根据企业破产法、民事诉讼法等相关规定，视情节予以训诫、罚款、取消管理人资格等；涉嫌犯罪的，依法移送有关机关处理。

第二十一条　本细则由本院审判委员会负责解释。

第二十二条　本细则自公布之日起实施。本院2020年9月17日下发的《企业破产费用援助资金使用细则（试行）》同时废止。

重庆市第五中级人民法院
破产案件管理人报酬确定和支付办法

(渝五中法发〔2023〕32号)

重庆市第五中级人民法院审判委员会2023年第7次会议通过

2023年3月28日起施行

为规范管理人报酬的确定和支付方式，充分发挥管理人报酬的激励和约束作用，根据《中华人民共和国企业破产法》《最高人民法院关于审理企业破产案件确定管理人报酬的规定》，结合破产审判工作实际，制定本办法。

第一条　本办法所称管理人报酬，是指管理人履行《中华人民共和国企业破产法》第二十五条规定的职责，依法应当取得的报酬。

第二条　管理人报酬按照《最高人民法院关于审理企业破产案件确定管理人报酬的规定》第二条规定的计算标准，根据债务人最终清偿的财产价值总额计算。

破产重整、和解案件，以重整计划、和解协议偿债方案确定的共益债务及破产债权清偿金额，作为债务人最终清偿的财产价值总额。

第三条　前条规定的财产价值总额不包括下列部分：

（一）《中华人民共和国企业破产法》第四十一条规定的破产费用；

（二）债务人财产中以设立信托计划方式清偿债权人的部分；

（三）债务人财产中以应收账款清偿债权人的部分；

（四）重整计划中留存并由债务人未来财产清偿的部分。

第四条　担保权人优先受偿的担保物价值，不计入债务人最终清偿的财产价值总额。根据《最高人民法院关于审理企业破产案件确定管理人报酬的规定》第十三条的规定，确定并支付该部分管理人报酬。

第五条　工程款债权人优先受偿的建设工程变现价值，不计入债务人最终清偿的财产价值总额。

管理人对前款建设工程的维护、变现、增值以及工程款的收取和支付等工作付出合理劳动的，有权向工程款债权人收取适当的报酬。管理人与工程款债权人就上述报酬数额不能协商一致的，参照《最高人民法院关于审理企业破产案件确定管理人报酬的规定》第十三条的规定确定。

第六条　第一次债权人会议前，管理人应当根据破产案件实际情况，对债务人可供清偿的财产价值和管理人工作量作出预测，初步拟定管理人报酬方案，报本院审查。管理人报酬方案应当包括管理人报酬比例和收取方式。

第七条　管理人应当在第一次债权人会议上报告初步确定的管理人报酬方案内容。

管理人、债权人会议对管理人报酬方案有异议的，可以进行协商。债权人会议可以授权债权人委员会与管理人协商。双方就调整管理人报酬方案内容协商一致的，管理人应当向本院书面提出具体的请求和理由，并附相应的依据。

本院审查认为上述请求和理由不违反法律和行政法规强制性规定，且不损害他人合法权益的，按照双方的协商结果确定管理人报酬方案。

第八条　本院对管理人初步拟定的管理人报酬方案进行审查。管理人报酬方案初步确定之后，本院可根据破产案件的具体情形和管理人履行职责的实际情况进行调整。

第九条　本院确定或者调整管理人报酬数额时，参考以下因素：

（一）破产案件的复杂程度；

（二）管理人推进破产程序的成本和效果；

（三）管理人忠实履职、勤勉尽责程度；

（四）管理人承担的责任和风险；

（五）管理人的专业能力和执业水平；

（六）管理人为重整、和解或者增加债务人财产价值做出的贡献；

（七）管理人信息披露的情况；

（八）债务人住所地居民可支配收入及本地物价水平；

（九）其他影响管理人报酬的情况。

第十条　破产清算案件，原则上管理人在本院裁定终结破产程序时一次性收取报酬。破产事务尚未处理完毕的，在处理完毕前，管理人报酬收取金额一般不得超过所确定报酬总额的80%。

案情疑难复杂需多次分配破产财产的破产清算案件，在每次分配破产财产时，管理人按比例分次收取管理人报酬。

第十一条　破产重整案件、破产和解案件，本院裁定批准重整计划、裁定认可和解协议时，管理人可以收取一次管理人报酬，收取比例不得超过全部报酬数额的50%。剩余报酬原则上在重整计划、和解协议执行期间根据债权受偿情况，分阶段按比例分期支付。

第十二条　管理人收取报酬，应当向本院提出书面申请。申请书应当包括以下内容：

（一）债务人最终清偿的财产价值总额；

（二）申请收取报酬的时间和数额；

（三）管理人履行职责的情况；

（四）其他需要说明的问题。

第十三条　管理人报酬金额在 50 万元以内的，由破产案件审判组织确定，经廉政监察员签署审查意见，报庭长审批。

管理人报酬金额超过 50 万元，在 500 万元以内的，由破产案件审判组织提出意见，经全庭法官会议讨论、审判组织复议，报本院督察室签署审查意见后，层报分管院领导审批。

管理人报酬金额超过 500 万元的，由破产案件审判组织提出意见，报本院督察室签署审查意见，提请审判委员会讨论决定后，层报院长审批。

第十四条　本院审查确定管理人报酬后三日内书面通知管理人。管理人应当自收到上述通知之日起三日内，向债权人委员会或者债权人会议主席报告管理人报酬方案调整内容，并在破产财产分配公告中载明。

第十五条　经本院许可，律师事务所、会计师事务所、税务师事务所通过聘请本专业的其他社会中介机构或者人员协助履行其管理人职责的，所需费用从其报酬中支付。

破产清算事务所通过聘请其他社会中介机构或者人员协助履行管理人职责的，所需费用从其报酬中支付。

管理人确有必要聘请本专业的其他社会中介机构或者人员处理重大诉讼、仲裁、执行及审计等专业性较强的工作，所需费用需要从破产费用中支付的，应当事先经债权人会议通过，并报告本院。

第十六条　经本院许可，律师事务所、会计师事务所、税务师事务所通过聘请非本专业的其他社会中介机构或者人员协助履行管理人职责的，所需费用从破产费用中支付。

第十七条　清算组中有关政府部门派出的工作人员参与工作的，不收取报酬。编入管理人名册的社会中介机构担任清算组成员的，按本办法规定确定其报酬。

第十八条　管理人为两个及以上的社会中介机构的，由其自行协商管理人报酬分配原则和比例，并在管理人初步拟定的管理人报酬方案中予以说明，报本院备案。

第十九条　管理人发生更换的，更换前后的管理人应当对报酬分配比例进行协商，并将协商结果报本院确认。

双方不能协商一致的，由本院根据其履职情况分别确定更换前后的管理人报酬。

第二十条　符合破产费用援助资金支付的管理人报酬，按照《重庆市高级人民法院企业破产费用援助资金使用办法》及本院《企业破产费用援助资金使用细则（修订）》的规定执行。

第二十一条　公司强制清算案件，清算组中的社会中介机构的报酬与公司协商不成的，参照本办法执行。

第二十二条　本办法自公布之日起施行，本院《破产案件管理人报酬确定和支付方法（试行）》同时废止。

重庆市第五中级人民法院
管理人执行职务费用的管理办法（试行）

（渝五中法发〔2019〕33号）

重庆市第五中级人民法院审判委员会通过

2019年2月21日起施行

第一条 为规范管理人执行职务费用的确定及支取，根据《中华人民共和国企业破产法》、最高人民法院《关于审理企业破产案件确定管理人报酬的规定》，结合本院破产审判工作实际，制定本办法。

第二条 本办法所称管理人执行职务的费用，是指管理人履行企业破产法第二十五条规定的职责，所支出的必要费用。

管理人执行职务的费用从债务人财产或破产财产中支取。

管理人执行职务的费用不包括管理人报酬以及管理人聘用工作人员的费用。

第三条 管理人使用执行职务的费用，应当遵循合理、必要、节约的原则。

第四条 管理人执行职务过程中产生的下列费用为管理人执行职务的费用：

（一）管理人租用办公场地产生的费用；

（二）管理人执行职务产生的办公费用；

（三）管理人执行职务产生的差旅费；

（四）管理人执行职务产生的其他必要费用。

第五条 管理人租用办公场地的费用，包括管理人租用办公场地所产生的租赁费、水电费、物管费等费用，凭发票等有效票据据实报销。

第六条 管理人原则上应当选择债务人的经营场所或债务人提供的场所作为办公场所。债务人无经营场所或无法提供办公场所的，管理人应选择自己的经营场所作为办公场所。管理人认为确有必要另行租用办公场所的，应向本院提交书面申请，本院批准后方可实施。

管理人选择自己的经营场所作为办公场所，所产生的水电费、物管费等费用可以适量列入管理人执行职务的费用，但不得收取场地租赁费或使用费。

第七条 管理人执行职务过程中产生的下列费用为办公费用：

（一）召开债权人会议、债权人委员会或协调推进会等会议的会议费；

第十条 经本院同意，管理人可按本办法在债务人财产或破产财产中据实报销执行职务的费用，相关费用应当列入重整计划草案、和解协议草案或财产分配方案，提交债权人会议审议。

管理人执行职务的费用较高，本院认为有必要进行审计的，管理人需在终结破产程序之前向本院提交管理人执行职务费用的审计报告。

第十一条 管理人执行职务的费用明细应在每季度末，通过全国企业破产重整信息网等途径公示一次。

第十二条 管理人违反本办法支取执行职务费用的，本院将依法调低管理人报酬，同时在调低后的管理人报酬中抵扣超支的费用。

本院视情节轻重，对违反本办法的管理人采取训诫、暂停其担任本院新的破产案件管理人等惩戒措施。

第十三条 本院审理破产案件应适用本办法。

本办法由重庆市第五中级人民法院审判委员会负责解释。

第十四条 本办法自公布之日施行。

（二）购置文具、财务用品等办公用品以及耗材的费用；

（三）印刷费；

（四）邮政资费；

（五）通讯费；

（六）刻制印章费；

（七）其他办公费用。

管理人执行职务所产生的办公费用凭发票等有效票据据实报销。

管理人执行职务所产生的座机通讯费凭发票报销。手机通讯费按每人每月100元包干使用，报销人数不得超过管理人向本院报备的工作人员人数的30%，具体由本院根据破产案件的审理进度进行合理调整。

第八条 管理人履行职务，原则上应使用自己或债务人的办公设备。

管理人为满足履职需要购置办公设备的费用不得列入执行职务的费用。管理人认为确有必要购置办公设备的，应向本院提交书面申请，本院批准后方可购置。经批准购置的办公设备列为债务人财产或破产财产，相关的购置费用列为管理人执行职务的费用。

本办法所称办公设备，是指为满足日常履职需要的一般性办公家具和办公自动化设备等。

第九条 管理人离开本院所在行政区执行职务，所产生的下列费用为差旅费：

（一）城市间往返交通费；

（二）伙食补助费；

（三）住宿费；

（四）出差地交通费。

城市间往返交通费、住宿费在标准限额内凭发票据实报销，伙食补助费、出差地交通费按标准包干使用，具体费用标准参照重庆市公务员的差旅费标准。重庆市主城九区视为一个行政区划。

管理人离开本院所在行政区执行职务，产生城市间往返交通费但未取得有效票据的，按经济便捷的交通工具费用标准报销。

指定本院所在行政区外的社会中介机构担任管理人的，该管理人往返本院所在地所产生的费用不得列入执行职务的费用。

管理人出差由债务人单位派车的，不再报销城市间往返交通费以及出差地交通费。

下编 配套措施

一、队伍建设

重庆市第五中级人民法院
关于设立破产审判庭的通知

（渝五中法发〔2019〕245号）

2019年12月31日印发

本院各部门：

根据《最高人民法院关于同意重庆市第五中级人民法院内设专门审判机构并集中管辖部分破产案件的批复》（法〔2019〕285号）和《中共重庆市委机构编制委员会关于市五中法院设立破产审判庭的批复》（渝委编委〔2019〕91号），市五中法院设立破产审判庭，对外称重庆破产法庭，不再保留民事审判第二庭加挂的清算与破产审判庭牌子。

破产审判庭主要职责如下：

1. 审理全市区、县级以上（含本级）市场监督管理部门核准登记公司（企业）的强制清算和破产案件；

2. 审理上述强制清算和破产案件的衍生诉讼案件；

3. 审理跨境破产案件；

4. 审理其他依法应当由其审理的案件。

特此通知。

重庆市第五中级人民法院政治部
关于破产审判庭设立综合办公室、诉讼服务中心的通知

（渝五中法政发〔2020〕96号）

2020年9月23日印发

本院各部门：

根据工作需要，经院党组研究同意：

1. 破产审判庭下设综合办公室，主要负责文印、档案管理、车辆管理、基础设施维护、信息安全保障、会务安排等行政事务。

2. 破产审判庭下设诉讼服务中心，主要负责立案登记、信访接待、上诉卷宗移送及回退、"执转破"案件联络接收等诉讼服务工作。

特此通知。

重庆市第五中级人民法院
关于加强破产案件廉政风险防控的实施意见

(渝五中法发〔2023〕27号)

重庆市第五中级人民法院党组通过

2023年3月28日起施行

第一条 破产案件廉政风险防控,坚持破产审判廉政风险防控与破产审判规律相结合、系统思维与严格管理相结合、依法办案与服务大局相结合、预防为主与依法惩治相结合的原则。

第二条 立案部门对于符合法定立案登记条件的破产申请要做到应收尽收,不得在法定条件之外设置附加条件,限制剥夺当事人的破产申请权。

第三条 审判组织审查破产申请原则上应当听证,必要时听取债权人、职工、债务人中小股东或者属地政府和主管部门的意见,审慎判断债务人是否具备破产原因,防范假破产、真逃债。

第四条 具有下列情形之一的,应当按"典型案件"相关规定监督管理:

(一)重大、疑难、复杂、敏感的;

(二)涉及群体性纠纷或者引发社会广泛关注,可能影响社会稳定的;

(三)与本院或者上级人民法院的类案裁判可能发生冲突的;

(四)拟就法律适用问题向上级法院请示的;

(五)拟进行行为保全或者涉外财产保全的;

(六)有关单位或者个人反映法官有违法审判行为的;

(七)交督办案件;

(八)其他典型案件。

第五条 立案、审理阶段识别出或者院、庭长发现分管领域内"典型案件",相关责任人应当按照"典型案件"监督管理要求标注、报告。

第六条 "典型案件"中的敏感或者重大事项,原则上应当提请全庭法官会议或者专业法官会议讨论,院、庭长认为没有必要提交的除外。

第七条 严格按照《最高人民法院关于审理企业破产案件指定管理人的规定》《重庆市第五中级人民法院破产案件管理人指定办法》等相关规定指定管理人。指定管理人程序违法违规的,应当重新指定管理人。

第八条 对于债务人关联企业、股东、实际控制人、董事、监事、高级管理人员等主体申报的债权，审判组织应当要求管理人重点审查原始交易凭证、债务人会计账簿、资金来源与去向等，确定其债权的真实性、债权性质及债权顺位。

第九条 债权人会议表决通过的债务人财产管理方案、变价方案、分配方案、和解协议、重整计划，审判组织应当对其内容及表决程序的合法性进行审查。

第十条 重整投资人遴选原则上按市场化原则，以公开方式招募。审判组织应当监督重整投资人遴选程序规范进行。

第十一条 严格按照《最高人民法院关于审理企业破产案件确定管理人报酬的规定》《重庆市第五中级人民法院破产案件管理人报酬确定和支付办法》等相关规定确定管理人报酬，严禁审判组织违规确定管理人报酬。

第十二条 法院工作人员不得有下列行为：

（一）私下接触债权人、债务人及其他利害关系人；

（二）介绍、推荐庭外债务重组或者预重整的辅助机构；

（三）介绍、推荐破产案件账户开户银行；

（四）介绍、推荐审计、评估、拍卖等第三方社会中介机构；

（五）介绍、推荐重整投资人；

（六）干预破产债权的确认；

（七）干预债权人对方案或者计划的表决；

（八）其他违法、违纪行为。

第十三条 审判组织应当及时将案件信息录入全国企业破产重整案件信息网和重庆法院破产协同易审平台，实现破产案件办理全流程动态监督。

督察部门做好廉政风险防控教育及监督工作。

第十四条 人民法院应当坚持依法办案的原则，通过府院联动机制规范处理与政府相关部门协调的事务。

第十五条 本意见自公布之日起施行。

重庆市第五中级人民法院
关于规范破产审判确保廉洁司法的十条意见

（渝五中法发〔2024〕88号）

重庆市第五中级人民法院审判委员会2024年第30次会议通过

2024年9月23日起施行

为进一步规范破产案件办理，促进廉洁司法，着力推动破产审判工作高质量发展，根据《中华人民共和国企业破产法》《最高人民法院关于进一步加强廉政风险防控提高破产审判质量的通知》《最高人民法院关于切实落实破产审判廉政风险防控的通知》等规定，结合办理破产工作实际，制定本意见。

第一条　规范破产案件立案审查受理工作。申请人提交的破产申请材料不符合法律规定的，立案部门应当一次性告知在指定期限内补正，未在指定期限内补正的，退回申请材料。

对符合法律规定的破产申请，立案部门应当予以登记立案。审判部门依法审查后及时作出是否受理的裁定。

第二条　规范管理人选任指定程序。不同类别案件按规定适用相应的管理人指定方式及指定程序。指定前在规定网络平台公布案件基本情况、指定方式、报名时间等。督察部门派员现场监督指定，报名机构可以派员参与指定过程。指定结果在规定网络平台公布。

重大复杂破产案件从一级管理人名册中随机或者通过竞争选任方式指定管理人。指定过程可以邀请人大代表、政协委员现场见证监督。

第三条　严格管理人名册审查。管理人机构申请编入管理人名册需取得督察部门出具的廉洁审查意见。已入册的管理人机构成员被生效法律文书认定向司法机关工作人员行贿的，该机构不得被指定为破产案件管理人，并应当从管理人名册中除名。

第四条　规范管理人临时账户的开立与管理。除无产可破案件外，其它破产案件均应当开立管理人临时账户，归集债务人资金。管理人开立临时账户应当通过重庆法院破产协同易审平台公开摇号确定，通过该平台管理使用账户资金。

第五条　坚持管理人履职公开、留痕、可溯源。对于企业破产法及相关司法解释规定需要公告的事项，应当在全国企业破产重整案件信息网发布，同时还可以通过报纸刊登、债务人住所地张贴等方式进行公告。

办理破产中的有关具体工作事项，如管理人履职评价、其他社会中介机构选聘、案件信息填录、重大事项报告、援助资金申请等，应当通过重庆法院破产协同易审平台进行。

管理人应当按照规定及时、准确、真实地收集制作管理人工作档案，并妥善保管。

第六条 规范法院人员和管理人交往。本院有关部门及审判组织通过听取汇报、审务督察、个案抽查、投诉举报核查等方式，对管理人履职进行监督指导。破产审判人员在案件办理过程中，应当在工作时间、工作场所接待管理人工作人员，书记员全程记录有关内容，并在有条件的情况下录音录像。

加强涉破产信访举报反映线索核查，健全访、查、处体系。破产审判部门、审判管理部门、督察部门建立工作联动和信息共享机制，主动对接驻法院纪检监察部门，建立纪法衔接的查核机制。

第七条 建立分级分类问题处置机制与管理人机构档案制度。对于管理人履职中暴露出的问题，按照由轻到重的顺序，发挥管理人机构、行业自律组织、破产审判部门、督察部门、纪检监察部门的监督职能，分别给予相应的处理措施。建立管理人机构档案，将查处的机构、人员和问题记入档案，通报相关部门。

第八条 深化府院联动，建立常态化的共商共议制度。用足用好信息共享、风险预警、资金保障等举措，以有为司法促进有效市场和有为政府的更好结合。

为确保审判的中立性和公信度，破产审判人员不作为针对破产个案成立的政府工作专班成员。府院联动机制下的具体工作开展，以书面形式为原则。

第九条 依法合理确定管理人报酬。按债权人实际受偿额确定债务人最终清偿的财产价值，并以此计算管理人报酬。加强对债权清偿方案的合法性审核，实质审查债权清偿率，避免债转股价格确定不合理、信托收益不明确等情形下，仍以名义清偿率或者账面清偿率计算管理人报酬。

管理人报酬的确定和支付接受督察部门监督。管理人报酬支付进度应与管理人工作进度、债权清偿进度衔接，破产事务尚未处理完毕的，管理人报酬支付金额一般不得超过所确定报酬总额的80%。

第十条 严格履职工作考评。对管理人的履职工作，按照公开、公平、公正原则，进行可量化的个案评估和年度评估，评估结果运用于管理人名册编制、管理人指定和管理人报酬确定。

  对破产审判工作，完善绩效考评体系，确定绩效考评标准，定期开展代表委员联络活动，主动接受人大代表、政协委员监督，提升办理破产满意度。

重庆市第五中级人民法院
破产审判对外交流工作规划

(渝五中法发〔2023〕24号)

重庆市第五中级人民法院党组通过

2023年3月20日起施行

为深入贯彻习近平新时代中国特色社会主义思想，践行习近平法治思想，落实我市营商环境创新试点相关工作要求，聚焦主责主业，突出实战、实用、实效导向，加强业务交流，拓展工作思路，构建上下联动、左右互通、全面覆盖的交流体系，推动破产审判工作高质量发展。根据营商环境工作要求以及本院相关制度，结合当前工作实际，制定本规划。

一、基本原则

1. 坚持围绕中心，服务大局。对外交流工作要始终围绕破产审判在优化市场资源配置、服务产业结构转型升级中的重要作用，充分发挥取长补短、去粗取精的使命价值，拓展交流工作的深度和广度，助力经济社会发展行稳致远。

2. 坚持常态运行，务实交流。对外交流工作坚持问题导向、按需交流，重点针对破产审判工作中的疑难问题、薄弱环节、创新举措、先进经验等方面开展交流合作，确保交流活动契合破产审判实务长远发展需求。

3. 坚持合理分类，全员参与。紧扣不同类别、不同岗位干警差异化需求，积极开展各类破产审判相关主题交流活动，全面提高干警综合素质和业务能力。

4. 坚持严格管理，统一规范。加强对常态化交流活动的统筹管理，严肃纪律，强化监督，提高交流工作的统一性和规范性，促进破产审判工作高质量发展。

二、具体方式

（一）交流主题

1. 围绕法律规范、司法政策、裁判理念、尺度标准、疑难问题等方面，积极开展与上下级法院的沟通交流，统一裁判尺度，解决实际问题。

2. 围绕法学理论、创新观念、先进经验、审判实务、信息化建设等方面，积极开展与相关单位的沟通交流，汲取优秀经验，拓展裁判视野。

（二）交流方式

1. 定期开展上下级法院沟通交流。通过组织或参加联席会议、辖区会议、请示汇报、业务指导等方式，开展与上下级法院的沟通交流。具体交流活动严格按照本院相关规定执行。与上下级法院的沟通交流每季度不少于3次。

2. 常态化开展与相关单位沟通交流。通过实地考察调研、举办和参加专业论坛、学术讲座、接待来访等方式，加强与相关单位的沟通交流。

以实地考察调研、举办和参加专业论坛等方式的交流活动，每年初由破产庭提出年度交流计划，报院领导批准后执行。全国性、区域内有重要影响的专业论坛，原则上尽量争取参与学习。接待来访等交流活动，按照本院相关规定执行。与相关单位的沟通交流每年度不少于4次。

（三）交流成果

1. 完成交流工作后，及时形成交流成果。对具有普遍指导意义的会议决议、倾向性意见、请示答复等交流成果，及时形成书面材料，并根据工作需要在部门内部或下级法院相关部门之间传达学习。

2. 完成实地考察调研的，要形成调研报告，针对考察调研事务或问题提出结论性或倾向性意见。适时推进与相关单位建立破产审判常态化交流机制、协调联动机制等。

举办或参加专业论坛交流的，可通过破产庭"法官讲堂"、"每月一讲"、微信公众号等方式向全体干警以及破产管理人传达学习，推动职业共同体整体进步，实现交流成果效益最大化。

三、组织保障

（一）加强流程管理

破产庭具体负责调研交流需求，及时掌握交流工作情况，协调交流工作中的相关问题。开展交流活动应按程序报请审批，经批准后严格执行。

（二）自觉接受监督

每年度对本规划实施情况进行总结回顾，发扬成绩，查找问题，确保各项交流任务扎实推进、取得成效。严肃工作纪律，严守廉政底线，自觉接受各方监督。

（三）落实经费保障

交流活动相关费用纳入本院财政经费预算，每年度交流计划经批准后，及时将经费预算提交财务部门，切实保障经费落实。具体交流活动根据活动性质严格按照本院财务制度相关规定进行经费申报和审批。

二、府院协调

重庆市高级人民法院 中国人民银行重庆营业管理部 关于支持破产重整企业重塑诚信主体的会商纪要

(渝高法〔2019〕207号)
2019年12月31日起施行

为全面优化营商环境,最大限度维护企业营运价值,防范和化解金融风险,促进我市经济转型升级,2019年12月18日,重庆市高级人民法院与中国人民银行重庆营业管理部进行会商,根据《最高人民法院印发〈关于为改善营商环境提供司法保障的若干意见〉的通知》(法发〔2017〕23号)、《国务院关于建立完善守信联合激励和失信联合惩戒制度加快推进社会诚信建设的指导意见》(国发〔2016〕33号)、《国务院办公厅关于加快推进社会信用体系建设构建以信用为基础的新型监管机制的指导意见》(国办发〔2019〕35号)、《国家改革委员会办公厅人民银行办公厅关于对失信主体加强信用监管的通知》(发改办财金〔2018〕893号)、国家发展改革委员会等13部委《关于印发〈加快完善市场主体退出制度改革方案〉的通知》(发改财金〔2019〕1104号)等文件精神,对支持破产重整企业重塑诚信主体形成共识。现纪要如下:

一、各中、基层人民法院应在破产重整程序中依法保护金融机构债权人的合法权益,加强对管理人的指导,督促管理人通过认真清理债务人资产、严格债权审查、正确行使撤销权等方式防止债务人利用破产重整程序隐匿资产、逃废债务。

二、人民法院裁定批准重整计划后,债务人或其管理人可依据人民法院批准重整计划的裁定书向金融信用信息基础数据库提交申请,通过在企业征信系统添加"大事记"或"信息主体声明"等方式公开企业重整计划、公开作出信用承诺。

金融机构应加强与上级机构的沟通汇报,在破产法律框架内受偿后重新上报信贷记录，在企业征信系统展示金融机构与破产重整后的企业的债权债务关系，依据实际对应的还款方式，可以将原企业信贷记录展示为结清状态。

三、债务人在企业征信系统通过"大事记"或"信息主体声明"公开重整情况并作出信用承诺的，金融机构对该企业的信贷融资（包括开具各类保函、承兑汇票等）等合理需求应积极支持。

重庆市高级人民法院 重庆市市场监督管理局
关于企业注销有关问题的会商纪要

（渝高法〔2019〕209号）

2019年12月31日起施行

为进一步优化我市营商环境，完善市场主体退出机制，打通企业注销瓶颈，2019年12月12日，市高法院与市市场监管局进行会商，根据《中华人民共和国公司法》《中华人民共和国企业破产法》等法律及相关司法解释的规定，对企业强制清算、破产清算所涉及的注销登记有关问题形成共识。现纪要如下：

一、关于破产程序终结的企业注销登记的办理

经人民法院裁定宣告破产并终结破产程序的企业，适用企业简易注销登记程序。管理人应持以下材料向企业登记机关申请办理注销登记：

1. 企业注销登记申请书；
2. 人民法院宣告破产的裁定书以及终结破产程序的裁定书原件；
3. 企业营业执照正、副本原件；
4. 企业公章（仅限非公司企业法人）。

对经人民法院裁定终结破产程序的企业，管理人应根据有关规定，在完成企业清税工作后，向企业登记机关提出注销登记申请。

二、关于强制清算终结的企业注销登记的办理

经人民法院裁定终结强制清算程序的企业，适用企业简易注销登记程序。清算组应持以下材料向企业登记机关申请办理注销登记：

1. 企业注销登记申请书；
2. 人民法院终结强制清算程序的裁定书原件（包括以无法清算或无法全面清算为由作出的裁定）；
3. 企业营业执照正、副本原件；
4. 企业公章（仅限非公司企业法人）。

对经人民法院裁定终结强制清算程序的企业，清算组应根据有关规定，在完成企业清税工作后，再向企业登记机关提出注销登记申请。

三、关于企业营业执照、公章无法缴回或未能接管情况的处理

经人民法院裁定宣告破产或强制清算的企业，因企业营业执照遗失、管

理人或清算组未能接管等原因而无法向企业登记机关缴回营业执照的，可通过全国企业破产重整案件信息网、国家企业信用信息公示系统或省级公开发行的报刊发布营业执照遗失作废或未能接管的声明，并由管理人或清算组作出书面说明，在办理企业注销登记时无需再向企业登记机关缴回营业执照；因企业公章遗失、未能接管等原因，无法在企业注销登记相关文书材料中加盖企业公章的，由管理人或清算组对该情况作出书面说明，加盖管理人或清算组印章即可，无需再加盖企业公章，也无需缴回企业公章。

四、关于企业的分支机构、对外投资的处理

企业设有分支机构、对外投资设立子企业的，应由管理人或清算组在破产清算、强制清算程序中将其处理完毕，再向企业登记机关申请办理企业注销登记。

管理人或清算组在申请办理企业的分支机构、对外投资设立的子企业注销或变更登记过程中，应按照企业登记机关的要求，向分支机构、对外投资子企业的企业登记机关提交人民法院指定其为管理人或清算组的决定书。因企业公章遗失或未能接管等原因，致使无法在有关登记申请文书材料中加盖企业公章的，可参照本纪要前述有关规定，加盖管理人或清算组印章即可，无需再加盖企业公章；相关登记申请材料需要企业法定代表人签字的，由管理人负责人或清算组负责人签字。

五、关于被人民法院裁定强制清算或破产清算的公司办理注销登记时，公司股东的股权存在质押的处理

经人民法院裁定终结强制清算程序或宣告破产并终结破产程序的公司，若公司股东的股权存在质押，应由作出终结强制清算程序裁定或终结破产程序裁定的人民法院向企业登记机关出具协助执行通知书注销质押登记，再由清算组或管理人向企业登记机关申请公司注销登记。

经过强制清算或者破产清算，有剩余财产可分配给股东的，清算组或管理人应将股权被质押的股东的分配额提存，并及时通知质权人。未经质权人同意，清算组或管理人不得将提存的分配额支付给该股东。

重庆市高级人民法院 重庆市人力资源和社会保障局 重庆市医疗保障局
关于便利破产与强制清算案件社会保险信息查询的通知

（渝高法〔2022〕25号）

2022年2月22日起施行

各中、基层人民法院，各区县（自治县）人力社保局，两江新区社会保障局、重庆高新区政务服务和社会事务中心、万盛经开区人力社保局，各区县（自治县）医疗保障局：

为推动和保障管理人、清算组依法履职，提高破产与强制清算案件审理效率，有效保护企业职工合法权益，重庆市高级人民法院、重庆市人力资源和社会保障局、重庆市医疗保障局共同会商,根据《中华人民共和国公司法》《中华人民共和国企业破产法》《中华人民共和国社会保险法》《重庆市优化营商环境条例》《关于推动和保障管理人在破产程序中依法履职进一步优化营商环境的意见》（发改财金规〔2021〕274号）等规定精神，对破产与强制清算案件所涉社会保险信息查询相关事宜通知如下：

一、管理人申请材料

破产案件中的管理人由人民法院指定，在破产程序中依法负责接管破产企业财产、管理破产事务。管理人向破产企业参保地的人力资源和社会保障局、医疗保障局申请查询该企业相关社会保险信息，应提供以下申请材料：

1. 加盖管理人印章的查询申请书；

2. 人民法院受理破产（重整、和解、清算）申请裁定书；

3. 人民法院指定管理人决定书。

经办人员应提供加盖管理人印章的授权委托书，身份证或者律师执业证等有效证件。

二、清算组申请材料

强制清算案件中的清算组由人民法院指定的人员组成，在强制清算程序中依法负责公司清算事务。清算组向被强制清算公司参保地的人力资源和社会保障局、医疗保障局申请查询该公司相关社会保险信息，应提供以下申请材料：

1. 加盖清算组印章的查询申请书；

2. 人民法院受理强制清算申请裁定书；

3. 人民法院指定清算组决定书。

经办人员应提供加盖清算组印章的授权委托书，身份证或者律师执业证等有效证件。

三、查询信息反馈

管理人或清算组提交的申请材料符合前述规定的，企业（公司）参保地人力资源和社会保障局、医疗保障局于收到申请后三日内，将加盖业务专用章的查询结果反馈给管理人或清算组：

1. 单位养老保险、失业保险、工伤保险参保情况（单位参保时间、正常参保人数、领取待遇人数等）；

2. 养老保险欠费情况（欠费总额本金和利息、单位部分本金和利息、个人账户本金和利息）；

3. 失业保险欠费总金额；

4. 工伤保险欠费总金额；

5. 单位医保参保基本情况（在职人员人数、退休人员人数等）；

6. 医保欠费情况（欠费总额、单位医保基本部分、单位大额部分、个人基本部分、个人大额部分）；

7. 其他相关社会保险信息。

重庆市高级人民法院 国家税务总局重庆市税务局
关于企业破产程序涉税问题处理的实施意见

（渝高法〔2020〕24号）

2020年2月25日起施行

各中基层人民法院、市高法院相关部门，国家税务总局重庆市各区县（自治县）税务局、各派出机构、市税干校、局内各单位：

为进一步深化供给侧结构性改革，充分发挥破产程序在完善社会主义市场经济主体救治和退出机制中的重要作用，营造市场化、法治化、国际化营商环境，推动经济高质量发展，根据《中华人民共和国企业破产法》《中华人民共和国税收征收管理法》等相关法律、法规，对企业破产程序中涉税问题提出以下意见。

一、破产程序中的税收债权申报

（一）破产信息告知。审理破产案件的人民法院或人民法院指定的管理人应当自裁定受理破产申请之日起二十五日内书面通知已知的主管税务机关申报税收债权。无法确定主管税务机关的，人民法院或管理人可以书面通知重庆市税务局，重庆市税务局应当协助确定并通知主管税务机关。

（二）申报主体及申报内容。债务人（纳税人）的主管税务机关是破产程序中税收债权的申报主体。

主管税务机关应当就企业所欠税款（含附加费）及滞纳金、罚款以及因特别纳税调整产生的利息等税收债权、社会保险费及滞纳金、税务机关征收的非税收入等进行申报，其中，企业所欠的滞纳金、因特别纳税调整产生的利息按照普通破产债权申报。

（三）申报期限及逾期申报后果。主管税务机关接到债权申报通知后，应当在确定的债权申报期限内申报债权。

未在债权申报期限内申报的，可以在破产财产最后分配前补充申报。但此前已进行的分配，不再对其补充分配。

（四）债权登记及审查确认。管理人应当对主管税务机关提交的债权申报材料进行登记造册，详尽记载申报债权额、申报债权的证据、优先权情况、申报时间等事项，对申报的税收债权进行审查，编制债权表，供利害关系人查阅。

因企业破产程序中欠缴税款、滞纳金和罚款的债权性质和清偿顺序不同，税务机关依法受偿欠缴税款、滞纳金和罚款办理入库时，按人民法院裁判文书执行。

（五）异议处理。管理人对主管税务机关申报的债权不予认可的，应当及时向主管税务机关说明理由和法律依据。主管税务机关应当及时进行复核。经复核对管理人意见仍有异议的，应当及时向管理人提出异议并提供相应的债权计算方式和征收依据等。

管理人对主管税务机关的异议经审查后仍不予调整的，主管税务机关应当自收到管理人书面通知之日起十五日内向审理破产案件的人民法院提起债权确认之诉。

（六）积极行使表决权。主管税务机关作为债权人，应当参加债权人会议，依法行使表决权。

重整案件中，欠缴税款和滞纳金的债权分别编入税款债权组和普通债权组，主管税务机关应当分别行使表决权。

二、破产程序中的纳税申报

（七）及时申报。人民法院指定管理人之日起，管理人应当按照《中华人民共和国企业破产法》第二十五条的规定，代表债务人办理全部涉税事宜。

管理人经人民法院许可，为债权人利益继续营业，或者在使用、处置债务人财产过程中产生的应当由债务人缴纳的税（费），属于《中华人民共和国企业破产法》第四十一条破产费用中的"管理、变价和分配债务人财产的费用"，由管理人按期进行纳税申报，并依法由债务人的财产随时清偿。

管理人违反税收法律、行政法规，造成债务人未缴或者少缴税款的，主管税务机关应当责令限期整改，拒不改正的，由主管税务机关依法处理。

（八）非正常户解除。债务人在人民法院裁定受理破产申请之日前被主管税务机关认定为非正常户，无法进行纳税申报、影响企业破产处置的，管理人应当向主管税务机关申请解除债务人非正常户状态，并提交人民法院受理破产申请裁定书、指定管理人决定书。管理人未全面接管债务人印章和账簿、文书的，应当向主管税务机关提交书面说明，并同时将说明送交人民法院备案。

主管税务机关在收到管理人提交的解除债务人非正常户状态的申请书以及相关材料后，存在税收违法行为的，应当依法予以处理。已全面接管债务人印章和账簿、文书的，管理人应当代表债务人就破产申请受理前的非正常户期间的纳税义务向税务机关说明。未全面接管债务人印章和账簿、文书的，在破产程序中管理人发现债务人在破产申请受理前的非正常户期间有纳税义务的,应当及时向税务机关报告。破产申请受理前的非正常户期间产生的罚款及应补缴的税款,由主管税务机关向管理人申报债权。申报完成后,主管税务机关依法解除其非正常户认定。

(九)发票使用。在企业破产程序中因履行合同、处置债务人资产或者继续营业确需使用发票的,管理人可以以企业的名义按规定向主管税务机关申领开具发票或者代开发票。

管理人应当妥善管理发票,不得发生丢失、违规开具等情形,违反《中华人民共和国发票管理办法》等法律法规的,税务机关应当按相关规定进行处理。

(十)税费减免。依法进入破产程序的债务人纳税确有困难的,税务机关可以应管理人的申请,按照《房产税暂行条例》《城镇土地使用税暂行条例》等相关法律、行政法规的规定,酌情减免房产税、城镇土地使用税等。

三、债务人财产强制措施的处理

(十一)解除保全、中止执行。税务机关在人民法院受理破产申请前已对债务人财产采取税收保全措施、强制执行措施的,在人民法院裁定受理破产申请后应当依照《中华人民共和国企业破产法》第十九条之规定及时解除该保全措施、中止执行,并将债务人财产移交给管理人。

(十二)恢复保全措施。审理破产案件的人民法院在宣告破产前裁定驳回破产申请,或者依据《中华人民共和国企业破产法》第一百零八条的规定裁定终结破产程序的,应当及时通知原已采取保全措施并已依法解除保全措施的税务机关按照原保全顺位恢复相关保全措施。在已依法解除保全的税务机关恢复保全措施或者表示不再恢复之前,审理破产案件的人民法院不得解除对债务人财产的保全措施。

四、重整企业信用修复

(十三)税务登记信息变更。实行"多证合一"后,企业在重整过程中因引进战略投资人等原因确需办理税务登记信息变更的,税务机关应当依据市场监管部门工商信息更及时办理信息变更,无需至市场监督管理部门变更信息的,税务机关应当根据债务人的申请变更相关信息。

(十四)纳税信用评价。人民法院裁定批准重整计划后,企业提出信用修复申请的,税务部门应当按规定受理,根据重整计划履行纳税义务情况对企业进行纳税信用等级修复,并充分运用银行与税务机关之间的信用应用机制,将修复结果经债务人授权向相关银行开放查询。

自人民法院裁定受理破产重整申请之日起，重整企业可按规定不再参加本期信用评价；重整计划执行完毕，人民法院作出重整程序终结的裁定后，应重整企业申请，税务机关可按规定对企业重新进行纳税信用评价。按照重整计划依法受偿后仍然欠缴的滞纳金和罚款，自重整计划执行完毕时起，不再纳入《关于对重大税收违法案件当事人实施联合惩戒措施的合作备忘录（2016年版）》（发改财金〔2016〕2798号）规定的违法行为评价指标。税务机关应当依法及时解除重整企业及相关当事人的惩戒措施，保障重整企业正常经营和后续发展。

五、破产企业税务注销

（十五）简化税务注销流程。管理人在向市场监督管理部门申请企业注销登记前应当持人民法院终结破产程序裁定书向税务机关办结税务注销手续。对于税务机关依法参与破产程序，税收债权未获完全清偿但已被人民法院宣告破产并依法终结破产程序的债务人，管理人持人民法院终结破产程序裁定书申请税务注销的，税务机关应当及时出具清税书，按照有关规定核销欠税。

六、其他

（十六）管理人履职身份认可。税务机关应当保障管理人依法履行职务。因企业公章遗失、未能接管等原因，无法在向税务机关提交的相关文书材料中加盖企业公章的，由管理人对该情况作出书面说明，加盖管理人印章即可。

（十七）税收政策咨询。管理人为推进破产程序的需要，向主管税务机关提出税收政策咨询的，主管税务机关应当及时提供税收政策咨询服务。

管理人或债务人制定重整计划草案时，可以申请主管税务机关对重整计划草案相关内容提供税收政策咨询，主管税务机关依法予以支持。

重庆市高级人民法院　国家税务总局重庆市税务局关于建立企业破产处置协作机制的指导意见

（渝高法〔2022〕62号）

2022年5月18日起施行

为进一步深化供给侧结构性改革，促进市场主体优胜劣汰和资源优化配置，聚焦市场主体关切，切实转变政府职能，持续优化市场化法治化国际化营商环境，根据《中华人民共和国企业破产法》（以下简称《企业破产法》）、《中华人民共和国税收征收管理法》（以下简称《税收征管法》）、《国务院关于开展营商环境创新试点工作的意见》（国发〔2021〕24号）等相关规定，制定以下意见。

一、建立沟通协调机制

（一）定期召开联席会议。重庆市高级人民法院（以下简称市高法院）和国家税务总局重庆市税务局（以下简称市税务局）定期召开联席会议，总结、交流经验，解决实际问题，进一步便利破产企业涉税事务处理。经一方提议，可临时召开联席会议。

（二）加强日常对口联系。市高法院确定市高法院民二庭、重庆破产法庭，市税务局确定政策法规处及各主管税务机关法制部门对口联系，具体负责日常联络、信息通报、线索移送、联席会议等工作。

（三）加强沟通会商。人民法院与税务机关定期共同梳理带有普遍性、典型性的案例，会商税费（包括税款及其滞纳金或者特别纳税调整产生的利息、社会保险费及其滞纳金、税务机关征收的非税收入、罚款等）清缴、减免、核销，纳税信用修复，破产企业已代收、代扣但未及时解缴的税费处理等涉税事项，指导管理人依法履职。探索将税务师事务所纳入管理人名册，允许税务机关作为债权人依法推荐管理人。

（四）政策咨询及询价快速反馈。管理人为推进破产程序的需要，向税务机关提出税收政策咨询的，主管税务机关应当及时提供税收政策咨询服务。管理人向税务机关进行财产处置询价的，税务机关应予配合并及时书面回复。

二、建立信息共享机制

（五）加强破产案件信息共享。破产申请经人民法院裁定受理后，破产受理法院应及时通过重庆法院破产协同易审平台（以下简称协同易审平台）向税务机关推送企业破产流程、裁判文书及处理结果等信息，便利主管税务机关集成相关信息，及时申报税费债权，积极参与破产程序。

（六）加强企业涉税信息共享。税务机关获得破产案件信息后，应及时通过协同易审平台向破产受理法院推送欠缴、新生税费等相关信息。税务机关可通过协同易审平台等渠道向管理人推送、电子送达相关税务文书，经管理人电子签收后，视为有效送达。

（七）破产程序中财产处置信息共享。管理人在破产程序中处置破产财产的，应及时通过协同易审平台向税务机关推送相关信息，确保税务机关及时履行税费征管职责。

三、优化破产案件财产解封及处置机制

（八）建立破产案件财产解封机制。破产申请经人民法院裁定受理后，由管理人通过协同易审平台向主管税务机关提交解除查封、冻结、扣押告知函、受理破产申请裁定书、指定管理人决定书、经办人员授权委托书，税务机关应当及时办理解封手续。

（九）未及时解封的处置措施。主管税务机关在收到管理人要求解封的相关文件后二十日内未及时处理的，管理人可以对被查封、冻结、扣押的财产进行处置，并在处置后依据破产受理法院出具的法律文书办理解封和财产过户、移交手续。资产处置所得价款经与主管税务机关协调一致后，统一分配处置。

四、便捷破产处置涉税事项办理

（十）依法办理非正常户解除。破产企业在人民法院裁定受理破产申请前被主管税务机关认定为非正常户，无法进行税费申报缴纳，影响企业破产处置的，管理人应当向主管税务机关申请解除企业非正常户状态，主管税务机关应当及时受理。管理人应当根据接管的债务人账簿资料，据实补办破产申请受理前非正常户期间的纳税申报。管理人未接管债务人账簿资料、不掌握债务人在破产申请受理前的非正常户期间的实际情况、未发现债务人有应税财产或行为，且税务机关征管系统中不存在未申报的已开票数据的，可暂按零申报补办纳税申报，待后续核实后作更正申报，更正申报税费根据纳税义务产生时间分别纳入破产债权、破产费用或者共益债务处理。破产企业接受行政处罚且补办申报完成后，主管税务机关依法解除其非正常户状态。

（十一）便捷办理权限、口令恢复。人民法院受理破产申请后，破产企业已办理非正常户解除的，管理人可凭人民法院受理破产申请裁定书、指定管理人决定书、经办人员授权委托书等文件，通过协同易审平台向主管税务机

关申请破产企业电子税务局、税控设备、发票领用开具等权限、口令恢复，允许管理人指定人员经税务机关身份认定后作为破产企业税务经办人办理和查询相关涉税事项，主管税务机关应当快捷办理权限、口令恢复事宜。

（十二）开通办税绿色通道。人民法院受理破产申请后，主管税务机关为破产企业及其管理人提供纳税申报、税款缴纳、身份认证、税务登记、涉税信息查询等涉税事宜快速便捷办理通道。

（十三）便捷税务注销登记。经人民法院裁定宣告破产的纳税人，管理人可持人民法院终结破产程序裁定书向税务机关申请税务注销，税务机关应按照《国家税务总局关于深化"放管服"改革更大力度推进优化税务注销办理程序工作的通知》（税总发〔2019〕64号）第一条第（三）项规定即时出具清税文书，按照有关规定核销"死欠"。管理人凭注销申请、终结破产程序裁定书等资料按照简易税务注销流程办理，税务机关探索将破产企业税务清算及注销登记纳入线上受理、后台流转，提高办理效率。

五、依法支持企业破产重整

（十四）依法支持企业信用修复。税务机关积极探索破产重整企业纳税信用修复及动态调整机制。破产企业提出信用修复申请的，税务机关应当依法受理，并依法根据其按照重整计划履行纳税义务情况对企业进行纳税信用级别修复。破产企业或管理人未及时履行欠缴税费、新生税费申报缴纳义务的，税务机关可以采取停供限开发票等监管措施。对人民法院裁定批准重整计划的破产企业，必要时可通过联席会议机制协调具体信用修复措施。税务机关可充分运用与银行间的纳税信用应用机制，将评价结果经重整企业授权后，向相关银行开放查询。

（十五）依法调整信用限制和惩戒措施。已被公布重大税收违法失信案件信息的破产企业，税务机关依法按重整计划受偿税款及其滞纳金、罚款的，破产企业可以依法向主管税务机关申请提前停止公布失信信息，经税务机关审核批准后，予以提前停止公布，并将相关情况及时通知实施联合惩戒和管理的部门。有关部门应当依据各自法定职责，按照法律法规和有关规定解除惩戒，保障企业正常经营和后续发展。

（十六）提供破产处置涉税专项服务。对人民法院裁定受理的重大重整案件，税务机关指派联络员或专业团队靠前服务，为破产重整企业提供政策咨询、办税辅导、税费估算、意见建议等服务，助力企业重组新生。

（十七）依法落实税收优惠。破产企业符合减免退税条件的，可以在人民法院裁定受理破产申请后，依法提出减免退税申请，经主管税务机关审核后按有关规定予以减免。税务机关发现破产企业既有欠税又有应退税款的,可以按照《中华人民共和国税收征收管理法实施细则》第七十九条规定,向管理人主张以应退税款抵扣欠税。

六、健全破产处置税费清缴机制

(十八)支持税务机关作为税费债权人申请破产。人民法院支持税务机关作为税费债权人申请企业破产,符合破产条件的,人民法院依法及时受理。

(十九)线上债权申报。管理人应当自裁定受理破产申请之日起25日内,书面通知已知的主管税务机关申报税收债权。管理人无法确定主管税务机关的,可以书面通知市税务局,由市税务局协助通知主管税务机关。主管税务机关通过协同易审平台向管理人申报税费债权。税务机关未在债权申报期内申报的,可依照《企业破产法》第五十六条、第九十二条、第一百条的规定申报债权、行使权利。破产企业如有未完结税务稽查、税收风险应对或涉嫌发票违法相关协查、核查的,管理人应配合税务机关完成相关调查。对主管税务机关预申报的税费债权,管理人应当参照《企业破产法》第一百一十九条的规定进行处理。

(二十)明确新生税费承担。破产申请受理后,终结破产清算程序、终止重整程序或和解程序前,管理人经人民法院许可,为债权人利益继续营业,或者在使用、处置债务人财产过程中产生的应当由债务人缴纳的税费(以下统称新生税费),分别属于《企业破产法》第四十一条、第四十二条规定的破产费用或共益债务的,由管理人以破产企业名义进行申报。人民法院应指导和督促管理人等相关主体在重整计划、和解协议、财产分配方案等相关文书中明确将新生税费及其滞纳金作为破产费用或共益债务,并明确其承担主体和方式。税费债权、新生税费及其滞纳金原则上应以货币方式清偿,管理人等相关主体拟定分配方案、重整计划等文书时应当充分估算并留足现金予以保障。人民法院、税务机关应当督促管理人、买受人、债权人等相关主体按照前述文书履行新生税费清缴义务;相关主体拒绝履行的,可以暂停发出办理财产过户及交付相关手续。

(二十一)协助办理不动产过户登记及代开发票。税务机关在收到破产财产交易税款后,应当及时开具完税凭证(依法享受免税优惠的,出具免税证明),并积极协助财产登记管理部门办理相关过户登记手续。如需税务机关代开发票的,税务机关依照受理破产申请裁定书、指定管理人决定书、拍卖成交确认书、代开发票申请等资料,在收到税费款后五个工作日内开具增值税发票并交付管理人。

重庆市高级人民法院 重庆市规划和自然资源局 关于优化企业破产程序中涉不动产事务办理的意见

(渝高法〔2022〕64号)

2022年5月18日起施行

为贯彻落实《国务院关于开展营商环境创新试点工作的意见》（国发〔2021〕24号），深入推进我市营商环境创新试点工作，持续优化企业破产过程中的信息共享、财产处置等事项办理，根据《中华人民共和国企业破产法》《关于推动和保障管理人在破产程序中依法履职进一步优化营商环境的意见》（发改财金规〔2021〕274号）等规定精神，重庆市高级人民法院、重庆市规划和自然资源局共同会商，对破产案件所涉不动产信息查询和处置有关事宜，提出以下意见。

一、依法保障管理人履职

破产案件中的管理人由人民法院指定，在破产程序中依法负责接管破产企业财产、管理破产事务。管理人在履职过程中需要不动产登记机构协助的，不动产登记机构应当积极支持配合，依法保障管理人正常履职。

二、便捷不动产保全办理

人民法院可以根据管理人的申请，通过重庆法院破产协同易审平台（以下简称易审平台）发送民事裁定书、协助执行通知书，线上办理不动产查封、解除查封等业务，不动产登记机构应当在一个工作日内办结。协助执行通知书应当载明破产受理法院、案号、管理人及联系方式、承办人及联系方式、破产企业名称、统一社会信用代码、具体协助事项等内容。

三、便利不动产信息查询

人民法院因办理破产案件需要，可以根据管理人申请或者依职权通过易审平台查询破产企业在全市范围内已在不动产登记系统办理登记的国有建设用地使用权和房屋所有权相关信息。不动产登记系统根据查询需求，实时自动反馈不动产登记线索信息。

人民法院根据不动产登记线索信息开展正式查询的，可通过易审平台提交电子版协助查询通知书、工作人员身份证明材料，不动产登记机构应在收到材料后1个工作日内出具电子版查询回执并通过易审平台进行反馈。反馈结果主要包括不动产权利人、证件号、共有情况、不动产单元号、坐落、面积、交易价格、权利类型、登记类型、登记时间等不动产登记信息，以及抵押、查封、地役权等相关信息。

四、规范现场办理手续

管理人到不动产登记机构现场查询破产企业名下不动产登记结果及登记资料，需提供以下材料：

1. 加盖管理人印章的查询申请书；

2. 人民法院受理破产申请裁定书；

3. 人民法院指定管理人决定书；

4. 加盖管理人印章的授权委托书及经办人员有效身份证件。

管理人现场办理其他业务，需要破产企业盖章或法定代表人签字的，以加盖管理人印章的方式替代。

五、优化不动产处置机制

破产企业在重庆市的不动产被重庆市相关单位查封，查封单位经管理人通知、相关法院协调仍未依法解封的，管理人可以对被查封的不动产进行处置，无须再办理解封手续。处置后，破产受理法院根据管理人申请，出具相应的民事裁定书、协助执行通知书（裁定书应载明解除查封等内容），不动产登记机构据此办理解除查封和转移登记手续。

因破产企业资料缺失或第三方机构（如设计、勘察、监理等单位）不配合竣工验收等情形，导致破产企业无法办理建设工程竣工验收的，在住房城乡建筑主管部门的指导下，由管理人委托有关专业机构对工程质量进行安全鉴定。鉴定合格后，管理人将相关材料报送住房城乡建设主管部门。

管理人可持记载土地使用权状况的不动产权属证书、建设工程竣工规划核实确认书和房地产调查报告申请办理不动产登记。

六、建立沟通协调机制

重庆市高级人民法院与重庆市规划和自然资源局就破产企业涉不动产事务的办理建立沟通协调机制，定期通报研判、会商解决相关问题。

重庆市高级人民法院指定的对接责任部门为重庆破产法庭；重庆市规划和自然资源局的对接责任部门为确权登记处。各责任部门分别确定一名联络人。

七、其他

人民法院办理强制清算案件涉及不动产信息查询的，参照本意见执行。

重庆市高级人民法院
关于贯彻落实《关于进一步做好"僵尸企业"及去产能企业债务处置工作的通知》的意见

（渝高法〔2019〕11 号）

2019 年 2 月 1 日起施行

2018 年 11 月 23 日，国家发展和改革委员会、工业和信息化部、财政部、人力资源和社会保障部、自然资源部、中国人民银行、国务院国有资产监督管理委员会、国家税务总局、国家市场监督管理总局、中国银行保险监督管理委员会、中国证券监督管理委员会联合印发《关于进一步做好"僵尸企业"及去产能企业债务处置工作的通知》（发改财金〔2018〕1756 号，以下简称《通知》）。2018 年 12 月 26 日，最高人民法院办公厅印发通知要求各地法院深入学习领会《通知》的精神和要求。为贯彻落实最高人民法院工作部署，充分发挥司法服务和保障职能，推进供给侧结构性改革，按照《通知》内容和精神，提出以下工作意见。

一、强化"府院"联动，发挥司法能动作用

充分认识构建常态化规范化"府院"协调机制的重要性和必要性。在"僵尸企业"和去产能企业处置过程中，依托企业破产处置工作联系会议机制，明确"僵尸企业"和去产能企业处置的协调部门、协调内容、沟通渠道。积极为企业处置工作提供法律服务和法律意见，依法高效审理相关案件，确保处置工作有序推进，为"僵尸企业"和去产能企业处置提供坚强的司法保障。

二、摸清企业情况，合理配备审判力量

高度重视"僵尸企业"和去产能企业的破产处置工作，提前规划、精心准备。要及时与政府相关部门衔接，掌握"僵尸企业"和去产能企业名单，了解企业基本情况。依据进入破产程序的"僵尸企业"和去产能企业的数量、规模和分布区域，可依法适当调整管辖。案件较多的法院，要提前调配足够的破产审判力量，并在制度上保障破产法官、法官助理能够集中从事破产审判工作。要提前对破产法官及相关人员进行专门培训，确保相关人员具备相应的专业能力。

三、司法提前介入，实现前期处置与破产有序衔接

各级法院要以"府院"协调机制为依托，积极参与有关企业分类处置方

案的前期论证，提供专业的法律意见和建议。对于能够救治的企业尽可能通过引入投资、资本运营、创新发展等方式利用破产重整程序，予以挽救；对于无救治希望和重整价值的企业，及时依法破产清算，尽快退出市场，释放生产要素。对于拟进行破产清算的企业，可指导企业按照破产法要求提前准备好相关材料；对于拟进行破产重整的企业，要按照破产法及市高法院《破产重整申请审查工作指引（暂行）》的要求，提前与相关部门沟通，对重整必要性和可行性进行审查，并指导企业提前做好相应准备。

四、建立绿色通道，加快破产案件处置进度

对涉及"僵尸企业"和去产能企业的破产案件依法加快处置，协调好立案、审判执行等相关部门之间的衔接配合，设立绿色通道，优先立案、优先审查、优先审理。在破产审理中，创新工作机制，合并工作事项，采取灵活多样的资产处置方式，对债权债务关系简单、财产状况明晰等较为简单的破产案件，采取简化审理方式，快速高效审结。

五、多方筹措破产经费，保障破产程序顺利启动

按照《通知》精神，以"府院"协调机制为依托，积极与政府牵头部门协商，以多渠道解决、两级财政支持为原则，安排筹措企业破产处置工作经费，建立破产案件专项资金，切实解决破产财产不足以支付破产费用案件的管理人报酬和其他破产费用的支付问题，保障涉及"僵尸企业"和去产能企业破产程序的顺利进行。

六、推动完善配套制度，保证"僵尸企业"及时出清

在"僵尸企业"和去产能企业破产处置中，认真梳理破产企业税收减免、工商注销、信用修复、社会保障、职工安置、财产处置等方面的问题，积极向政府相关部门提出意见和建议，协调工商、税务、规划、人民银行、社保、公安、信访等部门完善企业破产处置的配套制度，确保"僵尸企业"依法及时退出市场。

重庆市高级人民法院 重庆市公安局
重庆市规划和自然资源局 重庆市市场监督管理局
国家税务总局重庆市税务局 中华人民共和国重庆海关
关于优化破产案件财产解封及处置机制合作备忘录

2022年6月27日起施行

为进一步深化供给侧结构性改革，促进市场主体优胜劣汰和资源优化配置，对标国际一流水平，持续优化市场化法治化国际化营商环境，根据《中华人民共和国企业破产法》《国务院关于开展营商环境创新试点工作的意见》（国发〔2021〕24号）等相关规定，现就优化破产案件财产解封及处置机制形成如下意见。

一、关于推动和保障管理人依法履职

第一条 管理人是由人民法院指定，在破产程序中依法管理破产事务的专门机构。管理人依法履行接管破产企业财产，代表破产企业参加诉讼、仲裁或者其他法律程序等职责。人民法院裁定受理破产申请后，破产企业的财产持有者应当向管理人交付财产。

第二条 人民法院审理企业破产案件应当指定管理人，除特殊情形外，管理人应当从管理人名册中指定。市高法院将重庆法院管理人名册与相关单位进行信息共享，便于相关单位对管理人进行身份核验。清算组、外地社会中介机构担任管理人的，市高法院应指导破产受理法院及时将管理人信息向相关单位进行推送。

二、关于优化破产案件财产解封

第三条 为维护破产企业财产的完整性，人民法院裁定受理破产申请后，与破产企业相关的查封、扣押、冻结措施应当解除，相关处置程序应当中止，债务人财产应当及时向管理人移交。

第四条 破产申请由重庆法院裁定受理后，由管理人通知债权人及采取查封、扣押、冻结措施的相关单位进行财产解封，相关单位收到管理人提交的告知函、受理破产申请裁定书、指定管理人决定书、授权委托书后，应当及时解除查封、扣押、冻结措施。

三、关于优化破产案件财产处置

第五条 重庆法院受理的破产案件中，破产企业的不动产或动产等实物

资产被重庆市相关单位查封、扣押、冻结，采取查封、扣押、冻结措施的相关单位经管理人通知未依法解封的，允许管理人对被查封的财产进行处置。

第六条 管理人申请接管、处置海关监管货物的，应当先行办结海关手续，海关应当对管理人办理相关手续提供便利并予以指导。

第七条 管理人对被查封的财产进行处置后，破产受理法院根据管理人申请，出具相应的民事裁定书（裁定书应载明解除查封等内容）、协助执行通知书等，相关单位可据此办理解封和资产过户、移交手续，资产处置所得价款经与查封单位协调一致后，统一分配处置。

四、其他

第八条 公安机关因刑事办案需要查封、扣押、冻结债务人财产的，相关财产的解封、处置、过户、分配等由市高法院、市公安局依法协调处理。

第九条 市高法院与相关单位建立破产财产处置协调机制，统筹解决管理人身份核验、优化破产案件财产解封及处置中的疑难复杂问题。相关单位确因特殊情况无法及时解除查封、扣押、冻结措施的，可提请通过破产财产处置协调机制协商解决。

三、数智服务

重庆市第五中级人民法院
破产申请审查案件网上立案规则

（渝五中法发〔2023〕22号）
重庆市第五中级人民法院审判委员会通过
2023年3月20日起施行

第一条 为规范破产申请审查案件网上立案工作，提升网上立案服务水平，方便申请人依法行使权利，根据相关法律、司法解释以及最高人民法院《人民法院网上立案工作规范》等规定，结合破产申请审查案件立案工作实际，制定本规则。

第二条 申请人或其委托代理人可通过重庆法院公众服务网、重庆"易法院"手机APP、自助服务设备等平台开通的网上立案功能模块向本院提交破产申请审查案件立案申请，本院在线接收材料并决定是否登记立案。

第三条 申请人或其委托代理人申请破产申请审查案件网上立案应遵循诚实信用原则，正确填写立案信息，确保所提交立案材料真实、完整、清晰；不得进行虚假申请，不得冒充他人提起申请。

第四条 网上立案申请程序及相关事项：

（一）申请人在网上立案平台自主注册账号并进行实名认证；律师可通过重庆法院律师服务平台登录；

（二）申请人或其委托代理人应当按照网上立案平台的提示选择案件类型，真实、准确、有效填写案件信息、当事人信息等；

（三）申请人或其委托代理人按照要求上传破产申请书、身份证明及委托手续、证据材料等必要的申请材料；

（四）申请人或其委托代理人填写信息、上传材料后，提交审核，完成网上立案申请。

第五条　申请人或其委托代理人通过网上立案平台提交立案材料,可使用 A4 型纸扫描图像,也可使用拍照形成的 JPG 或 PNG 等图片格式。上传的电子化立案材料应当呈现完整、内容清晰、格式规范,不得出现其他无关信息或者物件。

第六条　申请人或其委托代理人通过网上立案平台提出破产申请的,应当上传提交以下材料:

(一)破产申请书;

(二)申请人的主体资格材料,申请人是自然人的,上传身份证明;申请人是法人或者非法人组织的,上传营业执照或者组织机构代码证(统一社会信用代码证)、法定代表人或者主要负责人身份证明书及其个人身份证件;法人或者非法人组织不能提供组织机构代码证(统一社会信用代码证)的,应当提供被注销的情况说明及证明材料;

(三)委托申请的,委托代理人除应当有授权委托书外,律师应当提交律师执业证及律师事务所函,基层法律服务工作者应当提交法律服务工作者执业证、基层法律服务所出具的介绍信,申请人的近亲属应当提交身份证件和与委托人有近亲属关系的证明材料,申请人的工作人员应当提交身份证件和与申请人有合法劳动人事关系的证明材料,申请人所在社区、单位推荐的公民应当提交身份证件、推荐材料和申请人属于该社区、单位的证明材料,有关社会团体推荐的公民应当提交身份证件和相关证明材料;

(四)被申请人的主体资格材料,如最新工商登记材料、国家企业信用信息公示系统查询材料等;

(五)与申请相关的证据或证明材料。

第七条　破产申请书应当载明下列事项:

(一)申请人和被申请人的基本情况;债务人自行提出破产申请的,可以只列申请人的基本情况;

(二)申请目的或申请事项;

(三)具体事实与理由;

(四)证据和证据来源;有证人的,载明证人的姓名、住所、联系方式等。

申请书应由申请人签章并注明具体日期。申请人为自然人的,应由申请人本人签名(不会手写签名的可按捺指印代替);申请人为法人或者非法人组织的,应加盖公章。

第八条　债权人申请债务人破产清算的,应当提交申请人对债务人享有到期债权、债务人不能清偿到期债务等证据或证明材料。

债权人申请债务人破产重整的，还应当提交债务人具有重整价值和可行性的分析报告及证据材料。

第九条 债务人申请破产清算的，应当提交以下相关证据或证明材料：

（一）债务人的资产负债表、资产评估报告或审计报告；

（二）债务人的职工名单、工资清册、社保清单、职工安置预案以及职工工资的支付和社会保险费用的缴纳情况；

（三）债务人至破产申请日的资产状况明细表，包括有形资产、无形资产及对外投资情况等；

（四）债务人的债权、债务及担保情况表，列明债务人的债权人及债务人的名称、住所、债权或债务数额、发生时间、催收及担保情况等；

（五）债务人所涉诉讼、仲裁、执行情况及相关法律文书；

（六）人民法院认为应当提交的其他材料。

债务人为国有独资或者控股公司的，还应当提交出资机构同意申请破产的文件以及企业工会或者职工代表大会对企业申请破产的意见。

债务人申请破产重整的，还应当提交其股东会、董事会、主管部门或投资人同意重整的文件，以及债务人具有重整价值和可行性的分析报告及证据材料。

债务人申请重整并同时申请预重整的，还应当按照本院《预重整工作指引（试行）》提交相应证据材料。

债务人申请破产和解的，除了应当提交本条第一款规定的证据或证明材料外，还应当提交和解协议草案。

第十条 清算义务人申请债务人破产清算的，除了应当提交本规则第九条第一款第（二）项至第（六）项规定的证据或证明材料外，还应当提交清算义务人的基本情况或者清算组成立的文件，债务人解散的证明材料，以及债务人资产不足以清偿全部债务的财务报告或者清算报告。

第十一条 本院在收到网上立案申请后，对立案材料是否符合规定进行形式审查，并在法定期限内在线依法作出处理：

（一）符合规定立案条件的申请，及时登记立案；

（二）提交材料不符合要求的，通过网上立案平台推送补正通知，一次性告知需要补正内容和期限。申请人或其委托代理人未在指定期限内按要求补正的，立案材料作退回处理；

（三）对无法通过网上提交符合要求的立案材料或者根据网上提交的立案材料无法作出处理的，可以通知申请人或其委托代理人通过现场递交的方式申请立案；

（四）本院受理破产申请之前又有其他申请人对同一债务人提出破产申请的，释明可以作为申请人参加已经启动的破产申请审查程序。

第十二条　对申请人或其委托代理人提交的网上立案申请，原则上当日进行审核。不能当日完成审核的，应当在七日内依法作出处理。

网上立案申请材料经补正的，网上立案办理期限从申请人或其委托代理人材料补正后起算。

第十三条　网上立案办理以网上答复为主，也可以利用电话、传真、电子邮件等其他形式进行答复。利用其他形式答复的，要做好记录，并在网上立案平台注明回复时间、方式及内容。

第十四条　除本规则的第十一条第（三）项情形外，不得要求网上提交立案材料后到现场办理立案手续；对于已到现场提交立案材料的，不得要求通过网上提交。

第十五条　申请人或其委托代理人在申请网上立案过程中，存在虚假申请、恶意申请、冒充他人提起申请，或者滥用权利、扰乱网上立案秩序等情形的，可以停止为其提供网上立案服务。

第十六条　强制清算申请审查案件网上立案工作参照本规则执行。

第十七条　本规则自发布之日起施行。

重庆市高级人民法院办公室
关于启用内网破产案件关联提示系统服务的通知

2020年1月7日起施行

各中、基层人民法院，本院相关部门：

为充分运用信息化技术手段，通过信息共享与整合，提高破产案件审理效率。重庆法院案件管理系统中新增"破产案件关联提示系统"将于2020年1月6日起正式上线。现将相关事宜通知如下：

一、"破产案件关联提示系统"主要功能

（一）新增系统节点。系统新增四个节点：在执行案件系统中新增"执转破"节点。在破产案件系统中新增"宣告破产""批准重整计划，终止重整程序""认可和解协议，终止和解程序"节点。

（二）及时阻却立案。以"破"为案件代字类型的案件立案后，将阻却与破产企业有关的诉讼、保全、执行案件的立案（不包含第三人撤销之诉、再审申请和再审案件，以及破产审理法院对破产企业的保全和衍生诉讼的立案）。若破产申请被驳回，阻却立案将解除。

（三）加强破产提示。执行法院发起"执转破"或破产受理法院裁定受理破产申请后，根据破产案件的进度，与破产企业有关的案件承办法官可通过案件管理系统收到"执行案件应当中止""财产保全应当解除，并向管理人移交财产""执行案件应当终结""可以恢复执行""应按原保全顺序恢复相关保全措施"等提示。

（四）新增破产文书查阅功能。与破产企业有关的案件承办法官，可以通过案件管理系统查看"受理破产申请的裁定书"和"指定管理人的决定书"等破产案件文书。

二、具体工作要求

（一）及时录入节点信息。在出现发起"执转破"、裁定受理破产申请、宣告破产、批准重整计划、认可和解协议等法定事由后，相关人员应及时在案件管理系统中录入节点信息，以便启动相应功能。

（二）重视提示信息。破产企业相关案件的承办法官应及时查看有关提示信息。保全案件、执行案件的承办法官在收到破产管理人请求解除保全、中止执行的函件后，应直接通过系统核实企业破产情况和管理人身份信息，依法及时办理。

（三）及时收集反馈问题。系统上线运行中发现的问题及改进建议，请及时向市高法院民二庭和信息技术处反馈。市高法院民二庭联系人：胡彬，联系电话：023 67673321；信息技术处联系人：卿天星，联系电话：023 67673402；技术公司联系人：林宁，联系电话：023 67673373。

重庆市第五中级人民法院
关于对接破产管理人账户信息化工作的公告

2021年9月6日发布

本市各商业银行：

为进一步加强和完善法院对破产管理人工作的及时指导和动态监督，支持管理人依法调查、接管破产企业财产，监督重整企业重整计划执行情况，经我院研究决定，在全市推行破产管理人账户以及破产重整企业账户信息化管理。我院定于2021年12月5日前对全市开设有破产管理人账户的银行进行信息技术对接测试，测评合格的银行方才具备开设破产管理人账户资质，不合格的则自动淘汰。

请本市各商业银行在2021年12月5日前与法院信息技术部门进行技术对接，信息技术标准规范可通过法院联系人获取，所需专线由各商业银行自行负责。

重庆市第五中级人民法院
关于完成破产管理人账户信息化工作技术对接的银行名单的公告

2022年1月18日印发

本市各相关商业银行、破产管理人机构：

为进一步加强和完善法院对破产管理人工作的及时指导和动态监督，支持管理人依法调查、接管破产企业财产，监督重整企业重整计划执行情况，我院决定在全市推广破产管理人账户以及破产重整企业账户信息化管理，并于2021年9月6日面向全市各商业银行发布《重庆市第五中级人民法院关于对接破产管理人账户信息化工作的公告》。现将如期完成与"重庆法院破产协同易审平台"技术对接工作，取得开设破产管理人账户资质的商业银行名单公布如下：

工商银行	农业银行	中国银行	建设银行
交通银行	光大银行	中信银行	邮储银行
恒丰银行	华夏银行	兴业银行	浦发银行
平安银行	浙商银行	民生银行	招商银行
重庆农商行	重庆银行	三峡银行	

（注：排名不分先后）

重庆破产法庭
关于管理人查询破产企业财产信息操作指南（1.0 版）

一、破产企业银行账户信息查询

管理人可通过重庆法院破产协同易审平台申请查询破产企业银行账户金额、交易明细等信息。

操作步骤：

①管理人可通过重庆法院破产协同易审平台管理人界面进入【债务管理】-【银行账户查询】。

②点击【添加】，填录信息后，可新增债务人的银行账户信息。

③管理人选择债务人的银行账户点击【提交】，可将该债务人的银行账户信息提交给承办法官进行审核，承办法官"审核通过"后，管理人可继续进行下一步操作。

④审核通过后管理人还须上传"受理裁定书""指定管理人决定书""协查函"等附件，附加上传完成后将发送短信至相关银行。

⑤短信发送成功后，银行将返回信息，管理人可点击【银行流水】查看该账户的流水情况。

二、银行账户基本信息、不动产、车辆、证券等"总对总"信息查询

【业务概述】

管理人可进入重庆法院破产协同易审平台，点击"信息查询"中"申请'总对总'信息查询"，申请人民法院通过"执行网络查控系统"等方式查询债务人名下银行账户基本信息、不动产、车辆、证券（沪市、深市、股转系统）、渔船、船舶、支付宝、财付通、网银等信息。

操作步骤：

①管理人可通过重庆法院破产协同易审平台管理人界面进入【信息查询】—【申请"总对总"信息】。

②承办法官收到车辆信息查询申请后，通过"执行网络查控系统"等方式查询债务人名下银行账户基本信息、车辆等信息。

③承办法官将查询结果反馈给管理人。

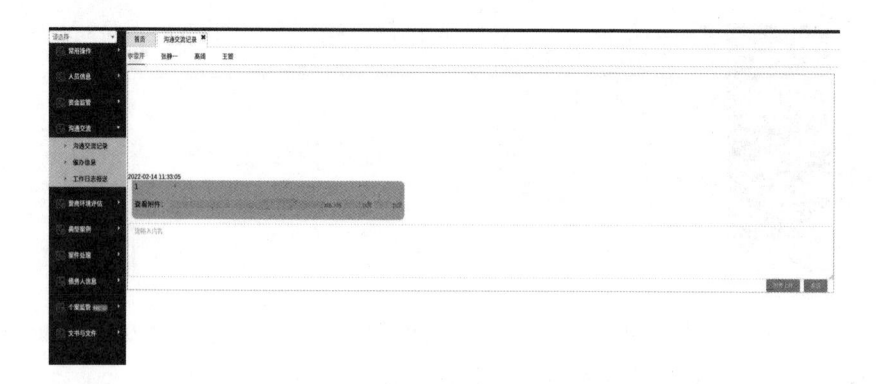

④管理人可通过重庆法院破产协同易审平台点击【"总对总"信息查询结果】查看债务人车辆情况。

三、不动产专项查询

【业务概述】

管理人可进入重庆法院破产协同易审平台，点击"信息查询"中"不动产查询"，申请人民法院通过"重庆法院破产协同易审平台"查询债务人名下不动产信息，也可以到登记中心现场查询。

操作步骤：

①管理人可通过重庆法院破产协同易审平台管理人界面进入【信息查询】—【不动产信息查询】。

②承办法官收到不动产信息查询申请后，通过"重庆法院破产协同易审平台"查询债务人名下不动产信息。

③承办法官将查询结果反馈给管理人。

④管理人可通过重庆法院破产协同易审平台点击【不动产信息查询结果】查看债务人不动产情况。

四、涉税信息查询

管理人可通过重庆法院破产协同易审平台向税务机关申请恢复口令，进而通过电子税务局查询涉税信息。

操作步骤：

①管理人通过重庆法院破产协同易审平台管理人界面进入【债务管理】—【税务查询】向主管税务机关申请破产企业电子税务局纳税申报、税控设备、发票领用开具等权限、口令恢复。

②管理人通过重庆法院破产协同易审平台跳转至"国家税务总局重庆市电子税务局"，登录后进行查询。

五、破产企业注册登记信息查询

（一）企业信用信息查询

管理人可进入重庆法院破产协同易审平台，点击"企业信用信息查询"查询企业名称、统一社会信用代码、股东等信息。

操作步骤：

①通过重庆法院破产协同易审平台跳转至"国家企业信用信息公示系统"，在查询栏输入债务人名称，点击查询。

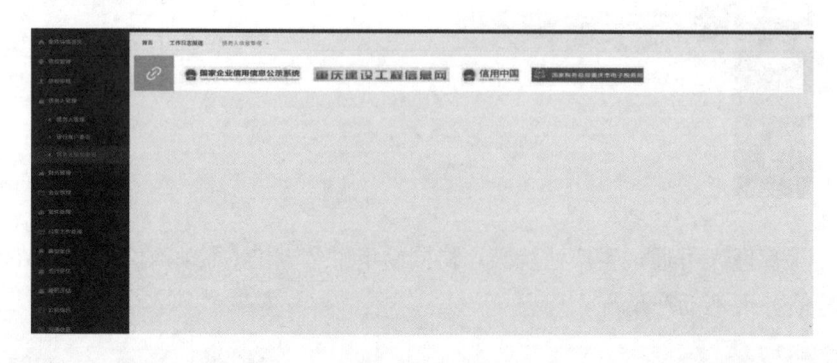

②进入查询结果栏,点击债务人名称,查看债务人信息。

③点击右上角"发送报告",确认接收邮箱后点击"发送"。

④通过电子邮件收悉截至查询日的《企业信用信息公示报告》。

(二)企业电子档案查询

管理人可以通过"渝快办"中破产企业档案查询功能查询电子档案。[①]

操作步骤:

①扫描二维码下载安装"重庆市政府"APP。

[①] 重庆市企业登记档案智慧查询功能嵌入在"重庆市政府"APP之中,使用前请下载安装"重庆市政府"APP、注册"渝快办"账号并通过"渝快办"实名认证。

②进入"渝快办"APP 首页后,点击下方的渝快办栏目。

③在渝快办栏目中点击进入"开办企业 E 企办"。

④在"E企办"中展开"企业登记档案智慧查询",点击"企业登记档案智慧查询"进入查询界面。

⑤选择要查询的破产企业,点击"查询选中企业的档案",当天电脑或手机办理的企业登记业务请于次日再查询。

⑥企业信息输入无误后，会提示同意查询承诺书，同意后下方显示查询状态为"档案准备中"。

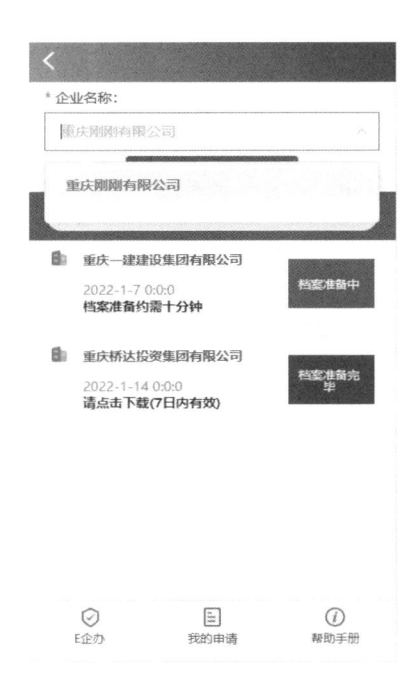

⑦破产企业档案一般较多，等待一定时间后，查询状态会变为"档案准备完毕"，可以点击"请点击下载（7日内有效）"进入档案下载页面。①

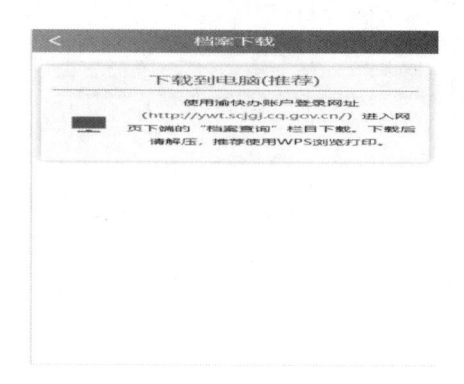

六、渝快办重置债务人账号密码（查询医保信息）操作指引

1. 进入重庆市人民政府网站（http://www.cq.gov.cn/），点击政务服务（"渝快办"）https：//zwykb.cq.gov.cn/

2. 点击登录进入重庆市政务服务网统一认证

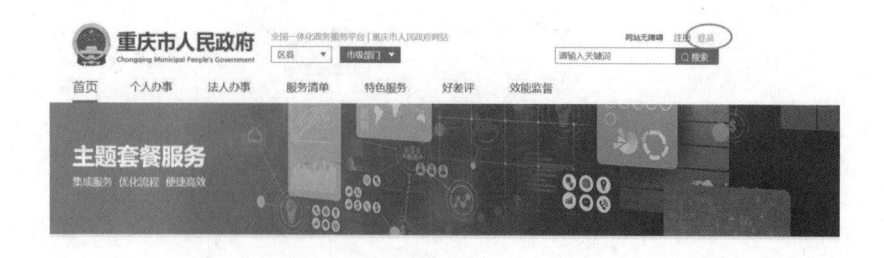

---

①破产企业档案较大，推荐下载到电脑，需要等候一定的时间。档案下载后，请解压，推荐使用最新版本WPS浏览、打印。

3. 先点击"法人用户"（因为系统默认的是个人用户），再点"忘记密码"进行密码重置(如果债务人移交了账号密码的,则可以点"法人用户"直接登录)

4. 选择"手机找回"方式

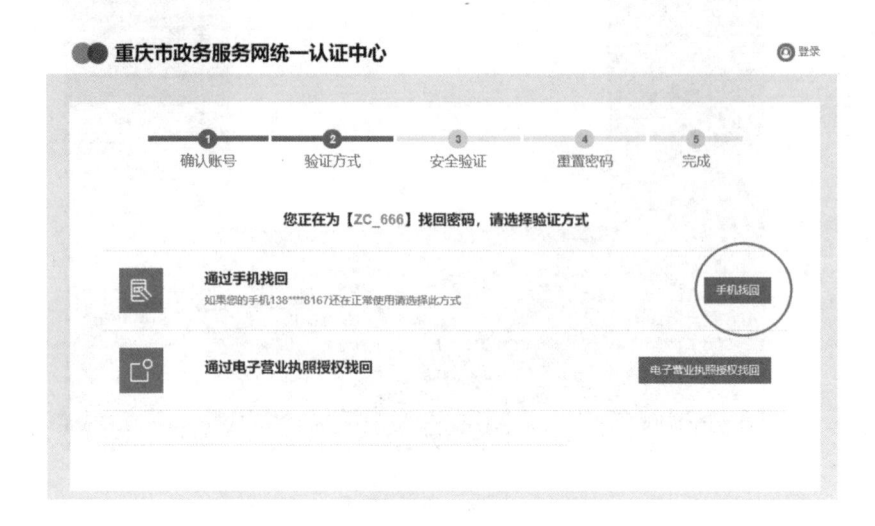

5. 密码重置成功后登录"法人用户"（管理人可以自己探索其他可查询事项）

6. 通过重庆市人民政府网站末端进入"市医保局"或者直接登录重庆市医疗保障局网站（https://ylbzj.cq.gov.cn/）

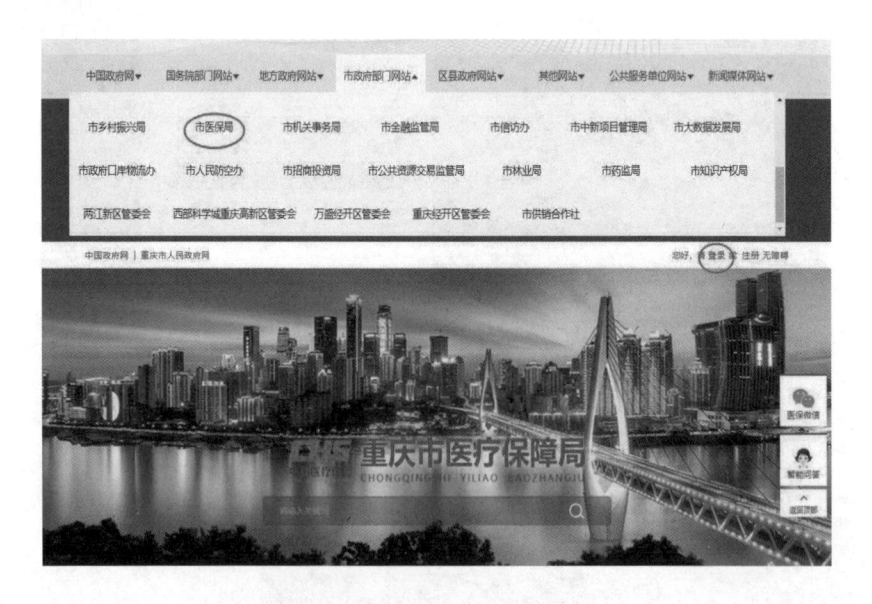

7. 点击进入"重庆市医疗保障局公共服务平台"

8. 跳转后点击"单位登录"（有可能要重新输入账户、密码）

9. 可以办理业务，进行业务查询、报表打印等业务。

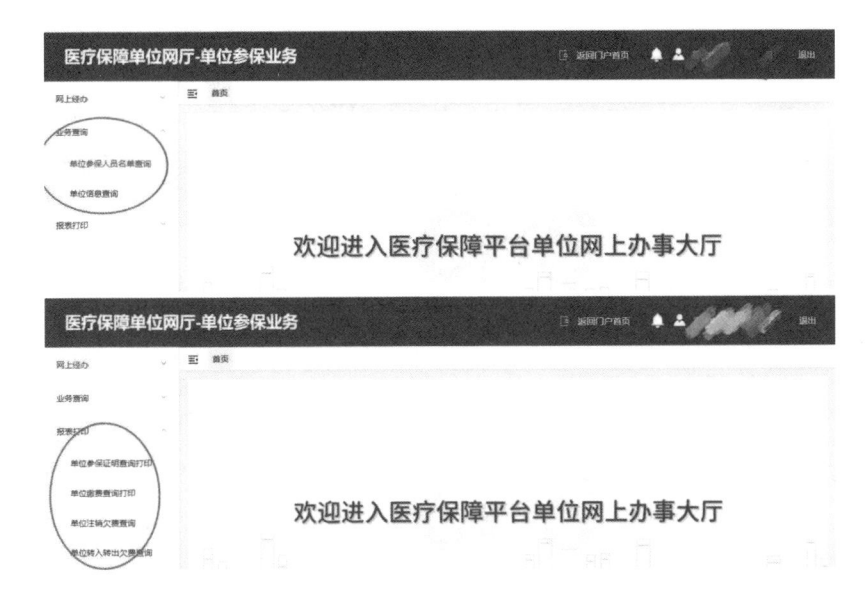

注意：与查询企业电子档案用管理人负责人个人账号不同，渝快办整体查询是通过债务人的账号进行。

七、信用中国查询企业信用信息

【业务概述】

管理人可进入重庆法院破产协同易审平台,点击"信用中国(重庆)[①]"查询企业行政处罚、失信惩戒等信息。

操作步骤:

①通过重庆法院破产协同易审平台跳转至"信用中国(重庆)",在查询栏输入债务人名称,点击查询。

②进入查询结果栏,点击债务人名称,查看债务人信息。

③点击右下角"下载信用信息报告"获取企业信用信息概况。

[①] 根据发改委反馈,在重庆,公众通过"信用中国(重庆)"查询的信息会比直接登录"信用中国"查询的信息更多。

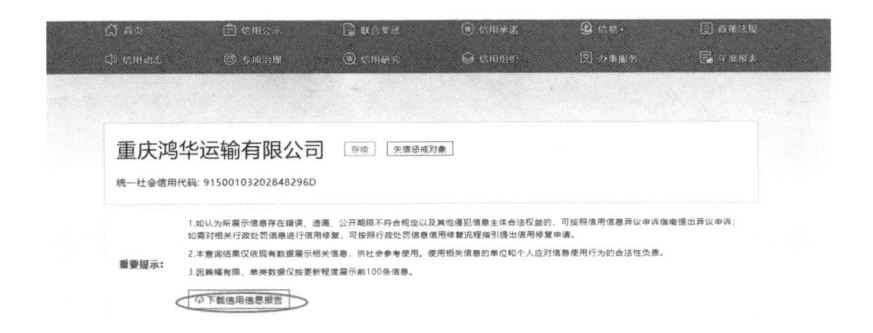

八、建筑企业相关信息查询

【业务概述】

管理人可进入重庆法院破产协同易审平台,点击"建设工程信息"查询建筑企业相关资质信息。

操作步骤:

①通过重庆法院破产协同易审平台跳转至"重庆建设工程信息网",在"网上查询"栏点击相应内容后,点击进入相应查询界面,查询栏输入债务人名称,点击查询。

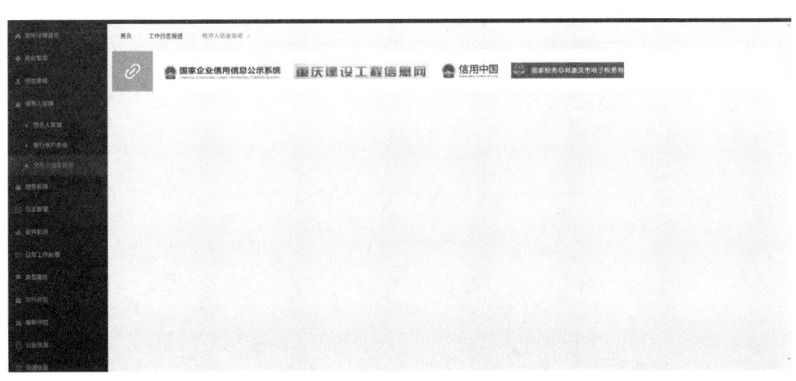

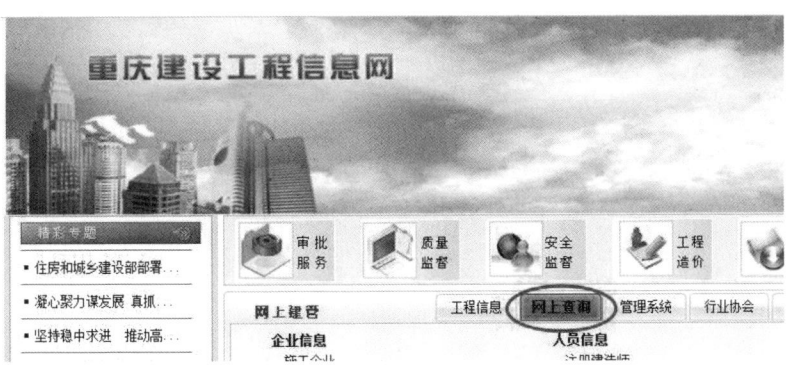

②进入查询结果栏，点击债务人名称，查看债务人相应信息。

债权人会议操作指引

一、登录注册

用户进入破产管理人工作平台首页，右侧滚动展示各种不同类型的公告信息，公告下方为用户登录身份选择：

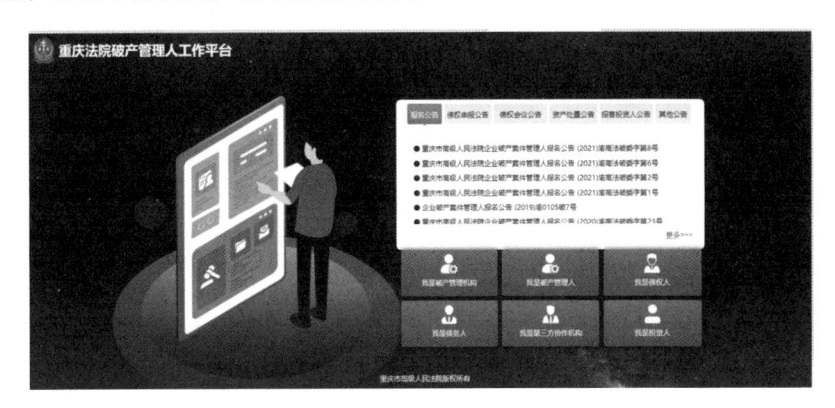

债权人用户若无账号，点击【我是债权人】—【用户注册】，可进入用户注册页面：

填写注册的相关信息后，可根据已注册成功的信息进行登录（用户名为证件号码/证照号码）：

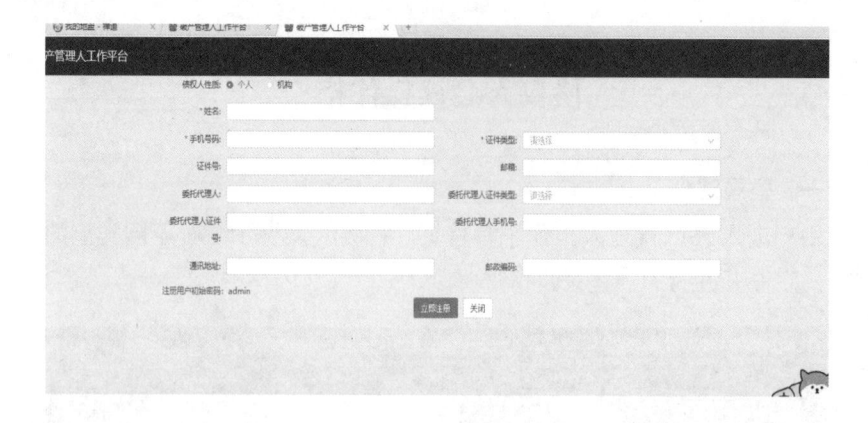

用户若被管理人已添加为某案件的债权人（已有债权人账号）后，该债权人进入重庆法院破产管理人工作平台后，选择【我是债权人】，输入用户名、密码即可登录：

说明：登录账号为证件号码/证照号码，初始密码均为 admin963。（注意，3 后面的黑点也是密码位数）。

二、PC 端（电脑登录）

1. 登录重庆法院公众服务网（http://www.cqfygzfw.gov.cn/），点击【破产管理】，进入重庆法院破产管理人工作系统。

2. 点击【我是债权人】，进入系统。

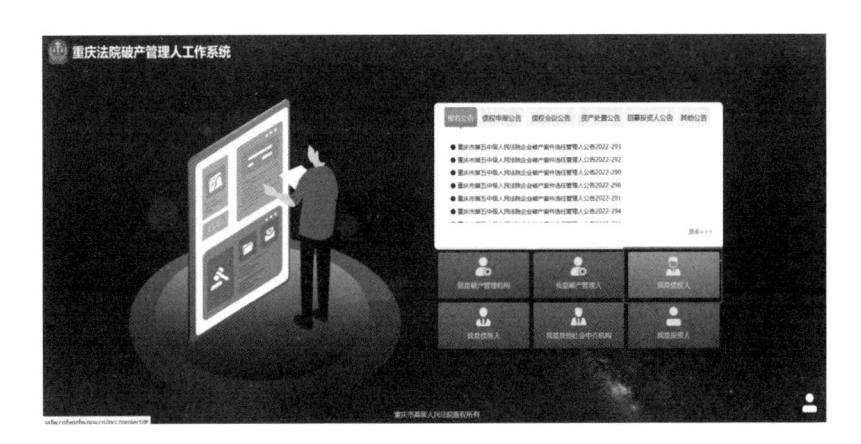

3. 债权人进入系统后，点击左侧会议管理下的【会议信息】，进入会议列表，查看自己参与的会议，点击会议前的">"后可查看会议资料，列表有颜色的按钮标注会议当前状态。

4. 当管理人开启签到通道后，债权人可在列表中进行签到，并可点击【加入会议】入会。

5. 会议尚未开始时，债权人进入会议页面直播界面如下图；在直播未开启时债权人可正常提问和查看会议文件，并可点击右上角进行【签到】。

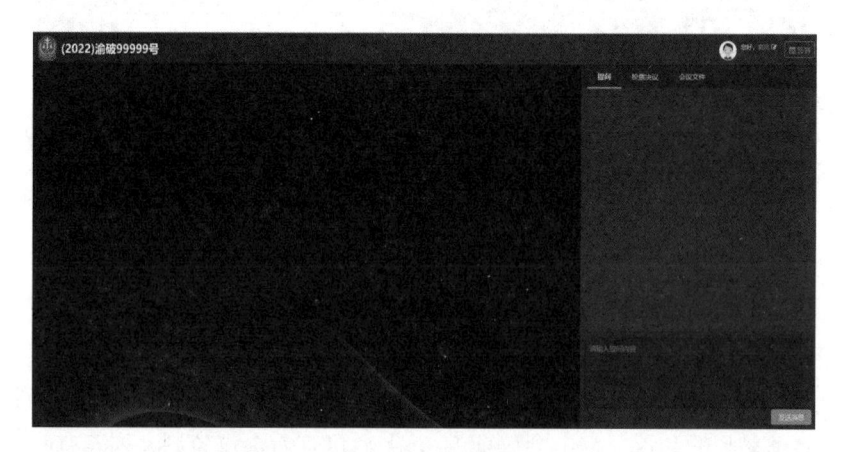

6. 直播开启后重新进入会议正常观看直播视频，右侧提问可与管理人沟通对话，会议文件框可查看下载会议文件。

7. 当管理人打开投票通道时，债权人可在【投票表决】对本次会议需表决事项进行表决，同时查看对应的表决文件。

三、APP 端（手机登录）

1. 扫描下图二维码或手机应用超市搜索下载"重庆易法院"APP

注：会议系统仅支持安卓系统，苹果手机如手机观看，请使用浏览器，参照 PC 端操作。

2. 进入"重庆易法院"APP，点击右下角【我的】—【破产管理】进入系统。

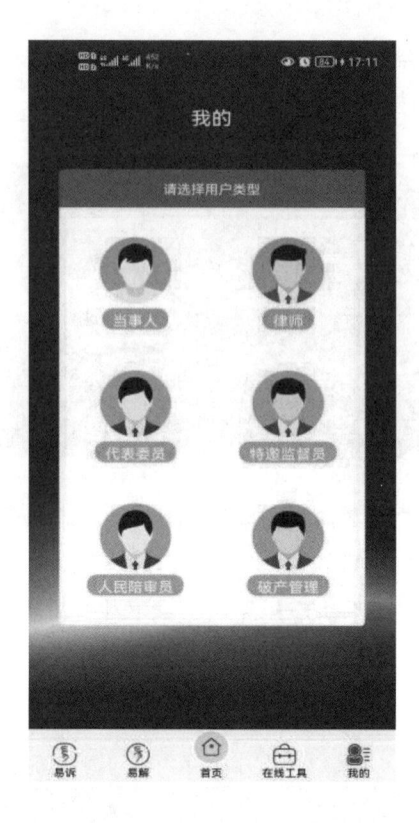

3. 债权人进入系统后点击【会议信息】进入会议列表,查看自己参与的会议。

4.当管理人开启会议并开启签到后就可以在列表中进行签到,点击【加入会议】入会。

5.当管理人开启会议但未开启直播时,进入会议页面不能正常查看视频(如下图);直播未开启也可正常提问和在右上角进行【签到】。

6. 直播开启后重新进入会议正常观看直播视频，页面下方提问可与管理人沟通对话，会议文件框可查看下载会议文件。

7. 当管理人发起投票决议时点击投票决议进行查看并表决。

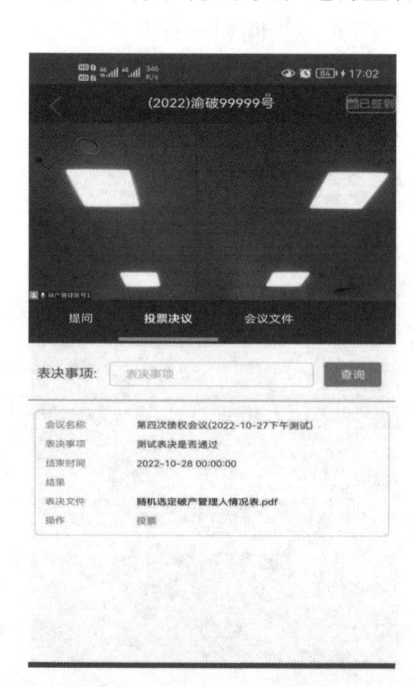

四、手机网页版

手机浏览器点击网址 http://ssfw.cqfygzfw.gov.cn/pcczmobil/ 进入，通过债权人登录。

重庆市第五中级人民法院
关于重庆法院破产协同易审平台新上线功能启用
及开展操作培训的通知

2023 年 3 月 10 日发布

本市各破产管理人机构：

为进一步规范破产管理人执业行为，切实提升破产案件办理质效，重庆法院破产协同易审平台新上线债权人会议直播、重庆市网上中介服务超市"破产业务服务"、破产法律文书自动生成等三项功能即将全面启用。为便利管理人尽快掌握新上线功能操作，确保新功能及时投入应用，实现目标效果，现就新功能启用及操作培训有关事宜通知如下：

一、培训内容

熟练掌握债权人会议直播、重庆市网上中介服务超市"破产业务服务"、破产法律文书自动生成等新上线功能的操作。

二、培训人员

本市破产管理人机构工作人员。

三、培训方式

由各破产管理人机构指派专门人员于 2023 年 3 月 17 日前到重庆市破产管理人协会办公地长江上游法律服务中心 216 办公室（具体地址：渝北区金渝大道汇金路 4 号；联系人：罗丹青 18290328090）拷贝新功能操作演示视频，并按照演示视频自行完成学习。

四、启用时间

自 2023 年 3 月 20 日起，债权人人数在 200 人以内的破产案件原则上一律使用重庆法院破产协同易审平台新上线债权人会议直播功能召开债权人会议；所有需要选聘审计、评估、鉴定、辅拍等其他社会中介机构的破产案件原则上一律使用重庆法院破产协同易审平台新上线重庆市网上中介服务超市"破产业务服务"功能开展选聘相关工作。

自 2023 年 5 月 1 日起，全市破产管理人机构工作人员和破产审判人员全面启用重庆法院破产协同易审平台破产法律文书模板，自动生成案件法律文书。

五、有关要求

1. 各破产管理人机构应高度重视本次操作培训，及时组织内部人员认真学习指引，严格按照指引内容操作。

2. 债权人会议直播功能由重庆法院自行开发设计，目前最大可容纳200人同时在线参会，管理人使用该功能无需支付任何费用。债权人人数在200人以内的破产案件原则上应在平台通过该功能召开债权人会议，确因特殊情况需使用其他平台，需经审判组织批准。

3. 重庆市网上中介服务超市"破产业务服务"是由重庆法院与联合产权交易所共同开发的破产案件其他社会中介机构选聘平台，为确保破产案件其他社会中介机构选聘工作的公开、公正，此后破产案件的其他社会中介机构选聘工作原则上均应在重庆市网上中介服务超市"破产业务服务"中进行，确因特殊情况需通过其他平台选聘的，需经审判组织批准。

4. 重庆法院破产协同易审平台破产法律文书电子模板，系根据重庆破产法庭与重庆市破产管理人协会共同编写，由重庆破产法庭主编，经人民法院出版社出版的《破产法律文书样式》一书制作而成的电子模板，该文书电子模板具有著作权专属性质，各破产管理人机构及工作人员未经本院许可不得用于本市以外的破产案件办理使用，否则，将承担相应的法律责任。

5. 如破产管理人机构在学习及后续使用过程中存在问题，可通过微信群"管理人联系人群"及时联系重庆市破产管理人协会工作人员（微信名：丽达所陈俊励）。

6. 破产管理人机构工作人员在领取本次培训材料时，应现场签署保密承诺书，并妥善保管培训视频资料，不得私自对外传播。

重庆法院破产协同易审平台
会议直播功能操作指引

一、直播功能安装说明

开启会议直播准备工作：

http://www.cqfygzfw.gov.cn/ClaimsMeeting/publish.htm

访问上面地址，下载会议控件并在本机运行安装，开启直播会议前需手动运行该控件。

控件安装成功后电脑页面将出现上述图标。

二、系统操作说明

（一）创建会议

1.直播操作人员进入破产管理人工作系统后通过【我是破产管理人】入口进入破产管理人工作平台。

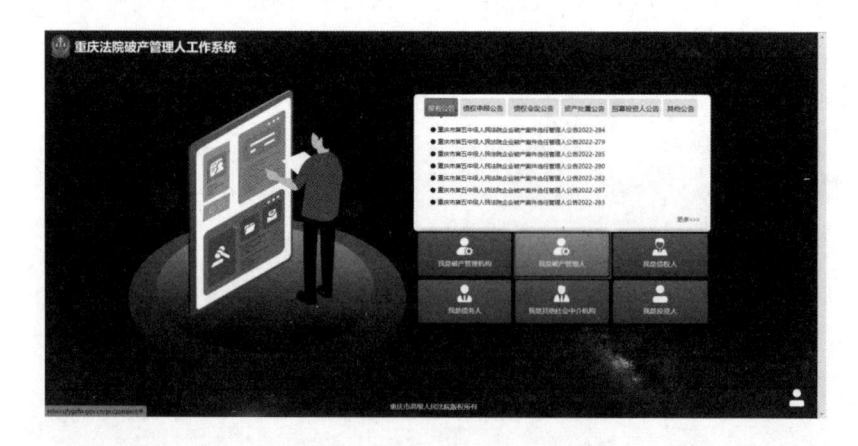

2.点击案件管理下的【我的待办案件】，点击案号进入需开展直播功能的案件办理页面。

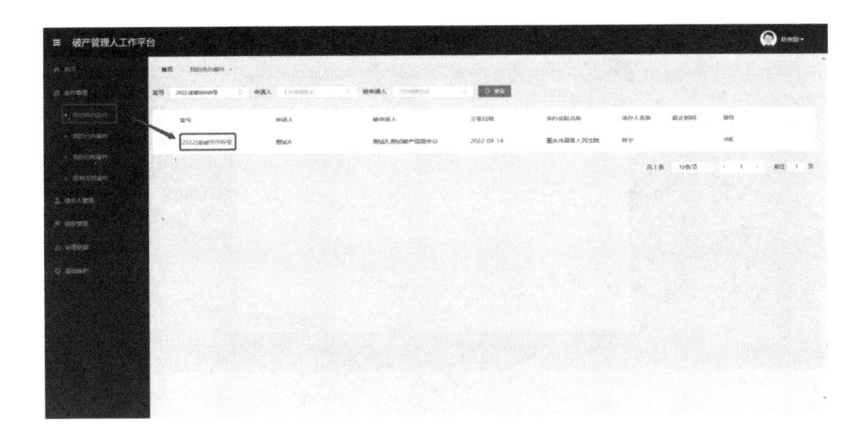

3. 在案件办理页面找到会议管理菜单。

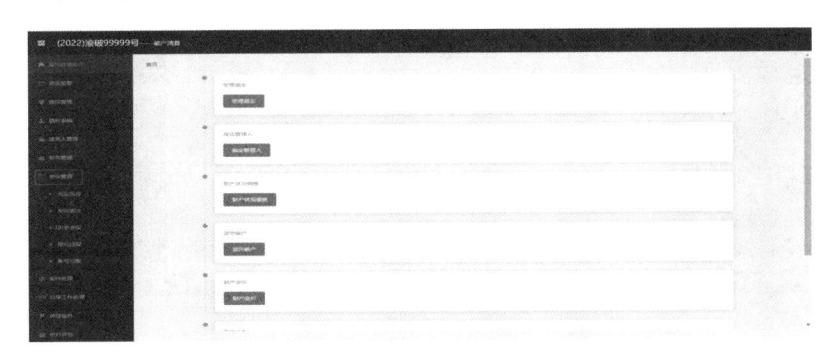

4. 点击会议管理下的【会议信息】进入会议列表,列表展示当前案件全部会议信息。

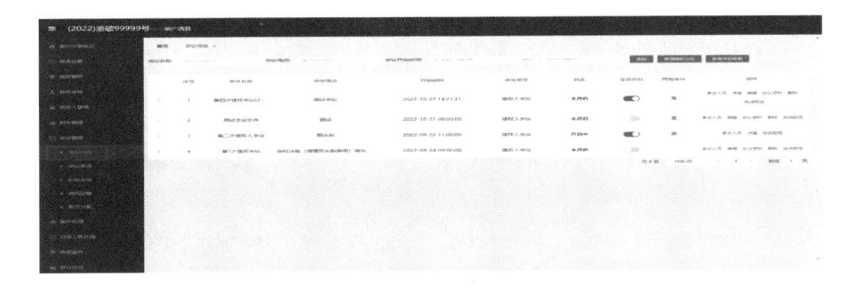

5. 在会议列表上点击【新增债权会议】,根据页面提示填写会议信息,点击会议列表前的">"可查看上传的会前准备材料。

注:(1)会议信息页面若无承办法官添加的第一次债权人会议时,点击【新增】,会提示:"第一次债权会议由承办法官排期,请联系承办法官!"

（2）会前准备材料仅管理人可查看，直至管理人点击"开启会议"。

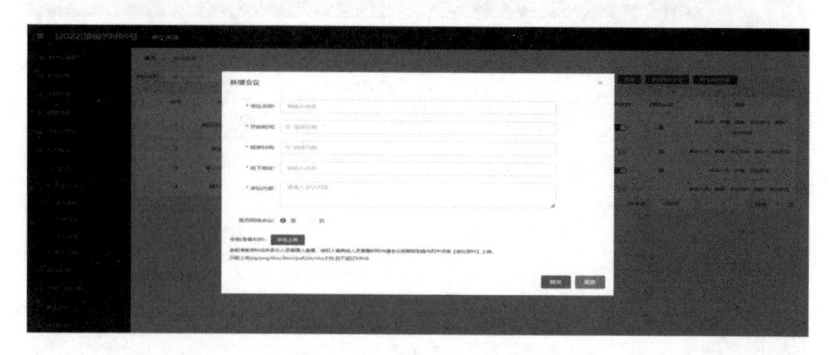

6.管理人可新增其他会议信息，点击【新增其他排期】进行添加：

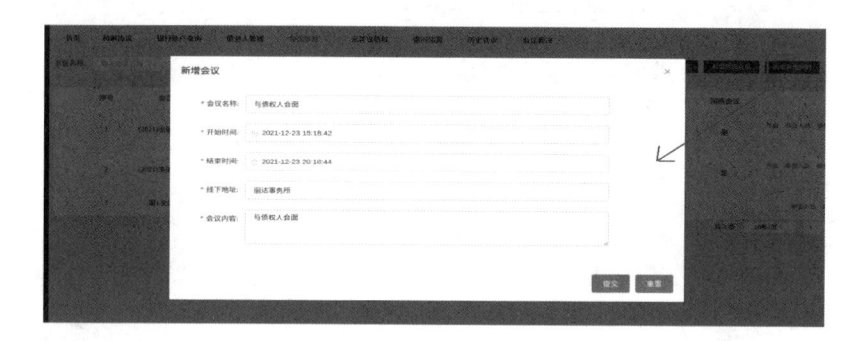

说明：非债权会议，如债权人见面确认信息等，均可在其他排期里添加。

（二）会议内容设置

1.会议添加后即在会议列表中展示该会议信息，会议信息后方【操作】列可点击【会议资料】随时上传会议文件，该次会议的全部参会人员均可查看会议资料中所展示文件。

2.管理人点击【编辑】,可编辑该会议信息:

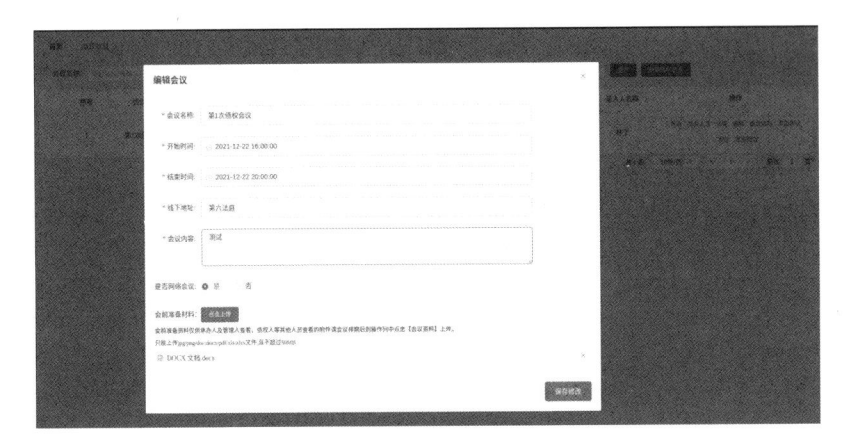

3.在【操作】列中点击【参会人员】,可编辑本次会议参会人员。

点击【初始化人员及金额】,系统自动生成债权人及相应金额(默认显示该案件的所有债权人信息)可自动展示该案件所有债权人信息和债权金额:签到金额为债权人申报审核后的金额,若债权人的申报处于未审核或待定状态,则为申报金额。初始化后,在开启会议前,管理人可对债权人信息进行单独修改。注:此处债权人信息来源于【债权管理】中通过线上申报并审核的债权、无需申报债权、线下申报债权三个部分。需要批量导入债权人信息的,请前往【债权管理】—【线下申报债权】,进行模板下载并填录后导入。

说明：也可对参会人员进行删除、修改以及新增。待初始化人员及金额后才能开启会议。

4.点击会议列表的【发送短信】编辑短信内容，可向参会人员批量发短信提醒。短信内容由管理人自行编辑，并向全体参会人员通过12368进行发送。

注：本短信后缀将自动生成本次会议网址。

（三）会议表决设置

1.选择【会议表决】，点击【新增】，可对表决事项进行分别设置表决项以及表决内容等信息。

2.点击【新增】，进行相关事项填写。选择会议需从会议信息中已创建的会议中进行选择，对表决截止时间（可与签到时间不一致）、事项标题、表决事项说明、附件上传完成后，点击"确定"。

注：一个会议可新增多个表决事项，表决开启时间在创建表决后，管理人在需要开启表决通道时再行点击开启。

3. 针对破产案件中各表决事项中，不同债权类型所所占表决权不同的情况，此处可对表决人进行单独设定，选择。

4. 进入选择表决人，点击初始化人员及金额，此时表决人数及金额与签到列表中一致。如需对其中例如有财产担保债权等债权类型的表决权进行调整，可点击"条件过滤"。

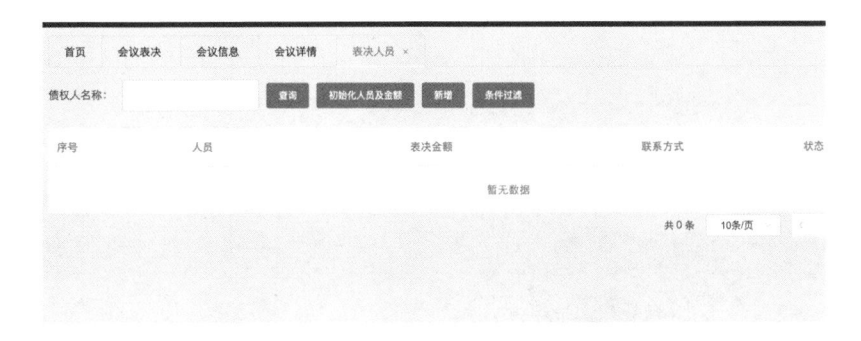

5. 条件过滤中，可对债权性质选择相应类别，对筛选方式根据需求选择【剔除金额】或【剔除金额及人数】。

注：此处债权性质可点击多选，同时被选中的债权性质，将根据筛选方式从表决权中被剔除其金额或金额及人数。请管理人根据表决事项法定的表决权进行设定。

6. 表决事项请在选择表决人确认无误后，需向债权人开放表决通道时点击开启。

注:点击"关闭"后,有表决权的参会人员将无法再投票,请管理人谨慎。

（四）开启会议

1. 会议列表的【签到开启】呈蓝色即为开启，灰色为未开启。请管理人在确保参会人员信息后点击开启。

2.会议编辑完成并开启签到后点击【详情】进入会议详情页面，会议详情页面左侧为参会人员签到及会议事项表决情况的数据统计以及占比分析图，右侧为各参会人员签到及表决明细。

注：为避免会议中签到开启／关闭时间与表决通道开启／关闭时间不一致，因此签到明细与表决明细右上方均有单独的开启／关闭按钮，请在相应通道开启／关闭时间点击。

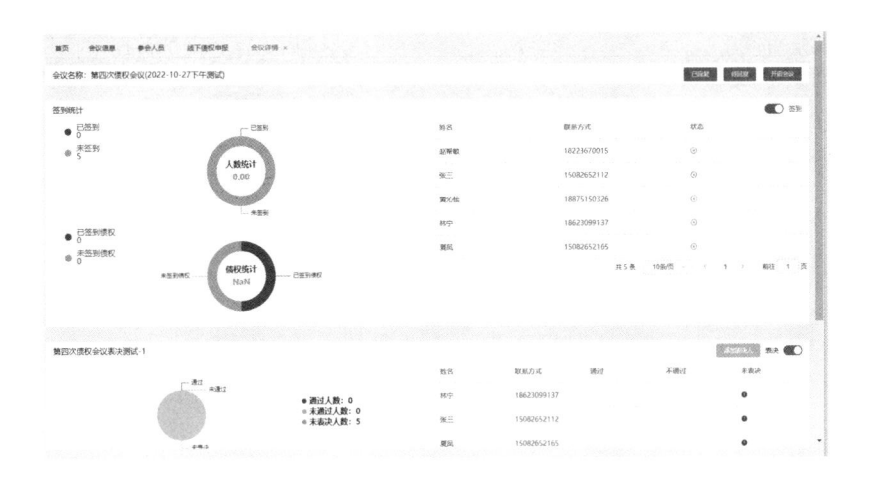

3.管理人在左侧"表决信息"添加表决信息，表决开启后参会人员才能对相应表决事项进行表决。由于破产案件中各债权人对于表决事项所占的表决权不一致，此处每一个表决事项将对其表决权由管理人进行设定。

4.确认运行会议控件正常运行后点击【开启会议】，开启成功如下图，管理人在右下方进行开始直播或结束直播。

注：点击会议开启后参会人员可进入会议但没有直播页面，管理人点击【开始直播】后左下方时间条开始滚动，参会人员方能观看直播。在会议途中如需暂停，请点击【暂停直播】（与【开始直播】为同一个按钮）。直至会议完全结束，方能点击【结束直播】。

注：会议一旦点击【结束直播】，则所有参会人员被退出会议，同时相关直播数据流将进入本地化存储模式，因此在会议途中切勿点击【结束直播】。

5. 会议开始后管理人在会议详情页面右上角回复债权人的问题。若非正常地关闭了会议页面可点击【重新入会】，正常结束会议后点击【结束直播】关闭会议。

会议进行中，债权人可通过提问端口向管理人进行提问，此处分为【已回复】、【未回复】，管理人可根据需求点击查看，并对未回复的内容进行回复。

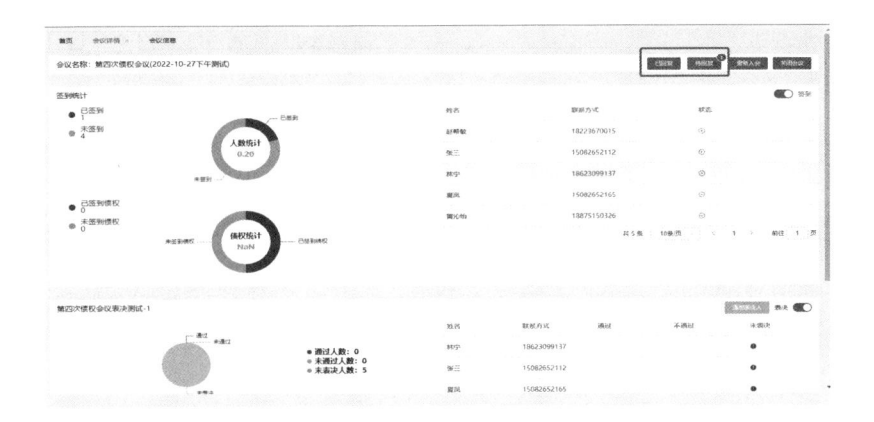

注：点击【关闭会议】后，本会议将完全结束，进入【历史会议】，因此，管理人请在确保该场会议完全结束，投票通道已全部关闭，相关数据均不再会有变动的情况下点击【关闭会议】。

6. 会议结束后，对于各表决事项，由于表决事项法定的通过规则原因，需由管理人自行点击确认。即进入【会议表决】，点击表决事项，根据表决情况，管理人进行选择【是否通过】。

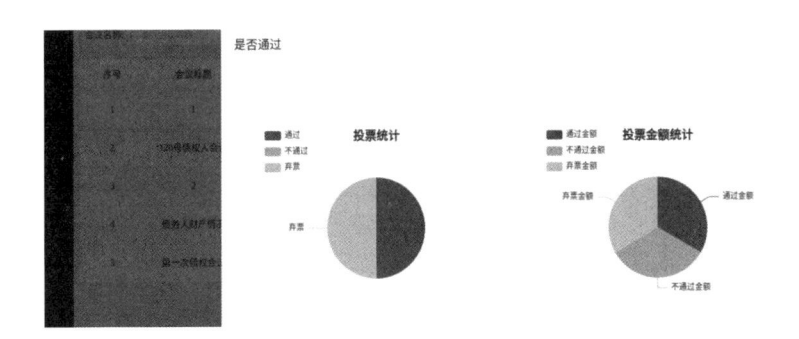

7. 直播结束后会将转码直播的视频保存到本地。

注：转码过程中不要求必须有网络，但务必保证直播电脑在开机状态。

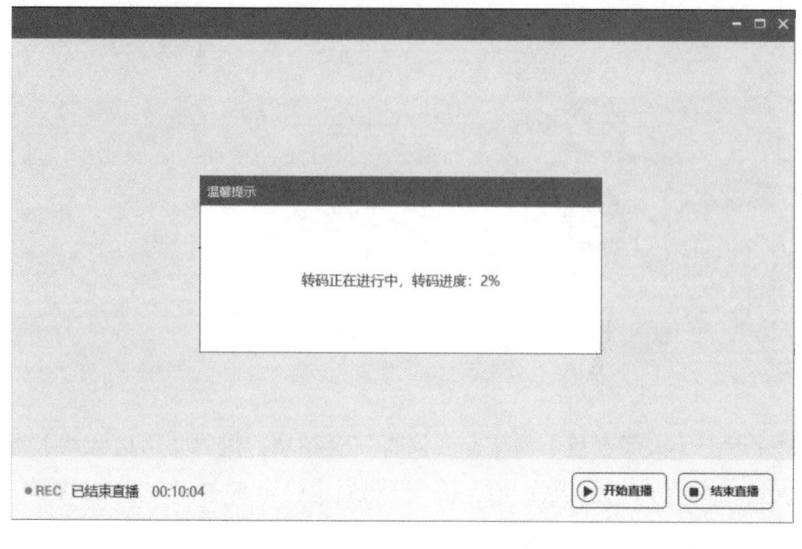

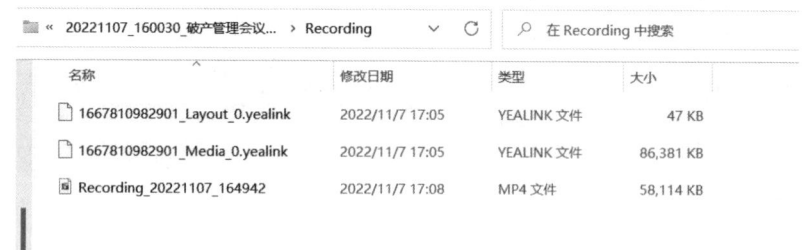

（五）历史会议

点击【历史会议】，进入该案件的历史会议记录页面：

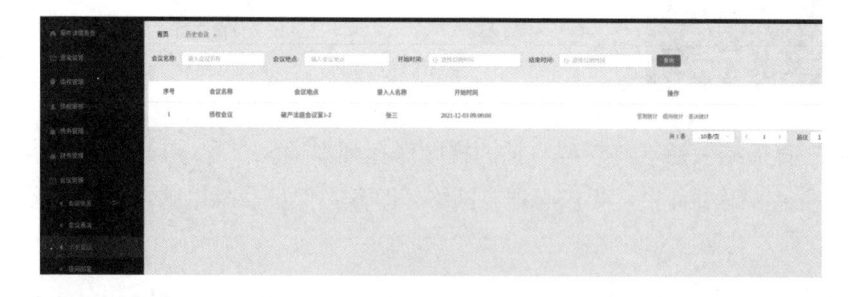

选择历史会议记录，点击【签到统计】，可查看该会议的签到统计情况：

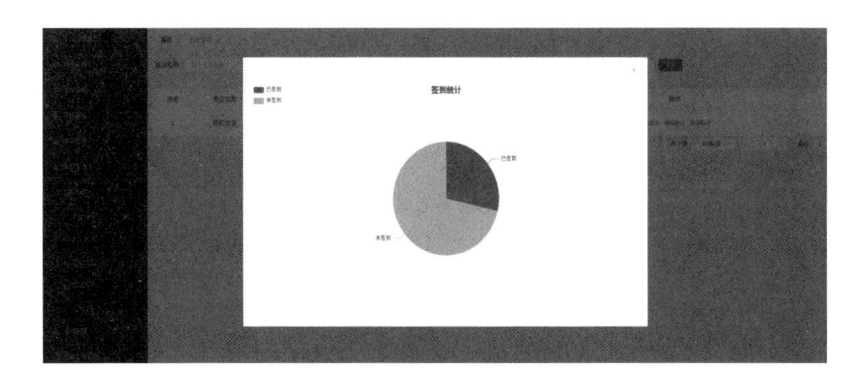

选择历史会议记录，点击【表决统计】，可查看该会议所有的表决的统计情况：

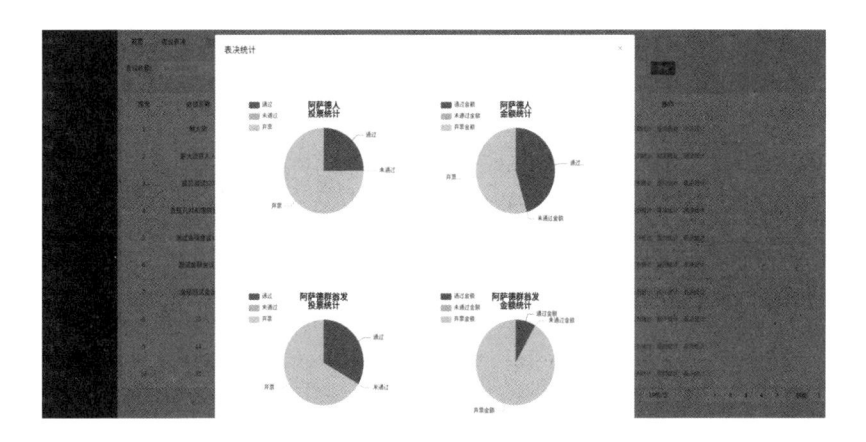

选择历史会议记录，点击【提问统计】，可查看该会议所有提问的回复和未回复的统计情况：

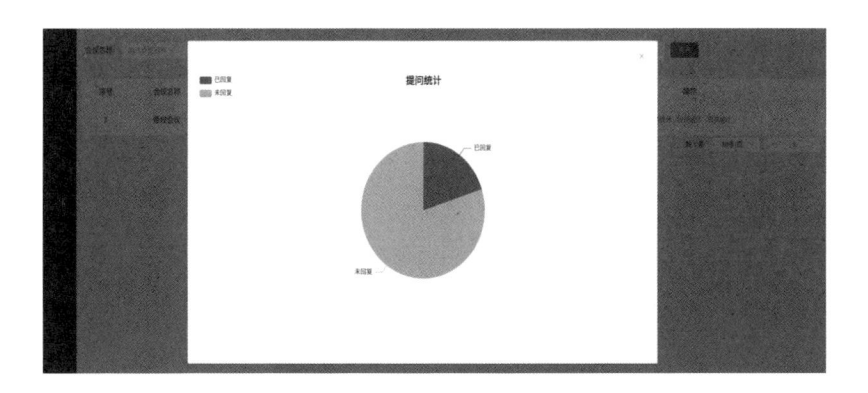

（六）提问回复

点击【提问回复】，进入提问回复页面：

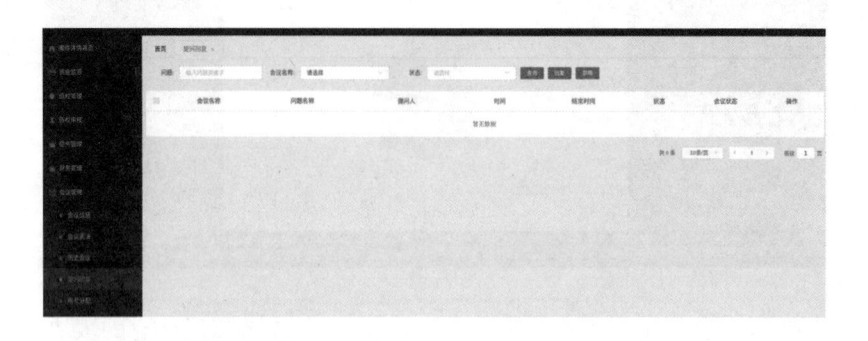

说明：选择任意一条债权人提出的问题，点击【回复】，则可回复信息，点击【忽略】，则将忽略该问题。

三、直播设备参数要求

1.PC 端：建议使用近三年的电脑，网络效果好，系统为 Windows 10 及以下版本（本直播系统不支持 iOS 系统），电脑剩余存储空间大于 10GB，浏览器推荐使用谷歌、搜狗、QQ 浏览器。会议前，请提前进行调试。

注意：点击【结束直播】后，直播视频将自动转码至电脑本地存储，存储过程中请保持电脑处于开机状态，存储后的视频需刻制成光盘提交承办法官。

2.直播设备：为保证直播效果，建议管理人自行购置外接摄像设备以及收音设备，其中摄像设备分辨率不能低于 1080P（建议分辨率为 2K）。

重庆市网上中介服务超市
破产管理人入驻操作手册

引言

本文档为破产管理人入驻重庆市网上中介服务超市提供注册流程说明和操作指南。本手册系统界面截图中所出现的单位、人员、表单、数据均为测试数据。

操作说明

入驻流程说明

信息登记。采购人在重庆市网上中介服务超市申请入驻，填报内容包括单位基本信息、采购经办人信息。

所需资料：

a. 营业执照（或统一社会信用代码证书、事业单位法人证书、社会团体法人登记证书等）；

b. 采购经办人授权委托书（请在【超市指南】—【操作手册】栏目下载采购经办人授权委托书统一模板）；

c. 采购经办人身份证复印件（请剪贴至采购经办人授权委托书相应位置）；

d. 采购人诚信承诺书（请在【超市指南】—【操作手册】栏目下载采购人诚信承诺书统一模板）。

对比核查。运营机构对采购人所填报信息与上传资料作一致性比对，信息一致即可入驻中介超市，存在差异的一次性告知并退回补正。

信息登记完成后，系统界面上会显示本次信息登记的办件号，请牢记。

可通过申请单位名称和入驻办件号在【超市指南】—【采购人入驻指南】栏目内点击"进度查询"按钮进行办件进度查询。

若办件被运营机构退回补正，可进入【超市指南】—【采购人入驻指南】栏目的"进度查询"，进行信息修改并重新提交。

正式入驻。信息比对检查通过后，系统向入驻时填报的预留号码发送账号激活短信，请及时点击短信内链接激活账号并设置密码（激活链接48小时内有效）。

入驻完成后至少需要激活两个账号：

a. 采购人账号：单位的统一社会信用代码（或组织机构代码）。用于管理本单位下的采购经办人，包括（新增、删除、调整经办人授权期限等），查看本单位下所有的项目。

b. 采购经办人账号：采购经办人的身份证号码。用于发布采购项目，修改项目，上传合同，服务评价等操作。

c. 一个单位账号（即采购人）可以拥有多个采购经办人，每个经办人只能管理自己发布的项目，无法管理同单位其他经办人的项目。

入驻申请、进度查询及补正

入驻申请

功能说明：采购人填报基本信息、采购经办人信息，提交入驻申请。

操作步骤：

打开网站 https://zjcs.cqggzy.com/，如图点击【超市指南】—【采购人入驻指南】—【采购人入驻】，系统弹出"注册地行政区划"的选择窗口；

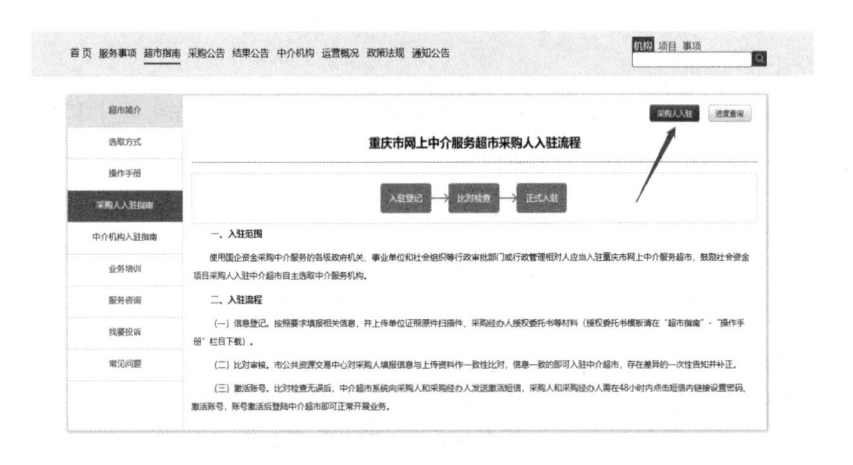

选择本单位的注册地行政区划，点击【确定】，进入填写基本信息页面。

注意区县部门一定要选择正确的行政区划，否则贵区发布的项目将被统计至误填报的区县。

提示：部分浏览器会将"确定"按钮隐藏在弹窗下面，IE 浏览器点击右上角"设置"图标，选择【缩放】至 75% 的画面比例即可显示完整弹窗。

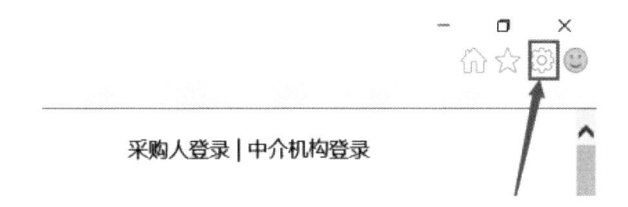

确认本单位注册地行政区划后，进入填报采购人信息的页面，按页面提示填报本单位相关信息。

附件材料：上传的附件不可超过 2 MB，请上传 jpg、jpeg、png、pdf 格式的文件。

联系信息用于接收注册进度、账号激活短信，不一定为单位法人的联系信息。

填写采购经办人信息。

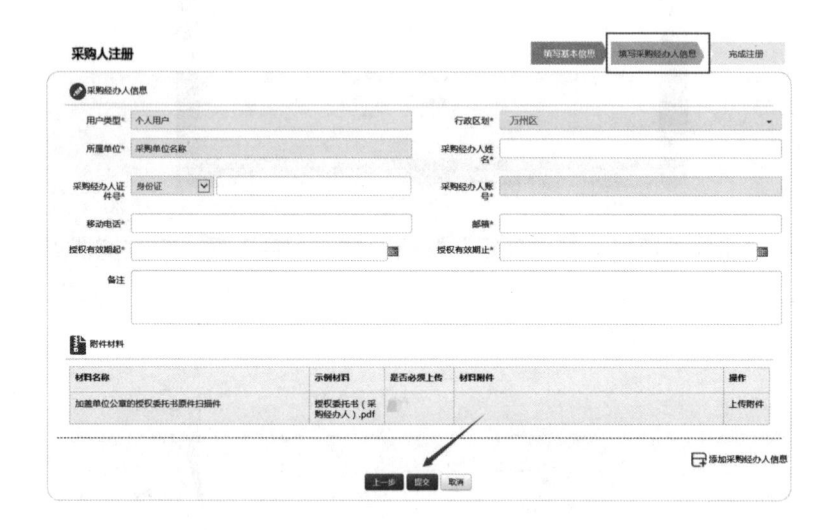

采购经办人账号：此账号为采购经办人的身份证号码，注册成功后用于登录系统发布采购项目，以及管理本账号所发布的项目。

若需设置多个采购经办人，可点击【添加采购经办人信息】进行添加；也可点击【删除采购经办人信息】删除某一采购经办人。

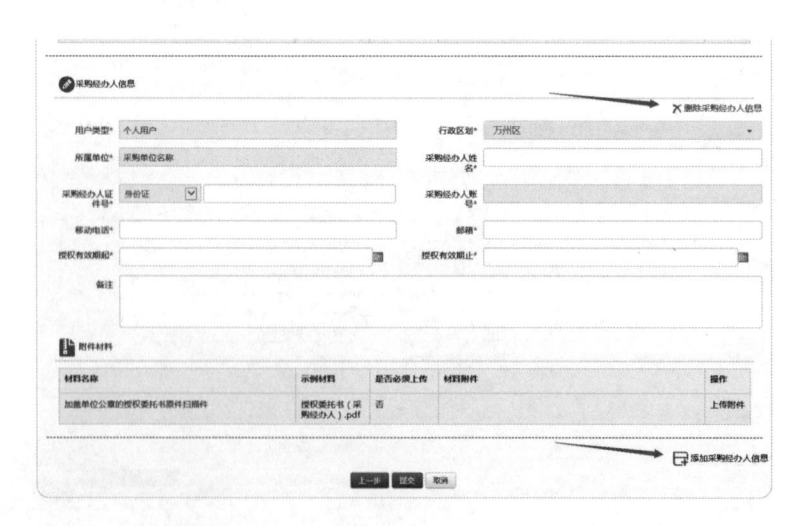

检查无误后,点击【提交】,提交申请,生成入驻办件号,等待运营机构工作人员进行比对检查。

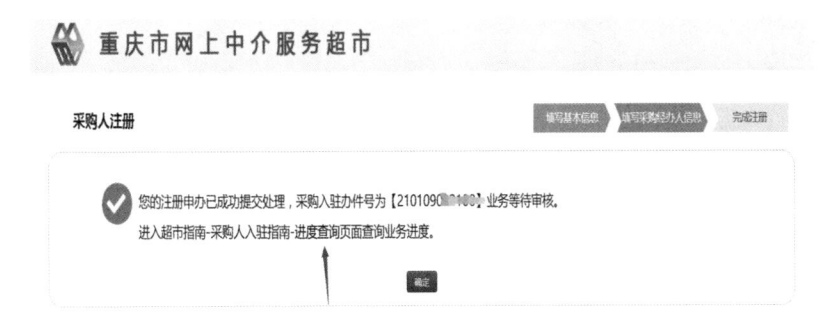

申办成功,请牢记系统提供的入驻办件号,办件号用于入驻进度查询和办件退回后补正信息。

进度查询地址:

https://zjcs.cqggzy.com/cq-zjcs-enter-pub/purDeptEnterProgress/cx

进度查询及补正

功能说明:采购人提交入驻申请后,通过办件号查询办件进度。如需要补正,补正资料后请重新提交入驻申请。

操作步骤:

打开网站,如图点击【超市指南】—【采购人入驻指南】—【进度查询】,进入"我要查询"页面;

输入单位名称全称和入驻办件号、验证码，点击【查询】，可以查看办件所处的环节及意见。

如果办件被退回修改，查询办件信息后，点击【修改信息】，进入"基本信息"页面，可以补正材料；

修改错误的信息后，点击【提交】按钮重新提交入驻申请，等待运营机构再次进行比对检查。

账号激活

功能说明：入驻申请通过比对检查后，采购人和采购经办人将分别接收到激活账号的短信通知，通过短信提供的链接设置密码并激活账号后，采购经办人可通过账号（身份证号码）登录网上中介服务超市开展业务。

操作步骤：

1.查看采购经办人激活短信，请在48小时内点击链接激活账号。

2.输入"登录密码"及"确认密码",点击【完成】,完成账号激活与密码设置。

注意:若激活短信过期,请拨打超市业务咨询电话,联系运营平台重新发送激活短信。

破产文书样式制作操作手册（管理人平台）

1. 破产管理人登录工作平台后，在我的待办案件里，点击进入需要制作文书的个案办理页面。

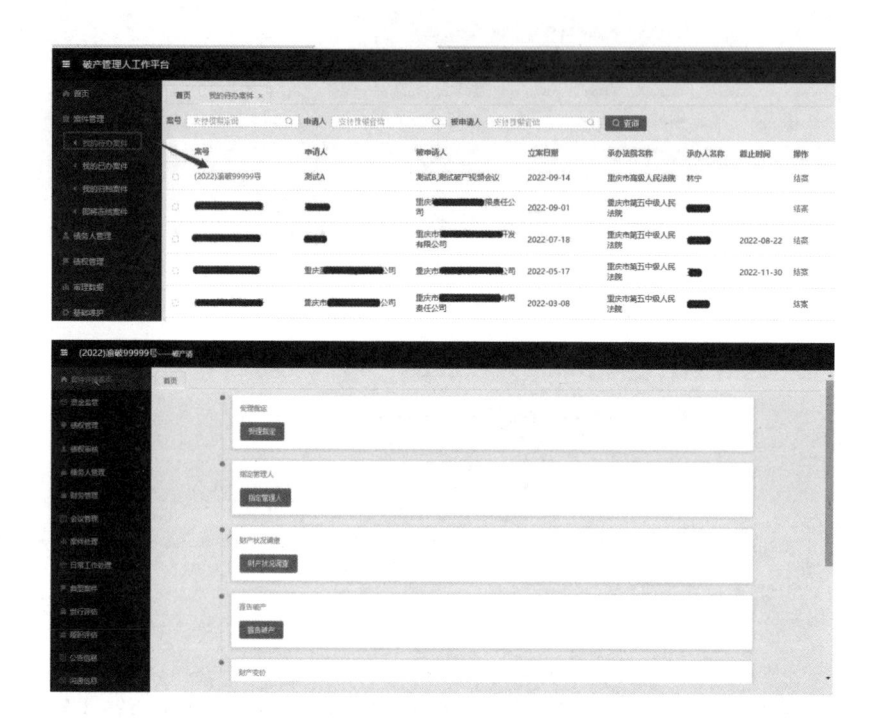

2. 在个案办理页面里，点击【案件处理】—【文书制作】，进入该案件的文书制作列表页面。

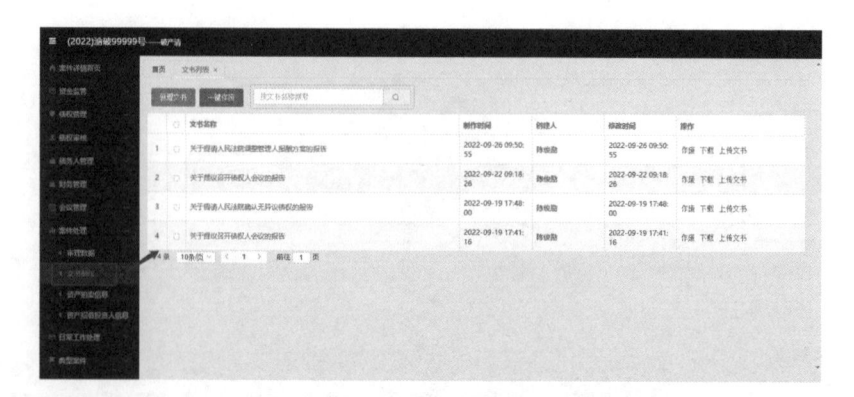

3. 点击【新增】，弹出文书模板列表框，可通过检索关键字或点击下拉列表选择需要制作的对应文书模板。

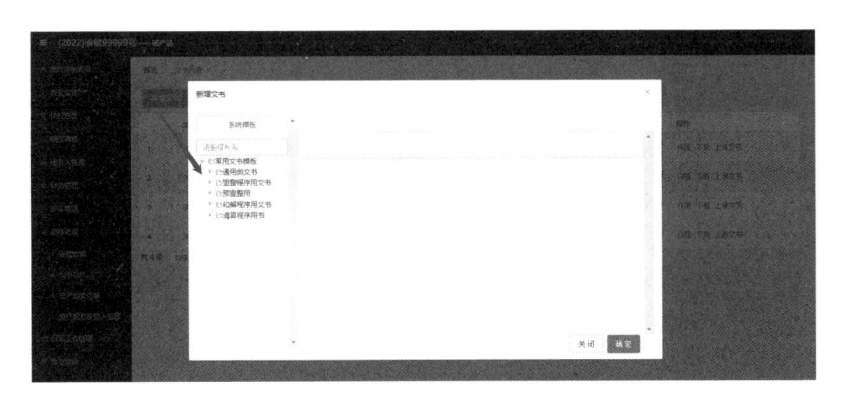

4. 点击拟使用的模板后，右边界面将出现系统已自动生成或提取关键词需自行填写的文书信息，检查该文书模板已自动提取的文书要素是否正确并对需自行填写的提取信息项进行填写后，点击【确认】，即可生成该份文书。

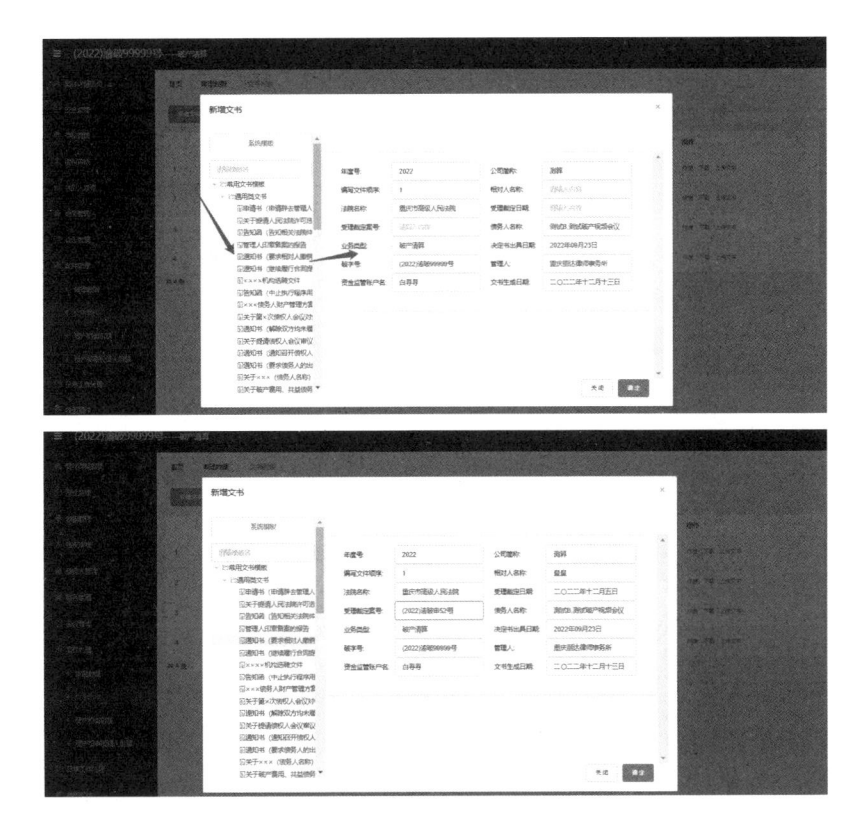

注：不同的文书模板对应的文书要素信息不同，要使文书内容准确请将对应模板的文书要素信息填写完整且正确后再生成。

5. 文书生成成功后，在列表展示该文书生成记录，点击文书名称可以网页预览模式（该模式下无法编辑）打开查看该文书内容并直接点击打印。

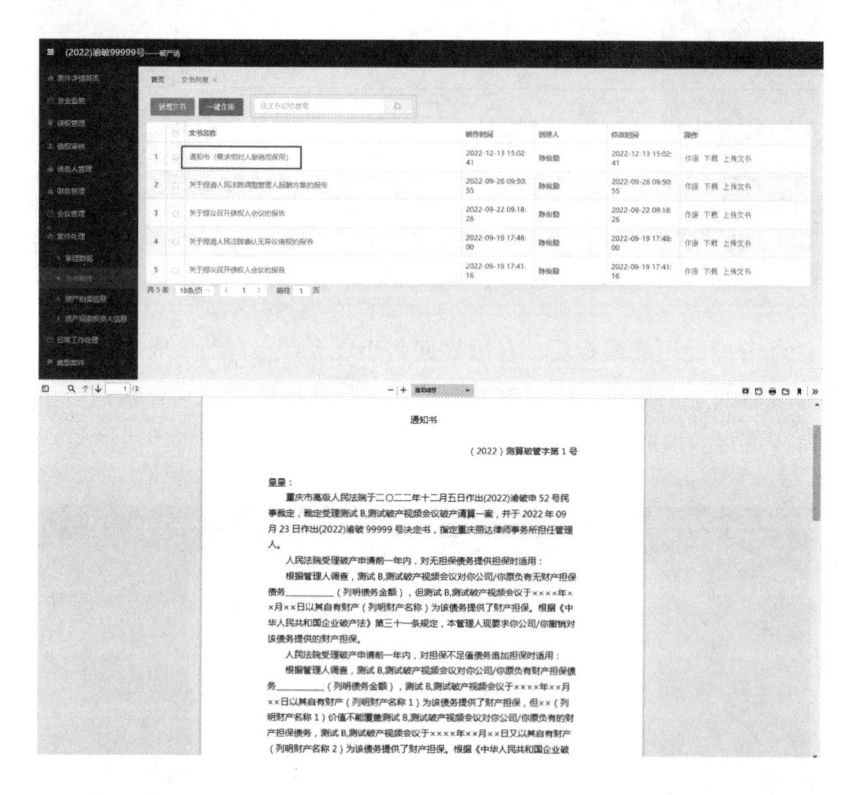

6. 如需下载到本地进行保存、修改或打印，点击【下载】，可将该份文书下载至本地电脑。

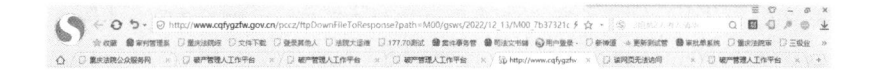

7. 在文书列表里选择一条文书记录，点击【上传文件】可上传文书并替换已有的文书内容，点击查看文书内容则显示为最新上传的内容。

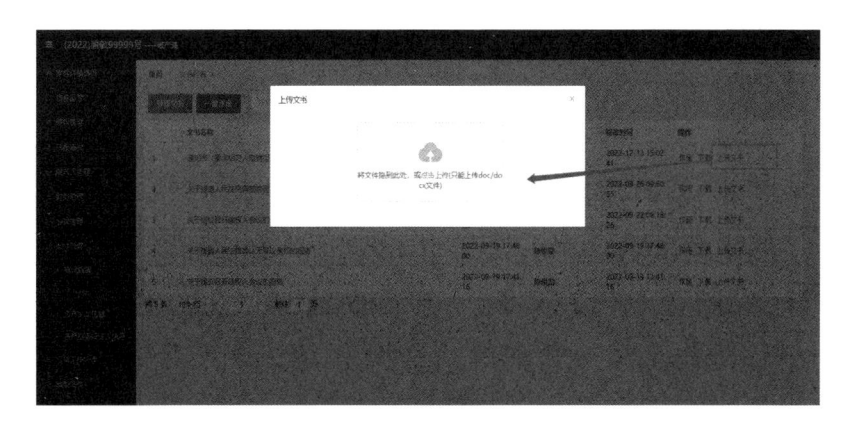

8. 文书列表里选择一条文书记录，点击【作废】，可将该文书删除，也可选择勾选多条文书记录，点击【一键作废】，将批量删除文书。

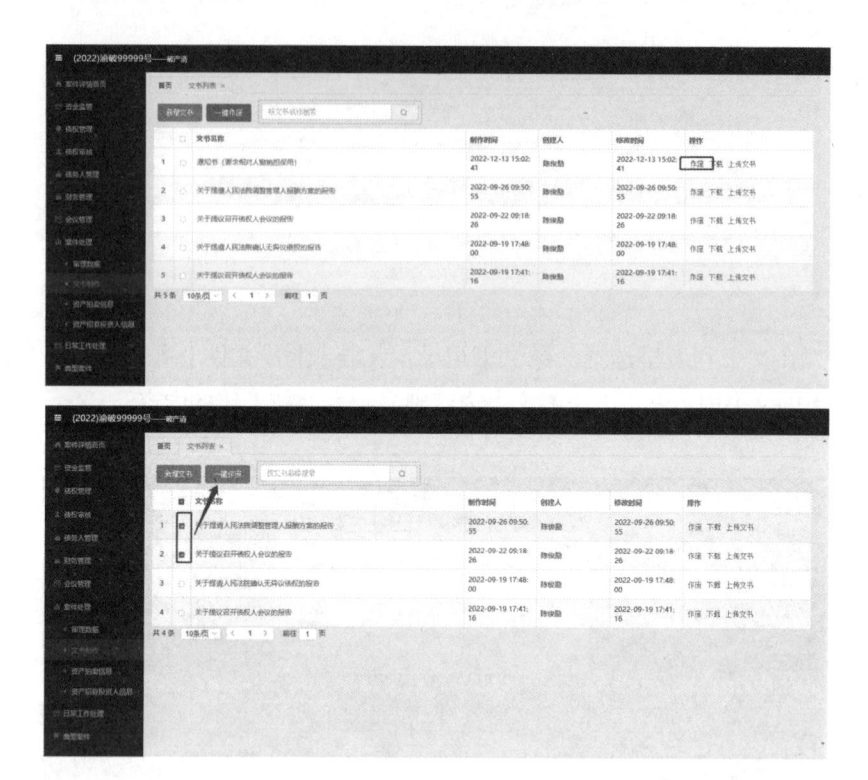

破产管理人工作平台操作手册
——债权人

目录

一、登录注册

二、首页

三、案件管理

1. 新增债权申报

2. 我的待申报案件

3. 我的已申报案件

四、会议管理

1. 会议信息

2. 未表决事项

3. 已表决事项

4. 表决事项弃票

五、基础维护

一、登录注册

用户进入破产管理人工作平台首页，右侧滚动展示各种不同类型的公告信息，公告下方为用户登录身份选择：

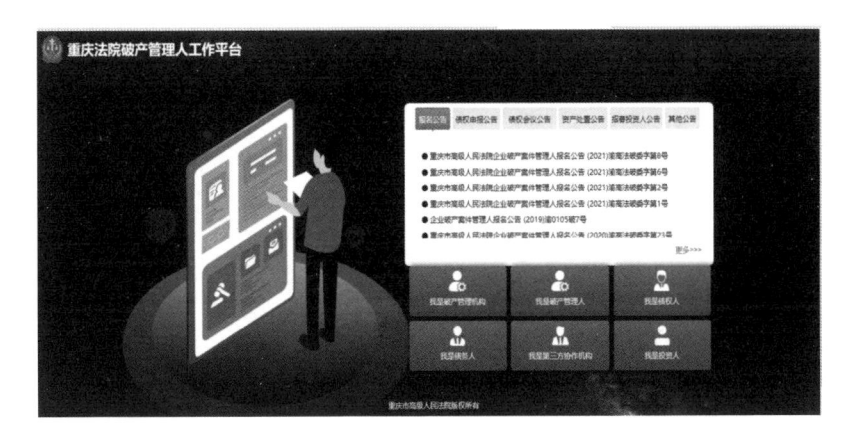

说明：报名公告为承办法官发布的破产摇号公告；

债权申报公告一般为管理人发布的债权申报的公告信息；

债权会议公告为管理人或承办法官发布的案件需进行债权会议的公告信息；

资产处置公告、招募投资人公告均为管理人或承办法官发布的与案件相关的资产处置、招募投资人的公告信息；

其他公告为管理人或承办法官发布的与案件的其他信息相关的公告。

用户点击滚动的任一公告，进入该公告具体详情页面，可查看具体信息和相关附件：

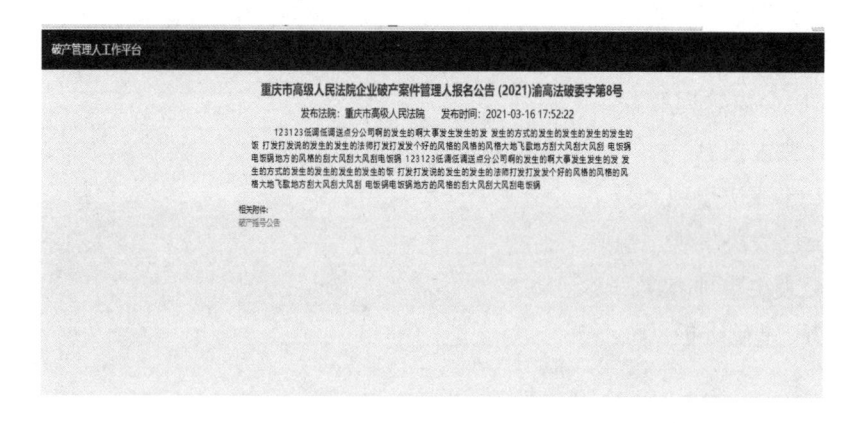

点击滚动公告的【更多】，可查看更多的不同类型的公告信息：

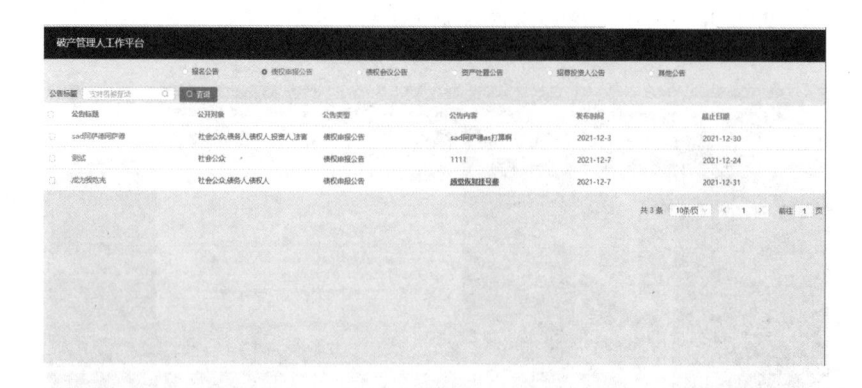

债权人用户若无账号，点击【我是债权人】—【用户注册】，可进入用户注册页面：

填写注册的相关信息后，可根据已注册成功的信息进行登录（用户名为证件号码/证照号码）：

用户若被管理人已添加为某案件的债权人（已有债权人账号）后，该债权人进入重庆法院破产管理人工作平台后，选择【我是债权人】，输入用户名、密码即可登录：

说明：登录账号为证件号码/证照号码，初始密码均为admin963.（注意，3后面的黑点也是密码位数）。

二、首页

债权人登录成功，即可进入首页，首页展示债权人待申报案件数和已申报案件数：

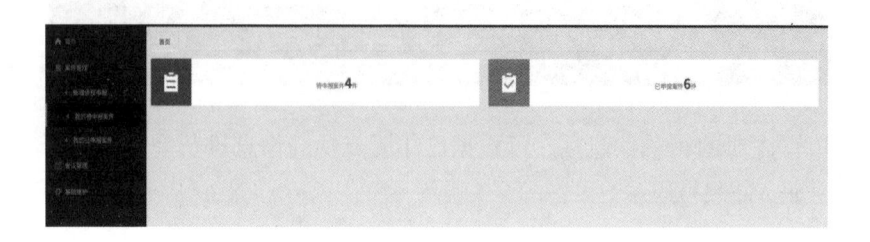

点击首页的【待申报案件数】，可进入查看待申报案件信息：

说明：点击【债权申报】，可直接进行债权申报操作，债权申报操作详情可查看我的待申报案件里的具体操作。

点击首页的【已申报案件数】，可进入查看已申报案件的申报结果等信息：

选择申报记录，点击【查看审查结果】，可查看该申报审查结果：

选择申报记录，点击【补充申报】，可重新对该案件进行申报：

三、案件管理
1. 新增债权申报

债权人点击【新增债权申报】，可在该页面查看该时间内所有债权申报的案件：

债权人若在这些案件中与被申请人存在债权关系,可对案件点击【选择】,选择成功后,该案件进入【我的待申报案件】列表中,可进行债权申报:

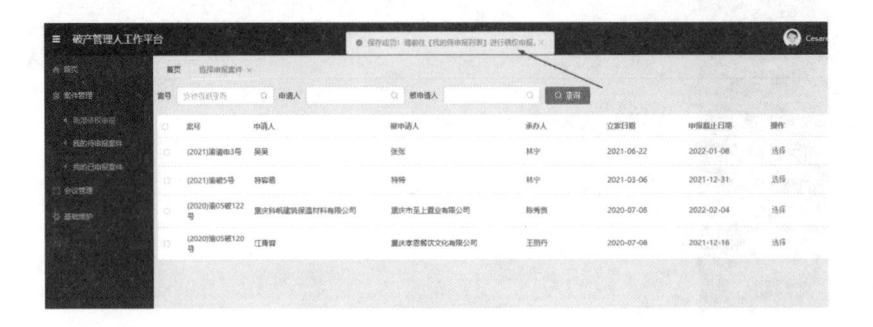

2. 我的待申报案件

债权人点击【我的待申报案件】,进入我的待申报案件页面,页面展示所有当前登录的债权人需进行债权申报的案件:

选择案件,点击【债权申报】,进入相应案件的申报填写页面。进入申报填写页面后,会自动弹出默认需阅读 5s 的申报须知通知,并可点击查看相关附件的内容:

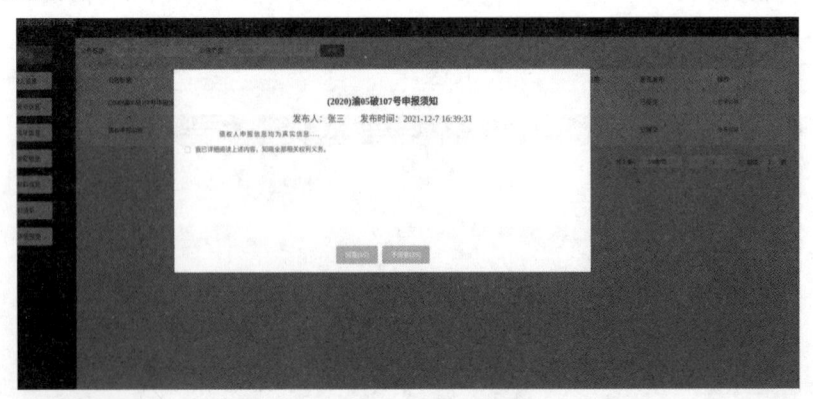

说明：①查看申报须知通知后，点击【不同意】或者不勾选"已知晓内容"，则无法进入债权申报页面，会自动退出债权申报页面。

②勾选"我已详细阅读上述内容，知晓全部相关权利义务"后并点击【同意】才可进行债权申报页面。

阅读完申报须知通知并勾选"我已详细阅读上述内容，知晓全部相关权利义务"后，点击【同意】，才可进入债权申报页面进行填录申报：

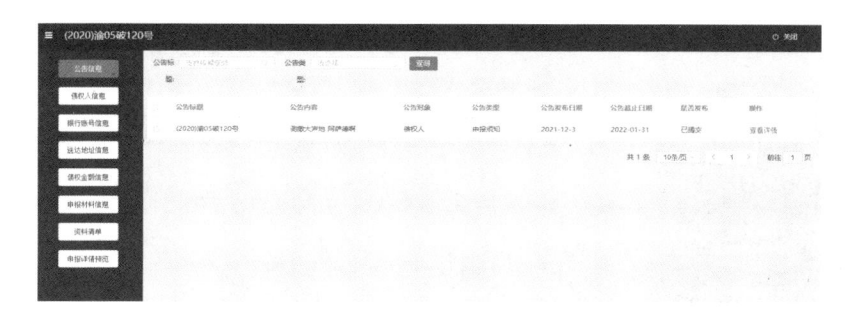

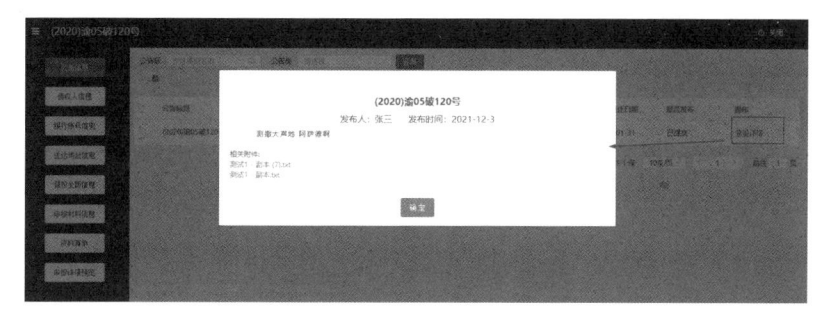

点击菜单【债权人信息】，债权人进入后填写并确认自己的相关信息：

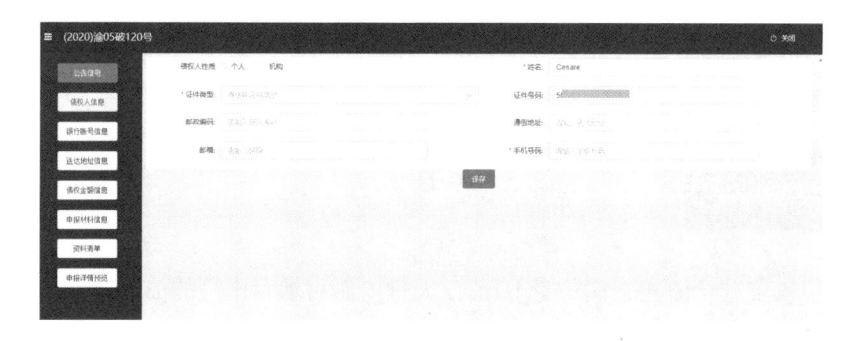

债权人信息保存成功后，【债权人信息】按钮变为蓝色表示已完成该项：

说明：每个信息项完成后，按钮均会变为蓝色。

点击菜单【银行账号信息】，债权人进入后填写银行账号信息并保存：

点击菜单【送达地址信息】，债权人进入后填写相关送达地址信息并保存：

点击菜单【债权金额信息】，债权人进入后可填写申报的债权金额信息：

[图片：债权金额信息页面]

说明：每个案件的债权金额信息页面的申报信息项可能会不同，具体以管理人配置的申报信息项为准。

债权金额信息页面里，点击【新增债权性质项】，可新增一条债权性质项，点击移除可移除一条债权性质项：

[图片：新增债权性质项后的债权金额信息页面]

债权金额填写保存成功后，点击【申报材料信息】，进入该页面填写申报材料信息（具体填写信息根据管理人的具体配置为准）：

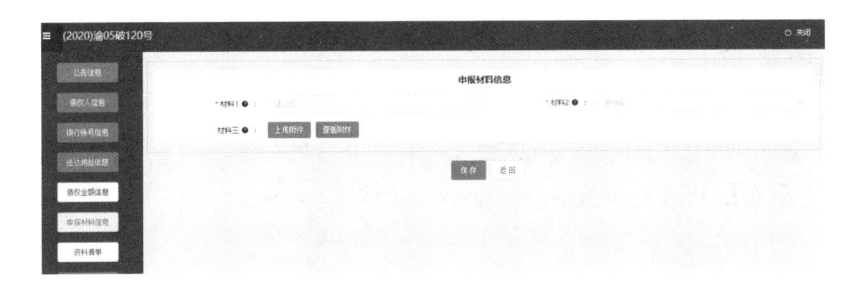

[图片：申报材料信息页面]

申报材料信息填写并保存后，点击【资料清单】，进入该页面：

点击【添加】，新增一条资料项，可对该资料项进行上传附件、删除或修改等操作：

填写完所有的债权申报信息后（所有填报信息按钮变为蓝色），点击【申报详情预览】，可查看申报信息预览：

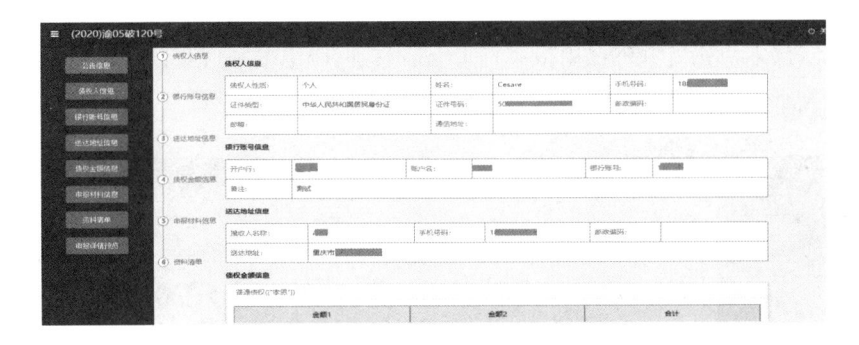

对填写的信息修改并确认无误后,点击【申报详情预览】页面下方的【提交】,可将债权申报信息提交给管理人:

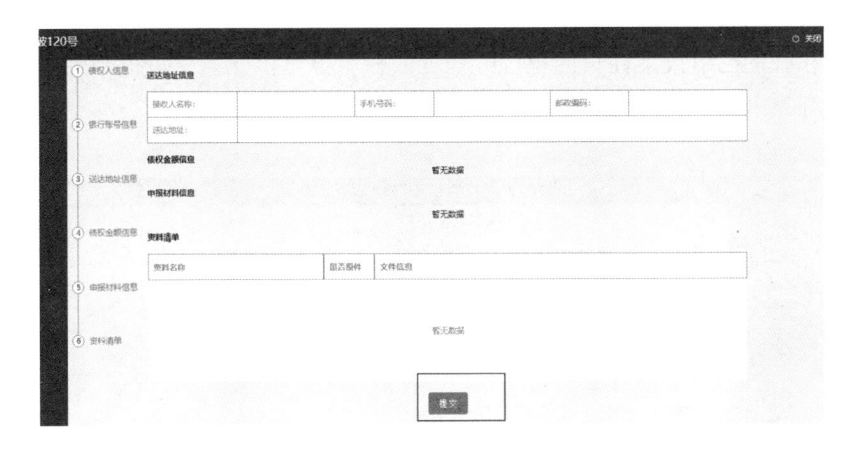

债权申报信息提交成功后,可将申报详情预览该表格进行打印,同时该案件流转至【我的已申报案件】列表中:

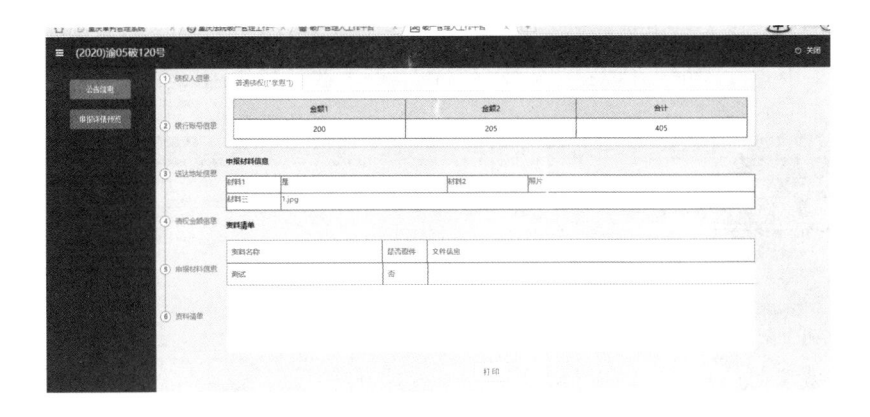

3. 我的已申报案件

债权人点击【我的已申报案件】，进入我的已申报案件页面，该页面展示债权人所有已申报的案件信息：

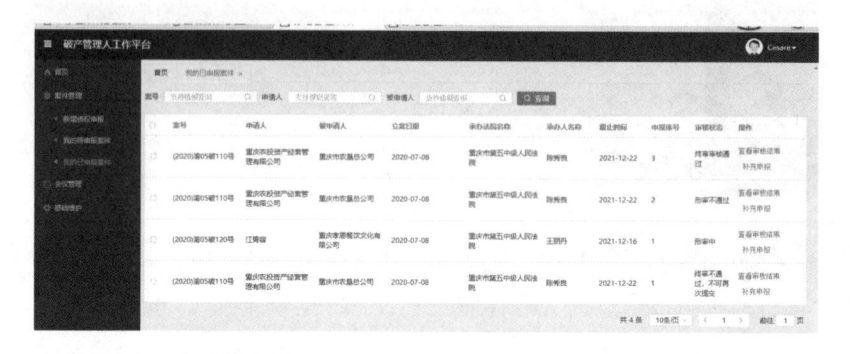

在我的已申报案件页面里，可查看债权申报审核状态、审核结果，并可进行补充申报、对申报提出异议等操作：

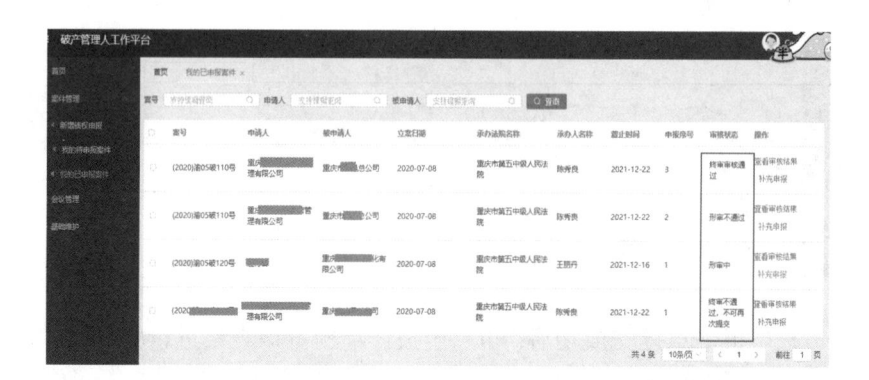

每个审查阶段完成后，债权人可根据管理人发送的短信提醒进行查看审核结果。债权人根据审核状态点击【查看审核结果】，进入审核结果页面，再点击菜单【形式审查结果】，可查看形式审查不通过的原因：

形式审查通过后，债权申报进入初审，初审审查后，点击【查看审查结果】，再点击菜单【初审结果】，可查看初审结果以及审查意见等信息：

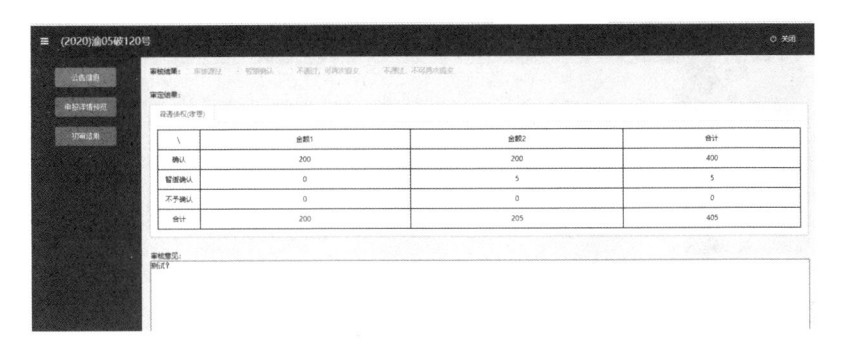

根据初审审核结果若对初审审定金额等信息有异议，可在【提出异议】框里填写异议并上传相关附件，提交给管理人：

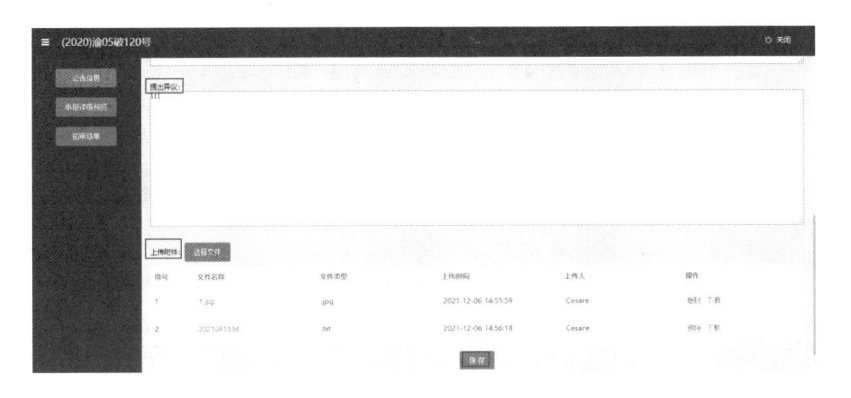

说明：上传的附件也可进行删除、下载操作。

直至终审通过，点击【查看审查结果】，再点击菜单【终审结果】，可查看终审结果以及审查意见：

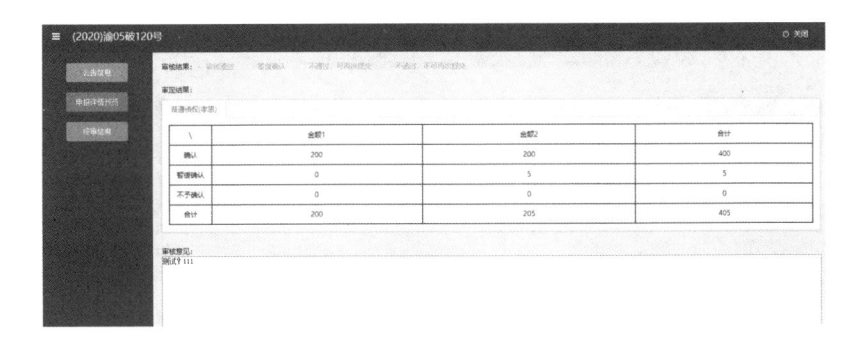

在我的已申报案件页面，点击【补充申报】，可重新对该案件进行申报，再次重复上述申报操作：

四、会议管理

1. 会议信息

债权人点击【会议管理】—【会议信息】，进入会议信息页面，列表展示债权人可参与或已参与债权会议的会议信息：

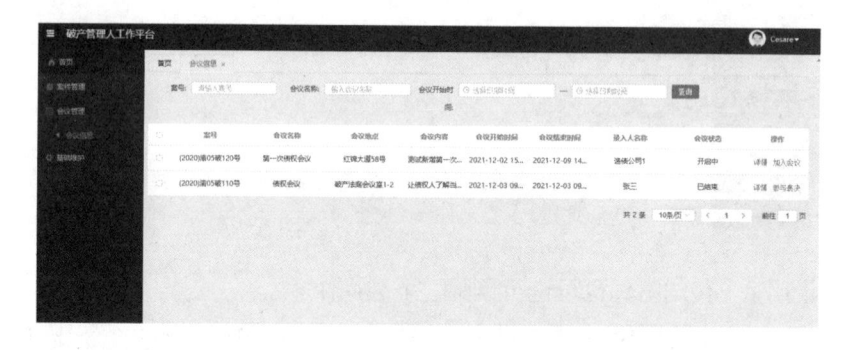

选择任一会议信息，点击【详情】，可查看该会议的具体详情信息：

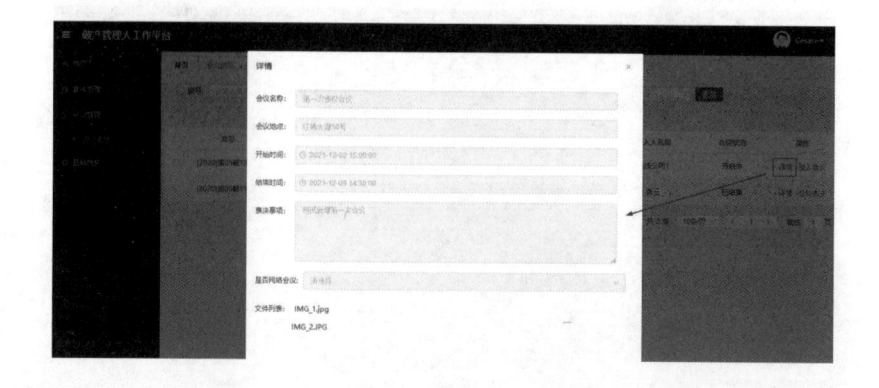

说明：详情里的文件可进行下载查看。

管理人开启会议后，债权人可点击【加入会议】，进入开会界面：

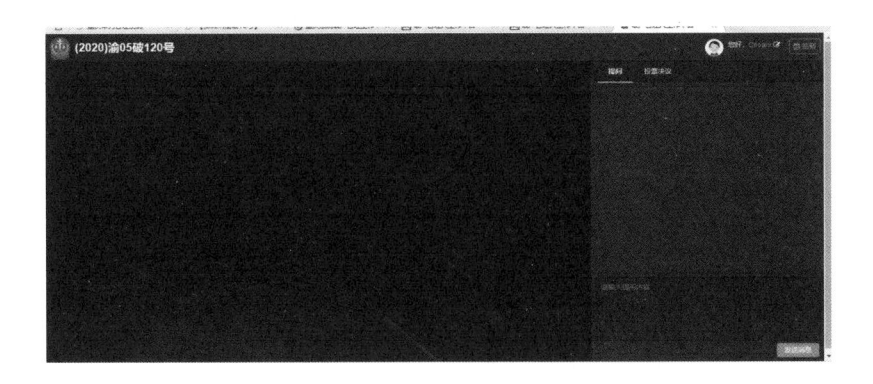

管理人开启会议签到后才可进行签到，债权人点击右上角的【签到】进行会议签到，签到成功后，签到按钮变为【已签到】：

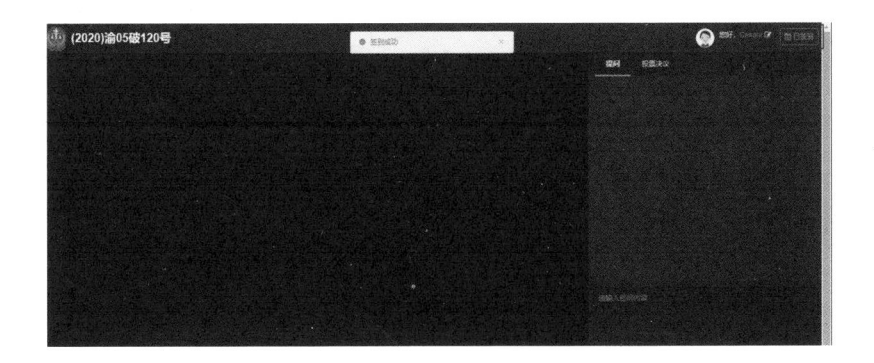

会议过程中，债权人可进行提问，在提问框里输入内容并【发送消息】（每个债权人提出的问题，均在聊天框里显示），同时也可查看管理人回复的信息：

会议过程中，管理人发起表决投票，拥有表决权的债权人可进行表决投票，债权人点击【投票表决】进入投票表决页面：

选择表决项点击【投票】，查看表决事项和文件进行投票：

投票后显示债权人自己的投票结果：

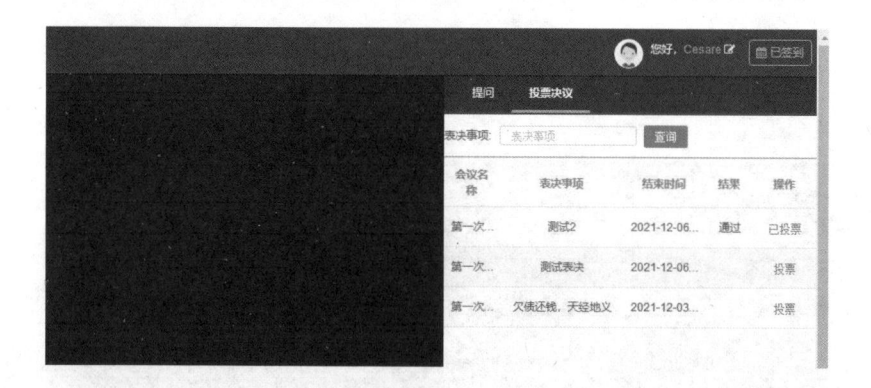

会议结束后，表决信息在截止时间内，仍可参与表决，同时还可查看该会议的所有表决信息。债权人在会议信息页面，选择会议点击【参与表决】，

进入该会议的表决页面：

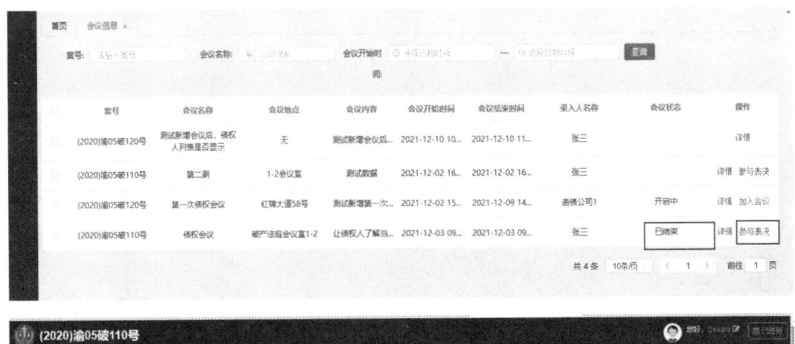

2. 未表决事项

债权人点击【未表决事项】，进入未表决事项页面，页面展示债权人截止时间内没有完成表决的事项记录：

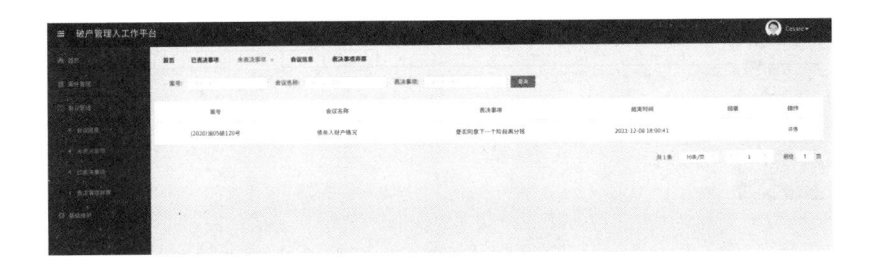

点击【详情】可查看具体表决事项详情：

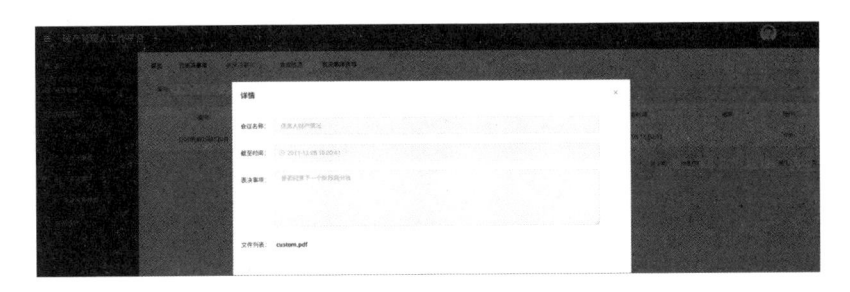

3.已表决事项

债权人点击【已表决事项】，进入已表决事项页面，页面展示债权人所有已完成表决的记录：

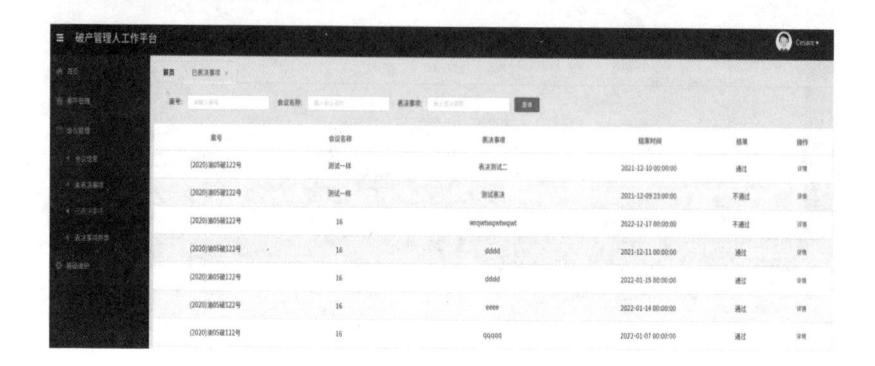

说明：债权人可查询自己表决的事项以及查看表决结果，点击【详情】可查看具体表决事项详情。

4.表决事项弃票

债权人点击【表决事项弃票】，进入表决事项弃票页面，页面展示债权人所有弃票（截止时间内未投票）的表决事项记录：

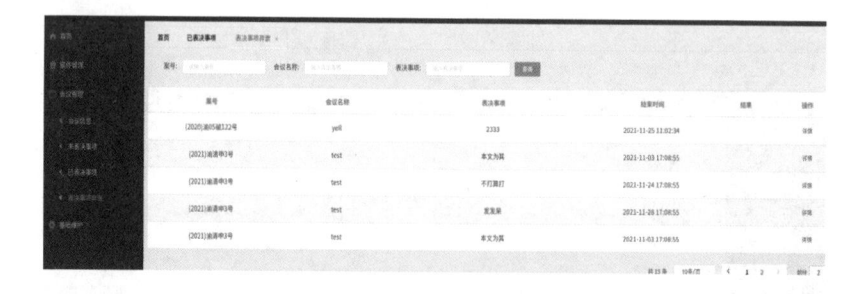

说明：债权人可查询并查看已弃票的表决事项的详情。

五、基础维护

债权人点击【基础维护】—【个人信息设置】，进入个人信息页面，可更新个人信息、修改密码等操作：

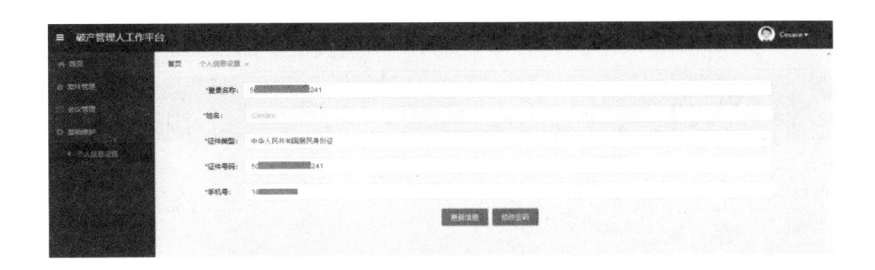

修改登录名称后，点击【更新信息】，系统自动退出登录，需使用新登录名重新进行登录。修改个人其他信息后，点击【更新信息】，即可立即更新个人信息：

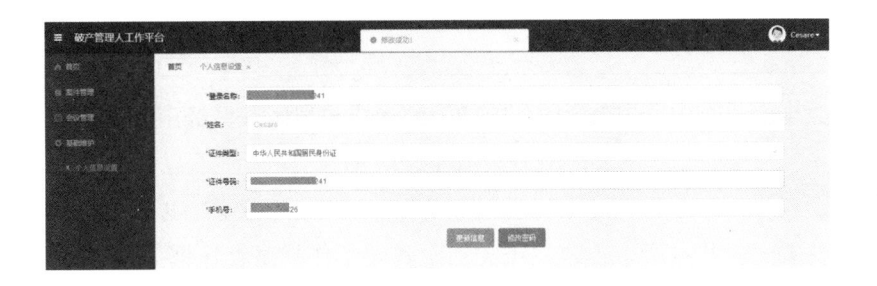

点击【修改密码】，弹出修改密码界面，输入旧密码、设置新密码并确定后，系统会自动退出登录，用户需使用新密码重新登录：

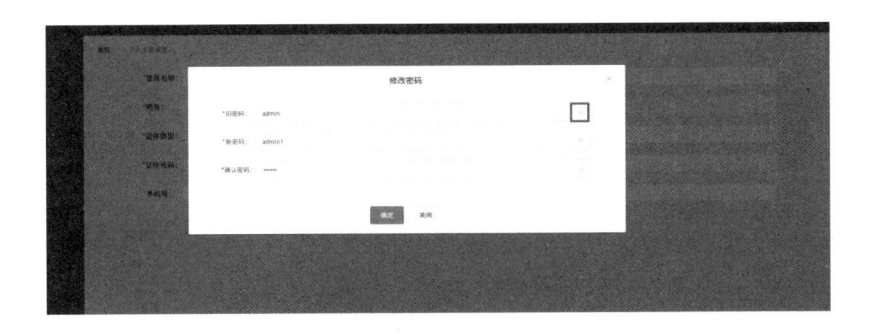

说明：修改密码时，点击右侧眼睛图标可显示输入的密码。

四、区域合作

四川省高级人民法院 重庆市高级人民法院
成渝地区双城经济圈破产审判合作协议

2022年4月25日起施行

为全面贯彻中共中央、国务院印发的《成渝地区双城经济圈建设规划纲要》精神，服务国家重大区域发展战略，切实落实最高人民法院《关于为成渝地区双城经济圈建设提供司法服务和保障的意见》要求，以及中共四川省委政法委、中共重庆市委政法委《川渝政法工作战略合作框架协议》，四川省高级人民法院、重庆市高级人民法院《成渝地区双城经济圈司法协作框架协议》的相关规定，发挥破产审判在助力供给侧结构性改革、优化营商环境建设、推动经济高质量发展方面的积极作用，经两省市高级人民法院共同商定，就建立成渝地区双城经济圈破产审判合作，达成如下意见。

一、指导思想

坚持以习近平法治思想为指导，深化两地司法协作，推进跨区域协同发展，实现资源共享、优势互补、发展互助、合作共赢，以法治化、市场化、信息化、协同化方式提升成渝地区破产审判工作水平，助力营商环境优化，为成渝地区双城经济圈建设提供有力司法服务和保障。

二、基本原则

（一）一体化原则

树立破产审判工作一盘棋思想和一体化发展理念，研究总结两地法院破产审判工作经验，逐步统一两地法院破产审判工作流程和裁判标准，助力两地营商环境持续优化。

（二）便利化原则

推动两地法院和政府协调联动，完善破产配套制度政策，打通破产工作中的制度性壁垒。持续深化诉讼服务改革，提升当事人参与破产程序的便利度,保障管理人依法履行职责,有效降低企业破产成本,提高破产工作效率。

(三)协同化原则

建立健全破产工作合作机制,相互支持,互通有无,优势互补。提炼推广两地破产审判的成功经验和做法,增强成渝地区破产审判工作在全国的影响力,共同打造区域性司法协作示范高地。

三、协作组织

两地高级人民法院成立成渝地区双城经济圈破产审判协作工作组,由分管破产审判工作的院领导担任组长,破产审判业务庭负责人担任副组长兼秘书长,成渝地区双城经济圈有关中级人民法院的分管院领导、成都破产法庭和重庆破产法庭主要负责人为工作组成员,并分别指定联络员。工作组主要负责日常事务的沟通、衔接,组织召开工作联席会议,筹备举办破产审判相关活动,督促指导辖区法院落实破产协作事项。

四、协作方式

(一)联席会议

建立破产审判协作联席会议制度,原则上每年召开一次,由两地高级人民法院轮流召集,破产审判协作工作组成员参加。会议议题主要包括通报破产审判工作情况,研究破产审判疑难问题,组织、筹备有关活动,安排下一阶段工作任务等。

(二)信息共享

建立破产审判信息共享制度,破产审判协作工作组成员定期互相通报本辖区破产审判工作、新出台规范性文件、管理人名册更新以及对地方经济社会有重大影响的破产案件等情况。涉密、重要材料通过法院内网传送,一般性信息可通过即时通信、通讯群组沟通。

五、协作内容

(一)破产工作"府院"联动

结合《四川省优化营商环境条例》《重庆市优化营商环境条例》规定,推动两地高级人民法院与两地人民政府共同会商,联合建立成渝地区企业破产处置"府院"联动协作机制,统筹推进企业破产过程中的信息共享、职工安置、涉税事务、财产处置、企业注销、信用修复、风险防范等事项。

(二)破产立案审查

借助信息化手段实现两地破产申请审查案件及衍生诉讼案件的跨域立案,逐步建立协调统一的破产案件审查受理标准和流程,实现两地立案标准、立案流程、文书格式等的统一。

（三）执行转破产

推进两地跨区域执行转破产工作，统一移送文书格式、材料接收流程、立案审查标准，加强执行程序与破产程序的跨区域有序衔接，确保执行转破产案件依法、顺畅流转。

（四）关联企业破产

统一关联企业破产的审查标准和适用规则，规范关联企业实质合并、协调审理的程序。建立管辖争议协商机制，高效推进关联企业破产审判工作。

（五）破产审执事务

两地法院就破产财产查控、保全措施解除、调查取证、档案调阅、文书送达等审执事务性工作，建立委托与互认机制，加强协助配合，降低工作成本，提高人民法院破产审判和管理人履职效率。

（六）破产案件繁简分流

两地法院建立规范统一的破产案件繁简分流机制，明确适用快速审理方式的案件类型及审理流程，实现破产案件简案快审、繁案精审。

（七）管理人名册互认及跨区域指定

统一管理人入册审查标准和程序，探索两地管理人名册共建共用，逐步实现管理人两地自由执业。在预重整案件以及采用竞争选任管理人的破产案件中探索跨区域指定管理人，实现充分竞争、优势互补，促进两地管理人履职能力和水平的提升。

（八）管理人履职保障与监督

推动两地人民政府及相关机构出台措施，优化管理人履职环境，支持管理人依法履行职责。加强管理人履职监督管理，制定统一的管理人工作指引、管理人履职考核评估办法、管理人报酬确定标准等，规范管理人履职行为。

（九）破产投资人引进

构建一体化司法重整招商平台，鼓励和引导资产管理公司、金融机构、实体企业参与两地企业破产重整投资，杜绝地方保护主义，促进新旧动能转换，推动经济高质量发展。

（十）重大疑难案件会商

建立两地法院破产审判法律适用疑难问题咨询机制，整合审判力量，发挥专业优势，研究解决重大疑难破产案件中的司法难题，促进两地法院破产审判法律适用的协调统一。

（十一）学术研讨与调研

探索联合两地破产法学术团体、科研院所共同举办破产法学术论坛，适时组织两地业务骨干对破产审判实践及理论前沿重大问题开展联合调研，总结破产审判规则和方法，提炼可复制、可推广的破产审判经验。

（十二）联合宣传教育

联合发布成渝地区破产审判白皮书，集中推出一批社会影响重大，政治效果、社会效果、法律效果有机统一的典型案例。共同打造破产法治宣传教育基地，着力提升社会公众对破产制度的认同。

（十三）人才培养和交流

加大两地法院破产业务培训力度，共同开展业务培训，举行讲座、沙龙、论坛等交流活动，建立破产审判人才交流培养协作机制，推进干警异地互派交流，实现人才资源互通互融。

重庆市第五中级人民法院 四川省绵阳市中级人民法院关于加强司法协作为成渝地区双城经济圈建设提供一流司法服务保障的框架协议

2021年12月17日签订

为认真贯彻中央财经委员会第六次会议精神，积极落实《成渝地区双城经济圈建设规划纲要》相关要求，按照四川省委、重庆市委关于推动成渝地区双城经济圈建设工作指示及重庆市高级人民法院、四川省高级人民法院关于加强川渝地区人民法院司法交流合作的具体安排，重庆市第五中级人民法院、绵阳市中级人民法院共同决定进一步加强司法协作，为成渝地区双城经济圈建设提供一流司法服务和保障，经协商一致，制定本框架协议。

一、总体要求

大力推动成渝地区双城经济圈建设是以习近平同志为核心的党中央从战略和长远考虑作出的重大决策部署，必将对优化我国改革开放布局，推动西部地区高质量发展产生深远影响。要深刻认识司法服务保障成渝地区双城经济圈建设的重大意义和肩负的重要使命，坚持以习近平新时代中国特色社会主义思想为指导，始终坚持正确的政治方向，持续提升协同共进、共建共享意识，不断增强改革创新、攻坚克难能力，坚持平等保护、科技驱动，为服务保障成渝地区双城经济圈建设成为具有全国影响力的经济中心、科技创新中心、改革开放高地、高品质生活宜居地提供有力的司法服务和保障。

二、主要内容

（一）充分发挥司法职能，构建司法协作新体系

1. 坚持对标一流，强化共建共享。对标长三角、京津冀、粤港澳大湾区，加强司法协作交流的经验做法，通过做法互学、经验互鉴、问题互通，实现平台共建、数据共联、信息共享，构建高效、便民司法协作体系。

2. 坚持精准服务，强化服务科技创新。认真研判双城经济圈建设阶段性重点任务，结合人民法院司法职能，邀请高校共同组建研究中心和课题组，形成专题调研报告，适时出台相应举措，精准保障重点任务推进。充分发挥审判职能，积极服务保障成渝地区双城经济圈建设，建立涉知识产权和科技创新案件的交流平台和案例共享机制，打造服务科技创新司法交流论坛，积极探索司法服务国家重大战略科技创新领域的路径与举措。

3. 坚持机制先行，强化制度供给。认真落实重庆市高级人民法院与四川省高级人民法院签署的司法协作框架协议，结合法院实际，建立健全区域司法协作交流长效工作机制，全面加强两地法院在审判执行、服务大局、改革创新、诉讼服务、队伍建设等方面的合作交流，逐项制定具体实施意见，建设现代化司法供应链。

（二）突出合作交流重点，建设司法协作新高地

4. 全面加强国际化、法治化、市场化、便利化营商环境建设。加强日常工作交流，深入总结营商环境建设工作中形成的经验，对标国际国内先进城市群，组织专门力量深入研究世界银行与国家发展改革委营商环境评价体系，深刻分析"执行合同""办理破产""保护中小投资者"指标内涵，结合实际制定细化举措，构建既对接世界银行标准、又符合双城经济圈建设实际的法治化营商环境建设之路。

5. 全面加强跨区域诉讼服务协作。优化跨域立案诉讼服务，研究制定相对统一的工作制度，逐步实现跨域立案标准、立案流程、文书格式、服务标准统一。组建跨域立案诉讼服务团队，专职提供跨域立案咨询、实践操作、进展反馈等跨域立案服务。加强跨区域财产保全、调查取证、联合调解、委托鉴定、文书送达等委托办理诉讼事项协作，拓宽委托办理诉讼事项范围。

6. 全面加强跨区域重大案件协作。加强跨区域重大刑事、民事、商事、行政、执行案件协作。加强反恐怖、反洗钱、反毒品、涉黑涉恶等重点领域跨区域联合防范、联合打击，依法从严惩治跨区域扰乱市场经济秩序犯罪、集资诈骗和非法吸收公众存款等涉众型犯罪。加强食药品安全、证券金融等案件的联动协作。加强跨区域重大敏感案事件舆情应对、信息互通。

7. 全面加强破产审判司法协作。重点围绕服务保障供给侧结构性改革，推进破产审判市场化、法治化、专业化、信息化，对标国际先进为优化营商环境建设提供优质司法服务保障。加强区域破产审判协作、破产审判经验交流，探索管理人异地执业、联合执业，力争打造区域破产审判样本，为全国破产审判实践提供司法经验。

8. 全面加强环境资源司法保护协作。依法制裁污染环境、破坏水资源、林业资源、草原资源、生物资源等生态破坏行为。加强跨区域生态保护合作，积极推动建立区域协同联动机制，加强环境资源审判经验交流，建立信息共享、案件移送等合作机制，妥善处理跨行政区域环境资源案件，全面加强长江经济带协同共治的生态环境司法保护。

9. 全面加强跨区域执行联动协作。建立健全执行协调合作机制，推动失信被执行人信息等执行案件信息共享，推动信息化查控及协助执行网络的无缝衔接，实现执行措施和手段的全覆盖，全面提升跨域复杂执行环境的应对和处置能力。加大异地执行协助力度，简化异地执行手续，统一委托执行流程，扩大委托事项范围，全面推进财产过户、涉案财物处置等事项的协助执行。联动实施失信人惩戒机制、市场禁入和退出制度，扩大网络执行查控体系和失信被执行人联合曝光惩戒平台覆盖范围，共同推进区域社会信用体系建设。

10. 全面加强深化诉源治理改革协同。深化多元化纠纷解决机制建设，对接跨域立案和在线调解系统，共建诉源治理协同中心，整合内外调解资源，加强与行政机关、行业协会、仲裁机构、商事调解组织等的合作衔接，探索建立涉外商事争端诉讼、调解、仲裁"一站式"工作机制，共同建设线上调处平台。加强诉内衍生案件治理交流。建立两地涉疫情纠纷快速调解机制，加强劳动争议、合同履行等跨区域涉疫情纠纷化解协作。

11. 全面加强跨区域重大项目司法保障。对正在建设和即将开工的交通运输、信息网络、先进制造业、科技创新等领域重大项目建设，积极开展相关法律问题前瞻调研，形成专项调研报告，及时发送司法建议，审慎处理相关案件，保证重大项目建设工作顺利实施。

（三）拓展共建内容，探索司法协作新方向

12. 建立裁判尺度统一机制。加强法律适用的沟通交流，及时发现问题、协调研判、汇总意见，联合发布类型化案件办理审理指南，促进类案司法裁判尺度统一。对共同存在的普遍性法律适用问题，共同向所在地高级人民法院提出指导文件制定建议。

13. 持续加强跨区域"智慧法院"协同建设。全力推进法院信息资源共享，实现法院工作和司法信息跨区域网上交换流转和共享共用，为跨域诉讼服务、案件庭审、电子送达、执行协作等工作提供强大数据支撑，形成全业务全时空司法服务网络。加强大数据、物联网、云计算、人工智能与跨域司法合作、司法办案、司法改革的深度融合，加强远程视频庭审、数字化出庭、语音识别等基础设施和软件技术的建设，完善智慧审判、智慧诉服、智慧执行、智慧政务、智慧审管、智慧决策、智慧警务等平台的推广应用。

14. 建立跨区域人才交流培养机制。坚持平等参与、优势互补、相互交流、互通有无，建立人才培养协作交流机制。推进政治素质好、业务水平高、综合素能强的干警互派交流，共同培养卓越法官。定期选赠交换内部文件、资料、刊物，加强学术研讨、调研经验交流，不定期举办研讨会、论坛会、座谈会，相互交流全国法院学术讨论会、精品案例、高端课题等平台产出的调研成果，共同提高研用水平。

15. 构建跨区域工作协调机制。创设工作交流平台，定期轮流举办联席会议、案件研讨会、交流座谈会等，针对司法服务保障成渝地区双城经济圈建设中的热点、痛点、难点、堵点问题，开展深入研讨交流。

16. 加强成果推广应用。共同加强工作做法与经验的对外宣传与对上报送，逐步形成完善的重大信息、重要成果联合发布和协同推广应用机制。

三、组织保障

重庆市第五中级人民法院、绵阳市中级人民法院要主动向地方党委、上级法院党组报告司法服务保障工作情况，积极争取党委和政府支持，形成司法服务保障成渝地区双城经济圈建设整体合力。要共建议事协调机构，确定牵头联络部门，建立联络人员名单，建立健全常态化沟通协调机制，确保框架协议各项举措落实落地。

本框架协议由重庆市第五中级人民法院、绵阳市中级人民法院共同负责解释，自共同签署之日起生效。

重庆市第五中级人民法院　　　　四川省绵阳市中级人民法院

党组书记、院长：　　　　　　　党组书记、院长：

　　　年　月　日　　　　　　　　　年　月　日

重庆破产法庭 成都破产法庭
合作备忘录

2022年12月28日签订

为深入贯彻落实中共中央、国务院印发《成渝地区双城经济圈建设规划纲要》、最高人民法院《关于为成渝地区双城经济圈建设提供司法服务和保障的意见》、川渝两地高级人民法院《成渝地区双城经济圈司法协作框架协议》等精神，认真落实川渝两地高级人民法院《成渝地区双城经济圈破产审判合作协议》要求，重庆破产法庭与成都破产法庭经友好协商，于2022年12月28日订立本合作备忘录。

一、总体要求

1. 坚持以习近平法治思想为指导，树立一体化、便利化、协同化司法理念，以法治化、市场化、专业化、信息化为手段，共同提升成渝两地破产审判工作水平，合力打造区域司法协作示范高地，进一步推进供给侧结构性改革，持续优化营商环境，实现经济高质量发展，为成渝地区双城经济圈建设提供有力司法服务和保障。

二、组织落实

2. 切实按照《成渝地区双城经济圈破产审判合作协议》布置的破产工作"府院"联动、破产立案审查、执行转破产、关联企业破产、破产审执事务、破产案件繁简分流、管理人名册互认及跨区域指定、管理人履职保障与监督、重整投资人引进、重大疑难案件会商、学术研讨与调研、联合宣传教育、人才培养和交流等13项协作内容工作要求，逐项分析梳理，根据各项的实际情况分项拟定计划，制定实施方案，并报告两地高级人民法院成立的成渝地区双城经济圈破产审判协作工作组联席会议，逐项予以落实，确保计划安排事项顺利完成。

三、突出特色

3. 共同制定统一的管理人工作管理各项制度，探索实施管理人名册互认及跨区域指定，规范管理人履职行为，提升成渝两地管理人的履职能力和水平。

4. 共同积极探索适用预重整、关联企业实质合并破产、打击逃废债、个人破产、跨境破产等制度，统一破产案件管辖范围、审查标准和裁判规则，简化破产审理程序，一体化推进两地法院破产审判工作高质量发展。

5. 共同加强信息化建设与运用，共享重庆法院破产协同易审平台、成都法院智破平台智慧成果，共同在淘宝网、京东网、人民法院诉讼资产网等设立成渝两地破产财产处置及重整投资人招募专场，实现债权人利益最大化；统一破产法律文书样式，共同研发破产文书自动生成系统，提升办理破产集约化水平。

6. 共享学习培训优势，重庆破产法庭举办的"每月一讲"学习讲座及其他培训、成都破产法庭举办的"蓉法说破"等学习交流活动，可以通过现场以及视频等方式，相互邀请对方参加并预留相应参训名额。

7. 共用宣传平台，充分运用重庆破产法庭微信公众号、成都破产法庭微信公众号新媒体传播优势，联合推送破产审判工作信息，加大宣传力度，提升成渝地区破产审判在全国的影响力。

8. 共同展示成渝地区破产审判工作成效，适时联合召开破产审判工作新闻发布会、联合发布破产审判白皮书、联合公布破产审判典型案例，协力打造区域破产司法协作示范高地。

9. 共推西部破产法论坛与天府破产法论坛学术资源整合，联合举办或共同参加全国性破产法论坛，鼓励、支持重庆破产法庭与成都破产法庭法官及两地管理人、高校专家教授加强学术交流，共同开展学术研究、论文创作，联合承办调研课题，共同提升专业理论素养和业务应用水平。

四、协作会商

10. 双方原则上每年召开一次协作会议，经一方提议，可就特殊事项召开临时会议。

11. 协作会议内容包括相互通报破产审判运行态势和破产法庭相关工作情况，交流探讨破产工作中的共性问题和疑难问题，落实两地高级人民法院成立的成渝地区双城经济圈破产审判协作工作组联席会议决定事项等。

12. 协作会议由双方轮流负责筹办并主持，重庆破产法庭由庭长、副庭长、员额法官及诉讼服务中心、综合办公室负责人等出席，成都破产法庭由庭长、副庭长、员额法官等出席。根据会议需要，可通知其他相关人员参会，或邀请相关领导出席，发表和听取意见。

13. 协作会议应当形成会议纪要。参会人员应当对所议事项、过程等进行保密，未经双方共同允许，不得对外披露或者发表。

五、工作保障

14. 设立联络秘书 2 名，双方各派 1 人担任。

15. 联络秘书主要承担以下工作：

（1）协调协作会议主办方、协作方、参会方的会议资料准备、会务安排等各项工作；

（2）协调双方共办学习培训活动的场地布置、资料印刷、人员接待等后勤保障工作；

（3）协调协作会议的召集、会务安排、会议纪要整理等工作；

（4）协调双方信息交换、共享和相关通报工作；

（5）双方合作事项开展过程中的其他沟通协调工作。

六、其他

16. 根据工作需要，双方可补充建立符合本备忘录的其他合作形式，具体事宜由双方共同协商确定。

17. 备忘录经双方授权代表签字并加盖双方公章后生效。本备忘录一式六份，双方各保存三份。

重庆破产法庭   成都破产法庭

（公章）   （公章）

授权代表签字：   授权代表签字：

　　年　月　日   　　年　月　日

五、其他

重庆市第五中级人民法院
破产衍生诉讼涉财产追收案件诉讼费用缓交的实施意见
（试行）

（渝五中法发〔2020〕166号）

重庆市第五中级人民法院审判委员会2020年第34次会议通过

2020年11月18日起施行

为保障确有困难的破产案件债务人（以下简称债务人）依法充分行使诉讼权利，及时追收债务人财产，切实维护债权人、债务人等合法权益，根据《中华人民共和国民事诉讼法》、《中华人民共和国企业破产法》、《诉讼费用交纳办法》（国务院令第481号）、《最高人民法院关于适用〈诉讼费用交纳办法〉的通知》（法发〔2007〕16号）等规定，结合本院破产审判实际，制定本实施意见。

一、适用对象

本实施意见适用于债务人或者管理人作为原告提起涉财产追收的破产衍生诉讼案件。

二、适用条件

债务人没有足额现金或者资产尚未变现无法交纳诉讼费用，且无其他利害关系人愿意垫付的，债务人或者管理人可以申请缓交诉讼费用。

三、缓交范围

可以申请缓交的诉讼费用包括案件受理费、保全申请费。

四、提出申请

申请缓交诉讼费用的，应当在起诉（上诉或者申请）时，或者收到交纳诉讼费用通知书7日内，向人民法院提交书面申请及相关材料。

五、提交相关材料

1. 债务人的财产状况说明；

2. 提起诉讼必要性的说明；

3. 人民法院认为需要提交的其他材料。

六、办理程序

承办人员收到缓交申请及相关材料后，应当填写《诉讼费用缓交审批表》，层报庭长、分管破产审判工作的院领导审批。

七、具备支付能力的处理

缓交期间，债务人具备支付能力的，债务人或者管理人应及时主动交纳。

八、诉讼费用追收

缓交诉讼费用的，应当在裁判文书中载明诉讼费用的缓交及负担情况。

应当由债务人或者管理人负担的诉讼费用，纳入共益债务处理；

应当由相对方负担的诉讼费用，移送执行部门执行。相对方进入破产程序的，依照《中华人民共和国企业破产法》及相关规定依法追收。

九、附则

本实施意见由重庆市第五中级人民法院审判委员会负责解释。

本实施意见自公布之日起实施。

重庆市第五中级人民法院破产审判庭
关于破产衍生诉讼案件若干问题的解答（一）

2021年8月3日全庭法官会议通过

一、破产衍生诉讼的管辖问题

1. 受理破产申请的人民法院与审理破产案件的人民法院不一致时，衍生诉讼案件的管辖如何确定？

答：《企业破产法》第二十一条规定："人民法院受理破产申请后，有关债务人的民事诉讼，只能向受理破产申请的人民法院提起。"因破产案件管辖权依法转移，致使受理破产申请的人民法院与审理破产案件的人民法院不一致时，衍生诉讼应当由审理破产案件的人民法院集中管辖。

2. 渝高法〔2021〕96号通知的适用案件范围和时间节点如何确定？

答：重庆市高级人民法院（以下简称市高法院）2021年6月28日印发《关于调整重庆市第五中级人民法院破产及强制清算衍生诉讼案件管辖的通知》（渝高法〔2021〕96号），将重庆市第五中级人民法院（以下简称市五中法院）审理的破产及强制清算案件的衍生诉讼交由渝中、九龙坡、南岸三家基层法院（以下简称衍生诉讼管辖法院）审理，该通知于2021年7月1日起实施。在适用该通知时需要注意两点：一是该通知仅适用于市五中法院审理的破产及强制清算案件的衍生诉讼案件。二是2021年6月30日前（含当日）已经向市五中法院提交起诉材料的，由市五中法院审理，不得依据该通知移送管辖。

3. 部分特殊类型衍生诉讼案件如何确定管辖？

答：渝高法〔2021〕96号通知规定，破产及强制清算案件的衍生诉讼中涉外商事纠纷、知识产权纠纷、环境资源纠纷等案件，市五中法院可以依照《最高人民法院关于适用〈中华人民共和国企业破产法〉若干问题的规定（二）》第四十七条第三款的规定，报请市高法院指定管辖。此类案件当事人仍应在市五中法院进行一审立案，由市五中法院根据个案情况，报请市高法院指定管辖。注意两个问题：一是"等"字目前不做扩大解释。二是此处限于涉外商事纠纷而不包括涉外民事纠纷。

4. 衍生诉讼案件立案受理后，因当事人撤回对债务人的起诉或者其他法定原因，发生债务人退出衍生诉讼程序情形的，衍生诉讼管辖法院是否需要继续审理该案件？

答：基于管辖恒定原则，该案件应由衍生诉讼管辖法院继续审理。

5. 债务人作为第三人的案件是否由衍生诉讼管辖法院集中管辖？

答：无论债务人作为原告、被告还是第三人，该案件均属于与债务人有关的民事诉讼，应当由衍生诉讼管辖法院集中管辖，但是再审、第三人撤销之诉除外。

二、破产衍生诉讼的受理问题

6. 债权人未申报债权径行提起破产债权确认之诉的，是否应当受理？

答：衍生诉讼管辖法院在对破产衍生诉讼案件立案时，应当注意按照《全国法院民商事审判工作会议纪要》第110条第3款之规定进行审查并做好释明工作，告知债权人在起诉前应当依法向管理人申报债权。经释明仍坚持起诉债务人的，应当裁定不予受理。

7. 债权人对债权表记载的债权有异议，但未向管理人申请复核，或者申请复核，但管理人在合理期间未出具复核意见的，是否应当受理？

答：《重庆市第五中级人民法院企业破产案件审理指南（试行）》（渝五中法发〔2020〕42号）第八十二条第二款对此已作出规定。《最高人民法院关于适用〈中华人民共和国企业破产法〉若干问题的规定（三）》第八条明确要"经管理人解释或调整后，异议人仍然不服的，或者管理人不予解释或调整"，才能提起债权确认的诉讼。未经复核即起诉，不符合受理条件。衍生诉讼管辖法院应当向原告进行释明，原告坚持起诉的，裁定不予受理。

8. 异议人超过债权人会议核查结束后十五日向人民法院提起债权确认的诉讼，人民法院是否应当受理？

答：《最高人民法院关于适用〈中华人民共和国企业破产法〉若干问题的规定（三）》第八条规定的十五日并非除斥期间，对异议人超过债权人会议核查结束后十五日向人民法院提起债权确认诉讼，有正当理由的，人民法院应当受理。

三、破产衍生诉讼的诉讼主体问题

9. 哪些诉讼是由管理人作为当事人？

答：根据《企业破产法》及司法解释的规定，目前明确由管理人作为原告的诉讼有破产撤销权纠纷、请求确认债务人行为无效纠纷、请求撤销个别清偿行为纠纷，管理人作为被告的诉讼仅有管理人责任纠纷。其他的破产衍生诉讼，原则上以债务人为当事人。

10. 管理人代表债务人诉讼时，诉讼代表人和委托诉讼代理人如何列示？

答：《重庆市第五中级人民法院企业破产案件审理指南（试行）》（渝五中法发〔2020〕42号）第十三条对管理人代表债务人进行诉讼如何列当事人进行了规定。以债务人作为原告时为例，应表述为：

原告：×××（债务人名称），住所地×××，统一社会信用代码×××。

诉讼代表人：×××（管理人负责人姓名），×××（债务人名称）管理人负责人。

若债务人的委托诉讼代理人是管理人的工作人员，则委托诉讼代理人应表述为：

委托诉讼代理人：×××，男/女，×××（债务人名称）管理人工作人员。

11. 管理人以自己名义起诉时，主体如何列示？

答：《重庆市第五中级人民法院企业破产案件审理指南（试行）》（渝五中法发〔2020〕42号）第十四条对管理人以自己的名义进行诉讼的情况进行了规定。以管理人作为原告为例，应表述为：

原告：×××（担任管理人的中介机构或个人的名称或姓名），×××（债务人名称）管理人。

诉讼代表人：×××（管理人负责人姓名），×××（债务人名称）管理人负责人。

12. 管理人作为原告提起破产撤销权等诉讼时，债务人是否应当列为被告或者第三人？

答：在破产程序中，所有与债务人有关的诉讼、仲裁或者其他法律程序，均由管理人（负责人）作为债务人的诉讼代表人进行。如果以债务人为被告或者第三人，那么在诉讼中就会出现管理人一方面作为原告，另一方面代表债务人作为被告或者第三人参加诉讼，从而导致管理人一人同时作为诉讼两方出现在法庭上的混乱局面，有悖于民事诉讼程序规则。因此，当管理人作为原告提起诉讼时，不应当列债务人为被告或者第三人。

四、破产衍生诉讼的实体裁判问题

13. 债务人或者管理人起诉追回财产的案件，判决主文如何表述？

答：《企业破产法》第十七条第一款规定："人民法院受理破产申请后，债务人的债务人或者财产持有人应当向管理人清偿债务或者交付财产。"据此，无论是债务人起诉，还是管理人起诉，涉及追回财产的判项应当表述为"向×××（债务人名称）管理人交付/支付……"，但是，涉及确认权利归属时，应该表述为"确认×××（写明财产）归×××（债务人名称）所有"。

14. 衍生诉讼是否可以调解结案？

答：因为破产程序的特殊性，往往涉及广大债权人利益，除非取得债权人会议的授权或者同意，否则不适用调解方式结案。

五、破产衍生诉讼需要注意的其他问题

15. 破产衍生诉讼的诉讼费用是否可以缓交？

答：2020年11月18日，市五中法院印发了《破产衍生诉讼涉财产追收案件诉讼费用缓交的实施意见（试行）》（简称《实施意见》）。衍生诉讼管辖法院可以参照适用《实施意见》的有关规定处理该类问题。在具体适用中要特别注意四个问题：一是准确把握适用对象。《实施意见》仅适用于债务人或者管理人作为原告提起涉财产追收的破产衍生诉讼案件，对于其他类型的衍生诉讼案件，特别是大量的债权确认纠纷案件是不适用的。二是注重诉讼必要性审查。对于债务人或者管理人一方胜诉可能性不大等缺乏诉讼必要性的案件，可以不同意缓交。三是债务人或者管理人作为原告可能胜诉的案件，已批准缓交诉讼费用的，不需要在判决前要求缴纳诉讼费用，只需要在判决中注明由被告负担即可。四是其他类型破产衍生诉讼案件的诉讼费用是否可以缓减免，按《诉讼费用交纳办法》相关规定处理。

16. 追缴出资纠纷是不是应该每一个股东单独立案？

答：根据原告的诉讼请求，原则上应当单独立案。但是根据案件具体情况，为便于查清事实，或者存在发起人对其他股东承担连带责任、受让瑕疵股权的股东对转让股东承担连带责任等情形的，也可以将相关股东作为共同被告立一个案件。

附 录

最高人民法院相关制度选编

最高人民法院
关于印发《全国法院民商事审判工作会议纪要》的通知

2019年11月8日 （法〔2019〕254号）

各省、自治区、直辖市高级人民法院，解放军军事法院，新疆维吾尔自治区高级人民法院生产建设兵团分院：

《全国法院民商事审判工作会议纪要》（以下简称《会议纪要》）已于2019年9月11日经最高人民法院审判委员会民事行政专业委员会第319次会议原则通过。为便于进一步学习领会和正确适用《会议纪要》，特作如下通知：

一、充分认识《会议纪要》出台的意义

《会议纪要》针对民商事审判中的前沿疑难争议问题，在广泛征求各方面意见的基础上，经最高人民法院审判委员会民事行政专业委员会讨论决定。《会议纪要》的出台，对统一裁判思路，规范法官自由裁量权，增强民商事审判的公开性、透明度以及可预期性，提高司法公信力具有重要意义。各级人民法院要正确把握和理解适用《会议纪要》的精神实质和基本内容。

二、及时组织学习培训

为使各级人民法院尽快准确理解掌握《会议纪要》的内涵，在案件审理中正确理解适用，各级人民法院要在妥善处理好工学关系的前提下，通过多种形式组织学习培训，做好宣传工作。

三、准确把握《会议纪要》的应用范围

纪要不是司法解释，不能作为裁判依据进行援引。《会议纪要》发布后，人民法院尚未审结的一审、二审案件，在裁判文书"本院认为"部分具体分析法律适用的理由时，可以根据《会议纪要》的相关规定进行说理。

对于适用中存在的问题，请层报最高人民法院。

最高人民法院
2019年11月8日

附：

全国法院民商事审判工作会议纪要

引 言

为全面贯彻党的十九大和十九届二中、三中全会以及中央经济工作会议、中央政法工作会议、全国金融工作会议精神，研究当前形势下如何进一步加强人民法院民商事审判工作，着力提升民商事审判工作能力和水平，为我国经济高质量发展提供更加有力的司法服务和保障，最高人民法院于2019年7月3日至4日在黑龙江省哈尔滨市召开了全国法院民商事审判工作会议。最高人民法院党组书记、院长周强同志出席会议并讲话。各省、自治区、直辖市高级人民法院分管民商事审判工作的副院长、承担民商事案件审判任务的审判庭庭长、解放军军事法院的代表、最高人民法院有关部门负责人在主会场出席会议，地方各级人民法院的其他负责同志和民商事审判法官在各地分会场通过视频参加会议。中央政法委、全国人大常委会法工委的代表、部分全国人大代表、全国政协委员、最高人民法院特约监督员、专家学者应邀参加会议。

会议认为，民商事审判工作必须坚持正确的政治方向，必须以习近平新时代中国特色社会主义思想武装头脑、指导实践、推动工作。一要坚持党的绝对领导。这是中国特色社会主义司法制度的本质特征和根本要求，是人民法院永远不变的根和魂。在民商事审判工作中，要切实增强"四个意识"、坚定"四个自信"、做到"两个维护"，坚定不移走中国特色社会主义法治道路。二要坚持服务党和国家大局。认清形势，高度关注中国特色社会主义进入新时代背景下经济社会的重大变化、社会主要矛盾的历史性变化、各类风险隐患的多元多变，提高服务大局的自觉性、针对性，主动作为，勇于担当，处理好依法办案和服务大局的辩证关系，着眼于贯彻落实党中央的重大决策部署、维护人民群众的根本利益、维护法治的统一。三要坚持司法为民。牢固树立以人民为中心的发展思想，始终坚守人民立场，胸怀人民群众，满足人民需求，带着对人民群众的深厚感情和强烈责任感去做好民商事审判工作。在民商事审判工作中要弘扬社会主义核心价值观，注意情理法的交融平衡，做到以法为据、以理服人、以情感人，既要义正辞严讲清法理，又要循循善诱讲明事理，还要感同身受讲透情理，争取广大人民群众和社会的理解与支持。要建立健全方便人民群众诉讼的民商事审判工作机制。四要坚持公正司法。公平正义是中国特色社会主义制度的内在要求，也是我党治国理政的一贯主张。司法是维护社会公平正义的最后一道防线，必须把公平正义作为生命线，必须把公平正义作为镌刻在心中的价值坐标，必须把"努力让人民群众在每一个司法案件中感受到公平正义"作为矢志不渝的奋斗目标。

会议指出，民商事审判工作要树立正确的审判理念。注意辩证理解并准确把握契约自由、平等保护、诚实信用、公序良俗等民商事审判基本原则；注意树立请求权基础思维、逻辑和价值相一致思维、同案同判思维，通过检索类案、参考指导案例等方式统一裁判尺度，有效防止滥用自由裁量权；注意处理好民商事审判与行政监管的关系，通过穿透式审判思维，查明当事人的真实意思，探求真实法律关系；特别注意外观主义系民商法上的学理概括，并非现行法律规定的原则，现行法律只是规定了体现外观主义的具体规则，如《物权法》第106条规定的善意取得，《合同法》第49条、《民法总则》第172条规定的表见代理，《合同法》第50条规定的越权代表，审判实务中应当依据有关具体法律规则进行判断，类推适用亦应当以法律规则设定的情形、条件为基础。从现行法律规则看，外观主义是为保护交易安全设置的例外规定，一般适用于因合理信赖权利外观或意思表示外观的交易行为。实际权利人与名义权利人的关系，应注重财产的实质归属，而不单纯地取决于公示外观。总之，审判实务中要准确把握外观主义的适用边界，避免泛化和滥用。

会议对当前民商事审判工作中的一些疑难法律问题取得了基本一致的看法，现纪要如下：

一、关于民法总则适用的法律衔接

会议认为，民法总则施行后至民法典施行前，拟编入民法典但尚未完成修订的物权法、合同法等民商事基本法，以及不编入民法典的公司法、证券法、信托法、保险法、票据法等民商事特别法，均可能存在与民法总则规定不一致的情形。人民法院应当依照《立法法》第92条、《民法总则》第11条等规定，综合考虑新的规定优于旧的规定、特别规定优于一般规定等法律适用规则，依法处理好民法总则与相关法律的衔接问题，主要是处理好与民法通则、合同法、公司法的关系。

1.【民法总则与民法通则的关系及其适用】民法通则既规定了民法的一些基本制度和一般性规则，也规定了合同、所有权及其他财产权、知识产权、民事责任、涉外民事法律关系适用等具体内容。民法总则基本吸收了民法通则规定的基本制度和一般性规则，同时作了补充、完善和发展。民法通则规定的合同、所有权及其他财产权、民事责任等具体内容还需要在编撰民法典各分编时作进一步统筹，系统整合。因民法总则施行后暂不废止民法通则，在此之前，民法总则与民法通则规定不一致的，根据新的规定优于旧的规定的法律适用规则，适用民法总则的规定。最高人民法院已依据民法总则制定了关于诉讼时效问题的司法解释，而原依据民法通则制定的关于诉讼时效的司法解释，只要与民法总则不冲突，仍可适用。

2.【民法总则与合同法的关系及其适用】根据民法典编撰工作"两步走"的安排，民法总则施行后，目前正在进行民法典的合同编、物权编等各分编的编撰工作。民法典施行后，合同法不再保留。在这之前，因民法总则施行前成立的合同发生的纠纷，原则上适用合同法的有关规定处理。因民法总则施行后成立的合同发生的纠纷，如果合同法"总则"对此的规定与民法总则的规定不一致的，根据新的规定优于旧的规定的法律适用规则，适用民法总则的规定。例如，关于欺诈、胁迫问题，根据合同法的规定，只有合同当事人之间存在欺诈、胁迫行为的，被欺诈、胁迫一方才享有撤销合同的权利。而依民法总则的规定，第三人实施的欺诈、胁迫行为，被欺诈、胁迫一方也有撤销合同的权利。另外，合同法视欺诈、胁迫行为所损害利益的不同，对合同效力作出了不同规定：损害合同当事人利益的，属于可撤销或者可变更合同；损害国家利益的，则属于无效合同。民法总则则未加区别，规定一律按可撤销合同对待。再如，关于显失公平问题，合同法将显失公平与乘人之危作为两类不同的可撤销或者可变更合同事由，而民法总则则将二者合并为一类可撤销合同事由。

民法总则施行后发生的纠纷，在民法典施行前，如果合同法"分则"对此的规定与民法总则不一致的，根据特别规定优于一般规定的法律适用规则，适用合同法"分则"的规定。例如，民法总则仅规定了显名代理，没有规定《合同法》第402条的隐名代理和第403条的间接代理。在民法典施行前，这两条规定应当继续适用。

3.【民法总则与公司法的关系及其适用】民法总则与公司法的关系，是一般法与商事特别法的关系。民法总则第三章"法人"第一节"一般规定"和第二节"营利法人"基本上是根据公司法的有关规定提炼的，二者的精神大体一致。因此，涉及民法总则这一部分的内容，规定一致的，适用民法总则或者公司法皆可；规定不一致的，根据《民法总则》第11条有关"其他法律对民事关系有特别规定的,依照其规定"的规定,原则上应当适用公司法的规定。但应当注意也有例外情况,主要表现在两个方面：一是就同一事项,民法总则制定时有意修正公司法有关条款的,应当适用民法总则的规定。例如,《公司法》第32条第3款规定："公司应当将股东的姓名或者名称及其出资额向公司登记机关登记；登记事项发生变更的,应当办理变更登记。未经登记或者变更登记的,不得对抗第三人。"而《民法总则》第65条的规定则把"不得对抗第三人"修正为"不得对抗善意相对人"。经查询有关立法理由,可以认为,此种情况应当适用民法总则的规定。二是民法总则在公司法规定基础上增加了新内容的,如《公司法》第22条第2款就公司决议的撤销问题进行了规定,《民法总则》第85条在该条基础上增加规定："但是营利法人依据该决议与善意相对人形成的民事法律关系不受影响。"此时,也应当适用民法总则的规定。

4.【民法总则的时间效力】根据"法不溯及既往"的原则,民法总则原则上没有溯及力,故只能适用于施行后发生的法律事实；民法总则施行前发生的法律事实,适用当时的法律；某一法律事实发生在民法总则施行前,其行为延续至民法总则施行后的,适用民法总则的规定。但要注意有例外情形,如虽然法律事实发生在民法总则施行前,但当时的法律对此没有规定而民法总则有规定的,例如,对于虚伪意思表示、第三人实施欺诈行为,合同法均无规定,发生纠纷后,基于"法官不得拒绝裁判"规则,可以将民法总则的相关规定作为裁判依据。又如,民法总则施行前成立的合同,根据当时的法律应当认定无效,而根据民法总则应当认定有效或者可撤销的,应当适用民法总则的规定。

在民法总则无溯及力的场合,人民法院应当依据法律事实发生时的法律进行裁判,但如果法律事实发生时的法律虽有规定,但内容不具体、不明确的,如关于无权代理在被代理人不予追认时的法律后果,民法通则和合同法均规定由行为人承担民事责任,但对民事责任的性质和方式没有规定,而民法总则对此有明确且详细的规定,人民法院在审理案件时,就可以在裁判文书的说理部分将民法总则规定的内容作为解释法律事实发生时法律规定的参考。

二、关于公司纠纷案件的审理

会议认为,审理好公司纠纷案件,对于保护交易安全和投资安全,激发经济活力,增强投资创业信心,具有重要意义。要依法协调好公司债权人、股东、公司等各种利益主体之间的关系,处理好公司外部与内部的关系,解决好公司自治与司法介入的关系。

（一）关于"对赌协议"的效力及履行

实践中俗称的"对赌协议"，又称估值调整协议，是指投资方与融资方在达成股权性融资协议时，为解决交易双方对目标公司未来发展的不确定性、信息不对称以及代理成本而设计的包含了股权回购、金钱补偿等对未来目标公司的估值进行调整的协议。从订立"对赌协议"的主体来看，有投资方与目标公司的股东或者实际控制人"对赌"、投资方与目标公司"对赌"、投资方与目标公司的股东、目标公司"对赌"等形式。人民法院在审理"对赌协议"纠纷案件时，不仅应当适用合同法的相关规定，还应当适用公司法的相关规定；既要坚持鼓励投资方对实体企业特别是科技创新企业投资原则，从而在一定程度上缓解企业融资难问题，又要贯彻资本维持原则和保护债权人合法权益原则，依法平衡投资方、公司债权人、公司之间的利益。对于投资方与目标公司的股东或者实际控制人订立的"对赌协议"，如无其他无效事由，认定有效并支持实际履行，实践中并无争议。但投资方与目标公司订立的"对赌协议"是否有效以及能否实际履行，存在争议。对此，应当把握如下处理规则：

5.【与目标公司"对赌"】投资方与目标公司订立的"对赌协议"在不存在法定无效事由的情况下，目标公司仅以存在股权回购或者金钱补偿约定为由，主张"对赌协议"无效的，人民法院不予支持，但投资方主张实际履行的，人民法院应当审查是否符合公司法关于"股东不得抽逃出资"及股份回购的强制性规定，判决是否支持其诉讼请求。

投资方请求目标公司回购股权的，人民法院应当依据《公司法》第35条关于"股东不得抽逃出资"或者第142条关于股份回购的强制性规定进行审查。经审查，目标公司未完成减资程序的，人民法院应当驳回其诉讼请求。

投资方请求目标公司承担金钱补偿义务的，人民法院应当依据《公司法》第35条关于"股东不得抽逃出资"和第166条关于利润分配的强制性规定进行审查。经审查，目标公司没有利润或者虽有利润但不足以补偿投资方的，人民法院应当驳回或者部分支持其诉讼请求。今后目标公司有利润时，投资方还可以依据该事实另行提起诉讼。

（二）关于股东出资加速到期及表决权

6.【股东出资应否加速到期】在注册资本认缴制下，股东依法享有期限利益。债权人以公司不能清偿到期债务为由，请求未届出资期限的股东在未出资范围内对公司不能清偿的债务承担补充赔偿责任的，人民法院不予支持。

但是,下列情形除外:

(1)公司作为被执行人的案件,人民法院穷尽执行措施无财产可供执行,已具备破产原因,但不申请破产的;

(2)在公司债务产生后,公司股东(大)会决议或以其他方式延长股东出资期限的。

7.【表决权能否受限】股东认缴的出资未届履行期限,对未缴纳部分的出资是否享有以及如何行使表决权等问题,应当根据公司章程来确定。公司章程没有规定的,应当按照认缴出资的比例确定。如果股东(大)会作出不按认缴出资比例而按实际出资比例或者其他标准确定表决权的决议,股东请求确认决议无效的,人民法院应当审查该决议是否符合修改公司章程所要求的表决程序,即必须经代表三分之二以上表决权的股东通过。符合的,人民法院不予支持;反之,则依法予以支持。

(三)关于股权转让

8.【有限责任公司的股权变动】当事人之间转让有限责任公司股权,受让人以其姓名或者名称已记载于股东名册为由主张其已经取得股权的,人民法院依法予以支持,但法律、行政法规规定应当办理批准手续生效的股权转让除外。未向公司登记机关办理股权变更登记的,不得对抗善意相对人。

9.【侵犯优先购买权的股权转让合同的效力】审判实践中,部分人民法院对公司法司法解释(四)第21条规定的理解存在偏差,往往以保护其他股东的优先购买权为由认定股权转让合同无效。准确理解该条规定,既要注意保护其他股东的优先购买权,也要注意保护股东以外的股权受让人的合法权益,正确认定有限责任公司的股东与股东以外的股权受让人订立的股权转让合同的效力。一方面,其他股东依法享有优先购买权,在其主张按照股权转让合同约定的同等条件购买股权的情况下,应当支持其诉讼请求,除非出现该条第1款规定的情形。另一方面,为保护股东以外的股权受让人的合法权益,股权转让合同如无其他影响合同效力的事由,应当认定有效。其他股东行使优先购买权的,虽然股东以外的股权受让人关于继续履行股权转让合同的请求不能得到支持,但不影响其依约请求转让股东承担相应的违约责任。

(四)关于公司人格否认

公司人格独立和股东有限责任是公司法的基本原则。否认公司独立人格,由滥用公司法人独立地位和股东有限责任的股东对公司债务承担连带责任,是股东有限责任的例外情形,旨在矫正有限责任制度在特定法律事实发生时对债权人保护的失衡现象。在审判实践中，要准确把握《公司法》第20条第3款规定的精神。一是只有在股东实施了滥用公司法人独立地位及股东有限责任的行为，且该行为严重损害了公司债权人利益的情况下，才能适用。损害债权人利益，主要是指股东滥用权利使公司财产不足以清偿公司债权人的债权。二是只有实施了滥用法人独立地位和股东有限责任行为的股东才对公司债务承担连带清偿责任，而其他股东不应承担此责任。三是公司人格否认不是全面、彻底、永久地否定公司的法人资格，而只是在具体案件中依据特定的法律事实、法律关系，突破股东对公司债务不承担责任的一般规则，例外地判令其承担连带责任。人民法院在个案中否认公司人格的判决的既判力仅仅约束该诉讼的各方当事人，不当然适用于涉及该公司的其他诉讼，不影响公司独立法人资格的存续。如果其他债权人提起公司人格否认诉讼，已生效判决认定的事实可以作为证据使用。四是《公司法》第20条第3款规定的滥用行为，实践中常见的情形有人格混同、过度支配与控制、资本显著不足等。在审理案件时，需要根据查明的案件事实进行综合判断，既审慎适用，又当用则用。实践中存在标准把握不严而滥用这一例外制度的现象，同时也存在因法律规定较为原则、抽象，适用难度大，而不善于适用、不敢于适用的现象，均应当引起高度重视。

10.【人格混同】认定公司人格与股东人格是否存在混同，最根本的判断标准是公司是否具有独立意思和独立财产，最主要的表现是公司的财产与股东的财产是否混同且无法区分。在认定是否构成人格混同时，应当综合考虑以下因素：

（1）股东无偿使用公司资金或者财产，不作财务记载的；

（2）股东用公司的资金偿还股东的债务，或者将公司的资金供关联公司无偿使用，不作财务记载的；

（3）公司账簿与股东账簿不分，致使公司财产与股东财产无法区分的；

（4）股东自身收益与公司盈利不加区分，致使双方利益不清的；

（5）公司的财产记载于股东名下，由股东占有、使用的；

（6）人格混同的其他情形。

在出现人格混同的情况下，往往同时出现以下混同：公司业务和股东业务混同；公司员工与股东员工混同，特别是财务人员混同；公司住所与股东住所混同。人民法院在审理案件时，关键要审查是否构成人格混同，而不要求同时具备其他方面的混同，其他方面的混同往往只是人格混同的补强。

11.【过度支配与控制】公司控制股东对公司过度支配与控制，操纵公司的决策过程，使公司完全丧失独立性，沦为控制股东的工具或躯壳，严重损害公司债权人利益，应当否认公司人格，由滥用控制权的股东对公司债务承担连带责任。实践中常见的情形包括：

（1）母子公司之间或者子公司之间进行利益输送的；

（2）母子公司或者子公司之间进行交易，收益归一方，损失却由另一方承担的；

（3）先从原公司抽走资金，然后再成立经营目的相同或者类似的公司，逃避原公司债务的；

（4）先解散公司，再以原公司场所、设备、人员及相同或者相似的经营目的另设公司，逃避原公司债务的；

（5）过度支配与控制的其他情形。

控制股东或实际控制人控制多个子公司或者关联公司，滥用控制权使多个子公司或者关联公司财产边界不清、财务混同，利益相互输送，丧失人格独立性，沦为控制股东逃避债务、非法经营，甚至违法犯罪工具的，可以综合案件事实，否认子公司或者关联公司法人人格，判令承担连带责任。

12.【资本显著不足】资本显著不足指的是，公司设立后在经营过程中，股东实际投入公司的资本数额与公司经营所隐含的风险相比明显不匹配。股东利用较少资本从事力所不及的经营，表明其没有从事公司经营的诚意，实质是恶意利用公司独立人格和股东有限责任把投资风险转嫁给债权人。由于资本显著不足的判断标准有很大的模糊性，特别是要与公司采取"以小博大"的正常经营方式相区分，因此在适用时要十分谨慎，应当与其他因素结合起来综合判断。

13.【诉讼地位】人民法院在审理公司人格否认纠纷案件时，应当根据不同情形确定当事人的诉讼地位：

（1）债权人对债务人公司享有的债权已经由生效裁判确认，其另行提起公司人格否认诉讼，请求股东对公司债务承担连带责任的，列股东为被告，公司为第三人；

（2）债权人对债务人公司享有的债权提起诉讼的同时，一并提起公司人格否认诉讼，请求股东对公司债务承担连带责任的，列公司和股东为共同被告；

（3）债权人对债务人公司享有的债权尚未经生效裁判确认，直接提起公司人格否认诉讼,请求公司股东对公司债务承担连带责任的,人民法院应当向债权人释明,告知其追加公司为共同被告。债权人拒绝追加的,人民法院应当裁定驳回起诉。

(五)关于有限责任公司清算义务人的责任

关于有限责任公司股东清算责任的认定,一些案件的处理结果不适当地扩大了股东的清算责任。特别是实践中出现了一些职业债权人,从其他债权人处大批量超低价收购僵尸企业的"陈年旧账"后,对批量僵尸企业提起强制清算之诉,在获得人民法院对公司主要财产、账册、重要文件等灭失的认定后,根据公司法司法解释(二)第18条第2款的规定,请求有限责任公司的股东对公司债务承担连带清偿责任。有的人民法院没有准确把握上述规定的适用条件,判决没有"怠于履行义务"的小股东或者虽"怠于履行义务"但与公司主要财产、账册、重要文件等灭失没有因果关系的小股东对公司债务承担远远超过其出资数额的责任,导致出现利益明显失衡的现象。需要明确的是,上述司法解释关于有限责任公司股东清算责任的规定,其性质是因股东怠于履行清算义务致使公司无法清算所应当承担的侵权责任。在认定有限责任公司股东是否应当对债权人承担侵权赔偿责任时,应当注意以下问题:

14.【怠于履行清算义务的认定】公司法司法解释(二)第18条第2款规定的"怠于履行义务",是指有限责任公司的股东在法定清算事由出现后,在能够履行清算义务的情况下,故意拖延、拒绝履行清算义务,或者因过失导致无法进行清算的消极行为。股东举证证明其已经为履行清算义务采取了积极措施,或者小股东举证证明其既不是公司董事会或者监事会成员,也没有选派人员担任该机关成员,且从未参与公司经营管理,以不构成"怠于履行义务"为由,主张其不应当对公司债务承担连带清偿责任的,人民法院依法予以支持。

15.【因果关系抗辩】有限责任公司的股东举证证明其"怠于履行义务"的消极不作为与"公司主要财产、账册、重要文件等灭失,无法进行清算"的结果之间没有因果关系,主张其不应对公司债务承担连带清偿责任的,人民法院依法予以支持。

16.【诉讼时效期间】公司债权人请求股东对公司债务承担连带清偿责任,股东以公司债权人对公司的债权已经超过诉讼时效期间为由抗辩,经查证属实的,人民法院依法予以支持。

公司债权人以公司法司法解释(二)第18条第2款为依据,请求有限责任公司的股东对公司债务承担连带清偿责任的，诉讼时效期间自公司债权人知道或者应当知道公司无法进行清算之日起计算。

（六）关于公司为他人提供担保

关于公司为他人提供担保的合同效力问题，审判实践中裁判尺度不统一，严重影响了司法公信力，有必要予以规范。对此，应当把握以下几点：

17.【违反《公司法》第16条构成越权代表】为防止法定代表人随意代表公司为他人提供担保给公司造成损失，损害中小股东利益，《公司法》第16条对法定代表人的代表权进行了限制。根据该条规定，担保行为不是法定代表人所能单独决定的事项，而必须以公司股东（大）会、董事会等公司机关的决议作为授权的基础和来源。法定代表人未经授权擅自为他人提供担保的，构成越权代表，人民法院应当根据《合同法》第50条关于法定代表人越权代表的规定，区分订立合同时债权人是否善意分别认定合同效力：债权人善意的，合同有效；反之，合同无效。

18.【善意的认定】前条所称的善意，是指债权人不知道或者不应当知道法定代表人超越权限订立担保合同。《公司法》第16条对关联担保和非关联担保的决议机关作出了区别规定，相应地，在善意的判断标准上也应当有所区别。一种情形是，为公司股东或者实际控制人提供关联担保，《公司法》第16条明确规定必须由股东（大）会决议，未经股东（大）会决议，构成越权代表。在此情况下，债权人主张担保合同有效，应当提供证据证明其在订立合同时对股东（大）会决议进行了审查，决议的表决程序符合《公司法》第16条的规定，即在排除被担保股东表决权的情况下，该项表决由出席会议的其他股东所持表决权的过半数通过，签字人员也符合公司章程的规定。另一种情形是，公司为公司股东或者实际控制人以外的人提供非关联担保，根据《公司法》第16条的规定，此时由公司章程规定是由董事会决议还是股东（大）会决议。无论章程是否对决议机关作出规定，也无论章程规定决议机关为董事会还是股东（大）会，根据《民法总则》第61条第3款关于"法人章程或者法人权力机构对法定代表人代表权的限制，不得对抗善意相对人"的规定，只要债权人能够证明其在订立担保合同时对董事会决议或者股东（大）会决议进行了审查，同意决议的人数及签字人员符合公司章程的规定，就应当认定其构成善意，但公司能够证明债权人明知公司章程对决议机关有明确规定的除外。

债权人对公司机关决议内容的审查一般限于形式审查，只要求尽到必要的注意义务即可,标准不宜太过严苛。公司以机关决议系法定代表人伪造或者变造、决议程序违法、签章(名)不实、担保金额超过法定限额等事由抗辩债权人非善意的,人民法院一般不予支持。但是,公司有证据证明债权人明知决议系伪造或者变造的除外。

19.【无须机关决议的例外情况】存在下列情形的,即便债权人知道或者应当知道没有公司机关决议,也应当认定担保合同符合公司的真实意思表示,合同有效:

(1)公司是以为他人提供担保为主营业务的担保公司,或者是开展保函业务的银行或者非银行金融机构;

(2)公司为其直接或者间接控制的公司开展经营活动向债权人提供担保;

(3)公司与主债务人之间存在相互担保等商业合作关系;

(4)担保合同系由单独或者共同持有公司三分之二以上有表决权的股东签字同意。

20.【越权担保的民事责任】依据前述 3 条规定,担保合同有效,债权人请求公司承担担保责任的,人民法院依法予以支持;担保合同无效,债权人请求公司承担担保责任的,人民法院不予支持,但可以按照担保法及有关司法解释关于担保无效的规定处理。公司举证证明债权人明知法定代表人超越权限或者机关决议系伪造或者变造,债权人请求公司承担合同无效后的民事责任的,人民法院不予支持。

21.【权利救济】法定代表人的越权担保行为给公司造成损失,公司请求法定代表人承担赔偿责任的,人民法院依法予以支持。公司没有提起诉讼,股东依据《公司法》第 151 条的规定请求法定代表人承担赔偿责任的,人民法院依法予以支持。

22.【上市公司为他人提供担保】债权人根据上市公司公开披露的关于担保事项已经董事会或者股东大会决议通过的信息订立的担保合同,人民法院应当认定有效。

23.【债务加入准用担保规则】法定代表人以公司名义与债务人约定加入债务并通知债权人或者向债权人表示愿意加入债务,该约定的效力问题,参照本纪要关于公司为他人提供担保的有关规则处理。

(七)关于股东代表诉讼

24.【何时成为股东不影响起诉】股东提起股东代表诉讼,被告以行为发生时原告尚未成为公司股东为由抗辩该股东不是适格原告的,人民法院不予支持。

25.【正确适用前置程序】根据《公司法》第151条的规定，股东提起代表诉讼的前置程序之一是，股东必须先书面请求公司有关机关向人民法院提起诉讼。一般情况下，股东没有履行该前置程序的，应当驳回起诉。但是，该项前置程序针对的是公司治理的一般情况，即在股东向公司有关机关提出书面申请之时，存在公司有关机关提起诉讼的可能性。如果查明的相关事实表明，根本不存在该种可能性的，人民法院不应当以原告未履行前置程序为由驳回起诉。

26.【股东代表诉讼的反诉】股东依据《公司法》第151条第3款的规定提起股东代表诉讼后，被告以原告股东恶意起诉侵犯其合法权益为由提起反诉的，人民法院应予受理。被告以公司在案涉纠纷中应当承担侵权或者违约等责任为由对公司提出的反诉，因不符合反诉的要件，人民法院应当裁定不予受理；已经受理的，裁定驳回起诉。

27.【股东代表诉讼的调解】公司是股东代表诉讼的最终受益人，为避免因原告股东与被告通过调解损害公司利益，人民法院应当审查调解协议是否为公司的意思。只有在调解协议经公司股东（大）会、董事会决议通过后，人民法院才能出具调解书予以确认。至于具体决议机关，取决于公司章程的规定。公司章程没有规定的，人民法院应当认定公司股东（大）会为决议机关。

（八）其他问题

28.【实际出资人显名的条件】实际出资人能够提供证据证明有限责任公司过半数的其他股东知道其实际出资的事实，且对其实际行使股东权利未曾提出异议的，对实际出资人提出的登记为公司股东的请求，人民法院依法予以支持。公司以实际出资人的请求不符合公司法司法解释（三）第24条的规定为由抗辩的，人民法院不予支持。

29.【请求召开股东（大）会不可诉】公司召开股东（大）会本质上属于公司内部治理范围。股东请求判令公司召开股东（大）会的，人民法院应当告知其按照《公司法》第40条或者第101条规定的程序自行召开。股东坚持起诉的，人民法院应当裁定不予受理；已经受理的，裁定驳回起诉。

三、关于合同纠纷案件的审理

会议认为，合同是市场化配置资源的主要方式，合同纠纷也是民商事纠纷的主要类型。人民法院在审理合同纠纷案件时，要坚持鼓励交易原则，充分尊重当事人的意思自治。要依法审慎认定合同效力。要根据诚实信用原则，合理解释合同条款、确定履行内容，合理确定当事人的权利义务关系，审慎适用合同解除制度，依法调整过高的违约金，强化对守约者诚信行为的保护力度，提高违法违约成本，促进诚信社会构建。

（一）关于合同效力

人民法院在审理合同纠纷案件过程中，要依职权审查合同是否存在无效的情形，注意无效与可撤销、未生效、效力待定等合同效力形态之间的区别，准确认定合同效力，并根据效力的不同情形，结合当事人的诉讼请求，确定相应的民事责任。

30.【强制性规定的识别】合同法施行后，针对一些人民法院动辄以违反法律、行政法规的强制性规定为由认定合同无效，不当扩大无效合同范围的情形，合同法司法解释（二）第14条将《合同法》第52条第5项规定的"强制性规定"明确限于"效力性强制性规定"。此后，《最高人民法院关于当前形势下审理民商事合同纠纷案件若干问题的指导意见》进一步提出了"管理性强制性规定"的概念，指出违反管理性强制性规定的，人民法院应当根据具体情形认定合同效力。随着这一概念的提出，审判实践中又出现了另一种倾向，有的人民法院认为凡是行政管理性质的强制性规定都属于"管理性强制性规定"，不影响合同效力。这种望文生义的认定方法，应予纠正。

人民法院在审理合同纠纷案件时，要依据《民法总则》第153条第1款和合同法司法解释（二）第14条的规定慎重判断"强制性规定"的性质，特别是要在考量强制性规定所保护的法益类型、违法行为的法律后果以及交易安全保护等因素的基础上认定其性质，并在裁判文书中充分说明理由。下列强制性规定，应当认定为"效力性强制性规定"：强制性规定涉及金融安全、市场秩序、国家宏观政策等公序良俗的；交易标的禁止买卖的，如禁止人体器官、毒品、枪支等买卖；违反特许经营规定的，如场外配资合同；交易方式严重违法的，如违反招投标等竞争性缔约方式订立的合同；交易场所违法的，如在批准的交易场所之外进行期货交易。关于经营范围、交易时间、交易数量等行政管理性质的强制性规定，一般应当认定为"管理性强制性规定"。

31.【违反规章的合同效力】违反规章一般情况下不影响合同效力，但该规章的内容涉及金融安全、市场秩序、国家宏观政策等公序良俗的，应当认定合同无效。人民法院在认定规章是否涉及公序良俗时，要在考察规范对象基础上，兼顾监管强度、交易安全保护以及社会影响等方面进行慎重考量，并在裁判文书中进行充分说理。

32.【合同不成立、无效或者被撤销的法律后果】《合同法》第 58 条就合同无效或者被撤销时的财产返还责任和损害赔偿责任作了规定,但未规定合同不成立的法律后果。考虑到合同不成立时也可能发生财产返还和损害赔偿责任问题,故应当参照适用该条的规定。

在确定合同不成立、无效或者被撤销后财产返还或者折价补偿范围时,要根据诚实信用原则的要求,在当事人之间合理分配,不能使不诚信的当事人因合同不成立、无效或者被撤销而获益。合同不成立、无效或者被撤销情况下,当事人所承担的缔约过失责任不应超过合同履行利益。比如,依据《最高人民法院关于审理建设工程施工合同纠纷案件适用法律问题的解释》第 2 条规定,建设工程施工合同无效,在建设工程经竣工验收合格情况下,可以参照合同约定支付工程款,但除非增加了合同约定之外新的工程项目,一般不应超出合同约定支付工程款。

33.【财产返还与折价补偿】合同不成立、无效或者被撤销后,在确定财产返还时,要充分考虑财产增值或者贬值的因素。双务合同不成立、无效或者被撤销后,双方因该合同取得财产的,应当相互返还。应予返还的股权、房屋等财产相对于合同约定价款出现增值或者贬值的,人民法院要综合考虑市场因素、受让人的经营或者添附等行为与财产增值或者贬值之间的关联性,在当事人之间合理分配或者分担,避免一方因合同不成立、无效或者被撤销而获益。在标的物已经灭失、转售他人或者其他无法返还的情况下,当事人主张返还原物的,人民法院不予支持,但其主张折价补偿的,人民法院依法予以支持。折价时,应当以当事人交易时约定的价款为基础,同时考虑当事人在标的物灭失或者转售时的获益情况综合确定补偿标准。标的物灭失时当事人获得的保险金或者其他赔偿金,转售时取得的对价,均属于当事人因标的物而获得的利益。对获益高于或者低于价款的部分,也应当在当事人之间合理分配或者分担。

34.【价款返还】双务合同不成立、无效或者被撤销时,标的物返还与价款返还互为对待给付,双方应当同时返还。关于应否支付利息问题,只要一方对标的物有使用情形的,一般应当支付使用费,该费用可与占有价款一方应当支付的资金占用费相互抵销,故在一方返还原物前,另一方仅须支付本金,而无须支付利息。

35.【损害赔偿】合同不成立、无效或者被撤销时,仅返还财产或者折价补偿不足以弥补损失,一方还可以向有过错的另一方请求损害赔偿。在确定损害赔偿范围时,既要根据当事人的过错程度合理确定责任,又要考虑在确定财产返还范围时已经考虑过的财产增值或者贬值因素,避免双重获利或者双重受损的现象发生。

36.【合同无效时的释明问题】在双务合同中,原告起诉请求确认合同有效并请求继续履行合同,被告主张合同无效的,或者原告起诉请求确认合同无效并返还财产,而被告主张合同有效的,都要防止机械适用"不告不理"原则,仅就当事人的诉讼请求进行审理,而应向原告释明变更或者增加诉讼请求,或者向被告释明提出同时履行抗辩,尽可能一次性解决纠纷。例如,基于合同有给付行为的原告请求确认合同无效,但并未提出返还原物或者折价补偿、赔偿损失等请求的,人民法院应当向其释明,告知其一并提出相应诉讼请求;原告请求确认合同无效并要求被告返还原物或者赔偿损失,被告基于合同也有给付行为的,人民法院同样应当向被告释明,告知其也可以提出返还请求;人民法院经审理认定合同无效的,除了要在判决书"本院认为"部分对同时返还作出认定外,还应当在判项中作出明确表述,避免因判令单方返还而出现不公平的结果。

第一审人民法院未予释明,第二审人民法院认为应当对合同不成立、无效或者被撤销的法律后果作出判决的,可以直接释明并改判。当然,如果返还财产或者赔偿损失的范围确实难以确定或者双方争议较大的,也可以告知当事人通过另行起诉等方式解决,并在裁判文书中予以明确。

当事人按照释明变更诉讼请求或者提出抗辩的,人民法院应当将其归纳为案件争议焦点,组织当事人充分举证、质证、辩论。

37.【未经批准合同的效力】法律、行政法规规定某类合同应当办理批准手续生效的,如商业银行法、证券法、保险法等法律规定购买商业银行、证券公司、保险公司5%以上股权须经相关主管部门批准,依据《合同法》第44条第2款的规定,批准是合同的法定生效条件,未经批准的合同因欠缺法律规定的特别生效条件而未生效。实践中的一个突出问题是,把未生效合同认定为无效合同,或者虽认定为未生效,却按无效合同处理。无效合同从本质上来说是欠缺合同的有效要件,或者具有合同无效的法定事由,自始不发生法律效力。而未生效合同已具备合同的有效要件,对双方具有一定的拘束力,任何一方不得擅自撤回、解除、变更,但因欠缺法律、行政法规规定或当事人约定的特别生效条件,在该生效条件成就前,不能产生请求对方履行合同主要权利义务的法律效力。

38.【报批义务及相关违约条款独立生效】须经行政机关批准生效的合同,对报批义务及未履行报批义务的违约责任等相关内容作出专门约定的,该约定独立生效。一方因另一方不履行报批义务,请求解除合同并请求其承担合同约定的相应违约责任的,人民法院依法予以支持。

39.【报批义务的释明】须经行政机关批准生效的合同,一方请求另一方履行合同主要权利义务的,人民法院应当向其释明,将诉讼请求变更为请求履行报批义务。一方变更诉讼请求的,人民法院依法予以支持;经释明后当事人拒绝变更的,应当驳回其诉讼请求,但不影响其另行提起诉讼。

40.【判决履行报批义务后的处理】人民法院判决一方履行报批义务后,该当事人拒绝履行,经人民法院强制执行仍未履行,对方请求其承担合同违约责任的,人民法院依法予以支持。一方依据判决履行报批义务,行政机关予以批准,合同发生完全的法律效力,其请求对方履行合同的,人民法院依法予以支持;行政机关没有批准,合同不具有法律上的可履行性,一方请求解除合同的,人民法院依法予以支持。

41.【盖章行为的法律效力】司法实践中,有些公司有意刻制两套甚至多套公章,有的法定代表人或者代理人甚至私刻公章,订立合同时恶意加盖非备案的公章或者假公章,发生纠纷后法人以加盖的是假公章为由否定合同效力的情形并不鲜见。人民法院在审理案件时,应当主要审查签约人于盖章之时有无代表权或者代理权,从而根据代表或者代理的相关规则来确定合同的效力。

法定代表人或者其授权之人在合同上加盖法人公章的行为,表明其是以法人名义签订合同,除《公司法》第16条等法律对其职权有特别规定的情形外,应当由法人承担相应的法律后果。法人以法定代表人事后已无代表权、加盖的是假章、所盖之章与备案公章不一致等为由否定合同效力的,人民法院不予支持。

代理人以被代理人名义签订合同,要取得合法授权。代理人取得合法授权后,以被代理人名义签订的合同,应当由被代理人承担责任。被代理人以代理人事后已无代理权、加盖的是假章、所盖之章与备案公章不一致等为由否定合同效力的,人民法院不予支持。

42.【撤销权的行使】撤销权应当由当事人行使。当事人未请求撤销的,人民法院不应当依职权撤销合同。一方请求另一方履行合同,另一方以合同具有可撤销事由提出抗辩的,人民法院应当在审查合同是否具有可撤销事由以及是否超过法定期间等事实的基础上，对合同是否可撤销作出判断，不能仅以当事人未提起诉讼或者反诉为由不予审查或者不予支持。一方主张合同无效，依据的却是可撤销事由，此时人民法院应当全面审查合同是否具有无效事由以及当事人主张的可撤销事由。当事人关于合同无效的事由成立的，人民法院应当认定合同无效。当事人主张合同无效的理由不成立，而可撤销的事由成立的，因合同无效和可撤销的后果相同，人民法院也可以结合当事人的诉讼请求，直接判决撤销合同。

（二）关于合同履行与救济

在认定以物抵债协议的性质和效力时，要根据订立协议时履行期限是否已经届满予以区别对待。合同解除、违约责任都是非违约方寻求救济的主要方式，人民法院在认定合同应否解除时，要根据当事人有无解除权、是约定解除还是法定解除等不同情形，分别予以处理。在确定违约责任时，尤其要注意依法适用违约金调整的相关规则，避免简单地以民间借贷利率的司法保护上限作为调整依据。

43.【抵销】抵销权既可以通知的方式行使，也可以提出抗辩或者提起反诉的方式行使。抵销的意思表示自到达对方时生效，抵销一经生效，其效力溯及自抵销条件成就之时，双方互负的债务在同等数额内消灭。双方互负的债务数额，是截至抵销条件成就之时各自负有的包括主债务、利息、违约金、赔偿金等在内的全部债务数额。行使抵销权一方享有的债权不足以抵销全部债务数额，当事人对抵销顺序又没有特别约定的，应当根据实现债权的费用、利息、主债务的顺序进行抵销。

44.【履行期届满后达成的以物抵债协议】当事人在债务履行期限届满后达成以物抵债协议，抵债物尚未交付债权人，债权人请求债务人交付的，人民法院要着重审查以物抵债协议是否存在恶意损害第三人合法权益等情形，避免虚假诉讼的发生。经审查，不存在以上情况，且无其他无效事由的，人民法院依法予以支持。

当事人在一审程序中因达成以物抵债协议申请撤回起诉的，人民法院可予准许。当事人在二审程序中申请撤回上诉的，人民法院应当告知其申请撤回起诉。当事人申请撤回起诉，经审查不损害国家利益、社会公共利益、他人合法权益的，人民法院可予准许。当事人不申请撤回起诉，请求人民法院出具调解书对以物抵债协议予以确认的，因债务人完全可以立即履行该协议，没有必要由人民法院出具调解书，故人民法院不应准许，同时应当继续对原债权债务关系进行审理。

45.【履行期届满前达成的以物抵债协议】当事人在债务履行期届满前达成以物抵债协议,抵债物尚未交付债权人,债权人请求债务人交付的,因此种情况不同于本纪要第 71 条规定的让与担保,人民法院应当向其释明,其应当根据原债权债务关系提起诉讼。经释明后当事人仍拒绝变更诉讼请求的,应当驳回其诉讼请求,但不影响其根据原债权债务关系另行提起诉讼。

46.【通知解除的条件】审判实践中,部分人民法院对合同法司法解释(二)第 24 条的理解存在偏差,认为不论发出解除通知的一方有无解除权,只要另一方未在异议期限内以起诉方式提出异议,就判令解除合同,这不符合合同法关于合同解除权行使的有关规定。对该条的准确理解是,只有享有法定或者约定解除权的当事人才能以通知方式解除合同。不享有解除权的一方向另一方发出解除通知,另一方即便未在异议期限内提起诉讼,也不发生合同解除的效果。人民法院在审理案件时,应当审查发出解除通知的一方是否享有约定或者法定的解除权来决定合同应否解除,不能仅以受通知一方在约定或者法定的异议期限届满内未起诉这一事实就认定合同已经解除。

47.【约定解除条件】合同约定的解除条件达成时,守约方以此为由请求解除合同的,人民法院应当审查违约方的违约程度是否显著轻微,是否影响守约方合同目的实现,根据诚实信用原则,确定合同应否解除。违约方的违约程度显著轻微,不影响守约方合同目的实现,守约方请求解除合同的,人民法院不予支持;反之,则依法予以支持。

48.【违约方起诉解除】违约方不享有单方解除合同的权利。但是,在一些长期性合同如房屋租赁合同履行过程中,双方形成合同僵局,一概不允许违约方通过起诉的方式解除合同,有时对双方都不利。在此前提下,符合下列条件,违约方起诉请求解除合同的,人民法院依法予以支持:

(1)违约方不存在恶意违约的情形;

(2)违约方继续履行合同,对其显失公平;

(3)守约方拒绝解除合同,违反诚实信用原则。

人民法院判决解除合同的,违约方本应当承担的违约责任不能因解除合同而减少或者免除。

49.【合同解除的法律后果】合同解除时,一方依据合同中有关违约金、约定损害赔偿的计算方法、定金责任等违约责任条款的约定,请求另一方承担违约责任的,人民法院依法予以支持。

双务合同解除时人民法院的释明问题，参照本纪要第 36 条的相关规定处理。

50.【违约金过高标准及举证责任】认定约定违约金是否过高，一般应当以《合同法》第 113 条规定的损失为基础进行判断，这里的损失包括合同履行后可以获得的利益。除借款合同外的双务合同，作为对价的价款或者报酬给付之债，并非借款合同项下的还款义务，不能以受法律保护的民间借贷利率上限作为判断违约金是否过高的标准，而应当兼顾合同履行情况、当事人过错程度以及预期利益等因素综合确定。主张违约金过高的违约方应当对违约金是否过高承担举证责任。

（三）关于借款合同

人民法院在审理借款合同纠纷案件过程中，要根据防范化解重大金融风险、金融服务实体经济、降低融资成本的精神，区别对待金融借贷与民间借贷，并适用不同规则与利率标准。要依法否定高利转贷行为、职业放贷行为的效力，充分发挥司法的示范、引导作用，促进金融服务实体经济。要注意到，为深化利率市场化改革，推动降低实体利率水平，自 2019 年 8 月 20 日起，中国人民银行已经授权全国银行间同业拆借中心于每月 20 日（遇节假日顺延）9 时 30 分公布贷款市场报价利率（LPR），中国人民银行贷款基准利率这一标准已经取消。因此，自此之后人民法院裁判贷款利息的基本标准应改为全国银行间同业拆借中心公布的贷款市场报价利率。应予注意的是，贷款利率标准尽管发生了变化，但存款基准利率并未发生相应变化，相关标准仍可适用。

51.【变相利息的认定】金融借款合同纠纷中，借款人认为金融机构以服务费、咨询费、顾问费、管理费等为名变相收取利息，金融机构或者由其指定的人收取的相关费用不合理的，人民法院可以根据提供服务的实际情况确定借款人应否支付或者酌减相关费用。

52.【高利转贷】民间借贷中，出借人的资金必须是自有资金。出借人套取金融机构信贷资金又高利转贷给借款人的民间借贷行为，既增加了融资成本，又扰乱了信贷秩序，根据民间借贷司法解释第 14 条第 1 项的规定，应当认定此类民间借贷行为无效。人民法院在适用该条规定时，应当注意把握以下几点：一是要审查出借人的资金来源。借款人能够举证证明在签订借款合同时出借人尚欠银行贷款未还的，一般可以推定为出借人套取信贷资金，但出借人能够举反证予以推翻的除外。二是从宽认定"高利"转贷行为的标准，只要出借人通过转贷行为牟利的，就可以认定为是"高利"转贷行为。三是对该条规定的"借款人事先知道或者应当知道的"要件，不宜把握过苛。实践中，只要出借人在签订借款合同时存在尚欠银行贷款未还事实的，一般可以认为满足了该条规定的"借款人事先知道或者应当知道"这一要件。

53.【职业放贷人】未依法取得放贷资格的以民间借贷为业的法人，以及以民间借贷为业的非法人组织或者自然人从事的民间借贷行为，应当依法认定无效。同一出借人在一定期间内多次反复从事有偿民间借贷行为的，一般可以认定为是职业放贷人。民间借贷比较活跃的地方的高级人民法院或者经其授权的中级人民法院，可以根据本地区的实际情况制定具体的认定标准。

四、关于担保纠纷案件的审理

会议认为，要注意担保法及其司法解释与物权法对独立担保、混合担保、担保期间等有关制度的不同规定，根据新的规定优于旧的规定的法律适用规则，优先适用物权法的规定。从属性是担保的基本属性，要慎重认定独立担保行为的效力，将其严格限定在法律或者司法解释明确规定的情形。要根据区分原则，准确认定担保合同效力。要坚持物权法定、公示公信原则，区分不动产与动产担保物权在物权变动、效力规则等方面的异同，准确适用法律。要充分发挥担保对缓解融资难融资贵问题的积极作用，不轻易否定新类型担保、非典型担保的合同效力及担保功能。

（一）关于担保的一般规则

54.【独立担保】从属性是担保的基本属性，但由银行或者非银行金融机构开立的独立保函除外。独立保函纠纷案件依据《最高人民法院关于审理独立保函纠纷案件若干问题的规定》处理。需要进一步明确的是：凡是由银行或者非银行金融机构开立的符合该司法解释第1条、第3条规定情形的保函，无论是用于国际商事交易还是用于国内商事交易，均不影响保函的效力。银行或者非银行金融机构之外的当事人开立的独立保函，以及当事人有关排除担保从属性的约定，应当认定无效。但是，根据"无效法律行为的转换"原理，在否定其独立担保效力的同时，应当将其认定为从属性担保。此时，如果主合同有效，则担保合同有效，担保人与主债务人承担连带保证责任。主合同无效，则该所谓的独立担保也随之无效，担保人无过错的，不承担责任；担保人有过错的，其承担民事责任的部分，不应超过债务人不能清偿部分的三分之一。

55.【担保责任的范围】担保人承担的担保责任范围不应当大于主债务，

是担保从属性的必然要求。当事人约定的担保责任的范围大于主债务的,如针对担保责任约定专门的违约责任、担保责任的数额高于主债务、担保责任约定的利息高于主债务利息、担保责任的履行期先于主债务履行期届满,等等,均应当认定大于主债务部分的约定无效,从而使担保责任缩减至主债务的范围。

56.【混合担保中担保人之间的追偿问题】被担保的债权既有保证又有第三人提供的物的担保的,担保法司法解释第38条明确规定,承担了担保责任的担保人可以要求其他担保人清偿其应当分担的份额。但《物权法》第176条并未作出类似规定,根据《物权法》第178条关于"担保法与本法的规定不一致的,适用本法"的规定,承担了担保责任的担保人向其他担保人追偿的,人民法院不予支持,但担保人在担保合同中约定可以相互追偿的除外。

57.【借新还旧的担保物权】贷款到期后,借款人与贷款人订立新的借款合同,将新贷用于归还旧贷,旧贷因清偿而消灭,为旧贷设立的担保物权也随之消灭。贷款人以旧贷上的担保物权尚未进行涂销登记为由,主张对新贷行使担保物权的,人民法院不予支持,但当事人约定继续为新贷提供担保的除外。

58.【担保债权的范围】以登记作为公示方式的不动产担保物权的担保范围,一般应当以登记的范围为准。但是,我国目前不动产担保物权登记,不同地区的系统设置及登记规则并不一致,人民法院在审理案件时应当充分注意制度设计上的差别,作出符合实际的判断:一是多数省区市的登记系统未设置"担保范围"栏目,仅有"被担保主债权数额(最高债权数额)"的表述,且只能填写固定数字。而当事人在合同中又往往约定担保物权的担保范围包括主债权及其利息、违约金等附属债权,致使合同约定的担保范围与登记不一致。显然,这种不一致是由于该地区登记系统设置及登记规则造成的该地区的普遍现象。人民法院以合同约定认定担保物权的担保范围,是符合实际的妥当选择。二是一些省区市不动产登记系统设置与登记规则比较规范,担保物权登记范围与合同约定一致在该地区是常态或者普遍现象,人民法院在审理案件时,应当以登记的担保范围为准。

59.【主债权诉讼时效届满的法律后果】抵押权人应当在主债权的诉讼时效期间内行使抵押权。抵押权人在主债权诉讼时效届满前未行使抵押权,抵押人在主债权诉讼时效届满后请求涂销抵押权登记的,人民法院依法予以支持。

以登记作为公示方法的权利质权，参照适用前款规定。

（二）关于不动产担保物权

60.【未办理登记的不动产抵押合同的效力】不动产抵押合同依法成立，但未办理抵押登记手续，债权人请求抵押人办理抵押登记手续的，人民法院依法予以支持。因抵押物灭失以及抵押物转让他人等原因不能办理抵押登记，债权人请求抵押人以抵押物的价值为限承担责任的，人民法院依法予以支持，但其范围不得超过抵押权有效设立时抵押人所应当承担的责任。

61.【房地分别抵押】根据《物权法》第182条之规定，仅以建筑物设定抵押的，抵押权的效力及于占用范围内的土地；仅以建设用地使用权抵押的，抵押权的效力亦及于其上的建筑物。在房地分别抵押，即建设用地使用权抵押给一个债权人，而其上的建筑物又抵押给另一个人的情况下，可能产生两个抵押权的冲突问题。基于"房地一体"规则，此时应当将建筑物和建设用地使用权视为同一财产，从而依照《物权法》第199条的规定确定清偿顺序：登记在先的先清偿；同时登记的，按照债权比例清偿。同一天登记的，视为同时登记。应予注意的是，根据《物权法》第200条的规定，建设用地使用权抵押后，该土地上新增的建筑物不属于抵押财产。

62.【抵押权随主债权转让】抵押权是从属于主合同的从权利，根据"从随主"规则，债权转让的，除法律另有规定或者当事人另有约定外，担保该债权的抵押权一并转让。受让人向抵押人主张行使抵押权，抵押人以受让人不是抵押合同的当事人、未办理变更登记等为由提出抗辩的，人民法院不予支持。

（三）关于动产担保物权

63.【流动质押的设立与监管人的责任】在流动质押中，经常由债权人、出质人与监管人订立三方监管协议，此时应当查明监管人究竟是受债权人的委托还是受出质人的委托监管质物，确定质物是否已经交付债权人，从而判断质权是否有效设立。如果监管人系受债权人的委托监管质物，则其是债权人的直接占有人，应当认定完成了质物交付，质权有效设立。监管人违反监管协议约定，违规向出质人放货、因保管不善导致质物毁损灭失，债权人请求监管人承担违约责任的，人民法院依法予以支持。

如果监管人系受出质人委托监管质物，表明质物并未交付债权人，应当认定质权未有效设立。尽管监管协议约定监管人系受债权人的委托监管质物，但有证据证明其并未履行监管职责，质物实际上仍由出质人管领控制的，也应当认定质物并未实际交付，质权未有效设立。此时，债权人可以基于质押合同的约定请求质押人承担违约责任，但其范围不得超过质权有效设立时质押人所应当承担的责任。监管人未履行监管职责的，债权人也可以请求监管人承担违约责任。

64.【浮动抵押的效力】企业将其现有的以及将有的生产设备、原材料、半成品及产品等财产设定浮动抵押后，又将其中的生产设备等部分财产设定了动产抵押，并都办理了抵押登记的，根据《物权法》第199条的规定，登记在先的浮动抵押优先于登记在后的动产抵押。

65.【动产抵押权与质权竞存】同一动产上同时设立质权和抵押权的，应当参照适用《物权法》第199条的规定，根据是否完成公示以及公示先后情况来确定清偿顺序：质权有效设立、抵押权办理了抵押登记的，按照公示先后确定清偿顺序；顺序相同的，按照债权比例清偿；质权有效设立，抵押权未办理抵押登记的，质权优先于抵押权；质权未有效设立，抵押权未办理抵押登记的，因此时抵押权已经有效设立，故抵押权优先受偿。

根据《物权法》第178条规定的精神，担保法司法解释第79条第1款不再适用。

（四）关于非典型担保

66.【担保关系的认定】当事人订立的具有担保功能的合同，不存在法定无效情形的，应当认定有效。虽然合同约定的权利义务关系不属于物权法规定的典型担保类型，但是其担保功能应予肯定。

67.【约定担保物权的效力】债权人与担保人订立担保合同，约定以法律、行政法规未禁止抵押或者质押的财产设定以登记作为公示方法的担保，因无法定的登记机构而未能进行登记的，不具有物权效力。当事人请求按照担保合同的约定就该财产折价、变卖或者拍卖所得价款等方式清偿债务的，人民法院依法予以支持，但对其他权利人不具有对抗效力和优先性。

68.【保兑仓交易】保兑仓交易作为一种新类型融资担保方式，其基本交易模式是，以银行信用为载体、以银行承兑汇票为结算工具、由银行控制货权、卖方（或者仓储方）受托保管货物并以承兑汇票与保证金之间的差额作为担保。其基本的交易流程是：卖方、买方和银行订立三方合作协议，其中买方向银行缴存一定比例的承兑保证金，银行向买方签发以卖方为收款人的银行承兑汇票，买方将银行承兑汇票交付卖方作为货款，银行根据买方缴纳的保证金的一定比例向卖方签发提货单，卖方根据提货单向买方交付对应金额的货物，买方销售货物后，将货款再缴存为保证金。

在三方协议中，一般来说，银行的主要义务是及时签发承兑汇票并按约定方式将其交给卖方，卖方的主要义务是根据银行签发的提货单发货，并在买方未及时销售或者回赎货物时，就保证金与承兑汇票之间的差额部分承担责任。银行为保障自身利益，往往还会约定卖方要将货物交给由其指定的当事人监管，并设定质押，从而涉及监管协议以及流动质押等问题。实践中，当事人还可能在前述基本交易模式基础上另行作出其他约定，只要不违反法律、行政法规的效力性强制性规定，这些约定应当认定有效。

一方当事人因保兑仓交易纠纷提起诉讼的，人民法院应当以保兑仓交易合同作为审理案件的基本依据，但买卖双方没有真实买卖关系的除外。

69.【无真实贸易背景的保兑仓交易】保兑仓交易以买卖双方有真实买卖关系为前提。双方无真实买卖关系的，该交易属于名为保兑仓交易实为借款合同，保兑仓交易因构成虚伪意思表示而无效，被隐藏的借款合同是当事人的真实意思表示，如不存在其他合同无效情形，应当认定有效。保兑仓交易认定为借款合同关系的，不影响卖方和银行之间担保关系的效力，卖方仍应当承担担保责任。

70.【保兑仓交易的合并审理】当事人就保兑仓交易中的不同法律关系的相对方分别或者同时向同一人民法院起诉的，人民法院可以根据民事诉讼法司法解释第221条的规定，合并审理。当事人未起诉某一方当事人的，人民法院可以依职权追加未参加诉讼的当事人为第三人，以便查明相关事实，正确认定责任。

71.【让与担保】债务人或者第三人与债权人订立合同，约定将财产形式上转让至债权人名下，债务人到期清偿债务，债权人将该财产返还给债务人或第三人，债务人到期没有清偿债务，债权人可以对财产拍卖、变卖、折价偿还债权的，人民法院应当认定合同有效。合同如果约定债务人到期没有清偿债务，财产归债权人所有的，人民法院应当认定该部分约定无效，但不影响合同其他部分的效力。

当事人根据上述合同约定，已经完成财产权利变动的公示方式转让至债权人名下，债务人到期没有清偿债务，债权人请求确认财产归其所有的，人民法院不予支持，但债权人请求参照法律关于担保物权的规定对财产拍卖、变卖、折价优先偿还其债权的，人民法院依法予以支持。债务人因到期没有清偿债务，请求对该财产拍卖、变卖、折价偿还所欠债权人合同项下债务的，人民法院亦应依法予以支持。

五、关于金融消费者权益保护纠纷案件的审理

会议认为，在审理金融产品发行人、销售者以及金融服务提供者（以下简称卖方机构）与金融消费者之间因销售各类高风险等级金融产品和为金融消费者参与高风险等级投资活动提供服务而引发的民商事案件中，必须坚持"卖者尽责、买者自负"原则，将金融消费者是否充分了解相关金融产品、投资活动的性质及风险并在此基础上作出自主决定作为应当查明的案件基本事实，依法保护金融消费者的合法权益，规范卖方机构的经营行为，推动形成公开、公平、公正的市场环境和市场秩序。

72.【适当性义务】适当性义务是指卖方机构在向金融消费者推介、销售银行理财产品、保险投资产品、信托理财产品、券商集合理财计划、杠杆基金份额、期权及其他场外衍生品等高风险等级金融产品，以及为金融消费者参与融资融券、新三板、创业板、科创板、期货等高风险等级投资活动提供服务的过程中，必须履行的了解客户、了解产品、将适当的产品（或者服务）销售（或者提供）给适合的金融消费者等义务。卖方机构承担适当性义务的目的是确保金融消费者能够在充分了解相关金融产品、投资活动的性质及风险的基础上作出自主决定，并承受由此产生的收益和风险。在推介、销售高风险等级金融产品和提供高风险等级金融服务领域，适当性义务的履行是"卖者尽责"的主要内容，也是"买者自负"的前提和基础。

73.【法律适用规则】在确定卖方机构适当性义务的内容时，应当以合同法、证券法、证券投资基金法、信托法等法律规定的基本原则和国务院发布的规范性文件作为主要依据。相关部门在部门规章、规范性文件中对高风险等级金融产品的推介、销售，以及为金融消费者参与高风险等级投资活动提供服务作出的监管规定，与法律和国务院发布的规范性文件的规定不相抵触的，可以参照适用。

74.【责任主体】金融产品发行人、销售者未尽适当性义务，导致金融消费者在购买金融产品过程中遭受损失的，金融消费者既可以请求金融产品的发行人承担赔偿责任，也可以请求金融产品的销售者承担赔偿责任，还可以根据《民法总则》第167条的规定，请求金融产品的发行人、销售者共同承担连带赔偿责任。发行人、销售者请求人民法院明确各自的责任份额的，人民法院可以在判决发行人、销售者对金融消费者承担连带赔偿责任的同时，明确发行人、销售者在实际承担了赔偿责任后，有权向责任方追偿其应当承担的赔偿份额。

金融服务提供者未尽适当性义务，导致金融消费者在接受金融服务后参与高风险等级投资活动遭受损失的，金融消费者可以请求金融服务提供者承担赔偿责任。

75.【举证责任分配】在案件审理过程中，金融消费者应当对购买产品（或者接受服务）、遭受的损失等事实承担举证责任。卖方机构对其是否履行了适当性义务承担举证责任。卖方机构不能提供其已经建立了金融产品（或者服务）的风险评估及相应管理制度、对金融消费者的风险认知、风险偏好和风险承受能力进行了测试、向金融消费者告知产品（或者服务）的收益和主要风险因素等相关证据的，应当承担举证不能的法律后果。

76.【告知说明义务】告知说明义务的履行是金融消费者能够真正了解各类高风险等级金融产品或者高风险等级投资活动的投资风险和收益的关键，人民法院应当根据产品、投资活动的风险和金融消费者的实际情况，综合理性人能够理解的客观标准和金融消费者能够理解的主观标准来确定卖方机构是否已经履行了告知说明义务。卖方机构简单地以金融消费者手写了诸如"本人明确知悉可能存在本金损失风险"等内容主张其已经履行了告知说明义务，不能提供其他相关证据的，人民法院对其抗辩理由不予支持。

77.【损失赔偿数额】卖方机构未尽适当性义务导致金融消费者损失的，应当赔偿金融消费者所受的实际损失。实际损失为损失的本金和利息，利息按照中国人民银行发布的同期同类存款基准利率计算。

金融消费者因购买高风险等级金融产品或者为参与高风险投资活动接受服务，以卖方机构存在欺诈行为为由，主张卖方机构应当根据《消费者权益保护法》第 55 条的规定承担惩罚性赔偿责任的，人民法院不予支持。卖方机构的行为构成欺诈的，对金融消费者提出赔偿其支付金钱总额的利息损失请求，应当注意区分不同情况进行处理：

（1）金融产品的合同文本中载明了预期收益率、业绩比较基准或者类似约定的，可以将其作为计算利息损失的标准；

（2）合同文本以浮动区间的方式对预期收益率或者业绩比较基准等进行约定，金融消费者请求按照约定的上限作为利息损失计算标准的，人民法院依法予以支持；

（3）合同文本虽然没有关于预期收益率、业绩比较基准或者类似约定，但金融消费者能够提供证据证明产品发行的广告宣传资料中载明了预期收益率、业绩比较基准或者类似表述的，应当将宣传资料作为合同文本的组成部分；

（4）合同文本及广告宣传资料中未载明预期收益率、业绩比较基准或者类似表述的，按照全国银行间同业拆借中心公布的贷款市场报价利率计算。

78.【免责事由】因金融消费者故意提供虚假信息、拒绝听取卖方机构的建议等自身原因导致其购买产品或者接受服务不适当，卖方机构请求免除相应责任的，人民法院依法予以支持，但金融消费者能够证明该虚假信息的出具系卖方机构误导的除外。卖方机构能够举证证明根据金融消费者的既往投资经验、受教育程度等事实，适当性义务的违反并未影响金融消费者作出自主决定的，对其关于应当由金融消费者自负投资风险的抗辩理由，人民法院依法予以支持。

六、关于证券纠纷案件的审理

（一）关于证券虚假陈述

会议认为，《最高人民法院关于审理证券市场因虚假陈述引发的民事赔偿案件的若干规定》施行以来，证券市场的发展出现了新的情况，证券虚假陈述纠纷案件的审理对司法能力提出了更高的要求。在案件审理过程中，对于需要借助其他学科领域的专业知识进行职业判断的问题，要充分发挥专家证人的作用，使得案件的事实认定符合证券市场的基本常识和普遍认知或者认可的经验法则，责任承担与侵权行为及其主观过错程度相匹配，在切实维护投资者合法权益的同时，通过民事责任追究实现震慑违法的功能，维护公开、公平、公正的资本市场秩序。

79.【共同管辖的案件移送】原告以发行人、上市公司以外的虚假陈述行为人为被告提起诉讼，被告申请追加发行人或者上市公司为共同被告的，人民法院应予准许。人民法院在追加后发现其他有管辖权的人民法院已先行受理因同一虚假陈述引发的民事赔偿案件的，应当按照民事诉讼法司法解释第36条的规定，将案件移送给先立案的人民法院。

80.【案件审理方式】案件审理方式方面，在传统的"一案一立、分别审理"的方式之外，一些人民法院已经进行了将部分案件合并审理、在示范判决基础上委托调解等改革，初步实现了案件审理的集约化和诉讼经济。在认真总结审判实践经验的基础上，有条件的地方人民法院可以选择个案以《民事诉讼法》第54条规定的代表人诉讼方式进行审理，逐步展开试点工作。就案件审理中涉及的适格原告范围认定、公告通知方式、投资者权利登记、代表人推选、执行款项的发放等具体工作，积极协调相关部门和有关方面，推动信息技术审判辅助平台和常态化、可持续的工作机制建设，保障投资者能够便捷、高效、透明和低成本地维护自身合法权益，为构建符合中国国情的证券民事诉讼制度积累审判经验，培养审判队伍。

81.【立案登记】多个投资者就同一虚假陈述向人民法院提起诉讼，可以采用代表人诉讼方式对案件进行审理的，人民法院在登记立案时可以根据原告起诉状中所描述的虚假陈述的数量、性质及其实施日、揭露日或者更正日等时间节点，将投资者作为共同原告统一立案登记。原告主张被告实施了多个虚假陈述的，可以分别立案登记。

82.【案件甄别及程序决定】人民法院决定采用《民事诉讼法》第54条规定的方式审理案件的，在发出公告前，应当先行就被告的行为是否构成虚假陈述，投资者的交易方向与诱多、诱空的虚假陈述是否一致，以及虚假陈述的实施日、揭露日或者更正日等案件基本事实进行审查。

83.【选定代表人】权利登记的期间届满后，人民法院应当通知当事人在指定期间内完成代表人的推选工作。推选不出代表人的，人民法院可以与当事人商定代表人。人民法院在提出人选时，应当将当事人诉讼请求的典型性和利益诉求的份额等作为考量因素，确保代表行为能够充分、公正地表达投资者的诉讼主张。国家设立的投资者保护机构以自己的名义提起诉讼，或者接受投资者的委托指派工作人员或者委托诉讼代理人参与案件审理活动的，人民法院可以商定该机构或者其代理的当事人作为代表人。

84.【揭露日和更正日的认定】虚假陈述的揭露和更正，是指虚假陈述被市场所知悉、了解，其精确程度并不以"镜像规则"为必要，不要求达到全面、完整、准确的程度。原则上，只要交易市场对监管部门立案调查、权威媒体刊载的揭露文章等信息存在着明显的反应，对一方主张市场已经知悉虚假陈述的抗辩，人民法院依法予以支持。

85.【重大性要件的认定】审判实践中，部分人民法院对重大性要件和信赖要件存在着混淆认识，以行政处罚认定的信息披露违法行为对投资者的交易决定没有影响为由否定违法行为的重大性，应当引起注意。重大性是指可能对投资者进行投资决策具有重要影响的信息，虚假陈述已经被监管部门行政处罚的，应当认为是具有重大性的违法行为。在案件审理过程中，对于一方提出的监管部门作出处罚决定的行为不具有重大性的抗辩，人民法院不予支持，同时应当向其释明，该抗辩并非民商事案件的审理范围，应当通过行政复议、行政诉讼加以解决。

（二）关于场外配资

会议认为，将证券市场的信用交易纳入国家统一监管的范围，是维护金融市场透明度和金融稳定的重要内容。不受监管的场外配资业务，不仅盲目扩张了资本市场信用交易的规模，也容易冲击资本市场的交易秩序。融资融券作为证券市场的主要信用交易方式和证券经营机构的核心业务之一，依法属于国家特许经营的金融业务，未经依法批准，任何单位和个人不得非法从事配资业务。

86.【场外配资合同的效力】从审判实践看，场外配资业务主要是指一些 P2P 公司或者私募类配资公司利用互联网信息技术，搭建起游离于监管体系之外的融资业务平台，将资金融出方、资金融入方即用资人和券商营业部三方连接起来，配资公司利用计算机软件系统的二级分仓功能将其自有资金或者以较低成本融入的资金出借给用资人，赚取利息收入的行为。这些场外配资公司所开展的经营活动，本质上属于只有证券公司才能依法开展的融资活动，不仅规避了监管部门对融资融券业务中资金来源、投资标的、杠杆比例等诸多方面的限制，也加剧了市场的非理性波动。在案件审理过程中，除依法取得融资融券资格的证券公司与客户开展的融资融券业务外，对其他任何单位或者个人与用资人的场外配资合同，人民法院应当根据《证券法》第142条、合同法司法解释（一）第10条的规定，认定为无效。

87.【合同无效的责任承担】场外配资合同被确认无效后，配资方依场外配资合同的约定，请求用资人向其支付约定的利息和费用的，人民法院不予支持。

配资方依场外配资合同的约定，请求分享用资人因使用配资所产生的收益的，人民法院不予支持。

用资人以其因使用配资导致投资损失为由请求配资方予以赔偿的，人民法院不予支持。用资人能够证明因配资方采取更改密码等方式控制账户使得用资人无法及时平仓止损，并据此请求配资方赔偿其因此遭受的损失的，人民法院依法予以支持。

用资人能够证明配资合同是因配资方招揽、劝诱而订立，请求配资方赔偿其全部或者部分损失的，人民法院应当综合考虑配资方招揽、劝诱行为的方式、对用资人的实际影响、用资人自身的投资经历、风险判断和承受能力等因素，判决配资方承担与其过错相适应的赔偿责任。

七、关于营业信托纠纷案件的审理

会议认为,从审判实践看,营业信托纠纷主要表现为事务管理信托纠纷和主动管理信托纠纷两种类型。在事务管理信托纠纷案件中,对信托公司开展和参与的多层嵌套、通道业务、回购承诺等融资活动,要以其实际构成的法律关系确定其效力,并在此基础上依法确定各方的权利义务。在主动管理信托纠纷案件中,应当重点审查受托人在"受人之托,忠人之事"的财产管理过程中,是否恪尽职守,履行了谨慎、有效管理等法定或者约定义务。

88.【营业信托纠纷的认定】信托公司根据法律法规以及金融监督管理部门的监管规定,以取得信托报酬为目的接受委托人的委托,以受托人身份处理信托事务的经营行为,属于营业信托。由此产生的信托当事人之间的纠纷,为营业信托纠纷。

根据《关于规范金融机构资产管理业务的指导意见》的规定,其他金融机构开展的资产管理业务构成信托关系的,当事人之间的纠纷适用信托法及其他有关规定处理。

89.【资产或者资产收益权转让及回购】信托公司在资金信托成立后,以募集的信托资金受让特定资产或者特定资产收益权,属于信托公司在资金依法募集后的资金运用行为,由此引发的纠纷不应当认定为营业信托纠纷。如果合同中约定由转让方或者其指定的第三方在一定期间后以交易本金加上溢价款等固定价款无条件回购的,无论转让方所转让的标的物是否真实存在、是否实际交付或者过户,只要合同不存在法定无效事由,对信托公司提出的由转让方或者其指定的第三方按约定承担责任的诉讼请求,人民法院依法予以支持。

当事人在相关合同中同时约定采用信托公司受让目标公司股权、向目标公司增资方式并以相应股权担保债权实现的,应当认定在当事人之间成立让与担保法律关系。当事人之间的具体权利义务,根据本纪要第71条的规定加以确定。

90.【劣后级受益人的责任承担】信托文件及相关合同将受益人区分为优先级受益人和劣后级受益人等不同类别,约定优先级受益人以其财产认购信托计划份额,在信托到期后,劣后级受益人负有对优先级受益人从信托财产获得利益与其投资本金及约定收益之间的差额承担补足义务,优先级受益人请求劣后级受益人按照约定承担责任的,人民法院依法予以支持。

信托文件中关于不同类型受益人权利义务关系的约定,不影响受益人与受托人之间信托法律关系的认定。

91.【增信文件的性质】信托合同之外的当事人提供第三方差额补足、代为履行到期回购义务、流动性支持等类似承诺文件作为增信措施，其内容符合法律关于保证的规定的，人民法院应当认定当事人之间成立保证合同关系。其内容不符合法律关于保证的规定的，依据承诺文件的具体内容确定相应的权利义务关系，并根据案件事实情况确定相应的民事责任。

92.【保底或者刚兑条款无效】信托公司、商业银行等金融机构作为资产管理产品的受托人与受益人订立的含有保证本息固定回报、保证本金不受损失等保底或者刚兑条款的合同，人民法院应当认定该条款无效。受益人请求受托人对其损失承担与其过错相适应的赔偿责任的，人民法院依法予以支持。

实践中，保底或者刚兑条款通常不在资产管理产品合同中明确约定，而是以"抽屉协议"或者其他方式约定，不管形式如何，均应认定无效。

93.【通道业务的效力】当事人在信托文件中约定，委托人自主决定信托设立、信托财产运用对象、信托财产管理运用处分方式等事宜，自行承担信托资产的风险管理责任和相应风险损失，受托人仅提供必要的事务协助或者服务，不承担主动管理职责的，应当认定为通道业务。《中国人民银行、中国银行保险监督管理委员会、中国证券监督管理委员会、国家外汇管理局关于规范金融机构资产管理业务的指导意见》第22条在规定"金融机构不得为其他金融机构的资产管理产品提供规避投资范围、杠杆约束等监管要求的通道服务"的同时，也在第29条明确按照"新老划断"原则，将过渡期设置为截至2020年底，确保平稳过渡。在过渡期内，对通道业务中存在的利用信托通道掩盖风险，规避资金投向、资产分类、拨备计提和资本占用等监管规定，或者通过信托通道将表内资产虚假出表等信托业务，如果不存在其他无效事由，一方以信托目的违法违规为由请求确认无效的，人民法院不予支持。至于委托人和受托人之间的权利义务关系，应当依据信托文件的约定加以确定。

94.【受托人的举证责任】资产管理产品的委托人以受托人未履行勤勉尽责、公平对待客户等义务损害其合法权益为由，请求受托人承担损害赔偿责任的，应当由受托人举证证明其已经履行了义务。受托人不能举证证明，委托人请求其承担相应赔偿责任的，人民法院依法予以支持。

95.【信托财产的诉讼保全】信托财产在信托存续期间独立于委托人、受托人、受益人各自的固有财产。委托人将其财产委托给受托人进行管理，在信托依法设立后，该信托财产即独立于委托人未设立信托的其他固有财产。

受托人因承诺信托而取得的信托财产，以及通过对信托财产的管理、运用、处分等方式取得的财产，均独立于受托人的固有财产。受益人对信托财产享有的权利表现为信托受益权，信托财产并非受益人的责任财产。因此，当事人因其与委托人、受托人或者受益人之间的纠纷申请对存管银行或者信托公司专门账户中的信托资金采取保全措施的，除符合《信托法》第17条规定的情形外，人民法院不应当准许。已经采取保全措施的，存管银行或者信托公司能够提供证据证明该账户为信托账户的，应当立即解除保全措施。对信托公司管理的其他信托财产的保全，也应当根据前述规则办理。

当事人申请对受益人的受益权采取保全措施的，人民法院应当根据《信托法》第47条的规定进行审查，决定是否采取保全措施。决定采取保全措施的，应当将保全裁定送达受托人和受益人。

96.【信托公司固有财产的诉讼保全】除信托公司作为被告外，原告申请对信托公司固有资金账户的资金采取保全措施的，人民法院不应准许。信托公司作为被告，确有必要对其固有财产采取诉讼保全措施的，必须强化善意执行理念，防范发生金融风险。要严格遵守相应的适用条件与法定程序，坚决杜绝超标的执行。在采取具体保全措施时，要尽量寻求依法平等保护各方利益的平衡点，优先采取方便执行且对信托公司正常经营影响最小的执行措施，能采取"活封""活扣"措施的，尽量不进行"死封""死扣"。在条件允许的情况下，可以为信托公司预留必要的流动资金和往来账户，最大限度降低对信托公司正常经营活动的不利影响。信托公司申请解除财产保全符合法律、司法解释规定情形的，应当在法定期限内及时解除保全措施。

八、关于财产保险合同纠纷案件的审理

会议认为，妥善审理财产保险合同纠纷案件，对于充分发挥保险的风险管理和保障功能，依法保护各方当事人合法权益，实现保险业持续健康发展和服务实体经济，具有重大意义。

97.【未依约支付保险费的合同效力】当事人在财产保险合同中约定以投保人支付保险费作为合同生效条件，但对该生效条件是否为全额支付保险费约定不明，已经支付了部分保险费的投保人主张保险合同已经生效的，人民法院依法予以支持。

98.【仲裁协议对保险人的效力】被保险人和第三者在保险事故发生前达成的仲裁协议，对行使保险代位求偿权的保险人是否具有约束力，实务中存在争议。保险代位求偿权是一种法定债权转让，保险人在向被保险人赔偿保险金后，有权行使被保险人对第三者请求赔偿的权利。被保险人和第三者在保险事故发生前达成的仲裁协议，对保险人具有约束力。考虑到涉外民商事案件的处理常常涉及国际条约、国际惯例的适用，相关问题具有特殊性，故具有涉外因素的民商事纠纷案件中该问题的处理，不纳入本条规范的范围。

99.【直接索赔的诉讼时效】商业责任保险的被保险人给第三者造成损害，被保险人对第三者应当承担的赔偿责任确定后，保险人应当根据被保险人的请求，直接向第三者赔偿保险金。被保险人怠于提出请求的，第三者有权依据《保险法》第65条第2款的规定，就其应获赔偿部分直接向保险人请求赔偿保险金。保险人拒绝赔偿的，第三者请求保险人直接赔偿保险金的诉讼时效期间的起算时间如何认定，实务中存在争议。根据诉讼时效制度的基本原理，第三者请求保险人直接赔偿保险金的诉讼时效期间，自其知道或者应当知道向保险人的保险金赔偿请求权行使条件成就之日起计算。

九、关于票据纠纷案件的审理

会议认为，人民法院在审理票据纠纷案件时，应当注意区分票据的种类和功能，正确理解票据行为无因性的立法目的，在维护票据流通性功能的同时，依法认定票据行为的效力，依法确认当事人之间的权利义务关系以及保护合法持票人的权益，防范和化解票据融资市场风险，维护票据市场的交易安全。

100.【合谋伪造贴现申请材料的后果】贴现行的负责人或者有权从事该业务的工作人员与贴现申请人合谋，伪造贴现申请人与其前手之间具有真实的商品交易关系的合同、增值税专用发票等材料申请贴现，贴现行主张其享有票据权利的，人民法院不予支持。对贴现行因支付资金而产生的损失，按照基础关系处理。

101.【民间贴现行为的效力】票据贴现属于国家特许经营业务，合法持票人向不具有法定贴现资质的当事人进行"贴现"的，该行为应当认定无效，贴现款和票据应当相互返还。当事人不能返还票据的，原合法持票人可以拒绝返还贴现款。人民法院在民商事案件审理过程中，发现不具有法定资质的当事人以"贴现"为业的，因该行为涉嫌犯罪，应当将有关材料移送公安机关。民商事案件的审理必须以相关刑事案件的审理结果为依据的，应当中止诉讼，待刑事案件审结后，再恢复案件的审理。案件的基本事实无须以相关刑事案件的审理结果为依据的，人民法院应当继续审理。

根据票据行为无因性原理，在合法持票人向不具有贴现资质的主体进行"贴现"，该"贴现"人给付贴现款后直接将票据交付其后手，其后手支付对价并记载自己为被背书人后,又基于真实的交易关系和债权债务关系将票据进行背书转让的情形下,应当认定最后持票人为合法持票人。

102.【转贴现协议】转贴现是通过票据贴现持有票据的商业银行为了融通资金,在票据到期日之前将票据权利转让给其他商业银行,由转贴现行在收取一定的利息后,将转贴现款支付给持票人的票据转让行为。转贴现行提示付款被拒付后,依据转贴现协议的约定,请求未在票据上背书的转贴现申请人按照合同法律关系返还转贴现款并赔偿损失的,案由应当确定为合同纠纷。转贴现合同法律关系有效成立的,对于原告的诉讼请求,人民法院依法予以支持。当事人虚构转贴现事实,或者当事人之间不存在真实的转贴现合同法律关系的,人民法院应当向当事人释明按照真实交易关系提出诉讼请求,并按照真实交易关系和当事人约定本意依法确定当事人的责任。

103.【票据清单交易、封包交易案件中的票据权利】审判实践中,以票据贴现为手段的多链条融资模式引发的案件应当引起重视。这种交易俗称票据清单交易、封包交易,是指商业银行之间就案涉票据订立转贴现或者回购协议,附以票据清单,或者将票据封包作为质押,双方约定按照票据清单中列明的基本信息进行票据转贴现或者回购,但往往并不进行票据交付和背书。实务中,双方还往往再订立一份代保管协议,约定由原票据持有人代对方继续持有票据,从而实现合法、合规的形式要求。

出资银行仅以参与交易的单个或者部分银行为被告提起诉讼行使票据追索权,被告能够举证证明票据交易存在诸如不符合正常转贴现交易顺序的倒打款、未进行背书转让、票据未实际交付等相关证据,并据此主张相关金融机构之间并无转贴现的真实意思表示,抗辩出资银行不享有票据权利的,人民法院依法予以支持。

出资银行在取得商业承兑汇票后又将票据转贴现给其他商业银行,持票人向其前手主张票据权利的,人民法院依法予以支持。

104.【票据清单交易、封包交易案件的处理原则】在村镇银行、农信社等作为直贴行,农信社、农商行、城商行、股份制银行等多家金融机构共同开展以商业承兑汇票为基础的票据清单交易、封包交易引发的纠纷案件中,在商业承兑汇票的出票人等实际用资人不能归还票款的情况下,为实现纠纷的一次性解决,出资银行以实际用资人和参与交易的其他金融机构为共同被告,请求实际用资人归还本息、参与交易的其他金融机构承担与其过错相适应的赔偿责任的,人民法院依法予以支持。

出资银行仅以整个交易链条的部分当事人为被告提起诉讼的，人民法院应当向其释明，其应当申请追加参与交易的其他当事人作为共同被告。出资银行拒绝追加实际用资人为被告的，人民法院应当驳回其诉讼请求；出资银行拒绝追加参与交易的其他金融机构为被告的，人民法院在确定其他金融机构的过错责任范围时，应当将未参加诉讼的当事人应当承担的相应份额作为考量因素，相应减轻本案当事人的责任。在确定参与交易的其他金融机构的过错责任范围时，可以参照其收取的"通道费""过桥费"等费用的比例以及案件的其他情况综合加以确定。

105.【票据清单交易、封包交易案件中的民刑交叉问题】人民法院在案件审理过程中，如果发现公安机关已经就实际用资人、直贴行、出资银行的工作人员涉嫌骗取票据承兑罪、伪造印章罪等立案侦查，一方当事人根据《最高人民法院关于在审理经济纠纷案件中涉及经济犯罪嫌疑若干问题的规定》第11条的规定申请将案件移送公安机关的，因该节事实对于查明出资银行是否为正当持票人，以及参与交易的其他金融机构的抗辩理由能否成立存在重要关联，人民法院应当将有关材料移送公安机关。民商事案件的审理必须以相关刑事案件的审理结果为依据的，应当中止诉讼，待刑事案件审结后，再恢复案件的审理。案件的基本事实无须以相关刑事案件的审理结果为依据的，人民法院应当继续案件的审理。

参与交易的其他商业银行以公安机关已经对其工作人员涉嫌受贿、伪造印章等犯罪立案侦查为由请求将案件移送公安机关的，因该节事实并不影响相关当事人民事责任的承担，人民法院应当根据《最高人民法院关于在审理经济纠纷案件中涉及经济犯罪嫌疑若干问题的规定》第10条的规定继续审理。

106.【恶意申请公示催告的救济】公示催告程序本为对合法持票人进行失票救济所设，但实践中却沦为部分票据出卖方在未获得票款情形下，通过伪报票据丧失事实申请公示催告、阻止合法持票人行使票据权利的工具。对此，民事诉讼法司法解释已经作出了相应规定。适用时，应当区别付款人是否已经付款等情形，作出不同认定：

（1）在除权判决作出后，付款人尚未付款的情况下，最后合法持票人可以根据《民事诉讼法》第223条的规定，在法定期限内请求撤销除权判决，待票据恢复效力后再依法行使票据权利。最后合法持票人也可以基于基础法律关系向其直接前手退票并请求其直接前手另行给付基础法律关系项下的对价。

（2）除权判决作出后，付款人已经付款的，因恶意申请公示催告并持除权判决获得票款的行为损害了最后合法持票人的权利，最后合法持票人请求申请人承担侵权损害赔偿责任的，人民法院依法予以支持。

十、关于破产纠纷案件的审理

会议认为，审理好破产案件对于推动高质量发展、深化供给侧结构性改革、营造稳定公平透明可预期的营商环境，具有十分重要的意义。要继续深入推进破产审判工作的市场化、法治化、专业化、信息化，充分发挥破产审判公平清理债权债务、促进优胜劣汰、优化资源配置、维护市场经济秩序等重要功能。一是要继续加大对破产保护理念的宣传和落实，及时发挥破产重整制度的积极拯救功能，通过平衡债权人、债务人、出资人、员工等利害关系人的利益，实现社会整体价值最大化；注重发挥和解程序简便快速清理债权债务关系的功能，鼓励当事人通过和解程序或者达成自行和解的方式实现各方利益共赢；积极推进清算程序中的企业整体处置方式，有效维护企业营运价值和职工就业。二是要推进不符合国家产业政策、丧失经营价值的企业主体尽快从市场退出，通过依法简化破产清算程序流程加快对"僵尸企业"的清理。三是要注重提升破产制度实施的经济效益，降低破产程序运行的时间和成本，有效维护企业营运价值，最大程度发挥各类要素和资源潜力，减少企业破产给社会经济造成的损害。四是要积极稳妥进行实践探索，加强理论研究，分步骤、有重点地推进建立自然人破产制度，进一步推动健全市场主体退出制度。

107.【继续推动破产案件的及时受理】充分发挥破产重整案件信息网的线上预约登记功能，提高破产案件的受理效率。当事人提出破产申请的，人民法院不得以非法定理由拒绝接收破产申请材料。如果可能影响社会稳定的，要加强府院协调，制定相应预案，但不应当以"影响社会稳定"之名，行消极不作为之实。破产申请材料不完备的，立案部门应当告知当事人在指定期限内补充材料，待材料齐备后以"破申"作为案件类型代字编制案号登记立案，并及时将案件移送破产审判部门进行破产审查。

注重发挥破产和解制度简便快速清理债权债务关系的功能，债务人根据《企业破产法》第95条的规定，直接提出和解申请，或者在破产申请受理后宣告破产前申请和解的，人民法院应当依法受理并及时作出是否批准的裁定。

108.【破产申请的不予受理和撤回】人民法院裁定受理破产申请前，提出破产申请的债权人的债权因清偿或者其他原因消灭的，因申请人不再具备申请资格，人民法院应当裁定不予受理。但该裁定不影响其他符合条件的主体再次提出破产申请。破产申请受理后，管理人以上述清偿符合《企业破产法》第31条、第32条为由请求撤销的，人民法院查实后应当予以支持。

人民法院裁定受理破产申请系对债务人具有破产原因的初步认可，破产申请受理后，申请人请求撤回破产申请的，人民法院不予准许。除非存在《企业破产法》第12条第2款规定的情形，人民法院不得裁定驳回破产申请。

109.【受理后债务人财产保全措施的处理】要切实落实破产案件受理后相关保全措施应予解除、相关执行措施应当中止、债务人财产应当及时交付管理人等规定，充分运用信息化技术手段，通过信息共享与整合，维护债务人财产的完整性。相关人民法院拒不解除保全措施或者拒不中止执行的，破产受理人民法院可以请求该法院的上级人民法院依法予以纠正。对债务人财产采取保全措施或者执行措施的人民法院未依法及时解除保全措施、移交处置权，或者中止执行程序并移交有关财产的，上级人民法院应当依法予以纠正。相关人员违反上述规定造成严重后果的，破产受理人民法院可以向人民法院纪检监察部门移送其违法审判责任线索。

人民法院审理企业破产案件时，有关债务人财产被其他具有强制执行权力的国家行政机关，包括税务机关、公安机关、海关等采取保全措施或者执行程序的，人民法院应当积极与上述机关进行协调和沟通，取得有关机关的配合，参照上述具体操作规程，解除有关保全措施，中止有关执行程序，以便保障破产程序顺利进行。

110.【受理后有关债务人诉讼的处理】人民法院受理破产申请后，已经开始而尚未终结的有关债务人的民事诉讼，在管理人接管债务人财产和诉讼事务后继续进行。债权人已经对债务人提起的给付之诉，破产申请受理后，人民法院应当继续审理，但是在判定相关当事人实体权利义务时，应当注意与企业破产法及其司法解释的规定相协调。

上述裁判作出并生效前，债权人可以同时向管理人申报债权，但其作为债权尚未确定的债权人，原则上不得行使表决权，除非人民法院临时确定其债权额。上述裁判生效后，债权人应当根据裁判认定的债权数额在破产程序中依法统一受偿，其对债务人享有的债权利息应当按照《企业破产法》第46条第2款的规定停止计算。

人民法院受理破产申请后，债权人新提起的要求债务人清偿的民事诉讼，人民法院不予受理，同时告知债权人应当向管理人申报债权。债权人申报债权后,对管理人编制的债权表记载有异议的,可以根据《企业破产法》第58条的规定提起债权确认之诉。

111.【债务人自行管理的条件】重整期间,债务人同时符合下列条件的,经申请,人民法院可以批准债务人在管理人的监督下自行管理财产和营业事务:

(1)债务人的内部治理机制仍正常运转;

(2)债务人自行管理有利于债务人继续经营;

(3)债务人不存在隐匿、转移财产的行为;

(4)债务人不存在其他严重损害债权人利益的行为。

债务人提出重整申请时可以一并提出自行管理的申请。经人民法院批准由债务人自行管理财产和营业事务的,企业破产法规定的管理人职权中有关财产管理和营业经营的职权应当由债务人行使。

管理人应当对债务人的自行管理行为进行监督。管理人发现债务人存在严重损害债权人利益的行为或者有其他不适宜自行管理情形的,可以申请人民法院作出终止债务人自行管理的决定。人民法院决定终止的,应当通知管理人接管债务人财产和营业事务。债务人有上述行为而管理人未申请人民法院作出终止决定的,债权人等利害关系人可以向人民法院提出申请。

112.【重整中担保物权的恢复行使】重整程序中,要依法平衡保护担保物权人的合法权益和企业重整价值。重整申请受理后,管理人或者自行管理的债务人应当及时确定设定有担保物权的债务人财产是否为重整所必需。如果认为担保物不是重整所必需,管理人或者自行管理的债务人应当及时对担保物进行拍卖或者变卖,拍卖或者变卖担保物所得价款在支付拍卖、变卖费用后优先清偿担保物权人的债权。

在担保物权暂停行使期间,担保物权人根据《企业破产法》第75条的规定向人民法院请求恢复行使担保物权的,人民法院应当自收到恢复行使担保物权申请之日起三十日内作出裁定。经审查,担保物权人的申请不符合第75条的规定,或者虽然符合该条规定但管理人或者自行管理的债务人有证据证明担保物是重整所必需,并且提供与减少价值相应担保或者补偿的,人民法院应当裁定不予批准恢复行使担保物权。担保物权人不服该裁定的,可以自收到裁定书之日起十日内,向作出裁定的人民法院申请复议。人民法院裁定批准行使担保物权的,管理人或者自行管理的债务人应当自收到裁定书之日起十五日内启动对担保物的拍卖或者变卖,拍卖或者变卖担保物所得价款在支付拍卖、变卖费用后优先清偿担保物权人的债权。

113.【重整计划监督期间的管理人报酬及诉讼管辖】要依法确保重整计划的执行和有效监督。重整计划的执行期间和监督期间原则上应当一致。二者不一致的，人民法院在确定和调整重整程序中的管理人报酬方案时，应当根据重整期间和重整计划监督期间管理人工作量的不同予以区别对待。其中，重整期间的管理人报酬应当根据管理人对重整发挥的实际作用等因素予以确定和支付；重整计划监督期间管理人报酬的支付比例和支付时间，应当根据管理人监督职责的履行情况，与债权人按照重整计划实际受偿比例和受偿时间相匹配。

重整计划执行期间，因重整程序终止后新发生的事实或者事件引发的有关债务人的民事诉讼，不适用《企业破产法》第21条有关集中管辖的规定。除重整计划有明确约定外，上述纠纷引发的诉讼，不再由管理人代表债务人进行。

114.【重整程序与破产清算程序的衔接】重整期间或者重整计划执行期间，债务人因法定事由被宣告破产的，人民法院不再另立新的案号，原重整程序的管理人原则上应当继续履行破产清算程序中的职责。原重整程序的管理人不能继续履行职责或者不适宜继续担任管理人的，人民法院应当依法重新指定管理人。

重整程序转破产清算案件中的管理人报酬，应当综合管理人为重整工作和清算工作分别发挥的实际作用等因素合理确定。重整期间因法定事由转入破产清算程序的，应当按照破产清算案件确定管理人报酬。重整计划执行期间因法定事由转入破产清算程序的，后续破产清算阶段的管理人报酬应当根据管理人实际工作量予以确定，不能简单根据债务人最终清偿的财产价值总额计算。

重整程序因人民法院裁定批准重整计划草案而终止的，重整案件可作结案处理。重整计划执行完毕后，人民法院可以根据管理人等利害关系人申请，作出重整程序终结的裁定。

115.【庭外重组协议效力在重整程序中的延伸】继续完善庭外重组与庭内重整的衔接机制，降低制度性成本，提高破产制度效率。人民法院受理重整申请前，债务人和部分债权人已经达成的有关协议与重整程序中制作的重整计划草案内容一致的，有关债权人对该协议的同意视为对该重整计划草案表决的同意。但重整计划草案对协议内容进行了修改并对有关债权人有不利影响，或者与有关债权人重大利益相关的，受到影响的债权人有权按照企业破产法的规定对重整计划草案重新进行表决。

116.【审计、评估等中介机构的确定及责任】要合理区分人民法院和管理人在委托审计、评估等财产管理工作中的职责。破产程序中确实需要聘请中介机构对债务人财产进行审计、评估的，根据《企业破产法》第28条的规定，经人民法院许可后，管理人可以自行公开聘请，但是应当对其聘请的中介机构的相关行为进行监督。上述中介机构因不当履行职责给债务人、债权人或者第三人造成损害的，应当承担赔偿责任。管理人在聘用过程中存在过错的，应当在其过错范围内承担相应的补充赔偿责任。

117.【公司解散清算与破产清算的衔接】要依法区分公司解散清算与破产清算的不同功能和不同适用条件。债务人同时符合破产清算条件和强制清算条件的，应当及时适用破产清算程序实现对债权人利益的公平保护。债权人对符合破产清算条件的债务人提起公司强制清算申请，经人民法院释明，债权人仍然坚持申请对债务人强制清算的，人民法院应当裁定不予受理。

118.【无法清算案件的审理与责任承担】人民法院在审理债务人相关人员下落不明或者财产状况不清的破产案件时，应当充分贯彻债权人利益保护原则，避免债务人通过破产程序不当损害债权人利益，同时也要避免不当突破股东有限责任原则。

人民法院在适用《最高人民法院关于债权人对人员下落不明或者财产状况不清的债务人申请破产清算案件如何处理的批复》第3款的规定，判定债务人相关人员承担责任时，应当依照企业破产法的相关规定来确定相关主体的义务内容和责任范围，不得根据公司法司法解释（二）第18条第2款的规定来判定相关主体的责任。

上述批复第3款规定的"债务人的有关人员不履行法定义务，人民法院可依据有关法律规定追究其相应法律责任"，系指债务人的法定代表人、财务管理人员和其他经营管理人员不履行《企业破产法》第15条规定的配合清算义务，人民法院可以根据《企业破产法》第126条、第127条追究其相应法律责任，或者参照《民事诉讼法》第111条的规定，依法拘留，构成犯罪的，依法追究刑事责任；债务人的法定代表人或者实际控制人不配合清算的，人民法院可以依据《出境入境管理法》第12条的规定，对其作出不准出境的决定，以确保破产程序顺利进行。

上述批复第3款规定的"其行为导致无法清算或者造成损失"，系指债务人的有关人员不配合清算的行为导致债务人财产状况不明，或者依法负有清算责任的人未依照《企业破产法》第 7 条第 3 款的规定及时履行破产申请义务，导致债务人主要财产、账册、重要文件等灭失，致使管理人无法执行清算职务，给债权人利益造成损害。"有关权利人起诉请求其承担相应民事责任"，系指管理人请求上述主体承担相应损害赔偿责任并将因此获得的赔偿归入债务人财产。管理人未主张上述赔偿，个别债权人可以代表全体债权人提起上述诉讼。

上述破产清算案件被裁定终结后，相关主体以债务人主要财产、账册、重要文件等重新出现为由，申请对破产清算程序启动审判监督的，人民法院不予受理，但符合《企业破产法》第 123 条规定的，债权人可以请求人民法院追加分配。

十一、关于案外人救济案件的审理

案外人救济案件包括案外人申请再审、案外人执行异议之诉和第三人撤销之诉三种类型。修改后的民事诉讼法在保留案外人执行异议之诉及案外人申请再审的基础上，新设立第三人撤销之诉制度，在为案外人权利保障提供更多救济渠道的同时，因彼此之间错综复杂的关系也容易导致认识上的偏差，有必要厘清其相互之间的关系，以便正确适用不同程序，依法充分保护各方主体合法权益。

119.【案外人执行异议之诉的审理】案外人执行异议之诉以排除对特定标的物的执行为目的，从程序上而言，案外人依据《民事诉讼法》第 227 条提出执行异议被驳回的，即可向执行人民法院提起执行异议之诉。人民法院对执行异议之诉的审理，一般应当就案外人对执行标的物是否享有权利、享有什么样的权利、权利是否足以排除强制执行进行判断。至于是否作出具体的确权判项，视案外人的诉讼请求而定。案外人未提出确权或者给付诉讼请求的，不作出确权判项，仅在裁理由中进行分析判断并作出是否排除执行的判项即可。但案外人既提出确权、给付请求，又提出排除执行请求的，人民法院对该请求是否支持、是否排除执行，均应当在具体判项中予以明确。执行异议之诉不以否定作为执行依据的生效裁判为目的，案外人如认为裁判确有错误的，只能通过申请再审或者提起第三人撤销之诉的方式进行救济。

120.【债权人能否提起第三人撤销之诉】第三人撤销之诉中的第三人仅局限于《民事诉讼法》第 56 条规定的有独立请求权及无独立请求权的第三人，而且一般不包括债权人。但是，设立第三人撤销之诉的目的在于，救济第三人享有的因不能归责于本人的事由未参加诉讼但因生效裁判文书内容错误受到损害的民事权益，因此，债权人在下列情况下可以提起第三人撤销之诉：

（1）该债权是法律明确给予特殊保护的债权，如《合同法》第286条规定的建设工程价款优先受偿权，《海商法》第22条规定的船舶优先权；

（2）因债务人与他人的权利义务被生效裁判文书确定，导致债权人本来可以对《合同法》第74条和《企业破产法》第31条规定的债务人的行为享有撤销权而不能行使的；

（3）债权人有证据证明，裁判文书主文确定的债权内容部分或者全部虚假的。

债权人提起第三人撤销之诉还要符合法律和司法解释规定的其他条件。对于除此之外的其他债权，债权人原则上不得提起第三人撤销之诉。

121.【必要共同诉讼漏列的当事人申请再审】民事诉讼法司法解释对必要共同诉讼漏列的当事人申请再审规定了两种不同的程序，二者在管辖法院及申请再审期限的起算点上存在明显差别，人民法院在审理相关案件时应予注意：

（1）该当事人在执行程序中以案外人身份提出异议，异议被驳回的，根据民事诉讼法司法解释第423条的规定，其可以在驳回异议裁定送达之日起6个月内向原审人民法院申请再审；

（2）该当事人未在执行程序中以案外人身份提出异议的，根据民事诉讼法司法解释第422条的规定，其可以根据《民事诉讼法》第200条第8项的规定，自知道或者应当知道生效裁判之日起6个月内向上一级人民法院申请再审。当事人一方人数众多或者当事人双方为公民的案件，也可以向原审人民法院申请再审。

122.【程序启动后案外人不享有程序选择权】案外人申请再审与第三人撤销之诉功能上近似，如果案外人既有申请再审的权利，又符合第三人撤销之诉的条件，对于案外人是否可以行使选择权，民事诉讼法司法解释采取了限制的司法态度，即依据民事诉讼法司法解释第303条的规定，按照启动程序的先后，案外人只能选择相应的救济程序：案外人先启动执行异议程序的，对执行异议裁定不服，认为原裁判内容错误损害其合法权益的，只能向作出原裁判的人民法院申请再审，而不能提起第三人撤销之诉；案外人先启动了第三人撤销之诉，即便在执行程序中又提出执行异议，也只能继续进行第三人撤销之诉，而不能依《民事诉讼法》第227条申请再审。

123.【案外人依据另案生效裁判对非金钱债权的执行提起执行异议之诉】审判实践中，案外人有时依据另案生效裁判所认定的与执行标的物有关的权利提起执行异议之诉，请求排除对标的物的执行。此时，鉴于作为执行依据的生效裁判与作为案外人提出执行异议依据的生效裁判，均涉及对同一标的物权属或给付的认定，性质上属于两个生效裁判所认定的权利之间可能产生的冲突，人民法院在审理执行异议之诉时，需区别不同情况作出判断：如果作为执行依据的生效裁判是确权裁判，不论作为执行异议依据的裁判是确权裁判还是给付裁判，一般不应据此排除执行，但人民法院应当告知案外人对作为执行依据的确权裁判申请再审；如果作为执行依据的生效裁判是给付标的物的裁判，而作为提出异议之诉依据的裁判是确权裁判，一般应据此排除执行，此时人民法院应告知其对该确权裁判申请再审；如果两个裁判均属给付标的物的裁判，人民法院需依法判断哪个裁判所认定的给付权利具有优先性，进而判断是否可以排除执行。

124.【案外人依据另案生效裁判对金钱债权的执行提起执行异议之诉】作为执行依据的生效裁判并未涉及执行标的物，只是执行中为实现金钱债权对特定标的物采取了执行措施。对此种情形，《最高人民法院关于人民法院办理执行异议和复议案件若干问题的规定》第 26 条规定了解决案外人执行异议的规则，在审理执行异议之诉时可以参考适用。依据该条规定，作为案外人提起执行异议之诉依据的裁判将执行标的物确权给案外人，可以排除执行；作为案外人提起执行异议之诉依据的裁判，未将执行标的物确权给案外人，而是基于不以转移所有权为目的的有效合同（如租赁、借用、保管合同），判令向案外人返还执行标的物的，其性质属于物权请求权，亦可以排除执行；基于以转移所有权为目的的有效合同（如买卖合同），判令向案外人交付标的物的，其性质属于债权请求权，不能排除执行。

应予注意的是，在金钱债权执行中，如果案外人提出执行异议之诉依据的生效裁判认定以转移所有权为目的的合同（如买卖合同）无效或应当解除，进而判令向案外人返还执行标的物的，此时案外人享有的是物权性质的返还请求权，本可排除金钱债权的执行，但在双务合同无效的情况下，双方互负返还义务，在案外人未返还价款的情况下，如果允许其排除金钱债权的执行，将会使申请执行人既执行不到被执行人名下的财产，又执行不到本应返还给被执行人的价款，显然有失公允。为平衡各方当事人的利益，只有在案外人已经返还价款的情况下，才能排除普通债权人的执行。反之，案外人未返还价款的，不能排除执行。

125.【案外人系商品房消费者】实践中，商品房消费者向房地产开发企业购买商品房，往往没有及时办理房地产过户手续。房地产开发企业因欠债而被强制执行，人民法院在对尚登记在房地产开发企业名下但已出卖给消费者的商品房采取执行措施时，商品房消费者往往会提出执行异议，以排除强制执行。对此，《最高人民法院关于人民法院办理执行异议和复议案件若干问题的规定》第29条规定，符合下列情形的，应当支持商品房消费者的诉讼请求：一是在人民法院查封之前已签订合法有效的书面买卖合同；二是所购商品房系用于居住且买受人名下无其他用于居住的房屋；三是已支付的价款超过合同约定总价款的百分之五十。人民法院在审理执行异议之诉案件时，可参照适用此条款。

问题是，对于其中"所购商品房系用于居住且买受人名下无其他用于居住的房屋"如何理解，审判实践中掌握的标准不一。"买受人名下无其他用于居住的房屋"，可以理解为在案涉房屋同一设区的市或者县级市范围内商品房消费者名下没有用于居住的房屋。商品房消费者名下虽然已有1套房屋，但购买的房屋在面积上仍然属于满足基本居住需要的，可以理解为符合该规定的精神。

对于其中"已支付的价款超过合同约定总价款的百分之五十"如何理解，审判实践中掌握的标准也不一致。如果商品房消费者支付的价款接近于百分之五十，且已按照合同约定将剩余价款支付给申请执行人或者按照人民法院的要求交付执行的，可以理解为符合该规定的精神。

126.【商品房消费者的权利与抵押权的关系】根据《最高人民法院关于建设工程价款优先受偿权问题的批复》第1条、第2条的规定，交付全部或者大部分款项的商品房消费者的权利优先于抵押权人的抵押权，故抵押权人申请执行登记在房地产开发企业名下但已销售给消费者的商品房，消费者提出执行异议的，人民法院依法予以支持。但应当特别注意的是，此情况是针对实践中存在的商品房预售不规范现象为保护消费者生存权而作出的例外规定，必须严格把握条件，避免扩大范围，以免动摇抵押权具有优先性的基本原则。因此，这里的商品房消费者应当仅限于符合本纪要第125条规定的商品房消费者。买受人不是本纪要第125条规定的商品房消费者，而是一般的房屋买卖合同的买受人，不适用上述处理规则。

127.【案外人系商品房消费者之外的一般买受人】金钱债权执行中，商品房消费者之外的一般买受人对登记在被执行人名下的不动产提出异议，请求排除执行的，《最高人民法院关于人民法院办理执行异议和复议案件若干问题的规定》第 28 条规定，符合下列情形的依法予以支持：一是在人民法院查封之前已签订合法有效的书面买卖合同；二是在人民法院查封之前已合法占有该不动产；三是已支付全部价款，或者已按照合同约定支付部分价款且将剩余价款按照人民法院的要求交付执行；四是非因买受人自身原因未办理过户登记。人民法院在审理执行异议之诉案件时，可参照适用此条款。

实践中，对于该规定的前 3 个条件，理解并无分歧。对于其中的第 4 个条件，理解不一致。一般而言，买受人只要有向房屋登记机构递交过户登记材料，或向出卖人提出了办理过户登记的请求等积极行为的，可以认为符合该条件。买受人无上述积极行为，其未办理过户登记有合理的客观理由的，亦可认定符合该条件。

十二、关于民刑交叉案件的程序处理

会议认为，近年来，在民间借贷、P2P 等融资活动中，与涉嫌诈骗、合同诈骗、票据诈骗、集资诈骗、非法吸收公众存款等犯罪有关的民商事案件的数量有所增加，出现了一些新情况和新问题。在审理案件时，应当依照《最高人民法院关于在审理经济纠纷案件中涉及经济犯罪嫌疑若干问题的规定》《最高人民法院关于审理非法集资刑事案件具体应用法律若干问题的解释》《最高人民法院最高人民检察院公安部关于办理非法集资刑事案件适用法律若干问题的意见》以及民间借贷司法解释等规定，处理好民刑交叉案件之间的程序关系。

128.【分别审理】同一当事人因不同事实分别发生民商事纠纷和涉嫌刑事犯罪，民商事案件与刑事案件应当分别审理，主要有下列情形：

（1）主合同的债务人涉嫌刑事犯罪或者刑事裁判认定其构成犯罪，债权人请求担保人承担民事责任的；

（2）行为人以法人、非法人组织或者他人名义订立合同的行为涉嫌刑事犯罪或者刑事裁判认定其构成犯罪，合同相对人请求该法人、非法人组织或者他人承担民事责任的；

（3）法人或者非法人组织的法定代表人、负责人或者其他工作人员的职务行为涉嫌刑事犯罪或者刑事裁判认定其构成犯罪，受害人请求该法人或者非法人组织承担民事责任的；

（4）侵权行为人涉嫌刑事犯罪或者刑事裁判认定其构成犯罪，被保险人、受益人或者其他赔偿权利人请求保险人支付保险金的；

（5）受害人请求涉嫌刑事犯罪的行为人之外的其他主体承担民事责任的。

审判实践中出现的问题是，在上述情形下，有的人民法院仍然以民商事案件涉嫌刑事犯罪为由不予受理，已经受理的，裁定驳回起诉。对此，应予纠正。

129.【涉众型经济犯罪与民商事案件的程序处理】2014年颁布实施的《最高人民法院最高人民检察院公安部关于办理非法集资刑事案件适用法律若干问题的意见》和2019年1月颁布实施的《最高人民法院最高人民检察院公安部关于办理非法集资刑事案件若干问题的意见》规定的涉嫌集资诈骗、非法吸收公众存款等涉众型经济犯罪，所涉人数众多、当事人分布地域广、标的额特别巨大、影响范围广，严重影响社会稳定，对于受害人就同一事实提起的以犯罪嫌疑人或者刑事被告人为被告的民事诉讼，人民法院应当裁定不予受理，并将有关材料移送侦查机关、检察机关或者正在审理该刑事案件的人民法院。受害人的民事权利保护应当通过刑事追赃、退赔的方式解决。正在审理民商事案件的人民法院发现有上述涉众型经济犯罪线索的，应当及时将犯罪线索和有关材料移送侦查机关。侦查机关作出立案决定前，人民法院应当中止审理；作出立案决定后，应当裁定驳回起诉；侦查机关未及时立案的，人民法院必要时可以将案件报请党委政法委协调处理。除上述情形人民法院不予受理外，要防止通过刑事手段干预民商事审判，搞地方保护，影响营商环境。

当事人因租赁、买卖、金融借款等与上述涉众型经济犯罪无关的民事纠纷，请求上述主体承担民事责任的，人民法院应予受理。

130.【民刑交叉案件中民商事案件中止审理的条件】人民法院在审理民商事案件时，如果民商事案件必须以相关刑事案件的审理结果为依据，而刑事案件尚未审结的，应当根据《民事诉讼法》第150条第5项的规定裁定中止诉讼。待刑事案件审结后，再恢复民商事案件的审理。如果民商事案件不是必须以相关的刑事案件的审理结果为依据，则民商事案件应当继续审理。

最高人民法院
关于印发《第八次全国法院民事商事审判工作会议（民事部分）纪要》的通知

2016年11月21日　　　　　　法〔2016〕399号

各省、自治区、直辖市高级人民法院，解放军军事法院，新疆维吾尔自治区高级人民法院生产建设兵团分院：

现将《第八次全国法院民事商事审判工作会议（民事部分）纪要》印发给你们，请认真贯彻执行。对于执行中存在的问题，请层报最高人民法院。

附：

第八次全国法院民事商事审判工作会议（民事部分）纪要

2015年12月23日至24日，最高人民法院在北京召开第八次全国法院民事商事审判工作会议。中共中央政治局委员、中央政法委书记孟建柱同志专门作出重要批语。最高人民法院院长周强出席会议并讲话。各省、自治区、直辖市高级人民法院，解放军军事法院，新疆维吾尔自治区高级人民法院生产建设兵团分院以及计划单列市中级人民法院派员参加会议。中央政法委、全国人大常委会法工委、国务院法制办等中央国家机关代表，部分全国人大代表、全国政协委员、最高人民法院特邀咨询员、最高人民法院特约监督员以及有关专家学者应邀列席会议。

这次会议是在党的十八届五中全会提出"十三五"规划建议新形势下召开的一次重要的民事商事审判工作会议。对于人民法院主动适应经济社会发展新形势新常态，更加充分发挥审判工作职能，为推进"十三五"规划战略布局，实现全面建成小康社会"第一个百年目标"提供有力司法保障，具有重要而深远的历史意义。通过讨论，对当前和今后一段时期更好开展民事审判工作形成如下纪要。

一、民事审判工作总体要求

我国正处于奋力夺取全面建成小康社会的决胜阶段，人民法院面临的机遇和挑战前所未有，民事审判工作的责任更加重大。作为人民法院工作重要组成部分的民事审判工作，当前和今后一段时期的主要任务是：深入贯彻落实党的十八大和十八届三中、四中、五中、六中全会精神，以习近平总书记系列重要讲话精神为指导，按照"五位一体"总体部署，协调推进"四个全面"战略布局，围绕"努力让人民群众在每一个司法案件中感受到公平正义"的目标，坚持司法为民、公正司法，充分发挥民事审判职能作用，服务创新、协调、绿色、开放、共享五大发展理念，坚持依法保护产权、尊重契约自由、依法平等保护、权利义务责任相统一、倡导诚实守信以及程序公正与实体公正相统一"六个原则"，积极参与社会治理，切实提升司法公信力，为如期实现全面建成小康社会提供有力司法服务和保障。

二、关于婚姻家庭纠纷案件的审理

审理好婚姻家庭案件对于弘扬社会主义核心价值观和中华民族传统美德，传递正能量，促进家风建设，维护婚姻家庭稳定，具有重要意义。要注重探索家事审判工作规律，积极稳妥开展家事审判方式和工作机制改革试点工作；做好反家暴法实施工作，及时总结人民法院适用人身安全保护令制止家庭暴力的成功经验，促进社会健康和谐发展。

（一）关于未成年人保护问题

1. 在审理婚姻家庭案件中，应注重对未成年人权益的保护，特别是涉及家庭暴力的离婚案件，从未成年子女利益最大化的原则出发，对于实施家庭暴力的父母一方，一般不宜判决其直接抚养未成年子女。

2. 离婚后，不直接抚养未成年子女的父母一方提出探望未成年子女诉讼请求的，应当向双方当事人释明探望权的适当行使对未成年子女健康成长、人格塑造的重要意义，并根据未成年子女的年龄、智力和认知水平，在有利于未成年子女成长和尊重其意愿的前提下，保障当事人依法行使探望权。

3. 祖父母、外祖父母对父母已经死亡或父母无力抚养的未成年孙子女、外孙子女尽了抚养义务，其定期探望孙子女、外孙子女的权利应当得到尊重，并有权通过诉讼方式获得司法保护。

（二）关于夫妻共同财产认定问题

4. 婚姻关系存续期间以夫妻共同财产投保，投保人和被保险人同为夫妻一方，离婚时处于保险期内，投保人不愿意继续投保的，保险人退还的保险单现金价值部分应按照夫妻共同财产处理；离婚时投保人选择继续投保的，投保人应当支付保险单现金价值的一半给另一方。

5. 婚姻关系存续期间，夫妻一方作为被保险人依据意外伤害保险合同、健康保险合同获得的具有人身性质的保险金，或者夫妻一方作为受益人依据以死亡为给付条件的人寿保险合同获得的保险金，宜认定为个人财产，但双方另有约定的除外。

婚姻关系存续期间，夫妻一方依据以生存到一定年龄为给付条件的具有现金价值的保险合同获得的保险金，宜认定为夫妻共同财产，但双方另有约定的除外。

三、关于侵权纠纷案件的审理

审理好侵权损害赔偿案件对于保护民事主体的合法权益，明确侵权责任，预防并制裁侵权行为，促进社会公平正义具有重要意义。要总结和运用以往审理侵权案件所积累下来的成功经验，进一步探索新形势下侵权案件的审理规律，更加强调裁判标准和裁判尺度的统一。当前，要注意以下几方面问题：

（一）关于《侵权责任法》实施中的相关问题

6. 鉴于侵权责任法第十八条明确规定被侵权人死亡，其近亲属有权请求侵权人承担侵权责任，并没有赋予有关机关或者单位提起请求的权利，当侵权行为造成身份不明人死亡时，如果没有赔偿权利人或者赔偿权利人不明，有关机关或者单位无权提起民事诉讼主张死亡赔偿金，但其为死者垫付的医疗费、丧葬费等实际发生的费用除外。

7. 依据《侵权责任法》第二十一条的规定，被侵权人请求义务人承担停止侵害、排除妨害、消除危险等责任，义务人以自己无过错为由提出抗辩的，不予支持。

8. 残疾赔偿金或死亡赔偿金的计算标准，应根据案件的实际情况，结合受害人住所地、经常居住地、主要收入来源等因素确定。在计算被扶养人生活费时，如果受害人是农村居民但按照城镇标准计算残疾赔偿金或者死亡赔偿金的，其被扶养人生活费也应按照受诉法院所在地上一年度城镇居民人均消费性支出标准计算。被扶养人生活费一并计入残疾赔偿金或者死亡赔偿金。

（二）关于社会保险与侵权责任的关系问题

9. 被侵权人有权获得工伤保险待遇或者其他社会保险待遇的，侵权人的侵权责任不因受害人获得社会保险而减轻或者免除。根据《社会保险法》第三十条和四十二条的规定，被侵权人有权请求工伤保险基金或者其他社会保险支付工伤保险待遇或者其他保险待遇。

10. 用人单位未依法缴纳工伤保险费，劳动者因第三人侵权造成人身损害并构成工伤，侵权人已经赔偿的，劳动者有权请求用人单位支付除医疗费之外的工伤保险待遇。用人单位先行支付工伤保险待遇的，可以就医疗费用在第三人应承担的赔偿责任范围内向其追偿。

（三）关于医疗损害赔偿责任问题

11. 患者一方请求医疗机构承担侵权责任，应证明与医疗机构之间存在医疗关系及受损害的事实。对于是否存在医疗关系，应综合挂号单、交费单、病历、出院证明以及其他能够证明存在医疗行为的证据加以认定。

12. 对当事人所举证据材料，应根据法律、法规及司法解释的相关规定进行综合审查。因当事人采取伪造、篡改、涂改等方式改变病历资料内容，或者遗失、销毁、抢夺病历，致使医疗行为与损害后果之间的因果关系或医疗机构及其医务人员的过错无法认定的，改变或者遗失、销毁、抢夺病历资料一方当事人应承担相应的不利后果；制作方对病历资料内容存在的明显矛盾或错误不能作出合理解释的，应承担相应的不利后果；病历仅存在错别字、未按病历规范格式书写等形式瑕疵的，不影响对病历资料真实性的认定。

四、关于房地产纠纷案件的审理

房地产纠纷案件的审判历来是民事审判的重要组成部分，审理好房地产纠纷案件对于保障人民安居乐业，优化土地资源配置，服务经济社会发展具有重要意义。随着我国经济发展进入新常态、产业结构优化升级以及国家房地产政策的调整，房地产纠纷案件还会出现新情况、新问题，要做好此类纠纷的研究和预判，不断提高化解矛盾的能力和水平。

（一）关于合同效力问题

13. 《城市房地产管理法》第三十九条第一款第二项规定并非效力性强制性规定，当事人仅以转让国有土地使用权未达到该项规定条件为由，请求确认转让合同无效的，不予支持。

14. 物权法第一百九十一条第二款并非针对抵押财产转让合同的效力性强制性规定，当事人仅以转让抵押房地产未经抵押权人同意为由，请求确认转让合同无效的，不予支持。受让人在抵押登记未涂销时要求办理过户登记的，不予支持。

（二）关于一房数卖的合同履行问题

15. 审理一房数卖纠纷案件时，如果数份合同均有效且买受人均要求履行合同的，一般应按照已经办理房屋所有权变更登记、合法占有房屋以及合同履行情况、买卖合同成立先后等顺序确定权利保护顺位。但恶意办理登记的买受人，其权利不能优先于已经合法占有该房屋的买受人。对买卖合同的成立时间，应综合主管机关备案时间、合同载明的签订时间以及其他证据确定。

（三）关于以房抵债问题

16. 当事人达成以房抵债协议，并要求制作调解书的，人民法院应当严格审查协议是否在平等自愿基础上达成；对存在重大误解或显失公平的，应当予以释明；对利用协议损害其他债权人利益或者规避公共管理政策的，不能制作调解书；对当事人行为构成虚假诉讼的，严格按照《民事诉讼法》第一百一十二条和《最高人民法院关于适用〈中华人民共和国民事诉讼法〉的解释》第一百九十条、第一百九十一条的规定处理；涉嫌犯罪的，移送刑事侦查机关处理。

17. 当事人在债务清偿期届满后达成以房抵债协议并已经办理了产权转移手续，一方要求确认以房抵债协议无效或者变更、撤销，经审查不属于《合同法》第五十二条、第五十四条规定情形的，对其主张不予支持。

（四）关于违约责任问题

18. 买受人请求出卖人支付逾期办证的违约金，从合同约定或者法定期限届满之次日起计算诉讼时效期间。

合同没有约定违约责任或者损失数额难以确定的，可参照《最高人民法院关于审理民间借贷案件适用法律若干问题的规定》第二十九条第二款规定处理。

五、关于物权纠纷案件的审理

物权法是中国特色社会主义法律体系中的重要支柱性法律，对于明确物的归属，发挥物的效用，增强权利义务意识和责任意识，保障市场主体的权利和平等发展，具有重要作用。妥善审理物权纠纷案件，对于依法保护物权，维护交易秩序，促进经济社会发展，意义重大。

（一）关于农村房屋买卖问题

19. 在国家确定的宅基地制度改革试点地区，可以按照国家政策及相关指导意见处理宅基地使用权因抵押担保、转让而产生的纠纷。

在非试点地区，农民将其宅基地上的房屋出售给本集体经济组织以外的个人，该房屋买卖合同认定为无效。合同无效后，买受人请求返还购房款及其利息，以及请求赔偿翻建或者改建成本的，应当综合考虑当事人过错等因素予以确定。

20. 在涉及农村宅基地或农村集体经营性建设用地的民事纠纷案件中，

当事人主张利润分配等合同权利的，应提供政府部门关于土地利用规划、建设用地计划及优先满足集体建设用地等要求的审批文件或者证明。未提供上述手续或者虽提供了上述手续，但在一审法庭辩论终结前土地性质仍未变更为国有土地的，所涉及的相关合同应按无效处理。

（二）关于违法建筑相关纠纷的处理问题

21. 对于未取得建设工程规划许可证或者未按照建设工程规划许可证规定内容建设的违法建筑的认定和处理，属于国家有关行政机关的职权范围，应避免通过民事审判变相为违法建筑确权。当事人请求确认违法建筑权利归属及内容的，人民法院不予受理；已经受理的，裁定驳回起诉。

22. 因违法建筑倒塌或其搁置物、悬挂物脱落、坠落造成的损害赔偿纠纷，属于民事案件受案范围，应按照侵权责任法有关物件损害责任的相关规定处理。

（三）关于因土地承包、征收、征用引发争议的处理问题

23. 审理土地补偿费分配纠纷时，要在现行法律规定框架内，综合考虑当事人生产生活状况、户口登记状况以及农村土地对农民的基本生活保障功能等因素认定相关权利主体。要以当事人是否获得其他替代性基本生活保障为重要考量因素，慎重认定其权利主体资格的丧失，注重依法保护妇女、儿童以及农民工等群体的合法权益。

（四）关于诉讼时效问题

24. 已经合法占有转让标的物的受让人请求转让人办理物权变更登记，登记权利人请求无权占有人返还不动产或者动产，利害关系人请求确认物权的归属或内容，权利人请求排除妨害、消除危险，对方当事人以超过诉讼时效期间抗辩的，均应不予支持。

25. 被继承人死亡后遗产未分割，各继承人均未表示放弃继承，依据继承法第二十五条规定应视为均已接受继承，遗产属各继承人共同共有；当事人诉请享有继承权、主张分割遗产的纠纷案件，应参照共有财产分割的原则，不适用有关诉讼时效的规定。

六、关于劳动争议纠纷案件的审理

劳动争议案件的审理对于构建和谐劳动关系，优化劳动力、资本、技术、管理等要素配置，激发创新创业活力，推动大众创业、万众创新，促进新技术新产业的发展具有重要意义。应当坚持依法保护劳动者合法权益和维护用人单位生存发展并重的原则，严格依法区分劳动关系和劳务关系，防止认定

劳动关系泛化。

（一）关于案件受理问题

26. 劳动人事仲裁机构作出仲裁裁决，当事人在法定期限内未提起诉讼但再次申请仲裁，劳动人事仲裁机构作出不予受理裁决、决定或通知，当事人不服提起诉讼，经审查认为前后两次申请仲裁事项属于不同事项的，人民法院予以受理；经审查认为属于同一事项的，人民法院不予受理，已经受理的裁定驳回起诉。

（二）关于仲裁时效问题

27. 当事人在仲裁阶段未提出超过仲裁申请期间的抗辩，劳动人事仲裁机构作出实体裁决后，当事人在诉讼阶段又以超过仲裁时效期间为由进行抗辩的，人民法院不予支持。

当事人未按照规定提出仲裁时效抗辩，又以仲裁时效期间届满为由申请再审或者提出再审抗辩的，人民法院不予支持。

（三）关于竞业限制问题

28. 用人单位和劳动者在竞业限制协议中约定的违约金过分高于或者低于实际损失，当事人请求调整违约金数额的，人民法院可以参照《最高人民法院关于适用〈中华人民共和国合同法〉若干问题的解释（二）》第二十九条的规定予以处理。

（四）关于劳动合同解除问题

29. 用人单位在劳动合同期限内通过"末位淘汰"或"竞争上岗"等形式单方解除劳动合同，劳动者可以用人单位违法解除劳动合同为由，请求用人单位继续履行劳动合同或者支付赔偿金。

七、关于建设工程施工合同纠纷案件的审理

经济新常态形势下，因建设方资金缺口增大，导致工程欠款、质量缺陷等纠纷案件数量持续上升。人民法院要准确把握法律、法规、司法解释规定，调整建筑活动中个体利益与社会利益冲突，维护社会公共利益和建筑市场经济秩序。

（一）关于合同效力问题

30. 要依法维护通过招投标所签订的中标合同的法律效力。当事人违反工程建设强制性标准，任意压缩合理工期、降低工程质量标准的约定，应认定无效。对于约定无效后的工程价款结算，应依据建设工程施工合同司法解释的相关规定处理。

（二）关于工程价款问题

31.招标人和中标人另行签订改变工期、工程价款、工程项目性质等影响中标结果实质性内容的协议，导致合同双方当事人就实质性内容享有的权利义务发生较大变化的，应认定为变更中标合同实质性内容。

（三）关于承包人停（窝）工损失的赔偿问题

32.因发包人未按照约定提供原材料、设备、场地、资金、技术资料的，隐蔽工程在隐蔽之前，承包人已通知发包人检查，发包人未及时检查等原因致使工程中途停、缓建，发包人应当赔偿因此给承包人造成的停（窝）工损失，包括停（窝）工人员人工费、机械设备窝工费和因窝工造成设备租赁费用等停（窝）工损失。

（四）关于不履行协作义务的责任问题

33.发包人不履行告知变更后的施工方案、施工技术交底、完善施工条件等协作义务，致使承包人停（窝）工，以至难以完成工程项目建设的，承包人催告在合理期限内履行，发包人逾期仍不履行的，人民法院视违约情节，可以依据合同法第二百五十九条、第二百八十三条规定裁判顺延工期，并有权要求赔偿停（窝）工损失。

34.承包人不履行配合工程档案备案、开具发票等协作义务的，人民法院视违约情节，可以依据合同法第六十条、第一百零七条规定，判令承包人限期履行、赔偿损失等。

八、关于民事审判程序

程序公正是司法公正的重要内容。人民群众和社会各界对于司法公正的认知和感受，很大程度上来源于其所参与的诉讼活动。要继续严格贯彻执行民事诉讼法及其司法解释，进一步强化民事审判程序意识，确保程序公正。

（一）关于鉴定问题

35.当事人对鉴定人作出的鉴定意见的一部分提出异议并申请重新鉴定的，应当着重审查异议是否成立；如异议成立，原则上仅针对异议部分重新鉴定或者补充鉴定，并尽量缩减鉴定的范围和次数。

（二）关于诉讼代理人资格问题

36.以当事人的工作人员身份参加诉讼活动，应当按照《最高人民法院关于适用〈中华人民共和国民事诉讼法〉的解释》第八十六条的规定，至少应当提交以下证据之一加以证明：

（1）缴纳社保记录凭证；

（2）领取工资凭证；

（3）其他能够证明其为当事人工作人员身份的证据。

第八次全国法院民事商事审判工作会议针对新情况、新问题，在法律与司法解释尚未明确规定的情况下，就民事审判中的热点难点问题提出处理意见，对于及时满足民事审判实践需求，切实统一裁判思路、标准和尺度，有效化解各类矛盾纠纷，具有重要指导意义。对于纪要规定的有关问题，在充分积累经验并被证明切实可行时，最高人民法院将及时制定相关司法解释。各级人民法院要紧密团结在以习近平同志为核心的党中央周围，牢固树立政治意识、大局意识、核心意识、看齐意识，充分发挥审判职能，为全面推进"十三五"规划提供有力司法保障，为如期实现全面建成小康社会作出更大贡献。

最高人民法院
印发《关于推进破产案件依法高效审理的意见》的通知

2020年4月15日　　　　　　　法发〔2020〕14号

各省、自治区、直辖市高级人民法院，解放军军事法院，新疆维吾尔自治区高级人民法院生产建设兵团分院：

现将《最高人民法院关于推进破产案件依法高效审理的意见》（下称《意见》）印发给你们，请遵照执行。

各级人民法院要认真学习和正确理解《意见》精神，努力提高破产审判效率，降低破产程序成本。要根据案件具体情况和经济社会发展形势，特别是在当前统筹推进新冠肺炎疫情防控和经济社会发展工作的形势下，充分发挥重整、和解、破产清算等不同程序的制度功能，加强执行程序与破产程序的衔接，将推进破产案件依法高效审理贯穿于促进市场主体积极拯救和及时退出等过程中，以更好地服务和保障国家经济高质量发展，助推营造国际一流营商环境。

特此通知。

附：

最高人民法院关于推进破产案件依法高效审理的意见

为推进破产案件依法高效审理，进一步提高破产审判效率，降低破产程序成本，保障债权人和债务人等主体合法权益，充分发挥破产审判工作在完善市场主体拯救和退出机制等方面的积极作用，更好地服务和保障国家经济高质量发展，助推营造国际一流营商环境，结合人民法院工作实际，制定本意见。

一、优化案件公告和受理等程序流程

1. 对于企业破产法及相关司法解释规定需要公告的事项，人民法院、管理人应当在全国企业破产重整案件信息网发布，同时还可以通过在破产案件受理法院公告栏张贴、法院官网发布、报纸刊登或者在债务人住所地张贴等方式进行公告。

对于需要通知或者告知的事项，人民法院、管理人可以采用电话、短信、传真、电子邮件、即时通信、通讯群组等能够确认其收悉的简便方式通知或者告知债权人、债务人及其他利害关系人。

2. 债权人提出破产申请，人民法院经采用本意见第 1 条第 2 款规定的简便方式和邮寄等方式无法通知债务人的，应当到其住所地进行通知。仍无法通知的，人民法院应当按照本意见第 1 条第 1 款规定的公告方式进行通知。自公告发布之日起七日内债务人未向人民法院提出异议的，视为债务人经通知对破产申请无异议。

3. 管理人在接管债务人财产、接受债权申报等执行职务过程中，应当要求债务人、债权人及其他利害关系人书面确认送达地址、电子送达方式及法律后果。有关送达规则，参照适用《最高人民法院关于进一步加强民事送达工作的若干意见》的规定。

人民法院作出的裁定书不适用电子送达，但纳入《最高人民法院民事诉讼程序繁简分流改革试点实施办法》的试点法院依照相关规定办理的除外。

4. 根据《全国法院破产审判工作会议纪要》第 38 条的规定，需要由一家人民法院集中管辖多个关联企业非实质合并破产案件，相关人民法院之间就管辖发生争议的，应当协商解决。协商不成的，由双方逐级报请上级人民法院协调处理，必要时报请共同的上级人民法院。请求上级人民法院协调处理，应当提交已经进行协商的有关说明及材料。经过协商、协调，发生争议的人民法院达成一致意见的，应当形成书面纪要，双方遵照执行。其中有关事项依法需报请共同的上级人民法院作出裁定或者批准的，按照有关规定办理。

二、完善债务人财产接管和调查方式

5. 人民法院根据案件具体情况，可以在破产申请受理审查阶段同步开展指定管理人的准备工作。管理人对于提高破产案件效率、降低破产程序成本作出实际贡献的，人民法院应当作为确定或者调整管理人报酬方案的考虑因素。

6. 管理人应当及时全面调查债务人涉及的诉讼和执行案件情况。破产案件受理法院可以根据管理人的申请或者依职权，及时向管理人提供通过该院案件管理系统查询到的有关债务人诉讼和执行案件的基本信息。债务人存在未结诉讼或者未执行完毕案件的，管理人应当及时将债务人进入破产程序的情况报告相关人民法院。

7. 管理人应当及时全面调查债务人财产状况。破产案件受理法院可以根据管理人的申请或者依职权，及时向管理人提供通过该院网络执行查控系统查询到的债务人财产信息。

8. 管理人应当及时接管债务人的财产、印章和账簿、文书等资料。债务人拒不移交的，人民法院可以根据管理人的申请或者依职权对直接责任人员处以罚款，并可以就债务人应当移交的内容和期限作出裁定。债务人不履行裁定确定的义务的，人民法院可以依照民事诉讼法执行程序的有关规定采取搜查、强制交付等必要措施予以强制执行。

接管过程中，对于债务人占有的不属于债务人的财产，权利人可以依据《企业破产法》第三十八条的规定向管理人主张取回。管理人不予认可的，权利人可以向破产案件受理法院提起诉讼请求行使取回权。诉讼期间不停止管理人的接管。

9. 管理人需要委托中介机构对债务人财产进行评估、鉴定、审计的，应当与有关中介机构签订委托协议。委托协议应当包括完成相应工作的时限以及违约责任。违约责任可以包括中介机构无正当理由未按期完成的，管理人有权另行委托，原中介机构已收取的费用予以退还或者未收取的费用不再收取等内容。

三、提升债权人会议召开和表决效率

10. 第一次债权人会议可以采用现场方式或者网络在线视频方式召开。人民法院应当根据《企业破产法》第十四条的规定，在通知和公告中注明第一次债权人会议的召开方式。经第一次债权人会议决议通过，以后的债权人会议还可以采用非在线视频通讯群组等其他非现场方式召开。债权人会议以非现场方式召开的，管理人应当核实参会人员身份，记录并保存会议过程。

11. 债权人会议除现场表决外，可以采用书面、传真、短信、电子邮件、即时通信、通讯群组等非现场方式进行表决。管理人应当通过打印、拍照等方式及时提取记载表决内容的电子数据，并盖章或者签字确认。管理人为中介机构或者清算组的，应当由管理人的两名工作人员签字确认。管理人应当在债权人会议召开后或者表决期届满后三日内，将表决结果告知参与表决的债权人。

12. 债权人请求撤销债权人会议决议，符合《最高人民法院关于适用〈中华人民共和国企业破产法〉若干问题的规定（三）》第十二条规定的，人民法院应予支持，但会议召开或者表决程序仅有轻微瑕疵，且对决议未产生实质影响的，人民法院不予支持。

四、构建简单案件快速审理机制

13. 对于债权债务关系明确、债务人财产状况清楚、案情简单的破产清算、和解案件，人民法院可以适用快速审理方式。

破产案件具有下列情形之一的，不适用快速审理方式：

（1）债务人存在未结诉讼、仲裁等情形，债权债务关系复杂的；

（2）管理、变价、分配债务人财产可能期限较长或者存在较大困难等情形，债务人财产状况复杂的；

（3）债务人系上市公司、金融机构，或者存在关联企业合并破产、跨境破产等情形的；

（4）其他不宜适用快速审理方式的。

14. 人民法院在受理破产申请的同时决定适用快速审理方式的，应当在指定管理人决定书中予以告知，并与《企业破产法》第十四条规定的事项一并予以公告。

15. 对于适用快速审理方式的破产案件，受理破产申请的人民法院应当在裁定受理之日起六个月内审结。

16. 管理人应当根据《企业破产法》第六十三条的规定，提前十五日通知已知债权人参加债权人会议，并将需审议、表决事项的具体内容提前三日告知已知债权人。但全体已知债权人同意缩短上述时间的除外。

17. 在第一次债权人会议上，管理人可以将债务人财产变价方案、分配方案以及破产程序终结后可能追加分配的方案一并提交债权人会议表决。

债务人财产实际变价后，管理人可以根据债权人会议决议通过的分配规则计算具体分配数额，向债权人告知后进行分配，无需再行表决。

18. 适用快速审理方式的破产案件，下列事项按照如下期限办理：

（1）人民法院应当自裁定受理破产申请之日起十五日内自行或者由管理人协助通知已知债权人；

（2）管理人一般应当自接受指定之日起三十日内完成对债务人财产状况的调查，并向人民法院提交财产状况报告；

（3）破产人有财产可供分配的，管理人一般应当在破产财产最后分配完结后十日内向人民法院提交破产财产分配报告，并提请裁定终结破产程序；

（4）案件符合终结破产程序条件的，人民法院应当自收到管理人相关申请之日起十日内作出裁定。

19. 破产案件在审理过程中发生不宜适用快速审理方式的情形，或者案件无法在本意见第 15 条规定的期限内审结的，应当转换为普通方式审理，原已进行的破产程序继续有效。破产案件受理法院应当将转换审理方式决定书送达管理人，并予以公告。管理人应当将上述事项通知已知债权人、债务人。

五、强化强制措施和打击逃废债力度

20. 债务人的有关人员或者其他人员有故意作虚假陈述，或者伪造、销毁债务人的账簿等重要证据材料，或者对管理人进行侮辱、诽谤、诬陷、殴打、打击报复等违法行为的，人民法院除依法适用企业破产法规定的强制措施外，可以依照《民事诉讼法》第一百一十一条等规定予以处理。

21. 债务人财产去向不明，或者债权人、出资人等利害关系人提供了债务人相关财产可能存在被非法侵占、挪用、隐匿等情形初步证据或者明确线索的，管理人应当及时对有关财产的去向情况进行调查。有证据证明债务人及其有关人员存在《企业破产法》第三十一条、第三十二条、第三十三条、第三十六条等规定的行为的，管理人应当依法追回相关财产。

22. 人民法院要准确把握违法行为入刑标准，严厉打击恶意逃废债行为。因企业经营不规范导致债务人财产被不当转移或者处置的，管理人应当通过行使撤销权、依法追回财产、主张损害赔偿等途径维护债权人合法权益，追究相关人员的民事责任。企业法定代表人、出资人、实际控制人等有恶意侵占、挪用、隐匿企业财产，或者隐匿、故意销毁依法应当保存的会计凭证、会计账簿、财务会计报告等违法行为，涉嫌犯罪的，人民法院应当根据管理人的提请或者依职权及时移送有关机关依法处理。

最高人民法院
印发《全国法院破产审判工作会议纪要》的通知

2018年3月4日　　　　　　　　　法〔2018〕53号

各省、自治区、直辖市高级人民法院，解放军军事法院，新疆维吾尔自治区高级人民法院生产建设兵团分院：

现将《全国法院破产审判工作会议纪要》印发给你们，请认真遵照执行。

附：

全国法院破产审判工作会议纪要

为落实党的十九大报告提出的贯彻新发展理念、建设现代化经济体系的要求，紧紧围绕高质量发展这条主线，服务和保障供给侧结构性改革，充分发挥人民法院破产审判工作在完善社会主义市场经济主体拯救和退出机制中的积极作用，为决胜全面建成小康社会提供更加有力的司法保障，2017年12月25日，最高人民法院在广东省深圳市召开了全国法院破产审判工作会议。各省、自治区、直辖市高级人民法院、设立破产审判庭的市中级人民法院的代表参加了会议。与会代表经认真讨论，对人民法院破产审判涉及的主要问题达成共识。现纪要如下：

一、破产审判的总体要求

会议认为，人民法院要坚持以习近平新时代中国特色社会主义经济思想为指导，深刻认识破产法治对决胜全面建成小康社会的重要意义，以更加有力的举措开展破产审判工作，为经济社会持续健康发展提供更加有力的司法保障。当前和今后一个时期，破产审判工作总的要求是：

一要发挥破产审判功能，助推建设现代化经济体系。人民法院要通过破产工作实现资源重新配置，用好企业破产中权益、经营管理、资产、技术等重大调整的有利契机，对不同企业分类处置，把科技、资本、劳动力和人力资源等生产要素调动好、配置好、协同好，促进实体经济和产业体系优质高效。

二要着力服务构建新的经济体制，完善市场主体救治和退出机制。要充分运用重整、和解法律手段实现市场主体的有效救治，帮助企业提质增效；运用清算手段促使丧失经营价值的企业和产能及时退出市场，实现优胜劣汰，从而完善社会主义市场主体的救治和退出机制。

三要健全破产审判工作机制，最大限度释放破产审判的价值。要进一步完善破产重整企业识别、政府与法院协调、案件信息沟通、合法有序的利益衡平四项破产审判工作机制，推动破产审判工作良性运行，彰显破产审判工作的制度价值和社会责任。

四要完善执行与破产工作的有序衔接，推动解决"执行难"。要将破产审判作为与立案、审判、执行既相互衔接、又相对独立的一个重要环节，充分发挥破产审判对化解执行积案的促进功能，消除执行转破产的障碍，从司法工作机制上探索解决"执行难"的有效途径。

二、破产审判的专业化建设

审判专业化是破产审判工作取得实质性进展的关键环节。各级法院要大力加强破产审判专业化建设，努力实现审判机构专业化、审判队伍专业化、审判程序规范化、裁判规则标准化、绩效考评科学化。

1. 推进破产审判机构专业化建设。省会城市、副省级城市所在地中级人民法院要根据最高人民法院《关于在中级人民法院设立清算与破产审判庭的工作方案》（法〔2016〕209号），抓紧设立清算与破产审判庭。其他各级法院可根据本地工作实际需求决定设立清算与破产审判庭或专门的合议庭，培养熟悉清算与破产审判的专业法官，以适应破产审判工作的需求。

2. 合理配置审判任务。要根据破产案件数量、案件难易程度、审判力量等情况，合理分配各级法院的审判任务。对于债权债务关系复杂、审理难度大的破产案件，高级人民法院可以探索实行中级人民法院集中管辖为原则、基层人民法院管辖为例外的管辖制度；对于债权债务关系简单、审理难度不大的破产案件，可以主要由基层人民法院管辖，通过快速审理程序高效审结。

3. 建立科学的绩效考评体系。要尽快完善清算与破产审判工作绩效考评体系，在充分尊重司法规律的基础上确定绩效考评标准，避免将办理清算破产案件与普通案件简单对比、等量齐观、同等考核。

三、管理人制度的完善

管理人是破产程序的主要推动者和破产事务的具体执行者。管理人的能力和素质不仅影响破产审判工作的质量，还关系到破产企业的命运与未来发展。要加快完善管理人制度，大力提升管理人职业素养和执业能力，强化对管理人的履职保障和有效监督，为改善企业经营、优化产业结构提供有力制度保障。

4. 完善管理人队伍结构。人民法院要指导编入管理人名册的中介机构采取适当方式吸收具有专业技术知识、企业经营能力的人员充实到管理人队伍中来，促进管理人队伍内在结构更加合理，充分发挥和提升管理人在企业病因诊断、资源整合等方面的重要作用。

5. 探索管理人跨区域执业。除从本地名册选择管理人外，各地法院还可以探索从外省、市管理人名册中选任管理人，确保重大破产案件能够遴选出最佳管理人。两家以上具备资质的中介机构请求联合担任同一破产案件管理人的，人民法院经审查符合自愿协商、优势互补、权责一致要求且确有必要的，可以准许。

6. 实行管理人分级管理。高级人民法院或者自行编制管理人名册的中级人民法院可以综合考虑管理人的专业水准、工作经验、执业操守、工作绩效、勤勉程度等因素，合理确定管理人等级，对管理人实行分级管理、定期考评。对债务人财产数量不多、债权债务关系简单的破产案件，可以在相应等级的管理人中采取轮候、抽签、摇号等随机方式指定管理人。

7. 建立竞争选定管理人工作机制。破产案件中可以引入竞争机制选任管理人，提升破产管理质量。上市公司破产案件、在本地有重大影响的破产案件或者债权债务关系复杂、涉及债权人、职工以及利害关系人人数较多的破产案件，在指定管理人时，一般应通过竞争方式依法选定。

8. 合理划分法院和管理人的职能范围。人民法院应当支持和保障管理人依法履行职责，不得代替管理人作出本应由管理人自己作出的决定。管理人应当依法管理和处分债务人财产，审慎决定债务人内部管理事务，不得将自己的职责全部或者部分转让给他人。

9. 进一步落实管理人职责。在债务人自行管理的重整程序中，人民法院要督促管理人制定监督债务人的具体制度。在重整计划规定的监督期内，管理人应当代表债务人参加监督期开始前已经启动而尚未终结的诉讼、仲裁活动。重整程序、和解程序转入破产清算程序后，管理人应当按照破产清算程序继续履行管理人职责。

10. 发挥管理人报酬的激励和约束作用。人民法院可以根据破产案件的不同情况确定管理人报酬的支付方式，发挥管理人报酬在激励、约束管理人勤勉履职方面的积极作用。管理人报酬原则上应当根据破产案件审理进度和管理人履职情况分期支付。案情简单、耗时较短的破产案件，可以在破产程序终结后一次性向管理人支付报酬。

11. 管理人聘用其他人员费用负担的规制。管理人经人民法院许可聘用企业经营管理人员，或者管理人确有必要聘请其他社会中介机构或人员处理重大诉讼、仲裁、执行或审计等专业性较强工作，如所需费用需要列入破产费用的，应当经债权人会议同意。

12. 推动建立破产费用的综合保障制度。各地法院要积极争取财政部门支持，或采取从其他破产案件管理人报酬中提取一定比例等方式，推动设立破产费用保障资金，建立破产费用保障长效机制，解决因债务人财产不足以支付破产费用而影响破产程序启动的问题。

13. 支持和引导成立管理人协会。人民法院应当支持、引导、推动本辖区范围内管理人名册中的社会中介机构、个人成立管理人协会，加强对管理人的管理和约束，维护管理人的合法权益，逐步形成规范、稳定和自律的行业组织，确保管理人队伍既充满活力又规范有序发展。

四、破产重整

会议认为，重整制度集中体现了破产法的拯救功能，代表了现代破产法的发展趋势，全国各级法院要高度重视重整工作，妥善审理企业重整案件，通过市场化、法治化途径挽救困境企业，不断完善社会主义市场主体救治机制。

14. 重整企业的识别审查。破产重整的对象应当是具有挽救价值和可能的困境企业；对于僵尸企业，应通过破产清算，果断实现市场出清。人民法院在审查重整申请时，根据债务人的资产状况、技术工艺、生产销售、行业前景等因素，能够认定债务人明显不具备重整价值以及拯救可能性的，应裁定不予受理。

15. 重整案件的听证程序。对于债权债务关系复杂、债务规模较大，或者涉及上市公司重整的案件，人民法院在审查重整申请时，可以组织申请人、被申请人听证。债权人、出资人、重整投资人等利害关系人经人民法院准许，也可以参加听证。听证期间不计入重整申请审查期限。

16. 重整计划的制定及沟通协调。人民法院要加强与管理人或债务人的沟通，引导其分析债务人陷于困境的原因，有针对性地制定重整计划草案，促使企业重新获得盈利能力，提高重整成功率。人民法院要与政府建立沟通协调机制，帮助管理人或债务人解决重整计划草案制定中的困难和问题。

17. 重整计划的审查与批准。重整不限于债务减免和财务调整，重整的重点是维持企业的营运价值。人民法院在审查重整计划时，除合法性审查外，还应审查其中的经营方案是否具有可行性。重整计划中关于企业重新获得盈利能力的经营方案具有可行性、表决程序合法、内容不损害各表决组中反对者的清偿利益的，人民法院应当自收到申请之日起三十日内裁定批准重整计划。

18. 重整计划草案强制批准的条件。人民法院应当审慎适用《企业破产法》第八十七条第二款，不得滥用强制批准权。确需强制批准重整计划草案的，重整计划草案除应当符合《企业破产法》第八十七条第二款规定外，如债权人分多组的，还应当至少有一组已经通过重整计划草案，且各表决组中反对者能够获得的清偿利益不低于依照破产清算程序所能获得的利益。

19. 重整计划执行中的变更条件和程序。债务人应严格执行重整计划，但因出现国家政策调整、法律修改变化等特殊情况，导致原重整计划无法执行的，债务人或管理人可以申请变更重整计划一次。债权人会议决议同意变更重整计划的，应自决议通过之日起十日内提请人民法院批准。债权人会议决议不同意或者人民法院不批准变更申请的，人民法院经管理人或者利害关系人请求，应当裁定终止重整计划的执行，并宣告债务人破产。

20. 重整计划变更后的重新表决与裁定批准。人民法院裁定同意变更重整计划的，债务人或者管理人应当在六个月内提出新的重整计划。变更后的重整计划应提交给因重整计划变更而遭受不利影响的债权人组和出资人组进行表决。表决、申请人民法院批准以及人民法院裁定是否批准的程序与原重整计划的相同。

21. 重整后企业正常生产经营的保障。企业重整后，投资主体、股权结构、公司治理模式、经营方式等与原企业相比，往往发生了根本变化，人民法院要通过加强与政府的沟通协调，帮助重整企业修复信用记录，依法获取税收优惠，以利于重整企业恢复正常生产经营。

22. 探索推行庭外重组与庭内重整制度的衔接。在企业进入重整程序之前，可以先由债权人与债务人、出资人等利害关系人通过庭外商业谈判，拟定重组方案。重整程序启动后，可以重组方案为依据拟定重整计划草案提交人民法院依法审查批准。

五、破产清算

会议认为，破产清算作为破产制度的重要组成部分，具有淘汰落后产能、优化市场资源配置的直接作用。对于缺乏拯救价值和可能性的债务人，要及时通过破产清算程序对债权债务关系进行全面清理,重新配置社会资源,提升社会有效供给的质量和水平,增强企业破产法对市场经济发展的引领作用。

23. 破产宣告的条件。人民法院受理破产清算申请后,第一次债权人会议上无人提出重整或和解申请的,管理人应当在债权审核确认和必要的审计、资产评估后,及时向人民法院提出宣告破产的申请。人民法院受理破产和解或重整申请后,债务人出现应当宣告破产的法定原因时,人民法院应当依法宣告债务人破产。

24. 破产宣告的程序及转换限制。相关主体向人民法院提出宣告破产申请的,人民法院应当自收到申请之日起七日内作出破产宣告裁定并进行公告。债务人被宣告破产后,不得再转入重整程序或和解程序。

25. 担保权人权利的行使与限制。在破产清算和破产和解程序中,对债务人特定财产享有担保权的债权人可以随时向管理人主张就该特定财产变价处置行使优先受偿权,管理人应及时变价处置,不得以须经债权人会议决议等为由拒绝。但因单独处置担保财产会降低其他破产财产的价值而应整体处置的除外。

26. 破产财产的处置。破产财产处置应当以价值最大化为原则,兼顾处置效率。人民法院要积极探索更为有效的破产财产处置方式和渠道,最大限度提升破产财产变价率。采用拍卖方式进行处置的,拍卖所得预计不足以支付评估拍卖费用,或者拍卖不成的,经债权人会议决议,可以采取作价变卖或实物分配方式。变卖或实物分配的方案经债权人会议两次表决仍未通过的,由人民法院裁定处理。

27. 企业破产与职工权益保护。破产程序中要依法妥善处理劳动关系,推动完善职工欠薪保障机制,依法保护职工生存权。由第三方垫付的职工债权,原则上按照垫付的职工债权性质进行清偿;由欠薪保障基金垫付的,应按照《企业破产法》第一百一十三条第一款第二项的顺序清偿。债务人欠缴的住房公积金,按照债务人拖欠的职工工资性质清偿。

28. 破产债权的清偿原则和顺序。对于法律没有明确规定清偿顺序的债权,人民法院可以按照人身损害赔偿债权优先于财产性债权、私法债权优先于公法债权、补偿性债权优先于惩罚性债权的原则合理确定清偿顺序。因债务人侵权行为造成的人身损害赔偿,可以参照《企业破产法》第一百一十三条第一款第一项规定的顺序清偿,但其中涉及的惩罚性赔偿除外。破产财产依照《企业破产法》第一百一十三条规定的顺序清偿后仍有剩余的,可依次用于清偿破产受理前产生的民事惩罚性赔偿金、行政罚款、刑事罚金等惩罚性债权。

29. 建立破产案件审理的繁简分流机制。人民法院审理破产案件应当提升审判效率，在确保利害关系人程序和实体权利不受损害的前提下，建立破产案件审理的繁简分流机制。对于债权债务关系明确、债务人财产状况清楚的破产案件，可以通过缩短程序时间、简化流程等方式加快案件审理进程，但不得突破法律规定的最低期限。

30. 破产清算程序的终结。人民法院终结破产清算程序应当以查明债务人财产状况、明确债务人财产的分配方案、确保破产债权获得依法清偿为基础。破产申请受理后，经管理人调查，债务人财产不足以清偿破产费用且无人代为清偿或垫付的，人民法院应当依管理人申请宣告破产并裁定终结破产清算程序。

31. 保证人的清偿责任和求偿权的限制。破产程序终结前，已向债权人承担了保证责任的保证人，可以要求债务人向其转付已申报债权的债权人在破产程序中应得清偿部分。破产程序终结后，债权人就破产程序中未受清偿部分要求保证人承担保证责任的，应在破产程序终结后六个月内提出。保证人承担保证责任后，不得再向和解或重整后的债务人行使求偿权。

六、关联企业破产

会议认为，人民法院审理关联企业破产案件时，要立足于破产关联企业之间的具体关系模式，采取不同方式予以处理。既要通过实质合并审理方式处理法人人格高度混同的关联关系，确保全体债权人公平清偿，也要避免不当采用实质合并审理方式损害相关利益主体的合法权益。

32. 关联企业实质合并破产的审慎适用。人民法院在审理企业破产案件时，应当尊重企业法人人格的独立性，以对关联企业成员的破产原因进行单独判断并适用单个破产程序为基本原则。当关联企业成员之间存在法人人格高度混同、区分各关联企业成员财产的成本过高、严重损害债权人公平清偿利益时，可例外适用关联企业实质合并破产方式进行审理。

33. 实质合并申请的审查。人民法院收到实质合并申请后，应当及时通知相关利害关系人并组织听证，听证时间不计入审查时间。人民法院在审查实质合并申请过程中，可以综合考虑关联企业之间资产的混同程序及其持续时间、各企业之间的利益关系、债权人整体清偿利益、增加企业重整的可能性等因素，在收到申请之日起三十日内作出是否实质合并审理的裁定。

34. 裁定实质合并时利害关系人的权利救济。相关利害关系人对受理法院作出的实质合并审理裁定不服的，可以自裁定书送达之日起十五日内向受理法院的上一级人民法院申请复议。

35. 实质合并审理的管辖原则与冲突解决。采用实质合并方式审理关联企业破产案件的，应由关联企业中的核心控制企业住所地人民法院管辖。核心控制企业不明确的，由关联企业主要财产所在地人民法院管辖。多个法院之间对管辖权发生争议的，应当报请共同的上级人民法院指定管辖。

36. 实质合并审理的法律后果。人民法院裁定采用实质合并方式审理破产案件的，各关联企业成员之间的债权债务归于消灭，各成员的财产作为合并后统一的破产财产，由各成员的债权人在同一程序中按照法定顺序公平受偿。采用实质合并方式进行重整的，重整计划草案中应当制定统一的债权分类、债权调整和债权受偿方案。

37. 实质合并审理后的企业成员存续。适用实质合并规则进行破产清算的，破产程序终结后各关联企业成员均应予以注销。适用实质合并规则进行和解或重整的，各关联企业原则上应当合并为一个企业。根据和解协议或重整计划，确有需要保持个别企业独立的，应当依照企业分立的有关规则单独处理。

38. 关联企业破产案件的协调审理与管辖原则。多个关联企业成员均存在破产原因但不符合实质合并条件的，人民法院可根据相关主体的申请对多个破产程序进行协调审理，并可根据程序协调的需要，综合考虑破产案件审理的效率、破产申请的先后顺序、成员负债规模大小、核心控制企业住所地等因素，由共同的上级法院确定一家法院集中管辖。

39. 协调审理的法律后果。协调审理不消灭关联企业成员之间的债权债务关系，不对关联企业成员的财产进行合并，各关联企业成员的债权人仍以该企业成员财产为限依法获得清偿。但关联企业成员之间不当利用关联关系形成的债权，应当劣后于其他普通债权顺序清偿，且该劣后债权人不得就其他关联企业成员提供的特定财产优先受偿。

七、执行程序与破产程序的衔接

执行程序与破产程序的有效衔接是全面推进破产审判工作的有力抓手，也是破解"执行难"的重要举措。全国各级法院要深刻认识执行转破产工作的重要意义，大力推动符合破产条件的执行案件，包括执行不能案件进入破产程序，充分发挥破产程序的制度价值。

40. 执行法院的审查告知、释明义务和移送职责。执行部门要高度重视执行与破产的衔接工作，推动符合条件的执行案件向破产程序移转。执行法院发现作为被执行人的企业法人符合企业破产法第二条规定的，应当及时询问当事人是否同意将案件移送破产审查并释明法律后果。执行法院作出移送决定后，应当书面通知所有已知执行法院，执行法院均应中止对被执行人的执行程序。

41. 执行转破产案件的移送和接收。执行法院与受移送法院应加强移送环节的协调配合，提升工作实效。执行法院移送案件时，应当确保材料完备，内容、形式符合规定。受移送法院应当认真审核并及时反馈意见，不得无故不予接收或暂缓立案。

42. 破产案件受理后查封措施的解除或查封财产的移送。执行法院收到破产受理裁定后，应当解除对债务人财产的查封、扣押、冻结措施；或者根据破产受理法院的要求，出具函件将查封、扣押、冻结财产的处置权交破产受理法院。破产受理法院可以持执行法院的移送处置函件进行续行查封、扣押、冻结，解除查封、扣押、冻结，或者予以处置。

执行法院收到破产受理裁定拒不解除查封、扣押、冻结措施的，破产受理法院可以请求执行法院的上级法院依法予以纠正。

43. 破产审判部门与执行部门的信息共享。破产受理法院可以利用执行查控系统查控债务人财产，提高破产审判工作效率，执行部门应予以配合。

各地法院要树立线上线下法律程序同步化的观念，逐步实现符合移送条件的执行案件网上移送，提升移送工作的透明度，提高案件移送、通知、送达、沟通协调等相关工作的效率。

44. 强化执行转破产工作的考核与管理。各级法院要结合工作实际建立执行转破产工作考核机制，科学设置考核指标，推动执行转破产工作开展。对应当征询当事人意见不征询、应当提交移送审查不提交、受移送法院违反相关规定拒不接收执行转破产材料或者拒绝立案的，除应当纳入绩效考核和业绩考评体系外，还应当公开通报和严肃追究相关人员的责任。

八、破产信息化建设

会议认为，全国法院要进一步加强破产审判的信息化建设，提升破产案件审理的透明度和公信力，增进破产案件审理质效，促进企业重整再生。

45. 充分发挥破产重整案件信息平台对破产审判工作的推动作用。各级法院要按照最高人民法院相关规定，通过破产重整案件信息平台规范破产案件审理，全程公开、步步留痕。要进一步强化信息网的数据统计、数据检索等功能，分析研判企业破产案件情况，及时发现新情况，解决新问题，提升破产案件审判水平。

46. 不断加大破产重整案件的信息公开力度。要增加对债务人企业信息的公开内容，吸引潜在投资者，促进资本、技术、管理能力等要素自由流动和有效配置，帮助企业重整再生。要确保债权人等利害关系人及时、充分了解案件进程和债务人相关财务、重整计划草案、重整计划执行等情况，维护债权人等利害关系人的知情权、程序参与权。

47. 运用信息化手段提高破产案件处理的质量与效率。要适应信息化发展趋势，积极引导以网络拍卖方式处置破产财产，提升破产财产处置效益。鼓励和规范通过网络方式召开债权人会议，提高效率，降低破产费用，确保债权人等主体参与破产程序的权利。

48. 进一步发挥人民法院破产重整案件信息网的枢纽作用。要不断完善和推广使用破产重整案件信息网，在确保增量数据及时录入信息网的同时，加快填充有关存量数据，确立信息网在企业破产大数据方面的枢纽地位，发挥信息网的宣传、交流功能，扩大各方运用信息网的积极性。

九、跨境破产

49. 对跨境破产与互惠原则。人民法院在处理跨境破产案件时，要妥善解决跨境破产中的法律冲突与矛盾，合理确定跨境破产案件中的管辖权。在坚持同类债权平等保护的原则下，协调好外国债权人利益与我国债权人利益的平衡，合理保护我国境内职工债权、税收债权等优先权的清偿利益。积极参与、推动跨境破产国际条约的协商与签订，探索互惠原则适用的新方式，加强我国法院和管理人在跨境破产领域的合作，推进国际投资健康有序发展。

50. 跨境破产案件中的权利保护与利益平衡。依照企业破产法第五条的规定，开展跨境破产协作。人民法院认可外国法院作出的破产案件的判决、裁定后，债务人在中华人民共和国境内的财产在全额清偿境内的担保权人、职工债权和社会保险费用、所欠税款等优先权后，剩余财产可以按照该外国法院的规定进行分配。

最高人民法院
印发《关于审理上市公司破产重整案件工作座谈会纪要》的通知

2012年10月29日　　　　　　　　　法〔2012〕261号

各省、自治区、直辖市高级人民法院，解放军军事法院，新疆维吾尔自治区高级人民法院生产建设兵团分院：

现将最高人民法院《关于审理上市公司破产重整案件工作座谈会纪要》印发给你们，请结合审判工作实际，遵照执行。

附：

关于审理上市公司破产重整案件工作座谈会纪要

《企业破产法》施行以来，人民法院依法审理了部分上市公司破产重整案件，最大限度地减少了因上市公司破产清算给社会造成的不良影响，实现了法律效果和社会效果的统一。上市公司破产重整案件的审理不仅涉及到《企业破产法》、《证券法》、《公司法》等法律的适用，还涉及司法程序与行政程序的衔接问题，有必要进一步明确该类案件的审理原则，细化有关程序和实体规定，更好地规范相关主体的权利义务，以充分保护债权人、广大投资者和上市公司的合法权益，优化配置社会资源，促进资本市场健康发展。为此，最高人民法院会同中国证券监督管理委员会，于2012年3月22日在海南省万宁市召开了审理上市公司破产重整案件工作座谈会。与会同志通过认真讨论，就审理上市公司破产重整案件的若干重要问题取得了共识。现纪要如下：

一、关于上市公司破产重整案件的审理原则

会议认为，上市公司破产重整案件事关资本市场的健康发展，事关广大投资者的利益保护，事关职工权益保障和社会稳定。因此，人民法院应当高度重视此类案件，并在审理中注意坚持以下原则：

（一）依法公正审理原则。上市公司破产重整案件参与主体众多，涉及利益关系复杂，人民法院审理上市公司破产重整案件，既要有利于化解上市公司的债务和经营危机,提高上市公司质量,保护债权人和投资者的合法权益,维护证券市场和社会的稳定,又要防止没有再生希望的上市公司利用破产重整程序逃废债务,滥用司法资源和社会资源;既要保护债权人利益,又要兼顾职工利益、出资人利益和社会利益,妥善处理好各方利益的冲突。上市公司重整计划草案未获批准或重整计划执行不能的,人民法院应当及时宣告债务人破产清算。

(二)挽救危困企业原则。充分发挥上市公司破产重整制度的作用,为尚有挽救希望的危困企业提供获得新生的机会,有利于上市公司、债权人、出资人、关联企业等各方主体实现共赢,有利于社会资源的有效利用。对于具有重整可能的企业,努力推动重整成功,可以促进就业,优化资源配置,促进产业结构的调整和升级换代,减少上市公司破产清算对社会带来的不利影响。

(三)维护社会稳定原则。上市公司进入破产重整程序后,因涉及债权人、上市公司、出资人、企业职工等相关当事人的利益,各方矛盾比较集中和突出,如果处理不当,极易引发群体性、突发性事件,影响社会稳定。人民法院审理上市公司破产重整案件,要充分发挥地方政府的风险预警、部门联动、资金保障等协调机制的作用,积极配合政府做好上市公司重整中的维稳工作,并根据上市公司的特点,加强与证券监管机构的沟通协调。

二、关于上市公司破产重整案件的管辖

会议认为,上市公司破产重整案件应当由上市公司住所地的人民法院,即上市公司主要办事机构所在地法院管辖;上市公司主要办事机构所在地不明确、存在争议的,由上市公司注册登记地人民法院管辖。由于上市公司破产重整案件涉及法律关系复杂,影响面广,对专业知识和综合能力要求较高,人力物力投入较多,上市公司破产重整案件一般应由中级人民法院管辖。

三、关于上市公司破产重整的申请

会议认为,上市公司不能清偿到期债务,并且资产不足以清偿全部债务或者明显缺乏清偿能力,或者有明显丧失清偿能力可能的,上市公司或者上市公司的债权人、出资额占上市公司注册资本十分之一以上的出资人可以向人民法院申请对上市公司进行破产重整。

申请人申请上市公司破产重整的,除提交《企业破产法》第八条规定的材料外,还应当提交关于上市公司具有重整可行性的报告、上市公司住所地省级人民政府向证券监督管理部门的通报情况材料以及证券监督管理部门的意见、上市公司住所地人民政府出具的维稳预案等。上市公司自行申请破产重整的，还应当提交切实可行的职工安置方案。

四、关于对上市公司破产重整申请的审查

会议认为，债权人提出重整申请，上市公司在法律规定的时间内提出异议，或者债权人、上市公司、出资人分别向人民法院提出破产清算申请和重整申请的，人民法院应当组织召开听证会。

人民法院召开听证会的，应当于听证会召开前通知申请人、被申请人，并送达相关申请材料。公司债权人、出资人、实际控制人等利害关系人申请参加听证的，人民法院应当予以准许。人民法院应当就申请人是否具备申请资格、上市公司是否已经发生重整事由、上市公司是否具有重整可行性等内容进行听证。

鉴于上市公司破产重整案件较为敏感，不仅涉及企业职工和二级市场众多投资者的利益安排，还涉及与地方政府和证券监管机构的沟通协调。因此，目前人民法院在裁定受理上市公司破产重整申请前，应当将相关材料逐级报送最高人民法院审查。

五、关于对破产重整上市公司的信息保密和披露

会议认为，对于股票仍在正常交易的上市公司，在上市公司破产重整申请相关信息披露前，上市公司及其债权人、出资人等利害关系人应当按照法律、行政法规、证券监管机构的部门规章及证券交易所上市规则做好信息保密工作。

上市公司的债权人提出破产重整申请的，人民法院应当要求债权人提供其已就此告知上市公司的有关证据。上市公司应当按照相关规则及时履行信息披露义务。

上市公司进入破产重整程序后，由管理人履行相关法律、行政法规、部门规章和公司章程规定的原上市公司董事会、董事和高级管理人员承担的职责和义务，上市公司自行管理财产和营业事务的除外。管理人在上市公司破产重整程序中存在信息披露违法违规行为的，应当依法承担相应的责任。

六、关于上市公司破产重整计划草案的制定

会议认为，上市公司或者管理人制定的上市公司重整计划草案应当包括详细的经营方案。有关经营方案涉及并购重组等行政许可审批事项的，上市公司或管理人应当聘请经证券监管机构核准的财务顾问机构、律师事务所以及具有证券期货业务资格的会计师事务所、资产评估机构等证券服务机构按照证券监管机构的有关要求及格式编制相关材料,并作为重整计划草案及其经营方案的必备文件。

控股股东、实际控制人及其关联方在上市公司破产重整程序前因违规占用、担保等行为对上市公司造成损害的,制定重整计划草案时应当根据其过错对控股股东及实际控制人支配的股东的股权作相应调整。

七、关于上市公司破产重整中出资人组的表决

会议认为,出资人组对重整计划草案中涉及出资人权益调整事项的表决,经参与表决的出资人所持表决权三分之二以上通过的,即为该组通过重整计划草案。

考虑到出席表决会议需要耗费一定的人力物力,一些中小投资者可能放弃参加表决会议的权利。为最大限度地保护中小投资者的合法权益,上市公司或者管理人应当提供网络表决的方式,为出资人行使表决权提供便利。关于网络表决权行使的具体方式,可以参照适用中国证券监督管理委员会发布的有关规定。

八、关于上市公司重整计划草案的会商机制

会议认为,重整计划草案涉及证券监管机构行政许可事项的,受理案件的人民法院应当通过最高人民法院,启动与中国证券监督管理委员会的会商机制。即由最高人民法院将有关材料函送中国证券监督管理委员会,中国证券监督管理委员会安排并购重组专家咨询委员会对会商案件进行研究。并购重组专家咨询委员会应当按照与并购重组审核委员会相同的审核标准,对提起会商的行政许可事项进行研究并出具专家咨询意见。人民法院应当参考专家咨询意见,作出是否批准重整计划草案的裁定。

九、关于上市公司重整计划涉及行政许可部分的执行

会议认为,人民法院裁定批准重整计划后,重整计划内容涉及证券监管机构并购重组行政许可事项的,上市公司应当按照相关规定履行行政许可核准程序。重整计划草案提交出资人组表决且经人民法院裁定批准后,上市公司无须再行召开股东大会,可以直接向证券监管机构提交出资人组表决结果及人民法院裁定书,以申请并购重组许可申请。并购重组审核委员会审核工作应当充分考虑并购重组专家咨询委员会提交的专家咨询意见。并购重组申请事项获得证券监管机构行政许可后,应当在重整计划的执行期限内实施完成。

会议还认为,鉴于上市公司破产重整案件涉及的法律关系复杂,利益主

体众多，社会影响较大，人民法院对于审判实践中发现的新情况、新问题，要及时上报。上级人民法院要加强对此类案件的监督指导，加强调查研究，及时总结审判经验，确保依法妥善审理好此类案件。

最高人民法院
印发《关于审理公司强制清算案件工作座谈会纪要》的通知

2009 年 11 月 4 日　　　　　法发〔2009〕52 号

各省、自治区、直辖市高级人民法院，解放军军事法院，新疆维吾尔自治区高级人民法院生产建设兵团分院：

现将最高人民法院《关于审理公司强制清算案件工作座谈会纪要》印发给你们，请结合审判工作实际，遵照执行。

附：

关于审理公司强制清算案件工作座谈会纪要

当前，因受国际金融危机和世界经济衰退影响，公司经营困难引发的公司强制清算案件大幅度增加。《中华人民共和国公司法》和最高人民法院《关于适用〈中华人民共和国公司法〉若干问题的规定（二）》（以下简称公司法司法解释二）对于公司强制清算案件审理中的有关问题已作出规定，但鉴于该类案件非讼程序的特点和目前清算程序规范的不完善，有必要进一步明确该类案件审理原则，细化有关程序和实体规定，更好地规范公司退出市场行为，维护市场运行秩序，依法妥善审理公司强制清算案件，维护和促进经济社会和谐稳定。为此，最高人民法院在广泛调研的基础上，于 2009 年 9 月 15 日至 16 日在浙江省绍兴市召开了全国部分法院审理公司强制清算案件工作座谈会。与会同志通过认真讨论，就有关审理公司强制清算案件中涉及的主要问题达成了共识。现纪要如下：

一、关于审理公司强制清算案件应当遵循的原则

1. 会议认为，公司作为现代企业的主要类型，在参与市场竞争时，不仅要严格遵循市场准入规则，也要严格遵循市场退出规则。公司强制清算作为公司退出市场机制的重要途径之一，是公司法律制度的重要组成部分。人民

法院在审理此类案件时，应坚持以下原则：

第一，坚持清算程序公正原则。公司强制清算的目的在于有序结束公司存续期间的各种商事关系，合理调整众多法律主体的利益，维护正常的经济秩序。人民法院审理公司强制清算案件，应当严格依照法定程序进行，坚持在程序正义的基础上实现清算结果的公正。

第二，坚持清算效率原则。提高社会经济的整体效率，是公司强制清算制度追求的目标之一，要严格而不失快捷地使已经出现解散事由的公司退出市场，将其可能给各方利益主体造成的损失降至最低。人民法院审理强制清算案件，要严格按照法律规定及时有效地完成清算，保障债权人、股东等利害关系人的利益及时得到实现，避免因长期拖延清算给相关利害关系人造成不必要的损失，保障社会资源的有效利用。

第三，坚持利益均衡保护原则。公司强制清算中应当以维护公司各方主体利益平衡为原则，实现公司退出环节中的公平公正。人民法院在审理公司强制清算案件时，既要充分保护债权人利益，又要兼顾职工利益、股东利益和社会利益，妥善处理各方利益冲突，实现法律效果和社会效果的有机统一。

二、关于强制清算案件的管辖

2. 对于公司强制清算案件的管辖应当分别从地域管辖和级别管辖两个角度确定。地域管辖法院应为公司住所地的人民法院，即公司主要办事机构所在地法院；公司主要办事机构所在地不明确、存在争议的，由公司注册登记地人民法院管辖。级别管辖应当按照公司登记机关的级别予以确定，即基层人民法院管辖县、县级市或者区的公司登记机关核准登记公司的公司强制清算案件；中级人民法院管辖地区、地级市以上的公司登记机关核准登记公司的公司强制清算案件。存在特殊原因的，也可参照适用《中华人民共和国企业破产法》第四条、《中华人民共和国民事诉讼法》第三十七条和第三十九条的规定，确定公司强制清算案件的审理法院。

三、关于强制清算案件的案号管理

3. 人民法院立案庭收到申请人提交的对公司进行强制清算的申请后，应当及时以"（××××）××法×清（预）字第×号"立案。立案庭立案后，应当将申请人提交的申请等有关材料移交审理强制清算案件的审判庭审查，并由审判庭依法作出是否受理强制清算申请的裁定。

4. 审判庭裁定不予受理强制清算申请的，裁定生效后，公司强制清算案件应当以"（××××）××法×清（预）字第×号"结案。审判庭裁定受理强制清算申请的,立案庭应当以"(××××)××法×清(算)字第×号"立案。

5. 审判庭裁定受理强制清算申请后,在审理强制清算案件中制作的民事裁定书、决定书等,应当在"(××××)××法×清(算)字第×号"后依次编号,如"(××××)××法×清(算)字第×—1号民事裁定书"、"(××××)××法×清(算)字第×—2号民事裁定书"等,或者"(××××)××法×清(算)字第×—1号决定书"、"(××××)××法×清(算)字第×—2号决定书"等。

四、关于强制清算案件的审判组织

6. 因公司强制清算案件在案件性质上类似于企业破产案件,因此强制清算案件应当由负责审理企业破产案件的审判庭审理。有条件的人民法院,可由专门的审判庭或者指定专门的合议庭审理公司强制清算案件和企业破产案件。公司强制清算案件应当组成合议庭进行审理。

五、关于强制清算的申请

7. 公司债权人或者股东向人民法院申请强制清算应当提交清算申请书。申请书应当载明申请人、被申请人的基本情况和申请的事实和理由。同时,申请人应当向人民法院提交被申请人已经发生解散事由以及申请人对被申请人享有债权或者股权的有关证据。公司解散后已经自行成立清算组进行清算,但债权人或者股东以其故意拖延清算,或者存在其他违法清算可能严重损害债权人或者股东利益为由,申请人民法院强制清算的,申请人还应当向人民法院提交公司故意拖延清算,或者存在其他违法清算行为可能严重损害其利益的相应证据材料。

8. 申请人提交的材料需要更正、补充的,人民法院应当责令申请人于七日内予以更正、补充。申请人由于客观原因无法按时更正、补充的,应当向人民法院予以书面说明并提出延期申请,由人民法院决定是否延长期限。

六、关于对强制清算申请的审查

9. 审理强制清算案件的审判庭审查决定是否受理强制清算申请时,一般应当召开听证会。对于事实清楚、法律关系明确、证据确实充分的案件,经书面通知被申请人,其对书面审查方式无异议的,也可决定不召开听证会,而采用书面方式进行审查。

10. 人民法院决定召开听证会的,应当于听证会召开五日前通知申请人、被申请人,并送达相关申请材料。公司股东、实际控制人等利害关系人申请参加听证的,人民法院应予准许。听证会中,人民法院应当组织有关利害关系人对申请人是否具备申请资格、被申请人是否已经发生解散事由、强制清算申请是否符合法律规定等内容进行听证。因补充证据等原因需要再次召开听证会的，应在补充期限届满后十日内进行。

11. 人民法院决定不召开听证会的，应当及时通知申请人和被申请人，并向被申请人送达有关申请材料，同时告知被申请人若对申请人的申请有异议，应当自收到人民法院通知之日起七日内向人民法院书面提出。

七、关于对强制清算申请的受理

12. 人民法院应当在听证会召开之日或者自异议期满之日起十日内，依法作出是否受理强制清算申请的裁定。

13. 被申请人就申请人对其是否享有债权或者股权，或者对被申请人是否发生解散事由提出异议的，人民法院对申请人提出的强制清算申请应不予受理。申请人可就有关争议单独提起诉讼或者仲裁予以确认后，另行向人民法院提起强制清算申请。但对上述异议事项已有生效法律文书予以确认，以及发生被吊销企业法人营业执照、责令关闭或者被撤销等解散事由有明确、充分证据的除外。

14. 申请人提供被申请人自行清算中故意拖延清算，或者存在其他违法清算可能严重损害债权人或者股东利益的相应证据材料后，被申请人未能举出相反证据的，人民法院对申请人提出的强制清算申请应予受理。债权人申请强制清算，被申请人的主要财产、账册、重要文件等灭失，或者被申请人人员下落不明，导致无法清算的，人民法院不得以此为由不予受理。

15. 人民法院受理强制清算申请后，经审查发现强制清算申请不符合法律规定的，可以裁定驳回强制清算申请。

16. 人民法院裁定不予受理或者驳回受理申请，申请人不服的，可以向上一级人民法院提起上诉。

八、关于强制清算申请的撤回

17. 人民法院裁定受理公司强制清算申请前，申请人请求撤回其申请的，人民法院应予准许。

18. 公司因公司章程规定的营业期限届满或者公司章程规定的其他解散事由出现，或者股东会、股东大会决议自愿解散的，人民法院受理强制清算申请后，清算组对股东进行剩余财产分配前，申请人以公司修改章程，或者股东会、股东大会决议公司继续存续为由，请求撤回强制清算申请的，人民法院应予准许。

19. 公司因依法被吊销营业执照、责令关闭或者被撤销，或者被人民法院判决强制解散的，人民法院受理强制清算申请后，清算组对股东进行剩余财产分配前，申请人向人民法院申请撤回强制清算申请的，人民法院应不予准许。但申请人有证据证明相关行政决定被撤销，或者人民法院作出解散公司判决后当事人又达成公司存续和解协议的除外。

九、关于强制清算案件的申请费

20. 参照《诉讼费用交纳办法》第十条、第十四条、第二十条和第四十二条关于企业破产案件申请费的有关规定，公司强制清算案件的申请费以强制清算财产总额为基数，按照财产案件受理费标准减半计算，人民法院受理强制清算申请后从被申请人财产中优先拨付。因财产不足以清偿全部债务，强制清算程序依法转入破产清算程序的，不再另行计收破产案件申请费；按照上述标准计收的强制清算案件申请费超过30万元的，超过部分不再收取，已经收取的，应予退还。

21. 人民法院裁定受理强制清算申请前，申请人请求撤回申请，人民法院准许的，强制清算案件的申请费不再从被申请人财产中予以拨付；人民法院受理强制清算申请后，申请人请求撤回申请，人民法院准许的，已经从被申请人财产中优先拨付的强制清算案件申请费不予退回。

十、关于强制清算清算组的指定

22. 人民法院受理强制清算案件后，应当及时指定清算组成员。公司股东、董事、监事、高级管理人员能够而且愿意参加清算的，人民法院可优先考虑指定上述人员组成清算组；上述人员不能、不愿进行清算，或者由其负责清算不利于清算依法进行的，人民法院可以指定《人民法院中介机构管理人名册》和《人民法院个人管理人名册》中的中介机构或者个人组成清算组；人民法院也可根据实际需要，指定公司股东、董事、监事、高级管理人员，与管理人名册中的中介机构或者个人共同组成清算组。人民法院指定管理人名册中的中介机构或者个人组成清算组，或者担任清算组成员的，应当参照适用最高人民法院《关于审理企业破产案件指定管理人的规定》。

23. 强制清算清算组成员的人数应当为单数。人民法院指定清算组成员的同时，应当根据清算组成员的推选，或者依职权，指定清算组负责人。清算组负责人代行清算中公司诉讼代表人职权。清算组成员未依法履行职责的，人民法院应当依据利害关系人的申请，或者依职权及时予以更换。

十一、关于强制清算清算组成员的报酬

24. 公司股东、实际控制人或者股份有限公司的董事担任清算组成员的，不计付报酬。上述人员以外的有限责任公司的董事、监事、高级管理人员，股份有限公司的监事、高级管理人员担任清算组成员的，可以按照其上一年度的平均工资标准计付报酬。

25. 中介机构或者个人担任清算组成员的，其报酬由中介机构或者个人与公司协商确定；协商不成的，由人民法院参照最高人民法院《关于审理企业破产案件确定管理人报酬的规定》确定。

十二、关于强制清算清算组的议事机制

26. 公司强制清算中的清算组因清算事务发生争议的，应当参照《公司法》第一百一十二条的规定，经全体清算组成员过半数决议通过。与争议事项有直接利害关系的清算组成员可以发表意见，但不得参与投票；因利害关系人回避表决无法形成多数意见的，清算组可以请求人民法院作出决定。与争议事项有直接利害关系的清算组成员未回避表决形成决定的，债权人或者清算组其他成员可以参照《公司法》第二十二条的规定，自决定作出之日起六十日内，请求人民法院予以撤销。

十三、关于强制清算中的财产保全

27. 人民法院受理强制清算申请后，公司财产存在被隐匿、转移、毁损等可能影响依法清算情形的，人民法院可依清算组或者申请人的申请，对公司财产采取相应的保全措施。

十四、关于无法清算案件的审理

28. 对于被申请人主要财产、账册、重要文件等灭失，或者被申请人人员下落不明的强制清算案件，经向被申请人的股东、董事等直接责任人员释明或采取罚款等民事制裁措施后，仍然无法清算或者无法全面清算，对于尚有部分财产，且依据现有账册、重要文件等，可以进行部分清偿的，应当参照企业破产法的规定，对现有财产进行公平清偿后，以无法全面清算为由终结强制清算程序；对于没有任何财产、账册、重要文件，被申请人人员下落不明的，应当以无法清算为由终结强制清算程序。

29. 债权人申请强制清算，人民法院以无法清算或者无法全面清算为由裁定终结强制清算程序的，应当在终结裁定中载明，债权人可以另行依据公司法司法解释二第十八条的规定，要求被申请人的股东、董事、实际控制人等清算义务人对其债务承担偿还责任。股东申请强制清算，人民法院以无法清算或者无法全面清算为由作出终结强制清算程序的，应当在终结裁定中载明，股东可以向控股股东等实际控制公司的主体主张有关权利。

十五、关于强制清算案件衍生诉讼的审理

30. 人民法院受理强制清算申请前已经开始，人民法院受理强制清算申请时尚未审结的有关被强制清算公司的民事诉讼，由原受理法院继续审理，但应依法将原法定代表人变更为清算组负责人。

31. 人民法院受理强制清算申请后，就强制清算公司的权利义务产生争议的，应当向受理强制清算申请的人民法院提起诉讼，并由清算组负责人代表清算中公司参加诉讼活动。受理强制清算申请的人民法院对此类案件，可以适用民事诉讼法第三十七条和第三十九条的规定确定审理法院。

上述案件在受理法院内部各审判庭之间按照业务分工进行审理。人民法院受理强制清算申请后，就强制清算公司的权利义务产生争议，当事人双方就产生争议约定有明确有效的仲裁条款的，应当按照约定通过仲裁方式解决。

十六、关于强制清算和破产清算的衔接

32. 公司强制清算中，清算组在清理公司财产、编制资产负债表和财产清单时，发现公司财产不足清偿债务的，除依据公司法司法解释二第十七条的规定，通过与债权人协商制作有关债务清偿方案并清偿债务的外，应依据公司法第一百八十八条和企业破产法第七条第三款的规定向人民法院申请宣告破产。

33. 公司强制清算中，有关权利人依据企业破产法第二条和第七条的规定向人民法院另行提起破产申请的，人民法院应当依法进行审查。权利人的破产申请符合企业破产法规定的，人民法院应当依法裁定予以受理。人民法院裁定受理破产申请后，应当裁定终结强制清算程序。

34. 公司强制清算转入破产清算后，原强制清算中的清算组由《人民法院中介机构管理人名册》和《人民法院个人管理人名册》中的中介机构或者个人组成或者参加的，除该中介机构或者个人存在与本案有利害关系等不宜担任管理人或者管理人成员的情形外，人民法院可根据企业破产法及其司法解释的规定，指定该中介机构或者个人作为破产案件的管理人，或者吸收该中介机构作为新成立的清算组管理人的成员。

上述中介机构或者个人在公司强制清算和破产清算中取得的报酬总额，不应超过按照企业破产计付的管理人或者管理人成员的报酬。

35. 上述中介机构或者个人不宜担任破产清算中的管理人或者管理人的

成员的，人民法院应当根据企业破产法和有关司法解释的规定，及时指定管理人。原强制清算中的清算组应当及时将清算事务及有关材料等移交给管理人。公司强制清算中已经完成的清算事项，如无违反企业破产法或者有关司法解释的情形的，在破产清算程序中应承认其效力。

十七、关于强制清算程序的终结

36. 公司依法清算结束，清算组制作清算报告并报人民法院确认后，人民法院应当裁定终结清算程序。公司登记机关依清算组的申请注销公司登记后，公司终止。

37. 公司因公司章程规定的营业期限届满或者公司章程规定的其他解散事由出现，或者股东会、股东大会决议自愿解散的，人民法院受理债权人提出的强制清算申请后，对股东进行剩余财产分配前，公司修改章程、或者股东会、股东大会决议公司继续存续，申请人在其个人债权及他人债权均得到全额清偿后，未撤回申请的，人民法院可以根据被申请人的请求裁定终结强制清算程序，强制清算程序终结后，公司可以继续存续。

十八、关于强制清算案件中的法律文书

38. 审理强制清算的审判庭审理该类案件时，对于受理、不受理强制清算申请、驳回申请人的申请、允许或者驳回申请人撤回申请、采取保全措施、确认清算方案、确认清算终结报告、终结强制清算程序的，应当制作民事裁定书。对于指定或者变更清算组成员、确定清算组成员报酬、延长清算期限、制裁妨碍清算行为的，应当制作决定书。

对于其他所涉有关法律文书的制作，可参照企业破产清算中人民法院的法律文书样式。

十九、关于强制清算程序中对破产清算程序的准用

39. 鉴于公司强制清算与破产清算在具体程序操作上的相似性，就公司法、公司法司法解释二，以及本会议纪要未予涉及的情形，如清算中公司的有关人员未依法妥善保管其占有和管理的财产、印章和账簿、文书资料，清算组未及时接管清算中公司的财产、印章和账簿、文书，清算中公司拒不向人民法院提交或者提交不真实的财产状况说明、债务清册、债权清册、有关财务会计报告以及职工工资的支付情况和社会保险费用的缴纳情况，清算中公司拒不向清算组移交财产、印章和账簿、文书等资料，或者伪造、销毁有关财产证据材料而使财产状况不明，股东未缴足出资、抽逃出资，以及公司董事、监事、高级管理人员非法侵占公司财产等，可参照企业破产法及其司法解释的有关规定处理。

二十、关于审理公司强制清算案件中应当注意的问题

40.鉴于此类案件属于新类型案件，且涉及的法律关系复杂、利益主体众多，人民法院在审理难度大、涉及面广、牵涉社会稳定的重大疑难清算案件时，要在严格依法的前提下，紧紧依靠党委领导和政府支持，充分发挥地方政府建立的各项机制，有效做好维护社会稳定的工作。同时，对于审判实践中发现的新情况、新问题，要及时逐级上报。上级人民法院要加强对此类案件的监督指导，注重深入调查研究，及时总结审判经验，确保依法妥善审理好此类案件。

最高人民法院办公厅
转发《关于推动和保障管理人在破产程序中依法履职进一步优化营商环境的意见》的通知

2021年3月2日　　　　　　　法办〔2021〕80号

各省、自治区、直辖市高级人民法院，解放军军事法院，新疆维吾尔自治区高级人民法院生产建设兵团分院：

2021年2月25日，国家发展和改革委员会、最高人民法院、财政部、人力资源和社会保障部、自然资源部、住房和城乡建设部、中国人民银行、国务院国有资产监督管理委员会、国家海关总署、国家税务总局、国家市场监督管理总局、中国银行保险监督管理委员会、中国证券监督管理委员会联合印发《关于推动和保障管理人在破产程序中依法履职进一步优化营商环境的意见》（发改财金规〔2021〕274号，以下简称《意见》），对推进完善企业破产配套制度，提升办理破产便利度，进一步优化营商环境作出重要规定。为便于更好地理解掌握上述文件内容，现将《意见》转发给你们。请在工作中参照《意见》的规定，切实贯彻执行。

特此通知。

附：

关于推动和保障管理人在破产程序中依法履职进一步优化营商环境的意见

2021年3月2日　　　　　　　发改财金规〔2021〕274号

各省、自治区、直辖市人民政府，新疆生产建设兵团，国务院各部委、各直属机构：

管理人是在破产程序中依法接管破产企业财产、管理破产事务的专门机构。为推动和保障管理人依法履职，提高破产效率，充分发挥破产制度作用，解决企业退出难问题，优化要素配置，加快打造市场化、法治化、国际化营商环境,经国务院同意,现提出如下意见。

一、总体要求

以习近平新时代中国特色社会主义思想为指导,全面贯彻党的十九大和十九届二中、三中、四中、五中全会精神,坚持稳中求进工作总基调,立足新发展阶段,贯彻新发展理念,构建新发展格局,以推动高质量发展为主题,以深化供给侧结构性改革为主线,坚持市场化、法治化改革方向,完善破产制度配套政策,更好发挥政府在企业破产程序中的作用,推动和保障管理人依法履职,降低破产制度运行成本,加快"僵尸企业"出清。

二、基本原则

坚持依法保障。相关部门、金融机构应当按照法律规定积极支持和配合管理人依法履行接管、调查、管理、处分破产企业财产等职责。管理人履职涉及相关部门权限的,依法接受相关部门管理和监督。

坚持有效监督。管理人应当勤勉尽责,忠实履职,切实维护职工、债权人、投资者、破产企业及相关利益主体合法权益,切实维护社会公共利益,依法依规向人民法院报告工作,接受债权人会议和债权人委员会等相关方面的监督。

坚持公开透明。管理人应当依法保障债权人、投资者及相关利益主体的知情权,提高破产事务处理的透明度。加大各方信息共享力度,为管理人处理破产事务的信息化、公开化提供便利。

三、优化破产企业注销和状态变更登记制度

(一)建立企业破产和退出状态公示制度。破产申请受理后,通过全国企业破产重整案件信息网向国家企业信用信息公示系统推送有关企业破产程序启动、程序种类、程序切换、程序终止、管理人联系方式等信息,实现企业破产状态及时公示。在破产清算程序终结以及重整或和解程序终止前,非经破产案件审理法院同意或管理人申请,市场监管等部门不得办理企业登记事项变更手续。(最高人民法院、市场监管总局等按职责分工负责)

(二)进一步落实破产企业简易注销制度。管理人可以凭企业注销登记申请书、人民法院终结破产程序裁定书申请办理破产企业注销,市场监管部门不额外设置简易注销条件。申请简易注销的破产企业营业执照遗失的,通过国家企业信用信息公示系统免费发布营业执照作废声明或在报纸刊登遗失公告后,破产企业或管理人可不再补领营业执照。(市场监管总局负责)

(三)建立破产企业相关人员任职限制登记制度。企业董事、监事或高级管理人员违反忠实勤勉义务，未履职尽责，致使所在企业破产，被人民法院判令承担相应责任的，管理人可以凭生效法律文书，通过全国企业破产重整案件信息网向市场监管、金融管理等部门申请对相关人员的任职资格限制进行登记。（最高人民法院、人民银行、市场监管总局、银保监会、证监会等按职责分工负责）

四、加强金融机构对破产程序的参与和支持

（四）强化金融服务支持。金融机构应当支持管理人依法履行接管破产企业财产等法定职责，建立和完善与破产程序相衔接的金融服务工作机制，加强对企业重整、和解的支持。对于商业银行、证券公司、保险公司等金融机构或在本地有重大影响的企业破产案件，清算组作为管理人的，人民法院可以依法指定金融资产管理公司作为清算组成员参与破产案件。（最高人民法院、人民银行、银保监会、证监会等按职责分工负责）

（五）便利管理人账户开立和展期。管理人可以凭人民法院破产申请受理裁定书、指定管理人决定书及管理人负责人身份证明材料，向银行申请开立管理人账户。银行应当针对管理人账户的开立确定统一规程，在充分履行客户身份识别义务、确保风险可控的前提下，缩短账户开立周期，提升管理人账户权限，便利管理人操作使用。鼓励适当减免管理人账户开立使用的相关费用，优化账户展期手续办理流程，并在账户有效期届满前及时通知管理人。管理人应当在终止执行职务后，及时办理管理人账户注销手续。（人民银行、银保监会等按职责分工负责）

（六）支持管理人依法接管破产企业账户。管理人可以凭人民法院破产申请受理裁定书、指定管理人决定书接管破产企业账户，依法办理破产企业账户资金划转，非正常户激活或注销，司法冻结状态等账户信息、交易明细、征信信息查询等业务，金融机构应当予以配合并及时办理。（最高人民法院、人民银行、银保监会、证监会等按职责分工负责）

（七）协助配合推进破产程序。充分发挥金融机构债权人委员会、债券持有人会议等集体协商机制在企业破产中的协调、协商作用。鼓励金融机构进一步完善、明确内部管理流程，合理下放表决权行使权限，促进金融机构在破产程序中尤其是重整程序中积极高效行使表决权。金融机构破产的，管理人应当与金融管理部门加强协调沟通，维护金融稳定。（人民银行、银保监会、证监会等按职责分工负责）

（八）加强重整企业融资支持。银行业金融机构应当按照市场化、法治化原则，对有重整价值和可能性、符合国家产业政策方向的重整企业提供信贷支持。鼓励符合条件的金融机构依法设立不良资产处置基金，参与企业重整。支持私募股权投资基金、产业投资基金、不良资产处置基金等各类基金在破产程序中按照市场化、法治化原则向符合国家产业政策方向的重整企业提供融资支持。（发展改革委、人民银行、银保监会、证监会等按职责分工负责）

（九）支持重整企业金融信用修复。人民法院裁定批准重整计划或重整计划执行完毕后，重整企业或管理人可以凭人民法院出具的相应裁定书，申请在金融信用信息基础数据库中添加相关信息，及时反映企业重整情况。鼓励金融机构对重整后企业的合理融资需求参照正常企业依法依规予以审批，进一步做好重整企业的信用修复。（人民银行、银保监会、证监会等按职责分工负责）

（十）切实保护职工和债权人投资者合法权益。发挥管理人在防范"逃废债"等违法行为中的积极作用。管理人要加强对破产企业财产的追查和管理，有效保护职工劳动报酬、社会保险合法权益，及时向金融机构债权人委员会、债权人会议通报有关情况，破产企业的有关人员可能涉嫌犯罪的，管理人应当及时将犯罪线索报送司法或监察机关。金融机构依法积极支持管理人追查破产企业财产，鼓励将发现的恶意转移破产企业财产的情况通报管理人，有效保护债权人投资者合法权益。（最高人民法院、人力资源社会保障部、人民银行、国资委、银保监会、证监会等按职责分工负责）

五、便利破产企业涉税事务处理

（十一）保障破产企业必要发票供应。破产程序中的企业应当接受税务机关的税务管理，管理人负责管理企业财产和营业事务的，由管理人代表破产企业履行法律规定的相关纳税义务。破产企业因履行合同、处置财产或继续营业等原因在破产程序中确需使用发票的，管理人可以以纳税人名义到税务部门申领、开具发票。税务部门在督促纳税人就新产生的纳税义务足额纳税的同时，按照有关规定满足其合理发票领用需要，不得以破产企业存在欠税情形为由拒绝。（税务总局负责）

（十二）依法核销破产企业欠缴税款。税务、海关等部门在破产清算程序中依法受偿破产企业欠缴的税款本金、滞纳金、罚款后，应当按照人民法院裁定认可的财产分配方案中确定的受偿比例，办理欠缴税款本金、滞纳金、罚款的入库，并依法核销未受偿的税款本金、滞纳金、罚款。（海关总署、税务总局等按职责分工负责）

（十三）便利税务注销。经人民法院裁定宣告破产的企业，管理人持人民法院终结破产清算程序裁定书申请税务注销的，税务部门即时出具清税文书，按照有关规定核销"死欠"，不得违反规定要求额外提供证明文件，或以税款未获全部清偿为由拒绝办理。（税务总局负责）

（十四）支持企业纳税信用修复。重整或和解程序中，税务机关依法受偿后，管理人或破产企业可以向税务机关提出纳税信用修复申请，税务机关根据人民法院出具的批准重整计划或认可和解协议的裁定书评价其纳税信用级别。已被公布重大税收违法失信案件信息的上述破产企业，经税务机关确认后，停止公布并从公告栏中撤出，并将相关情况及时通知实施联合惩戒和管理的部门。有关部门应当依据各自法定职责，按照法律法规和有关规定解除惩戒，保障企业正常经营和后续发展。（税务总局及相关部门按职责分工负责）

（十五）落实重整与和解中的所得税税前扣除政策。对于破产企业根据资产处置结果，人民法院裁定批准或认可的重整计划、和解协议确定或形成的资产损失，依照税法规定进行资产损失扣除。税务机关对破产企业提交的与此有关的申请材料应快捷审查，便利办理。（财政部、税务总局等按职责分工负责）

六、完善资产处置配套机制

（十六）有效盘活土地资产。允许对破产企业具备独立分宗条件的土地、房产分割转让，市级或县级自然资源等相关主管部门审批时，对于符合条件的应及时批准。对因相关规划调整等因素确需为不动产处置设置附加条件的，应当及时向管理人告知具体明晰的标准及其依据。破产企业以划拨方式取得土地使用权的，转让房地产时，应当依法报有批准权的人民政府审批。（自然资源部、住房和城乡建设部等按职责分工负责）

（十七）妥善认定资产权属。依法积极推动存在未办理验收等瑕疵的不动产完善有关手续，明确权属，为破产企业不动产及时办理权属登记手续，支持管理人加快破产企业财产处置。有效利用各类资产的多元化专业交易流转平台，充分发挥交易市场的价格发现、价值实现功能，提升管理人的资产处置效率。（最高人民法院、自然资源部、住房和城乡建设部等按职责分工负责）

（十八）依法解除破产企业财产保全措施。人民法院裁定受理企业破产案件后，管理人持受理破产申请裁定书和指定管理人决定书，依法向有关部门、金融机构申请解除对破产企业财产的查封、扣押、冻结等保全措施的，相关部门和单位应当根据企业破产法规定予以支持配合。保全措施解除后，管理人应当及时通知原采取保全措施的相关部门和单位。管理人申请接管、处置海关监管货物的，应当先行办结海关手续，海关应当对管理人办理相关手续提供便利并予以指导。（最高人民法院、自然资源部、人民银行、海关总署、税务总局、银保监会、证监会等按职责分工负责）

七、加强组织和信息保障

（十九）建立常态化协调机制。各地区、各部门要积极支持人民法院破产审判工作，推动和保障管理人依法履职，更好发挥政府在企业破产程序中的作用，避免对破产司法和管理人工作的不当干预。鼓励地方人民政府与人民法院建立常态化协调机制，并吸纳涉及社会稳定、职工权益、经费保障、信用修复、企业注销、企业税收等相关主管部门参加。人民法院、有关部门要严厉打击企业破产涉及的各类违法违规行为，管理人要依法公正履职，积极配合。管理人未勤勉尽责、忠实履职的，要依法追究相应责任。（最高人民法院、各地方人民政府、各相关部门负责）

（二十）强化信息共享和沟通。加强全国企业破产重整案件信息网、全国信用信息共享平台、国家企业信用信息公示系统和金融信用信息基础数据库等信息共享，加强相关部门、金融机构与人民法院、管理人的信息沟通，推动破产程序中的数据共享、业务协同，提高各相关利益主体信息知晓便利度，便利管理人依法履职。（最高人民法院、发展改革委、人民银行、国资委、市场监管总局、银保监会、证监会等按职责分工负责）

本意见自印发之日起施行。